- 教育部人文社会科学重点基地重大项目最终成果丛书
- 上海外国语大学中东研究基地丛书
- 上海市高校一流学科政治学建设项目
- 上海高校智库建设项目
- 上海市1类高峰学科（外国语言文学）建设项目

欧洲穆斯林问题研究

—— Research on the Muslim Issue in Europe ——

汪波·著

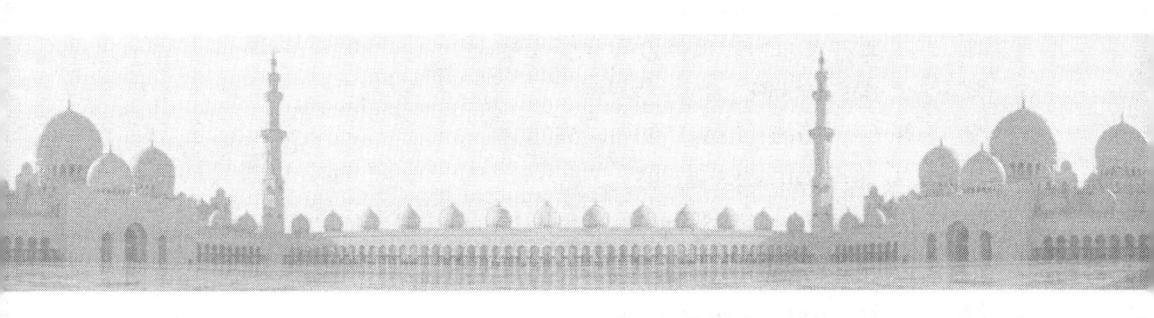

时事出版社

图书在版编目（CIP）数据

欧洲穆斯林问题研究/汪波著. —北京：时事出版社，2017.4
ISBN 978-7-5195-0087-0

Ⅰ.①欧…　Ⅱ.①汪…　Ⅲ.①穆斯林—研究—欧洲
Ⅳ.①B968

中国版本图书馆 CIP 数据核字（2017）第 042160 号

出 版 发 行：时事出版社
地　　　　址：北京市海淀区万寿寺甲 2 号
邮　　　　编：100081
发 行 热 线：(010) 88547590　88547591
读者服务部：(010) 88547595
传　　　真：(010) 88547592
电 子 邮 箱：shishichubanshe@sina.com
网　　　址：www.shishishe.com
印　　　刷：北京市昌平百善印刷厂

开本：787×1092　1/16　印张：20.25　字数：290 千字
2017 年 4 月第 1 版　2017 年 4 月第 1 次印刷
定价：85.00 元

（如有印装质量问题，请与本社发行部联系调换）

目 录
Contents

第一章 欧洲社会的穆斯林问题 / 1

第一节 欧洲社会穆斯林问题的表现 / 2
　一、欧洲社会对穆斯林问题的关注 / 3
　二、欧洲国家政府推动穆斯林移民融合的困难 / 6
　三、欧洲国家政府对伊斯兰暴力极端主义的担忧 / 8

第二节 欧盟推动穆斯林移民融合的努力 / 12
　一、欧盟推动穆斯林移民融合的过程 / 13
　二、欧盟融合穆斯林移民的政策原则 / 20
　三、欧盟在穆斯林移民融合中的作用 / 34

第三节 欧洲主要国家对待穆斯林移民的政策措施 / 39
　一、法国对穆斯林移民的同化和融合 / 40
　二、德国穆斯林移民融合中的"客籍劳工"问题 / 48
　三、荷兰融合穆斯林移民的文化宽容政策 / 55
　四、西班牙对穆斯林移民的融合和排斥 / 63
　五、英国融合穆斯林移民的多元化政策 / 70

第二章 欧洲穆斯林在社会平等原则下遭受的排斥 / 82

第一节 穆斯林学生在教育机构中受到的限制 / 82
　一、欧洲国家关于宗教和文化象征服饰禁令的合法性争议 / 83
　二、比利时自治区域教育部门的禁令 / 85
　三、法国教育机构对穆斯林的限制 / 90

四、西班牙校园内的头巾禁令 /95
五、瑞士分散管理教育体制中的排斥问题 /97
六、荷兰教会学校对穆斯林头巾的限制 /98
第二节 欧洲穆斯林在就业领域中受到的排斥 /101
一、比利时穆斯林就业中的困难 /101
二、法国穆斯林就业中遭遇的成见 /107
三、瑞士穆斯林就业中遭遇的歧视 /113
四、荷兰穆斯林就业中遭遇的歧视 /117

第三章 欧洲穆斯林与主流社会的意识形态冲突 /124
第一节 欧洲社会根深蒂固的"伊斯兰恐惧症" /124
一、"伊斯兰恐惧症"的形成和体现 /126
二、"伊斯兰恐惧症"的种族主义属性 /135
三、"伊斯兰恐惧症"与反恐政策的联系 /147
第二节 穆斯林群体中始终存在的伊斯兰原教旨主义 /152
一、伊斯兰原教旨主义的内涵 /153
二、伊斯兰原教旨主义的涉及范围 /156
三、伊斯兰原教旨主义在欧洲穆斯林中的存在特点 /161

第四章 欧洲穆斯林群体中的伊斯兰极端主义 /169
第一节 欧洲穆斯林群体中伊斯兰极端主义形成的根源 /169
一、欧洲穆斯林群体在社会经济政治方面的不平等处境 /170
二、右翼政治势力对穆斯林群体利益和自尊的伤害 /175
三、极端主义行动中的身份认同和利他主义动机 /179
第二节 欧洲伊斯兰极端主义的性质和内在结构 /184
一、欧洲伊斯兰极端主义的性质 /185
二、欧洲伊斯兰极端主义的恐怖主义行为者 /190
三、欧洲伊斯兰极端主义的政治势力基础 /193
四、伊斯兰极端主义的意识形态传播和动员运动 /196

第三节　欧洲伊斯兰极端分子参与叙利亚内战带来的危害　/ 203
　　一、叙利亚内战中欧洲伊斯兰极端分子的特征　/ 204
　　二、欧洲伊斯兰极端分子前往叙利亚的原因　/ 206
　　三、欧洲伊斯兰极端分子对叙利亚内战的影响　/ 210
　　四、叙利亚内战中的欧洲伊斯兰极端分子对欧洲
　　　　社会安全的潜在威胁　/ 212
　　五、欧洲与其他相关国家应对潜在威胁的措施　/ 217

第五章　欧洲穆斯林群体的政治参与和政治影响　/ 220
第一节　德国土耳其穆斯林群体的政治诉求、参与和影响　/ 221
　　一、德国土耳其穆斯林群体的形成和政治诉求　/ 221
　　二、德国土耳其穆斯林群体的政治参与过程　/ 227
　　三、德国土耳其穆斯林群体政治参与的影响　/ 235
第二节　英国穆斯林群体政治参与对英国中东政策的影响　/ 242
　　一、英国穆斯林群体政治参与的理论解析　/ 243
　　二、英国穆斯林群体的政治参与方式　/ 246
　　三、英国穆斯林群体参与和影响英国中东外交的措施　/ 251
第三节　法国穆斯林群体在巴勒斯坦问题上的政治参与　/ 255
　　一、法国穆斯林群体与法国政府的"阿拉伯政策"　/ 256
　　二、法国伊斯兰组织联盟对巴勒斯坦问题的运作　/ 261
　　三、巴勒斯坦问题与法国政府以及穆斯林和犹太人的关联　/ 264

结语：当前穆斯林难民问题对欧洲社会的影响　/ 268
　　一、难民危机对欧盟整体移民政策的冲击　/ 269
　　二、难民危机给欧洲主要大国带来的问题　/ 274
　　三、难民危机加剧了欧洲主流社会与穆斯林群体之间的
　　　　矛盾和冲突　/ 282

参考文献　/ 288
后　记　/ 318

第一章／欧洲社会的穆斯林问题

过去半个多世纪以来，欧洲大多数国家都受到了大批涌入的穆斯林移民的影响，并产生了欧洲特有的穆斯林问题。在这里，欧洲主要是指欧盟28个成员国，同时还包括了瑞士和挪威，因为这些国家近年来出现了大批穆斯林移民以及随之形成的穆斯林社区。相比之下，巴尔干西部和俄罗斯以及一些前苏联地区，这些地方都有着古老的穆斯林社区，但近年来并没有出现明显的变化。另外，土耳其是一个穆斯林占主体的国家，自然也不包含在内。

在全球穆斯林人口中，欧洲上述地区的穆斯林原来所占比例只有大约3%。但由于中东地区的持续动乱，目前大批穆斯林移民正在持续涌入欧洲地区。加之欧洲穆斯林人口的生育率远高于非穆斯林人口，因而欧洲穆斯林的人数正在迅速增加。欧洲急剧增长的穆斯林人口，给欧洲各国政府带来了广泛的政治、经济和社会问题。穆斯林群体中部分人员的极端主义倾向，以及逐步发展成为恐怖主义行动的情况，同样也使得欧洲国家的安全部门深感忧虑。

不过，并非生活在欧洲的穆斯林都会参与极端主义活动。2011年7月，挪威一名极右翼极端主义分子制造的暴力枪杀事件表明，发动暴力极端主义攻击的人完全可能出自任何种族、宗教和政治意识形态背景。然而，从2004年3月一个与"基地"组织有关的北非穆斯林组成的团体制造的马德里爆炸案，到2015年11月巴黎发生的巴塔克兰剧院枪击案，却把本土生长的伊斯兰极端主义问题推到了欧洲政治关注的中心。特别是这些事件还提出了这样的问题，那就是欧洲国家政府是否做出了足够努力来推动穆斯林和欧洲主流社会的真正融合。很多人都相信，虽然导致极端主义和恐怖主义的原因有多个方面，但欧洲穆斯林未能充分融入欧洲的文化、政治和经济生活，则可能是一些穆斯林在极端主义意识形态影响下走向极端的根本原因。

面对广泛存在的欧洲穆斯林问题，欧洲国家政府也做出了一些回应。其目标一方面是促进穆斯林与欧洲主流社会融合，另一方面则是加强安全措施和收紧移民以及难民收容政策，以阻止激进和好战的伊斯兰极端分子进入欧洲。同时，欧洲国家过去的十多年来还一直是美国打击恐怖主义的坚强伙伴，很多欧洲国家都直接参与了美国军队入侵阿富汗和伊拉克的行动。对此，很多欧洲政治家也担心，欧洲国家对美国在中东军事行动的支持，会增加伊斯兰极端主义在欧洲发动恐怖主义袭击的可能性。这种观点不仅关系到欧洲的公众舆论，而且也直接影响到欧洲国家的外交政策，特别是那些与美国合作在中东采取军事行动的国家。其中一个明显的例证，就是2004年3月西班牙议会大选前3天发生的马德里爆炸案。这一恐怖主义袭击事件的发生，导致支持美国2003年入侵伊拉克的执政的保守党在大选中失败。新上台的社会党政府就任后，很快就从伊拉克撤回了西班牙军队。实际上，西班牙参与美国领导的伊拉克战争的做法，从一开始就遭到大多数西班牙公众的反对，其中也包含了对于伊斯兰极端主义报复的担忧。因此，社会党在大选前就承诺，要从伊拉克撤回西班牙军队。这一事件表明，欧洲国家的政治和安全已经和穆斯林问题紧密联系在一起。

第一节　欧洲社会穆斯林问题的表现

多年来，由于运用方法以及概念定义方面的差异，再加上对于所涉地理范围的不同理解，人们对欧洲穆斯林人口数量的估计，往往也存在很大的出入。一般来说，在全世界5亿多穆斯林中，大约有1500万到2000万居住在欧洲的28个欧盟国家中。此外，还有一些居住在非欧盟成员国瑞士和挪威。研究表明，比利时和法国人口中，穆斯林所占比例最高，达到6%—8%。其次是丹麦、英国、瑞典、德国、荷兰、奥地利以及瑞士，大约为4%—5%。此外，西班牙、意大利和挪威也有大量穆斯林人口，在全国人口中所占比例略少，只有2%—3%。2011年1月，皮尤研究中心的宗教与公共生活论坛，开展了一项针对未来20年欧洲穆斯林发展的情况调查。结果表明，瑞典、比利时、奥地利、英国、挪威、法国和意大利的穆斯林人口，在未来20年中将出现快速增长。由于持续不断的移民，再加上远高于平均水平的生育率，2030年西欧、北欧和中欧的穆斯林人口可能将达到3000万，而那时全世界的穆斯林人口大约为4.25亿。①

一、欧洲社会对穆斯林问题的关注

欧洲虽然有着庞大的穆斯林群体，但欧洲穆斯林在种族和语言上却具有明显的多样性。同时，欧洲穆斯林移民分别来自中东、非洲和其他亚洲国家，因而相互之间还存在明显的文化、宗教和种族差异，有些甚至相互仇视。西欧国家穆斯林社区的形成，大多源于20世纪50年代—60年代欧洲国家由于劳动力短缺而实行的移民政策。在当时的移民潮中，欧洲国家往往会根据不同的殖民区域和历史纽带吸收来自一些特定不同国家的移民。例如，英国的穆斯林移民大多来自南亚，特别是巴基斯坦。法国的穆斯林移民则主要来自北非，包括阿尔及利亚、摩洛哥和突尼斯。土耳其的穆斯林主要前往德国做客籍劳工，荷兰的穆斯林主要来自前殖民地印度尼西亚，还有摩洛哥和土耳其。同时，摩洛哥和土耳其穆斯林移民也有很多前往与法国相邻的比利时。此后的几十年中，又有大批穆斯林移民和政治难民从巴尔干地区、伊拉克、索马里、约旦河西岸以及加沙地区涌入西欧和斯堪的纳维亚地区国家。2011年初中东爆发"阿拉伯之春"政治动乱后，又导致北非和中东部分地区的穆斯林移

---

① 如前文所强调，这里不包括巴尔干西部、俄罗斯和土耳其。

民，通过意大利、希腊和土耳其大量拥入欧洲地区。

随着穆斯林人口的不断增加，欧洲国家近年来也更加关注不断扩大的穆斯林社区对于欧洲国家社会、国内政治以及欧洲与穆斯林世界的关系将产生怎样的影响。一些人认为，伊斯兰文化在一些问题上难以和欧洲传统文化融合，诸如言论自由、政教分离、妇女权利等。因此，担心未来几十年中，欧洲不断增长的穆斯林人口将在很大程度上改变欧洲国家的政治和社会。持这种观点的人甚至警告，欧洲会出现所谓"欧洲衰落"或是"欧洲伊斯兰化"的结果。[①] 但也有人反对这种观点，认为这种宣称穆斯林会"接管"欧洲的说法是危言耸听和夸大其词。他们指出，穆斯林人口目前只占西欧和中欧人口的4%。这个数字未来虽然可能会有所增加，但预计到2030年也只会达到欧洲总人口的7%。他们还强调，欧洲穆斯林和非穆斯林生育率的差距正在缩小，因为穆斯林移民的子女会逐步适应他们生活环境中的一般社会和经济标准。皮尤研究中心的研究也指出，按照年百分比计算，欧洲穆斯林人口在未来十年中的增长率可能会出现下降趋势。另外，一些研究人员还提出，对于大多数欧洲穆斯林来说，伊斯兰并不是他们唯一的身份。这些穆斯林认为他们作为穆斯林，同样也能保持他们的国家公民身份，而且也能服从欧洲的文化或政治标准。他们虽然也承认穆斯林与欧洲社会存在文化上的紧张关系，但他们认为其根源主要是经济和社会生活方面的差距，而不完全是宗教方面的原因。[②]

从长远来看，未来无论如何发展，穆斯林人口向欧洲的持续迁移以及欧洲穆斯林人口的不断增长，必然会对欧洲国家的政治、经济和社会产生影响。尤其是，那些声称会丢失国家身份的右翼的平民党，目前正在欧洲各地大量出现。而且这类政党近年来在瑞典、挪威、芬兰、匈牙利、意大利、丹麦和荷兰的选举中，都获得了成功。2011年4月，芬兰一个称为

[①] Christopher Caldwell, *Reflections on the Revolution in Europe: Immigration, Islam, and the West*, New York: Doubleday, 2009.

[②] David Rieff, "Fermez la Porte: The Oversimplification of Europe," *World Affairs*, January/February 2010; Justin Vaisse, "Eurabian Follies," *Foreign Policy*, January/February 2010.

"真正芬兰人"的平民主义的民族主义政党,就在议会选举中获得了19%的选票,成为议会的第三大党。在丹麦和荷兰,反对移民的右翼政党对于少数党政府来说,也都是关键性的重要选票。最近,法国极端右倾的国民阵线党(Front National),在2015年12月6日法国大区选举的首轮投票中,在13个选区的6个选区中获得领先地位。① 尽管政治分析家们并不相信国民阵线党有足够的能力对法国竞选总统的两大主要政党构成真正威胁,但一些人已经看到这些平民主义运动的目标首先都是反对伊斯兰。不仅如此,欧洲平民主义和国民主义政党的崛起还涉及到一些其他因素,这些涉及到对全球化以及当前全球金融危机和经济停滞的日益强烈的担忧,还牵涉到担心欧盟成员国向欧盟让渡过多的国家主权。②

此外,人们也担心欧洲不断增长的反移民和反少数族裔的情绪,会促使右翼极端主义走向暴力。2011年7月,一名挪威本土极右翼分子大肆滥杀无辜,造成77人死亡和多人受伤,就是一个明显例证。此案的嫌犯布雷维克,虽然没有把杀戮目标特别指向穆斯林或是其他少数族裔,但他作案的动机表明他认为西方文化正在遭遇到来自伊斯兰和穆斯林移民不断增长的威胁。他之所以把政府工作人员和一个社会党政治营地的青年作为屠杀对象,主要是因为他认为这些人应该对挪威过度宽松的移民政策负责。媒体报道还认为,布雷维克深受美国博客的影响,这些博客的作者多年来一直在发出警告,宣称伊斯兰正在对美国和欧洲的政治和社会构成威胁。尽管这些"反圣战"的积极分子和作者们声称他们并不宣扬或支持使用暴力,但其中一些人还是提出在挪威使用爆炸和枪击会让美国和欧洲的安全部门警觉到国内极端分子的潜在威胁,包括那些意识到伊斯兰对西方影响不断增长感到担忧的人。③

---

① "国民阵线在法国政坛势头强劲",《中国青年报》,2015年12月9日,http://news.ifeng.com/a/20151209/46584750_0.shtml.
② Jonathan Laurence and Justin Vaisse, "The Dis-Integration of Europe," *Foreign Policy*, March 28, 2011; Nicholas Kulish, "Norway Attacks Put Spotlight on Rise of Right-wing Sentiment in Europe," *New York Times*, July 23, 2011.
③ Scott Shane, "Killings in Norway Spotlight Anti-Muslim Thought in U.S.," *New York Times*, July 24, 2011.

欧洲国家穆斯林人口的快速增长，也使得欧盟与土耳其的关系变得更为复杂。回顾过去，在欧盟和拥有将近8000万穆斯林人口的土耳其之间，曾经有过一段充满冲突的漫长历史。最近几十年来，土耳其虽然一直向往着加入欧盟。但由于欧盟对于土耳其达到欧盟成员国政治和经济标准的能力的要求，再加上对于塞浦路斯岛分裂问题的看法，因而延缓了土耳其加入欧盟的进程。土耳其虽然从2005年和欧盟就开始了入盟的正式谈判，但一些欧盟成员国和大批欧盟国家民众都越来越担忧土耳其加入欧盟会造成的长远影响。他们不仅担心土耳其将成为欧盟中人口最多的国家，而且还忧虑土耳其的穆斯林文化将从根本上改变欧盟的特色、政策和身份。

二、欧洲国家政府推动穆斯林移民融合的困难

作为欧洲国家的一项范围广泛的公共政策，融合少数族裔的目的是要保证外来移民和其他少数民族能够充分参与居住国的经济、社会、文化和公民生活。然而，欧洲国家采取的各种不同方式，似乎并未能阻止欧洲国家社会内部平行社会的出现和发展。在这些以种族群体为特征的平行社会中，穆斯林以其独特的种族、语言和宗教，在国家主流社会之外发挥的影响和作用尤其明显。例如，很多欧洲穆斯林居住在几乎完全是穆斯林组成的社区中，其中绝大多数人处于贫穷和失业状态，还有很多人被关过监狱。2005年和2007年法国爆发大规模骚乱之后，欧洲国家社会内部的紧张关系也进一步加剧。面对大多数骚乱者都是穆斯林的事实，很多人都意识到缺乏经济和社会向上发展的机会是穆斯林参与动乱背后的关键，而并非仅仅是出于宗教原因。另一方面，欧洲国家内部包括穆斯林在内的种族和宗教少数群体都感到，他们由于宗教原因而受到欧洲主流社会在文化上的排斥和歧视。例如，很多穆斯林认为，欧洲国家2005—2006年出版的一些报纸上，那些讽刺穆罕穆德的漫画就是对穆斯林的一种严重冒犯。但欧洲国家的本土民众则认为，自由表达的权利应该得到最高的尊重。正是由于欧洲国家民众并不关注这些漫画对于

伊斯兰价值观和信仰造成的危害，因此这些漫画引起了多个欧洲城市穆斯林的抗议，甚至最终引发了2015年法国《查理周刊》的恐怖主义袭击事件。

进入21世纪后，随着2004年马德里爆炸案、2005年伦敦爆炸案以及2004年梵高谋杀案的发生，欧洲原来流行的多元文化观念遭到了欧洲国家一些政府官员和社会评论家的强烈批评。他们宣称，多元文化作为政府的政策已经完全失败。此后，欧洲国家一些关键性领导人，诸如英国首相卡梅伦、法国总统萨科齐、德国总理默克尔等人，都公开表示赞同这种观点。同时，一些社会评论家还指出，多元文化主义作为一种政府政策的原则，其实早已被大多数国家抛弃。因为这种政策的结果，就是容忍外来移民或是少数族群可以脱离欧洲主流社会而离群索居。尽管过去十多年来，欧洲国家政府采取了大量措施，努力推动穆斯林群体与主流社会的融合。另外，也有一些分析家认为，卡梅伦、默克尔和萨科齐等欧洲国家领导人关于多元文化主义已经失败的政治言论，不过是为了阻止极右翼政治势力发起的挑战。与此同时，专家们还意识到，一些欧洲国家长期以来对于移民融合问题一直采取一种"放任自流"的态度，对此造成的结果也表现得漠不关心。从很大程度上来说，这些国家政府关注的问题主要是促进宽容和避免歧视，并向这些少数群体灌输一种国家认同和共同价值观意识，而不是关注他们在社会经济方面的不利处境。还有些则认为，欧洲的穆斯林始终抗拒融合，他们宁可生活在分离和平行的社区中。① 因此，尽管欧洲国家从一开始就认识到社会融合是一种比打击恐怖主义更加重要的社会需求，但这些国家主要还是在遭受了过去十多年来欧洲本土遭受的恐怖主义攻击之后，才促使这些国家政府真正开始采取措施来促进穆斯林参与欧洲的政治、社会和经济生活。

近年来，欧洲国家政府采取了多项措施来促进社会融合，尤其是穆

---

① Richard Bernstein, "A Continent Watching Anxiously Over the Melting Pot," *New York Times*, December 15, 2004.

斯林群体与欧洲主流社会的融合。欧洲国家政府采取的措施包括制定新的公民法律，明确对移民掌握居住国语言的要求，塑造移民对居住国的身份认同，促进穆斯林社区和主流社会的对话，推动穆斯林群体更大程度的政治参与，为穆斯林社区培养那些在居住国出生或长大、更加熟悉欧洲文化传统的伊斯兰教神职人员，为穆斯林群体提供更多的教育和就业机会，制止主流社会中的种族主义和种族歧视。不过，欧洲国家为此采取或者正在探讨的一些措施也引起了争议。其中最具影响的是法国通过立法禁止妇女在公共场合穿戴面纱或在公立学校穿戴头巾，还有比利时、西班牙和意大利等国家一些地方政府对伊斯兰服饰颁发的禁令。那些支持采取这些限制措施的人认为，这是一种鼓励不同宗教群体世俗化和减少社会紧张关系的手段。但反对者则认为，这些针对伊斯兰服饰的禁令不仅违反基本人权，而且还会增加穆斯林的疏离感。同样，很多评论者也指出，2009年11月29日瑞士全民公决通过的在全国范围内禁止建造清真寺尖塔的禁令，其结果将会适得其反，因为这会成为瑞士社会不接受穆斯林的信号。尽管瑞士政府并不赞同禁止建造清真寺尖塔的禁令，但这一禁令却受到极右翼的瑞士人民党支持。支持者强调，这项禁令并非寻求剥夺穆斯林的宗教信仰自由，只是要求瑞士穆斯林应该融入瑞士的文化和习惯，而不是坚持自己的宗教文化习俗。另外，很多欧洲国家政府一方面鼓励与穆斯林群体对话和扩大穆斯林的政治参与，但另一方面却无法确定应该和什么样类型的伊斯兰组织接触。一些分析人士认为，政府和那些在神学上较为保守的穆斯林组织合作更为恰当，因为这类组织在关键性的穆斯林选区中更加稳固。但另一些分析家则认为，欧洲国家政府应该和那些较为温和的穆斯林团体合作，因为这些团体更愿意让伊斯兰宗教文化与欧洲社会的主流政治价值融合。

三、欧洲国家政府对伊斯兰暴力极端主义的担忧

尽管任何欧洲国家政府都不可能认为大多数穆斯林民众参与了极端主义行动，但在欧洲国家内部，伊斯兰极端主义分子和鼓吹暴力的极端

主义团体也的确存在。不仅如此，这些代表欧洲伊斯兰极端主义的激进分子，和中东以及其他地区的恐怖主义组织也有着联系。事实证明，德国和西班牙正是2001年攻击美国的"9·11"恐怖主义行动的后勤和策划基地。伦敦那些激进的清真寺，则显然向"9·11"事件中的第20名劫机者穆萨维以及2001年12月22日试图在巴黎飞往美国的一架美国客机上发动"皮鞋炸弹"攻击的里德等人灌输过伊斯兰极端主义思想。近年来，那些前往巴基斯坦的英国穆斯林中，有些人很可能在那里接受了恐怖主义训练。

"9·11"事件以后，曾经有多名拥有欧洲国家公民身份或居住权的伊斯兰极端分子在欧洲内部进行过或试图进行恐怖主义攻击。这些行动虽然都是他们自己发动的，但其中很多行动中的行动者都接受过海外恐怖主义训练，并且得到了外来伊斯兰极端势力的支持。例如，2004年导致192人死亡的马德里爆炸案就是一群北非移民所为。这些人大多是西班牙的摩洛哥移民，其中有些人和摩洛哥一个附属于"基地"组织的恐怖主义团体有联系。另外，在2005年导致52人死亡的伦敦爆炸案中，4名参与者中有3人是在英国本土生长的第二代移民，但他们都受到过外来伊斯兰极端主义思想的影响。此后，还发生过一系列受到外来伊斯兰极端主义势力影响的欧洲公民或居民发动的恐怖主义攻击事件。2006年一个英国穆斯林恐怖主义团体，试图在英国飞美国的航班上用液体炸药引爆飞机；2007年3名德国公民和一名土耳其移民阴谋攻击美国军事和外交驻地；2010年12月一名伊拉克裔瑞典公民在斯德哥尔摩发动汽车炸弹自杀式袭击，造成2人受伤和袭击者自己死亡；2011年3月德国法兰克福机场一名来自科索沃的移民向一辆载有美军士兵的公共汽车开火，造成2人死亡2人重伤；2015年1月7日，巴黎《查理周刊》遭到袭击，造成12人死亡；2015年11月14日，巴黎巴塔克兰剧院连环袭击案造成153人死亡。在最后这起恐怖主义袭击中，参与者都是法国和比利时出生的移民后代，但他们和当前危害最大的"伊斯兰国"有密切联系。

目前，在欧洲活动的伊斯兰极端主义分子，还和各种跨国性的伊斯兰极端主义组织有关联。这些组织包括"基地"组织及其分支、伊斯兰圣战联盟、哈马斯、真主党、安萨尔、索马里青年党、"伊斯兰国"（Isis）等。这些极端主义组织不但利用欧洲作为其资金募集和后勤补给基地，而且还招募欧洲国家的极端分子到世界各地参与恐怖主义活动。法国、德国、比利时、意大利和西班牙的执法机构都曾报告，他们一直在阻止伊斯兰极端主义组织招募欧洲青年前往阿富汗、伊拉克和叙利亚等冲突地区。尽管"基地"组织领导人本·拉登2011年5月已在巴基斯坦被击毙，但很多反恐专家还是发现"基地"组织在继续招募欧洲人参与恐怖主义活动。目前最为突出的是，在叙利亚和伊拉克兴起的"伊斯兰国"，已经从欧洲地区招募了成千上万的激进分子。另外应该指出的是，这些和伊斯兰极端组织有着共同信念的伊斯兰极端主义分子不仅存在于欧洲，美国反恐机构近年来也发现和逮捕了一些具有伊斯兰极端主义信念的美国公民。对于这种情况，一些人再次提出主要是欧洲国家未能让穆斯林群体充分融入欧洲国家主流社会，因而导致一些欧洲穆斯林很容易受到极端主义意识形态的影响。另一些人还认为，欧洲穆斯林青年，特别是第二或第三代穆斯林移民，总是感到欧洲社会并未充分接受他们，而且剥夺了他们的公民权利或是被疏离，因而转向伊斯兰作为他们文化身份标志。相比之下，这些激进的穆斯林青年最容易受到宣扬伊斯兰极端主义的穆斯林教士或是倡导伊斯兰原教旨主义的青年团体的影响，从而走向激进主义甚至恐怖主义。

另外，信息技术和互联网的发展，也加强了伊斯兰极端主义传播其意识形态的能力，特别是在针对那些技术阶层的穆斯林青年。因此，很多人认为社会融合问题并非欧洲穆斯林群体中伊斯兰暴力极端主义产生的唯一原因。实际上，每个极端主义分子走向极端主义的过程并不相同。那些在欧洲或是欧洲以外策划和发动恐怖主义攻击的欧洲穆斯林极端主义分子，很多人看来都似乎与欧洲主流社会高度融合。他们通常接受过良好教育，而且经济上也很富足。这些来自欧洲的伊斯兰极端主义分子常常宣称，他们和阿富汗、伊拉克、叙利亚、以色列占领的巴勒斯坦地区、车臣以及其他地区的穆斯林有着共同的事业。

这种观点导致他们把欧洲国家政府"打击恐怖主义的战争"理解为"针对伊斯兰的战争",并认为欧洲国家政府的外交政策中包含了不公正的双重标准,特别是过去十多年来欧洲国家政府对于美国在中东地区领导的军事行动的支持。还有一些例证表明,那些在宗教上皈依伊斯兰教的欧洲本土人士更有可能走向伊斯兰极端主义,因为他们错误地希望按照他们对于这种新信仰的理解来证明他们自己的信念。例如,2005年一名比利时女性皈依伊斯兰以后,在伊拉克试图用自杀式攻击袭击美军时引爆炸弹身亡。①

为了应对伊斯兰极端主义的恐怖主义威胁,欧洲国家政府除了加大力度促使穆斯林群体与主流社会融合外,还不断加强法律实施和安全措施来预防和制止恐怖主义攻击。同时,欧洲国家政府还通过改革移民政策和难民庇护政策,来打击伊斯兰恐怖主义和阻止伊斯兰极端主义势力发展。例如,英国和法国的安全部门近年来都加强了对清真寺的监控;德国则修改法律,允许行政当局对宗教团体进行调查并查禁了一些穆斯林组织;法国和意大利还以仇视和憎恨欧洲主流文化为由驱逐了一些穆斯林教士。另外,早在2005年伦敦爆炸案后,英国就通过了一些法案,确定宣扬恐怖主义,包括通过互联网传播恐怖主义为犯罪行为,并授权政府有权查禁那些美化恐怖主义的组织和团体,而且可以拒绝和驱逐那些煽动仇恨的外籍人士。同时,一些欧洲国家还制订了计划,训练当地的社区警察如何及时发现极端主义活动的迹象,并在监狱体系中阻止和打击极端主义传播。不过,欧洲国家在寻求加强打击暴力极端主义和恐怖主义时,也遇到了一系列挑战。其中最为敏感的问题是,欧洲国家政府必须处理好打击暴力极端主义和恐怖主义以及维护公民自由之间的平衡问题。一些欧洲国家政府官员担心,那些用来打击恐怖主义的遏制手段,诸如警察的盘查政策可能会从心理上削弱推动穆斯林融合的努力。特别是如果欧洲穆斯林群体发现这些政策运用不公,或是主要针对穆斯林的话,这种结果将会更加严重。

---

① "Identity Crisis: Old Europe Meets New Islam", *Frontline*, January 25, 2005.

第二节　欧盟推动穆斯林移民融合的努力

长期以来，穆斯林就是欧洲社会的一部分，对欧洲的政治、经济和社会发展做出了自己的贡献。很多世纪以来，穆斯林就居住在欧洲各地，包括波罗的海沿岸、巴尔干半岛、伊比利亚半岛、塞浦路斯和西西里等地。近年来，欧盟国家主要大城市中居住的穆斯林，大多是在20世纪60年代欧洲经济繁荣时期来到这里的劳工移民以及他们的后代。对于其中一些国家来说，与殖民地之间的历史联系对于穆斯林移民的迁移也发挥了重要作用。在法国，移民大多来自法国在马格里布地区的前殖民地和委任托管地，尤其是阿尔及利亚、摩洛哥和突尼斯。在荷兰，穆斯林主要来自其前殖民地，也就是现在的印度尼西亚。在英国，穆斯林移民则主要来自巴基斯坦和孟加拉。自从20世纪80年代以来，来自中东的穆斯林作为难民和寻求政治庇护的人数不断增长，他们主要来自伊朗、伊拉克和土耳其。20世纪90年代后，穆斯林难民主要来自巴尔干地区、北非和撒哈拉沙漠以南地区。最近几年，穆斯林移民则主要以难民身份，来自中东和北非的冲突战乱地区。与此同时，穆斯林移民还以学生、专业人士和投资者的身份进入欧洲。目前，欧盟地区的穆斯林人数并没有可靠的数据。各种估计之间自然也存在差异，因为各种机构对于穆斯林移民的身份往往采用不同的定义。2006年，欧盟种族主义和仇外心理监控中心估计，欧盟地区至少有1300万穆斯林，占欧盟总人口的5%。[①] 有些机构还估计，欧盟地区穆斯林人口的数量到2025年会增加一倍。[②] 在罗马尼亚和保加利亚加入欧盟后，欧盟地区穆斯林的人数又有了进一步增加。如果当前所有申请加入欧盟的国家都能进入欧盟，穆斯林

---

① EUMC, *Muslims in the EU: Discrimination and Islamophobia*, Vienna, 2006, http://www.salaam.co.uk/muslimsinbritain/? p=2567.

② US National Intelligence Council, *Mapping the Global Future*, 2005, http://www.foia.cia.gov/2020/2020.pdf.

的人数将更加可观。目前，中东地区连年不断的冲突，正在导致大量新的穆斯林难民涌入欧盟地区。目前，很多穆斯林移民已经成为欧盟国家公民，但还有大批穆斯林移民依旧是以第三国侨民的身份居住在欧盟地区。

一、欧盟推动穆斯林移民融合的过程

从某种意义来说，欧洲社会对待穆斯林的普遍歧视态度，其实就是欧洲战后针对非西方移民的"普遍反移民"歧视的一部分。这种歧视"也是欧洲社会过去几十年来对外来移民固有成见生成发展的结果"。[①] 尽管有人将欧洲社会对穆斯林的普遍歧视，归咎于伊斯兰极端主义势力对美国发动恐怖主义袭击的"9·11"事件，但"欧洲价值观调查"1999—2000 年发表的研究报告表明，早在 2001 年 9 月 11 日之前，整个欧洲反穆斯林的偏见已经超过了反移民的偏见。分析表明，这种偏见并不关乎经济方面的贫困，并且会随着移民教育程度的提高而降低。[②] "欧洲价值观研究"的分析还发现，尽管欧洲社会对于穆斯林的偏见已经超过了对于一般移民的偏见，但这种偏见和对一般移民的偏见属于同种类型。这意味着，那些致力于解决人种和种族偏见的政策，也有助于降低对穆斯林偏见的程度。

多年来，那些在欧盟层面上设计的社会融入政策的发展，还涉及到欧洲社会对于种族和宗教多元化的理解。2003 年，"欧洲晴雨表"在其调查中对受访者询问的问题就是，他们是否赞同任何社会都应该由来自不同人种、宗教和文化的人来构成，或是赞同一个国家如果强调人种、宗教和文化而形成的多样性，会加强这个国家实力的说法。对于受访者对这两个问题的回答所做的分析表明，欧洲各地大约 1/4 的受访者反对多元文化社会，也就是不赞同种族、宗教和文化多样性能够对一个社会

[①] Zan Strabac and Ola Listung, "Anti-Muslim prejudice in Europe: A multilevel analysis of survey data from 30 countries", *Social Science Research* 37, 2008, p. 274.

[②] Strabac & Listung, "Anti-Muslim prejudice", p. 279.

的发展发挥积极作用。① 在开放社会研究所的调查中，这个比例在欧盟各国同样存在明显差异。比利时的受访者中37%的人反对多元文化社会；德国的受访者中34%表示反对。相比之下，丹麦、法国和荷兰的受访者中，反对人数为22%；英国的反对人数是20%，大约占1/5。瑞典受访者中，反对人数的比例最低，只有13%。② 从数字上看，欧盟各成员国受访者中反对多元文化社会的虽然只是少数，但德国、比利时、荷兰以及丹麦的受访者中，55%的人表示只能有限度地接受多元文化社会。只有在瑞典的受访者中，持这种观点的人不到一半，大约为40%。"欧洲晴雨表"的调查还发现，从1997—2003年，受访者中赞同多元文化社会的人数比例有了较大程度的增长。

另外，"欧洲社会调查"的数据分析也表明，在解释不同国家对于移民态度的差异问题上，国家认同的观点比这个国家的移民人口规模或是这个国家的经济环境更为重要。③ 一般来说，对穆斯林的偏见在很大程度上反映的，是把穆斯林视为一种文化威胁，或至少是认为他们在文化上和普通民众存在差异。就此而言，民族国家有关文化认同的思想对于构成民众对于移民的观点具有重要作用。"民众对于文化统一的普遍倾向性，会强有力地影响到他们对于移民的态度，尽管精英阶层常常会赞扬由于移民而形成的多元文化社会。"④ 因此，要形成对移民的积极态度，就必须重新构建国家认同的内涵。

为此，欧盟2007年12月以《欧盟宪法条约》为基础制定的《里斯本条约》，提出了一个代表欧盟价值观的更加明确的观念。这个观念强

---

① European Union Monitoring Centre on Racism and Xenophobia (EUMC), *Majorities'Attitudes towards Minorities: key findings from the Eurobarometer and the European Social Survey*, Summary, Vienna, 2005, p. 12.

② European Union Monitoring Centre on Racism and Xenophobia (EUMC), *Majorities'Attitudes towards Minorities: key findings from the Eurobarometer and the European Social Survey*, Summary, Vienna, 2005, p. 29.

③ John Sides and Jack Citrin, "European Opinion About Immigration: The Role of Identities, Interests and Information", *British Journal of Political Science*, 37, 2007, p. 477.

④ John Sides and Jack Citrin, "European Opinion About Immigration: The Role of Identities, Interests and Information", *British Journal of Political Science*, 37, 2007, p. 488.

调欧盟的价值观应建立在尊重个人尊严、自由、民主、平等、法制以及人权的基础之上。同时,这个观念还强调,人权应当包括少数群体的个人权利,并把多元主义、反对歧视和宽容作为在整个欧盟内普遍遵循的价值观的核心。①

为了实现欧盟这种普遍的价值观,欧盟就必须让在其范围内的穆斯林能够在经济和文化方面融入当地社会并进行积极的政治参与。这种融入和参与涉及的领域极其广泛,包括在教育、就业、医疗、住房和政治参与中平等和不受歧视的地位。欧盟作为一个区域性组织,虽然没有直接能力来处理这方面的问题,但却可以构建、支持和协助其成员国的决策者、执行者以及公民社会采取行动,并让他们分享有效的实践方式。对于欧盟自身来说,穆斯林移民的社会融入工作也涉及到欧盟一系列不同的理事会。其中,社会融入与就业有关,因此要求就业、社会事务及平等机会最高理事会要处理好有关就业歧视的问题。教育和文化最高理事会的工作,主要就是推动穆斯林移民的教育工作以及跨文化对话。健康医疗问题涉及面更加普遍,主要由健康和消费保护最高理事会负责处理。区域政策最高理事会分管广泛的城市发展工作,包括住房、城市美化以及可持续再生等方面。不过,在欧盟制定的大量融合政策和措施中,这些政策措施和目标主要还是针对所有的少数族裔,而不仅仅是宗教方面的少数群体。实际上,穆斯林移民作为欧盟国家侨民,同时也属于少数族裔群体,应该包含在那些有关少数族裔政策的范围之内。

另外,从欧盟的角度来说,移民身份的区别只能以法律身份为基础,也就是欧盟国家公民或非欧盟国家公民。因此,欧盟针对非欧盟国家公民的政策对于穆斯林移民来说非常重要。因为生活在欧盟国家的穆斯林移民,至少有1/3是非欧盟国家公民。② 在这方面,欧盟的"正义、自

---

① Treaty on European Union and the Treaty on the Functioning of the European Union (2008/C 115/01), article 2, http://eur-lex. europa. eu/LexUriServ/LexUriServ. do? uri = OJ: C: 2008: 115: 0001: 01: EN: HTML.

② EU Commission, Third Annual Report on Migration and Integration, 2007, http://eur-lex. europa. eu/Notice. do? al = 455275: cs.

由和安全最高理事会",主要负责移民问题,并负责制定关于移民和难民庇护的公共政策。因此,"正义、自由和安全最高理事会"实际上承担了推动对于这些非欧盟国家公民的移民进行融合的领导工作。同时,其工作的范围不仅包含所有非欧盟国家公民的移民,而且还包含那些已经成为欧盟公民的移民的后代。

除了欧盟委员会下属的各个理事会外,欧盟还把移民融合作为欧盟部长级会议优先关注和讨论的问题。欧盟第一次讨论移民融合问题的部长会议,于2004年11月在荷兰的格罗宁根举行。会议由荷兰总统主持。会议的结果导致欧盟司法和内政事务委员会于2004年11月19日采纳了有关融合的共同原则。2007年5月,德国总统主持召开了有关移民融合问题的第二次部长会议。这次会议提出,应该考虑把跨文化对话作为加强移民融合的途径。2008年11月,讨论移民融合的第三次部长会议在法国维希召开,由法国总统主持。会议的最后宣言确定了六个优先采取行动的领域,包括推动欧盟基本价值观,加快融合进程,推动就业和促进多元化,推动妇女融合和儿童教育,通过跨文化对话推动融合,加强融合政策治理等。[1]

实际上,欧盟1997年10月签署的《阿姆斯特丹条约》,就已经将有关移民和庇护政策的条款,从政府间关系的第三项移到了作为联盟支柱的有关共同社会的第一项。其管辖部门属于"正义、自由和安全最高理事会",从而在很大程度上推动了欧盟移民政策的进一步协调。不过,有关移民政策的决策最初还是根据《马斯特里赫特条约》。在这一条约中,移民问题被置于所谓第三支柱的司法与内政事务之中。《阿姆斯特丹条约》被批准后,欧盟1999年10月在芬兰的坦普雷专门召开了一次讨论移民问题的欧洲理事会会议。坦普雷首脑会议有关移民问题的决议,虽然主要是为了应对公众对非法移民的关注,但也指出

---

[1] European Ministerial Conference on Integration, *Declaration approved by the representatives of the Member States*, Vichy, 3 and 4 November 2008, http://www.ue2008.fr/webdav/site/PFUE/shared/import/1103_ Ministerielle_ Integration/conference_ integration_ 041108_ Final_ declaration_ EN. pdf.

了必须制定共同措施来处理那些非欧盟国家公民的移民在欧盟国家合法居住的问题。① 理事会还表示，要公平对待所有非欧盟国家公民，并将其作为欧盟处理移民和被庇护者的共同政策中的四项原则之一。不仅如此，理事会决议还提出要把公平对待非欧盟国家公民和建立更有活力的移民政策作为一种双向措施联系起来。这一方面要给予非欧盟国家公民与欧盟国家公民相似的权利和义务，另一方面也要采取措施来打击对非欧盟国家公民的歧视。② 为了实现前一个目标，理事会决议要求所有成员国给予那些已经拥有长期合法居住权的非欧盟国家公民与欧盟国家公民尽可能完全相同的全部权利，包括社区居住、接受教育、获得雇佣和自由职业的权利。理事会还提出，要尽快让拥有长期合法居留权的第三国侨民，有机会获得他们居住的欧盟成员国的国籍。③ 不过，这些被称为"坦普雷最大胆宣言"所做的承诺，目前依然还在逐步兑现过程之中。④

令人遗憾的是，坦普雷峰会之后，欧盟成员国实施各项关于公平对待非欧盟国家公民的行动一直进展缓慢。直到2003年，欧盟成员国才开始逐步实行最终决议中的规定，承认这些获得长期居留权的移民拥有家庭团聚以及在成员国之间自由迁徙的权利。其实，决议中的有关条款，主要还是指融合方式，就是保证移民获得安全的合法地位、明确的居民权利和公正的平等待遇等，这些对于移民融合都具有重要意义。在欧盟理事会最终成立关于移民、融合和就业的通讯机构之后，理事会才意识到其共同庇护和移民政策的四个基础中，公平对待非欧

---

① Tampere European Council, Presidency Conclusions, para. 4, 15 and 16 October 1999, http://www.europarl.europa.eu/summits/tam_en.htm.

② Tampere European Council, Presidency Conclusions, para. 18, 15 and 16 October 1999, http://www.europarl.europa.eu/summits/tam_en.htm.

③ Tampere European Council, Presidency Conclusions, para. 21, 15 and 16 October 1999, http://www.europarl.europa.eu/summits/tam_en.htm.

④ Pco Hansen, *A Superabundance of Contradictions: The European Union's Post-Amsterdam Policies on Migrant 'Integration', Labour Immigration, Asylum and Illegal Immigration*, Norrköping, Linköping University Centre for Ethnic and Urban Studies, 2005, http://www.temaasyl.se/Documents/Forskning/Peo%20Hansen%20A%20Superabundance%20of%20Contradictions.pdf.

盟国家公民的承诺可能最难以实施。然而，平等对待非欧盟国家公民的要求，无论如何必须成为有关庇护和移民融合的共同政策，这也是《欧盟运行条约》经过《里斯本条约》修订后的第67条和第79条的规定。《里斯本条约》规定，欧盟有权通过多数决定来建立共同的移民政策。这项政策包括移民进入欧盟和在欧盟成员国居留的要求、移民获得成员国长期签证和居留许可的标准、移民申请家庭团聚的条件等。同时，这里还包括对于合法居住在成员国的第三国侨民的权利的规定，还有这些居民在其他成员国自由迁徙的条件。此外，条约还规定，欧洲议会和欧盟理事会能够采取措施，对成员国提供居住在其国内的第三国侨民的融合的激励和支持。

在积极致力于促进非欧盟国家公民和欧盟国家公民享有平等权利的同时，欧盟委员会很快又提出了一项更为广泛全面处理融合问题的措施。2003年，委员会的移民、融合和就业通讯强调，要在更加广泛的领域采取融合行动，其中不仅涉及经济和社会方面的融合，而且还关系到文化和宗教多元化、公民身份、政治参与和公民权利等诸多方面。欧盟委员会此时意识到，移民的成功融合既是建立社会凝聚力的需要，也是提高欧盟成员国经济效率的先决条件。为此，欧盟委员会不仅指出了融合涉及的这两个方面所具有的重要意义，而且还界定了融合的内涵并确定了融合政策的目标群体。对于融合的内涵，欧盟委员会将其明确界定为："建立在第三国侨民与提供移民充分参与居住国社会的权利和义务相互作用基础之上的双向过程"。此后，融合作为一种"双向过程"的说法也逐步成为欧盟政策表述中的常用话语。① 不仅如此，通过双向过程相互协调的做法，也有助于消除双方关系中的权力不平等问题。这就是说，"接受移民的社会的制度结构及其对新移民做出的回应，对于这种双向过程的结果具有更大的决定性，而融合政策正是一个社会在制度安排方

---

① For example, 2003 Thessaloniki European Council defined integration "…as a continuous, two way process based on mutual rights and corresponding obligations of legally residing third country nationals and the host societies" Presidency Conclusions, 19 – 20 June 2003, Bulletin EU 6 – 2003, Conclusion 31.

面的重要组成部分。由于这些政策都是接受移民社会中多数人通过政治方式所确定的,因而必然存在某种倾向于其中一方的固有危险。因为这种政策代表的只是这个社会的预期,而并不是建立在这个社会和移民群体经过协商并达成一致的基础之上"。①

因此,委员会通讯中关于"双向过程"意义的解释也引来了很多批评。不过,通讯也强调,这种双向融合的过程涉及到接受移民社会的两种责任:一方面是要确保这个权利结构能够提供移民在经济、社会、文化和公民生活方面的参与;另一方面则是要求移民尊重居住国的基本规范和价值观,并积极参与融合进程。对此,汉森认为,问题一旦涉及到原则和价值观,双向过程马上就会变成一种令人担忧的单向过程,而融合基本上就变成了移民必须单方面适应的单一义务。为此,他得出的结论是:"融合政策的最终成功和失败,依然取决于移民本身的道德程度,还有他们愿意融合的意愿强度,再加上他们适应某种规定的文化和公民价值观的能力"。②

另外,委员会通讯中关于非欧盟国家公民与居住国社会之间融合的双向过程的确定,也表明了非欧盟国家公民是融合政策关注的主要对象。对此,委员会明确规定了那些能够从融合措施中受惠的目标群体的范围。这主要包括劳工移民、经准许与家庭团聚的家庭成员、难民以及享受国际社会保护的人员。但有关条文也意识到,融合还涉及到移民的第二代和第三代,也就是那些在欧盟国家出生的移民子女。2003年6月,欧盟理事会在希腊塞萨洛尼基召开的会议上,对委员会通讯采取的措施给予认可。理事会还要求委员会通讯"提交一份关于欧洲移民和融合的年度报告,以便建立欧盟范围内的移民数据以及加强移民和融合政策的实施"。③ 理事会还要求,在共同基础原则达成一致的基础上,尽快建立欧

---

① R. Penninx, "Element for an EU framework for integration policies for immigrants" in Sussmuth and Weidenfeld (eds.), *The European Union's Responsibilities Towards Immigrants*, Washington DC: Migration Policy Institute, 2005.

② Hansen, A Superabundance of Contradictions.

③ Thessaloniki European Council Conclusions, para 33, http://www.defense-aerospace.com/articles-view/verbatim/4/16002/european-council-on-defense-and-security.html.

盟关于非欧盟国家公民融合的具体机制。①

二、欧盟融合穆斯林移民的政策原则

2004年11月，欧盟25个成员国在达成加强欧盟内部安全与司法建设的共识基础上，制定了《海牙计划》，并被欧洲理事会采纳。② 这项计划要求成员国采取强有力的措施来强化公民自由与安全，在2010年前出台共同移民和避难政策，还要建立遣返基金和巩固边防设施。同时，《海牙计划》还要求欧盟有关融合政策的发展应建立在一个基于共同基本原则基础的框架之内。为此，理事会确立了一系列共同基本原则，作为欧盟成员国融合移民政策的依据。尽管这些共同基本原则对于成员国并不具有强制约束力，但这些原则还是为欧盟成员国的融合政策提供了基石。

1. 共同基本原则

具体来说，欧盟有关移民融合的共同基本原则共有11条：（1）融合是成员国所有移民和居民之间相互协调的一种动态的、双向过程。（2）融合意味着尊重欧盟地区的基本价值观。（3）就业是融合过程中的关键部分，也是移民在社会参与中最重要的部分。就业作为移民对居住国所做的贡献，这种贡献是显而易见的。（4）了解居住国社会的语言、历史和政治制度是融合过程中不可缺少的，移民掌握这些基本知识是融合成功的基本要求。（5）教育方面的努力是移民融合的关键，特别是要让移民的后代更加主动地参与居住国的社会生活。（6）通过与居住国公民平等并且无歧视的方式，让移民参与各种社会体系以及各种公共和私人服务，是实现成功融合的重要途径。（7）移民与成员国公民的交往是融合的基本机制。建立共同的论坛，加强文化间的对话，推广移民文化

---

① Thessaloniki European Council Conclusions, para 31, http://www.defense-aerospace.com/articles-view/verbatim/4/16002/european-council-on-defense-and-security.html.

② Endorsed by the November 2004 European Council. Justice and Home Affairs, 2, 618th Council Meeting, Council Conclusions, preamble to CBP para. 6.

教育，改善城市居住条件，都有利于扩大移民和成员国公民之间的交往。（8）多元文化和多元宗教受到《基本权利宪章》保护，因此必须加以维护，除非这种宗教行为与其他那些不可侵犯的欧洲权利或是国家法律相冲突。（9）移民应参与民主化进程以及融合政策和措施规划，特别是各成员国的地方政府要支持移民融合。（10）欧盟不同层次政府和公共服务机构在政策制定中，融合政策和措施应考虑作为公共政策加以制定和实施。（11）制定明确的目标和建立解释和评估机制，对于调整政策、评价融合进展和推动信息交换将会更加有效，而且也必不可少。[①]

作为欧盟对移民融合政策的基础，共同基本原则一方面呼吁欧盟成员国在就业、教育、慈善服务、住房、城市政策以及公民政治参与等广泛领域采取行动，另一方面还强调欧盟国社会应对融合的内涵进行调整。第一，欧盟地区的所有个人，并非仅仅是移民需要更多了解他们；应该做出的努力和采取的行动，这个双向过程是欧盟成员国所有居民和移民之间的一种相互协调。不仅如此，对融合的参与不仅是移民和他们的后代，而且也包括接受移民社会的每个居民。因此，他们应该做出同样的努力，为移民创造充分的机会让他们参与经济、社会、文化和政治。第二，在价值观问题上，共同基本原则使用的语言更为温和。原来所说的移民必须"尊重居住国社会的基本规范和价值观"的说法，被"融合意味着需要尊重联盟的价值观"这样的表述所取代。其附件对此所做的解释中，也更加明确地提出欧盟所有居民都应接受和坚持其价值观。第三，共同基本原则还指出，融合政策需要确定更多的目标，制定更加完善的制度，采取更加具体的措施，以便采用不同的方式来对待不同的移民群体。在共同基本原则的序言中，欧盟理事会已经明确表明融合政策应该针对不同的对象：从临时工人，到永久居民以及移民子女；从那些等待和已定居的家庭团聚的个人，到那些已经获得公民身份的第三国侨民；从那些具有高技术的难民，到那些缺少基本生存技能的个人。[②] 第四，

[①] （European Council, 2004）

[②] Justice and Home Affairs, 2, 618th Council Meeting, Council Conclusions, preamble to CBP para. 6.

共同基本原则还强调，融合政策的目标应该包括已经成为公民的移民以及第二代移民。为此，共同基本原则中删除了非欧盟国家公民的说法，代之以"移民"来指称。在共同基本原则中，始终强调这种观点，就是把欧盟公民与移民并列。这意味着，需要进一步细化那些包含在融合政策范围内的移民群体，并考虑针对他们的不同方式。

不过，共同基本原则在表述上还是存在一些问题。对此，马丁内洛教授指出，共同基本原则虽然有了积极的进步，但它还是继续把移民视为唯一需要通过融合来改造的群体。为此，他提议采用一种更加普遍的方式，来建立一个更加融合和更有内聚力的社会。他还提出，可以通过欧洲社会中的社会、经济、文化和政治的"公平参与"这个术语，来理解融合这个概念。在他看来，共同基本原则中问题最突出的是第二条和第七条。就第二条而言，其中提到的欧盟地区的价值观，其本身就存在很大争议。这就是说，移民的确应该遵守移居国家的法律和义务，但要求他们尊重那些内涵并不确定的价值观，则是一种有争议的表述。特别是，诸如"妇女的权利和平等以及信从和不信从某种宗教的自由权利"这类说法，还有其中提到的"合法的强制措施"等，都应该用法律和义务而不是价值观来加以表述。至于第七条原则，不过是一种程度很低的反歧视政策，应该通过现行的法律来加以替代。同时，这条原则也没有认识到，欧盟国家城市的种族聚集区会支持融合，并可以为种族融合、社会凝聚力构建以及社会流动提供空间。而这条原则却把"贫穷的城市地区"界定为缺少社会功能的移民居住区。[①]

由于第二条原则中涉及的欧洲价值观问题，欧盟一些成员国制定的公民入籍考试中显然表现出对伊斯兰文化的排斥。其中最有代表性的例证，就是德国巴登符腾堡州为公民入籍考试申请人编制的面谈指导。这个州所制定的考试规则中，对于有关问题的询问对象仅限于来自57个国家的申请人，这些国家都是穆斯林人口占主体。而这些问题则体现了问

---

① M. Martinello, *Towards a coherent approach to immigrant integration policy（ies）in the European Union*, 2008, http：//www.oecd.org/dataoecd/42/58/38295165.pdf.

题设计者的观念倾向，就是把伊斯兰文化视为包办婚姻、父权专制、反同性恋、穿戴面纱和恐怖主义。他们这种歧视性的看法中，还包含了"自由民主的社会秩序就是要反对特殊群体的价值观"的看法。然而，对于巴登符腾堡州政府来说，这些都是合理的观点。这意味着，所谓的"自由主义"价值观，就是排斥穆斯林这一特定群体的一种精心设计。[①]另外，共同基本原则中的第四条同样也引发了争议。这条原则强调，移民在融合过程中应该理解居住国社会的语言、历史和制度的重要性，但却没有提出也应该理解那些居住在欧盟成员国中，不同种族、宗教和文化群体对于现代欧洲社会发展所做的贡献。客观地说，正确认识穆斯林和其他少数群体为欧洲社会发展在经济、社会和文化方面做出的贡献，也是融合原则中的一个重要方面。

对于这些争议和批评，欧盟理事会2007年在卢森堡会议的决议中，再次明确强调移民的融合是"一种动态的双向过程，涉及到移民和居住国社会两个方面，而且双方都应承担责任"。同时，决议中还有一处重要的改变，强调实现成功融合政策和长期社会凝聚的重要挑战之一，就是要让居住国社会参与这一过程。另外，决议还要求所有社会群体以及国家机构、政党、媒体、企业和公民社会，都必须承担起融合过程的责任。另外，欧盟理事会对于价值观的概念，也做了更加中性的界定，指出需要一种"共同认可的价值体系"来巩固融合的过程。[②] 与此同时，欧盟委员会关于移民和融合的第三份年度报告也承认，大多数成员国的融合战略都是指向移民，而且都"缺乏积极的举措来促使居住国民众加强他们适应多元化的能力"。[③] 为此，欧盟理事会2008年批准的《欧洲

---

① C. Joppe, "Beyond Nationals Models: Civic Integration Policies for Immigrants in Western Europe", *Western European Politics*, 30（1），2007, p.15.

② 2807th Justice and Home Affairs Council meeting, Luxembourg, 12 and 13 June 2007, para 2, http://www.consilium.europa.eu/ueDocs/cms_Data/docs/pressData/en/jha/94643.pdf.

③ Communication from the Commission to the Council, the European Parliament, the European Economic and Social Committee and the Committee of the Regions, *Third Annual Report On Migration And Integration*, Brussels, 11 September 2007, COM（2007）512 final, http://ec.europa.eu/justice_home/fsj/immigration/docs/com_2007_512_en.pdf.

移民和融合公约》中又有了一些明显的改变,强调在重视多种不同文化的同时,必须在移民的权利和责任之间保持平衡。移民的责任就是要遵守居住国的法律制度,并且还要尊重成员国和欧盟的同一性及其基本价值观,诸如人权、自由表达意见、民主、宽容、男女平等、儿童义务教育等。[1]

经过这些完善之后,共同基本原则虽然还有不尽如人意之处,但它还是提供了一个重要的框架,作为欧盟成员国以及成员国地方政府制定移民政策和推进融合措施的基础。2005 年,共同基本原则通过《融合共同议题通讯》,提出了一种"运作机制"。欧盟理事会最终决定推行共同基本原则表明,这一原则的作用是提供"可以用来判定和评估其努力的基本原则",以"协助成员国制定融合政策"。不过,共同基本原则虽然可以被成员国用来"确定优先顺序和进一步发展他们自己的重大目标",但每个成员国依旧有责任确定"这些原则是否有助于他们制定对目标群体进行融合的政策"。[2]

因此,欧盟理事会如果希望把共同基本原则建成一个总体框架,来制定包含整个欧洲的融合政策,还需要得到成员国地方政府的接受、理解和承认,特别是成员国各个城市和城市社区。[3] 作为全欧洲 130 个城市的组织机构的欧洲城市组织认为,欧盟委员会如果能够为各大城市及其组织机构建立一个咨询框架,就有可能推动城市的管理者和决策者在更大程度上接受共同基本原则。他们还提出,欧盟委员会应该在和地区区域管理部门的区域对话机制下,创建一个融合领域的部门对话机制来推动移民融合。[4] 在他们看来,欧盟委员会发展和深化共同基本原则的途径,只能通过发展那些在融合领域中具有更多共同经验和有效实践的机制来实现。

---

[1] Council of the European Union, *European Pact on Immigration and Asylum*, 24 September 2008, 13440/08.
[2] Justice and Home Affairs, 2618th Council Meeting, Council Conclusions, preamble to CBP.
[3] European Policy Centre, *An assessment of the CPB on integration the way forward*, 2005.
[4] Eurocities, *Response to the Communication on a Common Agenda for Integration*, 2006, http://www.eurocities.eu/uploads/load.php?file=EC_Response_integration-ADOS.pdf.

2. 共同基本原则基础上的融合措施

在共同基本原则基础上，欧盟理事会为推动移民融合采取的具体措施，首先就是积极支持成员国在移民融合方面的信息交换。实际上，早在2003年6月塞萨洛尼基会议的决议中，欧盟理事会已经明确表示支持成员国之间，通过移民融合手册这类出版物来交换信息和实践效果。2004年出版的移民融合手册第一卷中，主要涉及的是对新移民和难民的社会参与进行指导的有关实践。2007年出版的第二卷中，则更多关注移民与主流社会的融合过程中，住房问题和经济问题的处理机制。2010年出版的第三卷中，重点主要是移民青年、教育、劳工市场、公民身份、公众意识和授权、对话平台和合作机制等。此外，欧盟成员国之间交换信息和实践效果的另一种机制，就是有关移民融合问题进行交流的国家联络点。[1] 在欧盟层面上，国家联络点为成员国之间交流信息和实践效果提供了一个论坛。对此，欧洲城市组织也一直强调，要通过某种结构性的方式，把地方决策者的经验提交给国家联络点。围绕每个国家联络点，还建立了由地方和地方行政当局代表组成的参照组，其成员主要是城市行政机构、社会团体以及相关的非政府组织。[2]

欧盟国家之间除了国家联络点推动成员国政府决策者交换信息和实践效果外，还出现了一种让实践者交换信息的更加公开的论坛，这就是欧洲融合网站。网站建立的目的是促进融合实践者交流他们的最佳实践经验，其范围包括国家、区域和地方行政当局、公民社会组织以及地方实践者。另外，让成员国公民社会更大程度参与移民融合政策讨论的途径，还有欧洲融合论坛机制。这个机制是2009年发起建立的，目的是为公民社会的代表提供发表有关融合问题的声音，特别是那些涉及到欧盟关于移民融合的议题。同时，这种机制也是为了让欧盟委员会在有关融合问题的讨论中发挥前瞻性的作用。具体来说，这种机制的功用就是"使得欧洲的各种政府机构能够用更加广泛的方式来促进融合，并将这

---

[1] The network of National Contact Points on integration was set up by the Commission as a follow-up to the Justice and Home Affairs Council conclusions of October 2002 and endorsed by the Thessaloniki European Council conclusions in June 2003.

[2] Eurocities, *Response to the Communication on a Common Agenda for Integration*.

一进程扩展到各个层面和所有相关人群"。① 不过，移民融合作为公民社会的一种有效参与，还需要加强非政府组织以及其他公民社会组织参与欧盟移民融合政策的实施。②

除信息交换外，欧盟理事会推动移民融合的另一项措施就是提供资金援助。在移民融合所需要的资金方面，第三国侨民和欧洲融合准备行动基金作为欧盟委员会支持融合的财政工具，其主要目标就是支持非欧盟国家公民能够达到本地居民的生活条件以及融入欧洲社会的必要要求。不过，这项基金仅仅针对相关的非欧盟国家公民，难民则不包含在其中。欧盟委员会对于难民的融入过程的支持，主要是通过一个与此分开的欧洲难民基金。另外，非欧盟国家公民中也不包含那些非法入境的移民。然而，根据欧洲城市组织的经验，将欧洲移民严格限定为非欧盟国家公民会带来很多问题。这"主要是不能和其他欧盟资金结合使用，即使是为了社会融合。同时，也不能针对某个特定移民群体的具体要求采取任何措施，因而使得地方政府无法提供必要的支持。"③

从2007—2013年，第三国侨民和欧洲融合准备行动基金为移民融合提供的资金共计为8.25亿欧元。其中7.68亿欧元用于成员国之间根据合法居住的非欧盟国家公民的人数进行标准分配。剩下的7%，也就是大约5700万欧元，则作为共同体行动资金而加以保留。行动基金对于这些资金的使用，确定了三个优先目标。第一，是加强公众和移民的认知，促进人们对于融合过程更加广泛的理解；第二，是推动融合措施集中致力于年轻一代，并妥善处理不同性别的问题；第三，是促进公民社会组织发挥作用，并推动地方政府制定融合战略。④ 与此同时，行动基金还

---

① European Integration Forum Factsheet, http://www.europeanintegration.eu/files/Integration-Forum-Fact%20sheet-EN-web.pdf.
② Eurocities, *From Hague to Stockholm: Eurocities Analysis of the European Framework on Immigration, Asylum and Integration*, 2009.
③ Eurocities, *Eurocities'Analysis of the European Framework on Immigration, Asylum and Integration*.
④ Annual work programme 2009 of the Community actions of the European Fund for the Integration of third-country nationals, http://ec.europa.eu/justice_home/funding/integration/docs/awp_integration_2009_en.pdf.

提出了四个更加具体的目标：其一，是促进认识和了解移民对欧洲社会的贡献以及合法移民应享有的福利；其二，是推动公共机构处理涉及与移民相关的多元化问题的能力；其三，是消除移民获得合法权利的障碍并强化跨文化交流；其四，是促进在教育环境中对多元化的尊重，并对教师和父母提供支持。

欧盟理事会在推动融合的过程中，消除主流社会对外来移民的歧视也是其中的一个重要方面。欧盟理事会早在1999年召开的坦佩雷会议的决议中，就已经将反对歧视移民确定为有效融合政策的第二大要素。在法理上，《欧共体条约》第13条，也就是被《欧姆斯特丹条约》采纳后确定的《欧盟运作条约》第19条，也为欧盟理事会提供了法律依据来打击对于性别、人种或种族、宗教或信仰、残疾、年龄或性取向的歧视行为。2000年，欧盟针对歧视移民的行为发布了两项指令，并强调这种对移民的歧视会破坏《欧共体条约》实现的目标，包括维护经济和社会的融合和团结。

具体来说，欧盟发布的第一条指令主要是禁止在就业、教育、住房、社会保障、获取商品和服务方面因人种或种族的歧视行为，故又称为"种族指令"。① 不过，这条指令并未将国籍歧视包含在内。另外，有关非欧盟国家公民入境和居住的条件也未包括在内。只是强调种族歧视会妨碍欧盟建立"一个自由、安全和公正的地区"的努力，而这个地区将"保证每个人无论人种和种族背景都可以参与其中的民主和宽容社会的发展"。② 第二条指令主要涉及到宗教信仰、残疾、年龄和性取向的歧视，但其范围仅限于就业方面，因此又称为"就业指令"。③ 欧盟理事会2008年发布的这条新指令，主要是为了保证任何人无论宗教信仰、残疾、年龄和性取向，都能在就业方面得到平等对待。这项指令发布后，又进一步将反对就业方面的宗教信仰歧视，扩大到包括社会安全和卫生

---

① Directive 2000/43/EC OJ L 180/22, 19.7.2000.
② M. Bell, "Beyond European Labour Law? Reflections on the EU Racial Equality Directive" in *European Law Journal* 8, 2002, p.387.
③ Employment Directive.

保健在内的社会保护、社会福利、教育以及获取各种诸如住房和交通等福利和服务等各个方面。

经过多年的实践，欧盟下达的这些指令已经成为让穆斯林移民避免受到歧视的具有法律意义的保护机制。在"种族指令"和"就业指令"中，都包含了很大程度的实质性平等。[1] 首先，指令中解释了"平等对待"的内涵。同时，指令还要求政府采取的积极行动应该更加明确地和"在实践中保证充分平等"的目标结合起来。[2] 另外，这两条指令还要求欧盟成员国必须严格禁止对移民直接或间接的歧视，[3] 并且明确认定进行区分的做法也是歧视的一种形式。[4] 在这里，指令中包含的反对间接歧视的条款尤其重要，因为这样才能避免"那些明显的中性条款、标准或实践，可能把一个有着特定宗教或信仰的人置于一种和他人相比之下特别不利的环境之中"。[5] 因此，反对间接歧视的条款被视为"主要法律工具"，用来处理结构性的不平等问题。然而，实现结构改变的可能性依然被局限于某种标准、条款或是实践，而这些对于那些被保护群体的影响又是有差别的。因此，这些被保护群体依旧要通过客观的方式来证明其合理性。就是要证明这些措施追求的是合法目的，而且达到这些目的的方式也是适当和必须的。

此外，这种框架指令推动更深层次结构改变的可能性，也被局限于其关注的仅仅是个人遭受歧视的例证。而框架指令所采用的个人歧视例证，对于实现实质性的平等依然存在很大局限。其原因一般来说有四个方面：第一，过度依靠个人采取的行动，因而把过多的关注集中在个人资源和个人精力上。第二，歧视受害者引发的诉讼意味着，法庭的干预

---

[1] E. Holmes, "Anti-Discrimination Rights Without Equality", *Modern Law Review*, 68 (2), 2005.

[2] Race Directive, Article 5; Framework Directive, Article 7. See Perchal, "Equality of Treatment, Non-Discrimination and Social Policy: Achievements in Three Themes", *Common Market Law Review* 41, p. 533, 2004.

[3] Race Directive, Article 2 (2) (a); Framework Directive, Article 2 (2) (a).

[4] Race Directive, Article 2 (4); Framework Directive, Article 2 (4).

[5] T. K. Hervey, "Thirty Years of EU Sex Equality Law: Looking Backwards, Looking Forwards", *Maastricht Journal of European and Comparative Law*, 12 (4), p. 311.

是随机和特定的。而给予的补救仅限于个人，并不会形成一种责任去改变那种导致歧视不断出现的制度。第三，个人犯罪的问题意味着必须证明犯罪者本人。但从制度安排中产生的歧视，却并非任何个人犯罪的结果。最后，这种措施本身具有对抗性，因而带来的不是把平等作为通过合作取得的共同目标，而是"变成了冲突和反抗的场所"。①

因此，改变框架指令中这种个人方式，也是实现真正平等的前提模式。这一点在英国的社会实践中可以找到例证，那里的社会公共团体都有责任去促进平等和打击歧视。② 这样一来，就把制止歧视的主动权交给了政府机构、企业雇主和各种社会组织，而不是个人所面对的不利环境。他们的任务是采取行动，因为他们有权力和能力这样做，而不是因为他们要对歧视负责。这就保证能够实现系统性的改变，而不是随机和临时的应对。同时，改变的行动也不要求找出过错方或是指明犯罪者。因为平等的权利应该给予所有人，而不仅仅是那些会抱怨的人。另外，这种措施还能够加强公民社会制定和实行的各种标准的作用。③

在共同基本原则的具体实践中，推动移民就业应该说是社会融合最重要的方面。对于欧洲穆斯林来说，融合程度主要表现为他们的社会和经济地位。这意味着，他们应该从那些致力于防止社会排斥和不利条件的政策中获利，而且特别是在就业方面。事实上，社会融合行动主要也是由就业、社会事务和平等机会最高理事会来负责。这个方面的问题不仅关系到欧洲穆斯林，而且还涉及到所有非欧盟国家公民这些脆弱并处于不利地位的少数族裔群体。在就业这一点上，人们已经意识到它直接涉及到贫困和社会排斥的风险。④

---

① S. Fredman, "Changing the Norm: Positive Duties in Equal Treatment Legislation", *Maastricht Journal of European and Comparative Law*, 12 (4), 2005, pp. 372 – 373.

② Race Relations (Amendment) Act 1998 and Equality Act 2003.

③ S. Fredman, "Changing the Norm: Positive Duties in Equal Treatment Legislation", p. 373, http://xueshu.baidu.com/s? wd = paperuri: (b1c9121062857896f901d0ee688cc31e) &filter = sc_long_ sign&sc_ ks_ para = q%3DChanging + the + Norm%3A + Positive + Duties + in + Equal + Treatment + Legislation&tn – SE_ baiduxueshu_ c1gjeupa&ie = utf-8&sc_ us = 14515880903937857594.

④ Directorate General for Employment and Social Affairs, *Joint Report on Social Inclusion*, 2004, http://lenus.ie/hse/bitstream/10147/83056/1/zfinal_ joint_ inclusion_ report_ 2003_ en. pdf.

在《阿姆斯特丹条约》中，已经明确提出要通过那些得到认同的指导原则和国家行动计划来发展"欧洲就业战略"。这一战略和"里斯本战略"密切相关，其中确定的目标，就是要把欧盟的经济变成全世界最具竞争力和活力的知识经济。同时，还要保持持续性的经济增长，提供更多更好的工作和更大程度的社会融合。这项战略还提出，2010年要实现全民70%的就业率，其中妇女达到60%，年长者达到50%。不过，欧盟委员会2004年发表的《社会融合综合报告》也意识到，移民和少数族裔是就业市场中最脆弱的群体。[1] 当然，还有两类人在就业市场中同样处于弱势地位，其中一类是年纪过大而且职能过时的群体，另一类则是16—25岁那些缺乏竞争能力的群体。可见，移民和少数族裔在就业方面的困难，一直是欧盟委员会综合报告中长期存在的问题。[2]

在就业指导方面，欧盟2000年发布的"里斯本战略"就提出要为弱势群体的求职者提供一个包容性的劳工市场。其具体措施主要是及时了解需要，协助求职和指导训练，并为那些难以进入就业市场的个人提供必要的社会服务，帮助他们消除贫困。但由于指导方针中没有明确提到少数种族群体，因而被指责为"在追求经济增长中完全无视少数种族群体的存在"。[3] 为此，欧盟理事会在此后发布的指导方针中明确指出，需要"特别关注如何减少弱势群体在就业方面的差异，包括第三国移民与欧盟公民之间的差异"。其中还特别强调，"反对歧视以及融合移民和少数群体是最基本的目标"。[4] 2005年，欧盟理事会在其关于社会包容问题

---

[1] *Joint Report on Social Inclusion* – 2004, p. 33, http：//lenus.ie/hse/bitstream/10147/83056/1/zfinal_ joint_ inclusion_ report_ 2003_ en. pdf http：//ec. europa. eu/employment_ social/social_ inclusion/docs/final_ joint_ inclusion_ report_ 2003_ en. pdf.

[2] Mary-Anne Kate and Jan Niessen, *Guide to Locating Migration Policy in the European Commission (2nd Edition)*, Migration Policy Group (MPG) and the European Programme for Integration and Migration of the European Network of European Foundations (EPIM), 2008, http：//www. migpolgroup. com/public/docs/137. GuidetoLocatingMigrationPoliciesintheECII_ 31. 10. 08. pdf.

[3] T. H. Malloy, *The Lisbon Strategy and Ethnic Minorities: Rights and Economic Growth*, European Centre for Minority Issues, Flensburg, 2005.

[4] Council Decision of 12 July 2005 on Guidelines for the employment policies of the Member States (2005/600/EC), *Official Journal of the European Union*, L 205/25, 6 August 2005.

的联合报告中，再次敦促成员国应在国家发展行动计划中，优先"克服歧视并加强少数族群以及移民的融合"。①

可见，移民问题一直是欧盟"社会融合战略"以及"社会保护和社会融合合作开放方式"等机构关注的焦点。在欧盟"更新社会议程"中，还包含了经济和社会方面对移民的融合策略，并提供12亿欧元资金来支持移民参与就业市场和社会。与"欧洲融合基金"不同，这些资金的使用并不限于第三国移民。同时，"欧洲社会基金"提供的这些支持消除社会排斥的财政援助，也是欧盟促进经济和社会融合的四种"结构基金"之一。作为四项关键行动之一，这项基金的目的就是要"通过消除歧视来加强社会包容，并为弱势群体的就业提供便利"。此外，在协助移民和少数族裔参与就业市场方面，还可以从"发展伙伴关系"计划资助的"平等方案"得到支持，因为这一计划的目的就是要通过移民的大量就业来促进融合。最后，"就业与社会团结（进步）规划"也能够为促进以穆斯林为代表的少数族群的成功就业，在信息交换和政策实践方面提供财政支持。

对于共同基本原则来说，教育无疑是其重视的重大问题。在这方面，欧盟关注的焦点就是支持教育政策制定和交流成功的实践经验。欧盟《2005年通讯》提出的"融合共同议题"中，已经明确认识到教育对于移民及其子女融合的重要作用。2008年，欧盟发表了关于移民和教育的《绿皮书》。其中最重要的问题就是如何防止出现分隔的学校体系，如何促进教育平等，如何适应不断增加的母语多样化，如何培养跨文化沟通技巧来适应文化多元化等。同时，《绿皮书》还提出要改进教学方法和发展教学技巧，并在移民家庭和社区之间建立沟通的桥梁。② 为实现这些目标，"欧洲教育和培训合作战略框架"为欧盟2020年的教育政策确

---

① *Joint Report on Social Protection and Inclusion*, p. 10, http://ec.europa.eu/employment_social/social_inclusion/docs/jointreport_2005_en.pdf.

② Commission of the European Communities, Green Paper *Migration & mobility: challenges and opportunities for EU education systems*, COM (2008) 423 final, Brussels, 3 July 2008, http://ec.europa.eu/education/school21/com423_en.pdf.

定了四项关键目标。其中最重要的目标,就是"促进平等、社会包容和积极的公民意识"。框架还提出,"教育和培训系统应该致力于保证所有学习者,包括那些处于弱势群体的人,还有那些有特殊需求的人,特别是穆斯林移民,能够完成他们的教育。包括再次进行的更加符合个人要求的教育"。另外,教育还应该"促进跨文化交流、民主价值观以及对基本权利和环境的尊重,同时还要消除所有形式的歧视,并培养年轻一代能够和来自不同文化背景的同龄人之间进行积极的互动"。[①] 不仅如此,欧洲社会基金也可以用于促进那些处于被排斥风险中的群体,特别是要推动移民和少数族裔接受和参与更高程度的成人教育。另外,还有一项被称为"科梅纽斯"的计划,其目标就是促进教师对于文化多元化的理解。其中不仅包括对教师的训练课程,而且还包含了信息和成功实践的交流。"科梅纽斯"计划优先考虑的项目,主要就是为多元文化背景群体的学生以及幼年和学龄前儿童提供教育。

在促进教育发展的同时,欧盟的教育和文化最高理事会还积极推动跨文化对话。作为欧盟推动移民融合措施中一个相对较新的领域,跨文化对话在2008年被确定为欧盟的"跨文化对话年"之后又有了重要发展。根据欧洲议会和理事会关于"欧盟跨文化对话年(2008)"的决定,跨文化对话的活动将用来"加强对文化多元化的尊重,处理社会中复杂的现实,促进不同文化的相互认同和不同信仰的共存"。另外,决定还"强调要承认不同文化对于成员国文化传统和生活方式所做的贡献,而且还要认识到跨文化对话是彼此相互学习与和谐相处的重要途径"。[②] 另外,欧盟从2007—2013年规划的标题为"跨越边界——联系文化"的文化项目中,也提出要对跨文化对话提供支持。这个项目的目标是"要通过推动欧洲的文化合作来树立欧洲的公民意识,途径就是强化欧洲在文

[①] Council conclusions of 12 May 2009 on a strategic framework for European cooperation in education and training ('ET 2020') (2009/C 119/02), http://legislacion.derecho.com/anuncio-2009on-28-mayo-2009-consejo-1883413.

[②] Decision No. 1983/2006/EC of the European Parliament and of the Council of 18 December 2006 concerning the European Year of Intercultural Dialogue (2008).

化中的共性，其中包含共同的文化传统和文化的多样性"。2007年5月，欧盟在波茨坦召开的关于融合问题的部长级会议上，还进一步考虑了发展跨文化对话的具体实施。此后，在2007年6月欧盟召开的司法与内政事务委员会的决议中，也进一步号召成员国"进行定期交流，介绍他们以跨文化对话为工具，培育欧洲不同来源、不同文化和不同宗教基础上公民意识成功融合的经验"。会议决议要求成员国提交报告，以建立"一个能够对跨文化问题或是潜在的跨界范畴冲突做出反应的灵活程序"。[1] 欧盟委员会也要求，各成员国的公共服务委员会有关融合的会议中，应该集中1/3的会议来关注跨文化对话。

最后，穆斯林人口大量聚集的城市地区，也是欧盟共同基本原则为基础的融合政策高度关注的地区。由于这些地区往往都是极其贫困地区，因而成为欧盟区域政策最高委员会制定城市政策时关注的重点。这些政策在关注这些贫困地区时，主要关注的是那些处于弱势的特定人群，其中最主要的就是穆斯林这样的少数种族群体。为此，区域政策最高委员会在其发布的"凝聚力政策和城市通讯"中，就提供了指导原则来说明城市为建立其凝聚力应该采取的行动。在涉及到城市服务方面的问题时，指导原则特别指出，"某些少数群体可能需要协助来获得健康照顾以及社会服务"，尤其是"那些在获得社会服务方面有障碍的移民和弱势群体"。指导原则因此建议，"对于这些来自不同文化背景和不同年龄的人群，在计划和安排社会服务时应该增加他们参与的机会"。这样才能防止他们受到歧视，并保证这些服务不会受到文化方面障碍的影响。在通过教育和培训来促进就业方面，指导原则也指出，"城市管理部门应该把那些在就业市场中处于弱势的群体作为援助对象。他们主要是中途辍学者、缺乏技能的年轻人、老弱人士、移民以及少数种族群体"。[2] 区域政策最高委员会还积极支持城市之间的信息交换，并通过建立各种机制来达到最好的实践，其中包括城市行动计划、欧洲城市网络地方融合政

---

[1] Conclusions of Justice and Home Affairs Council 12/13 June 2007, Conclusion 10.
[2] Communication on Cohesion Policy and Cities.

策以及城市融合政策。在城市行动计划中，优先发展的项目主要是发展"城市吸引力和凝聚力"。欧洲城市网络地方融合政策则是把城市政策的实行者集合起来，了解他们如何运用不同的方法去解决那些与融合相关的特定问题。这项政策的目标主要是在就业和住房方面实现平等，其实行方式和效果也是不同城市之间相互交流的重要内容。另外，城市融合计划还致力于加强地方、国家和欧盟层面之间的对话。对话涉及的范围包括住房、共同基本原则的实施、移民企业投资、移民儿童支持以及在公共服务中如何增加跨文化内容。

三、欧盟在穆斯林移民融合中的作用

欧盟作为一种经济和政治联盟，代表了28个成员国一种独特形式的合作。[①] 欧盟的建立始于20世纪50年代，其发展历程是一个促进欧洲和平与经济繁荣的融合过程。欧盟建立的过程，主要是签署了一系列对成员国有约束力的条约，使成员国在经济、社会和外交政策事务方面采取共同的法律和政策。正是这一特殊性质，才使得欧盟制定的以穆斯林移民为主的移民融合政策和为推动移民融合所做的努力能够对其成员国产生影响。从法理上来说，欧盟推动移民融合的政策和行动，所依据的是欧盟2000年发布的《欧洲基本权利宪章》。宪章虽然和欧盟条约分开发布，但和其他欧盟条约具有同样的法律价值。宪章包括七章54条，每章的题目分别为尊严、自由、平等、团结、公民权利、正义和总则。除了第五章公民权利外，宪章适用于所有生活在欧盟地区的个人，无论其国籍归属。宪章的权利涵盖欧盟及其成员国的各个机构，只要其行动会对欧共体法律产生影响。宪章并非扩大欧盟的权力，而是提供一种机制在欧盟所辖范围内保护欧盟及其成员国内部的个人权利。在有关对待穆斯林的社会包容和融合方面，宪章明确规定禁止歧视，特别是禁止对不同

---

① Kristin Archick and Derek E. Mix, *The European Union: Questions and Answers*, May 18, 2009.

宗教和人种的歧视。另外，宪章还特别提到"思想、意识和宗教的自由"，其中包含了"在崇拜、教导、实践和仪式方面表明宗教信仰"的权利。为此，宪章特别强调欧盟有义务"尊重文化、宗教和语言的多样性"。宪章虽然也允许对于宪章中的权利和自由可以有所限制，但这种限制必须是为了实现欧盟所认可的一般利益目标或是保护他人权利和自由的需求。

不过，根据欧盟成员国不同的民族历史、法律框架和移民管理偏好，对穆斯林移民的融合政策主要还是欧盟成员国中具体国家而非欧盟作为一个整体来制定和实施。到目前为止，欧盟除了共同基本原则外，也没有具体法律来指导欧盟成员国进行直接的融合实践。不过，在过去几年中，欧盟成员国正越来越趋向于欧盟采取有效的共同融合行动，协调统一的标准，并监督成员国融合政策发挥的作用。这主要是因为欧盟内部完全开放的边界，使得欧盟国家领导人意识到任何一个成员国如果未能适当处理好那些可能导致极端主义和暴力犯罪的穆斯林移民融合问题，都会给其他成员国带来严重的负面影响。从另一方面来说，要求欧盟加强对于融合问题的关注，也是因为欧盟成员国领导人发现，中止或是严格控制移民对于年龄逐年老化和生育率逐年降低的欧洲来说，决不是一个可行的办法。一些分析家还指出，欧盟国家领导人已经明确意识到，在移民融合问题上，欧盟在联盟层面采取共同行动的必要性和价值。这也是2009年生效的、作为欧盟第一次新的体制改革条约的《里斯本条约》中建立的、让欧盟在移民融合政策上发挥积极作用的法律基础。《里斯本条约》强调，欧盟可以制定措施，在移民融合领域为成员国提供"激励和支持"，但并不一定要求成员国在涉及移民融合的法律和政策上完全一致。

对此，欧盟决策者还指出，欧盟在移民融合方面制定的政策措施，要适用于所有来自欧盟成员国以外的合法移民。用欧盟的话来说，就是来自"第三国"的移民，而并非仅仅是穆斯林移民。欧盟官员还声称，欧洲从各种不同国家和文化中，接受了各种类型的移民和寻求庇护者，穆斯林并非欧洲唯一的少数宗教或族裔。不过，欧盟官员也承认，尽管欧盟拥有对所有合法的第三国侨民进行广泛融合的强大能力，但欧盟确实未能妥善处理好一些穆斯林移民由于宗教背景原因在欧洲遭遇的困难，同时也未能完全解决那些拥有欧洲公民身份的第二或第三代穆斯林移民所面临的身份认同和社会排斥问题。

为了解决穆斯林移民融合中存在的问题，欧盟正在努力建立一种融合框架，来平衡各种不同社会背景的移民来到欧洲后的期待。2003年，欧盟建立了一个处理移民融合问题的国家联系点，来推动成员国之间就各自面临的问题和进行的有效实践进行信息交流。2004年，欧盟还出版了《融合手册》，为成员国的决策者和执行者提供那些取得成效的最佳方案。在手册的第一版中，特别强调应鼓励移民学习欧洲居住国的语言和参与欧洲的公民社会生活。在2007年和2010年不断出版的新版本中，则主要关注诸如经济融合以及就业市场、城市住房、移民青年、教育和媒体在移民融合中发挥的作用。在手册推广的成功例证中，有法国的志愿指导体系。这个体系主要就是组织退休人员，来担任年轻一代移民的生活指导。另外，还有意大利一些城市市政当局实行的住房计划。这些计划主要是为那些愿意向移民提供低价房租住房的房东，提供维修津贴来扩大移民的住房来源。①

在2004年欧盟为移民融合政策制定的11条共同基本原则中，指出了融合是移民与成员国居民之间相互协调的一个双向过程，但强调必须尊重欧盟的基本价值观念。共同基本原则还认定，成功融合的条件包括充分就业、开展教育、公共服务和反对歧视。移民则需要了解居住国的语言、历史和政治制度，并积极参与居住国的社会发展和政治生活。近年来，正是欧盟成员国制定的关于禁止种族和宗教歧视法律，再加上欧盟成员国发展经济、就业和教育的战略，使得欧盟已经有能力来处理移民融合中出现的一些问题。

---

① European Union Press Release, "Migrant Integration: Commission Announces a New EU Strategy and Presents the Third Handbook at the Zaragoza Ministerial Conference," April 15, 2010, http://www.penki.lt/Society/Migrant-integration-Commission-announces-a-new-EU-strategy-and-presents-the-third-Handbook-at-the-Za.im? id = 231016&f = c&p = 63.

2005年9月，欧盟的执行机构欧洲委员会提出了一份《融合共同议程》，其中包含了在欧盟和成员国两个层面上将共同基本原则付诸实际的具体建议和措施。议程提出，要设立一项欧盟基金来资助欧盟成员国与移民融合相关的项目。为此，欧盟2007年建立了支持融合第三国侨民的欧洲基金。这项基金从2007—2013年得到的资金达到8.25亿欧元。在这项基金资助的项目中，包括培训穆斯林宗教领导人学习欧洲的核心价值观，还有设立社会文化协调人员帮助穆斯林移民适应新的生活环境。2009年，欧盟又建立了欧洲融合论坛，每两年召集一次欧盟决策者和公民社会组织的代表讨论融合议题。另外，欧盟还建立了欧洲融合网站，作为推动决策者、公民社会团体、社区组织和普通公众之间就有关融合政策和实践的信息进行交换的虚拟平台。

2011年7月，欧洲委员会发布了一份新的《第三国侨民欧洲融合议程》。这项议程作为对2005年《融合共同议程》的升级，提出了大量新的建议。这份议程重新确定了欧盟关于移民必须获得机会全面参与他们所在社区的观点，并强调成功的融合要求移民拥有意愿和义务成为接受他们的社会中的一部分。新议程还突出了四个问题作为融合的关键，这就是掌握语言技巧，参与就业市场，接受教育和适当的居住条件。议程还特别强调了欧盟成员国地方政府在融合过程中的关键作用，并建议欧盟未来的基金应更多地用于支持地方和区域的融合项目。[1]

过去十多年来，欧盟还不断把关注重点转向建立共同内部安全措施，促进警察与司法合作，加强打击恐怖主义以及其他跨国犯罪的能力。自从2001年恐怖主义势力攻击美国之后，欧盟对恐怖主义做出了共同的界定，确定了对其实行金融制裁的恐怖主义团体名单，制定了欧盟通用的逮捕证，加强了阻止恐怖主义分子融资的手段，采取了新的措施来加强欧盟外部的边界控制和促进航空和交通安全。

同时，欧盟还致力于加强欧洲刑警组织，作为其共同的刑事犯罪信

---

[1] European Commission, *European Agenda for the Integration of Third-Country Nationals*, July 20, 2011, http://aei.pitt.edu/38019/.

息控制机构。不仅如此，欧盟还加强了欧洲检察署，其职能主要就是对欧盟内部跨界犯罪行为的合作起诉。2004年马德里的恐怖主义爆炸案和2005年伦敦地铁系统攻击案，都使得欧盟的反恐努力增加了大量危机意识，同时也促使欧盟采取积极举措来推动穆斯林移民与欧洲社会更好地融合，以消除伊斯兰极端主义和恐怖主义的根源。通过融合政策和措施来防止极端主义的工作，虽然主要还是由各个成员国负责实行，但欧盟提供的这个论坛，则让成员国能够讨论他们面对的共同挑战和寻求合作战略。

另外，欧盟还特别重视将其融合政策与打击恐怖主义招募行动和极端主义的政策分开。强调让移民融入欧洲社会，就是要消除经济、社会和文化方面的差异，这也是阻止极端主义和恐怖主义进行人员招募的需要。在这方面，欧盟领导人也注意到，缺少融合正是导致一些个人转向极端主义的重要原因，虽然并不是唯一原因。因此，欧盟致力于打击伊斯兰激进主义和暴力极端主义的政策，往往并不被视为其推进融合努力的一部分，而是欧盟反恐措施的重要组成部分。[1]

在加强融合的同时，欧盟"正义、自由和安全最高委员会"也在警察和安全以及反恐方面开始承担责任。欧盟在反恐方面最初采取的行动，就是发展司法和警察合作。采取的方式包括创建了"欧洲逮捕令"[2]和"反恐框架决定"[3]，还有筹建反恐基金和加强交通安全。在2004年恐怖分子发动马德里袭击之后，欧洲理事会发表了反恐宣言，并建立了欧洲的"反恐协调机制"。[4]反恐宣言确定了七项战略目标，并号召欧盟制订反恐行动计划。其中第六项战略目标提出，制订行动计划"消除那

---

[1] Elizabeth Collett, "What Does the EU Do on Integration?," European Policy Centre, April 2008, https://www.mendeley.com/research/eu-integration.

[2] Council Framework Decision of 13 June 2002 on the European arrest warrant and the surrender procedures between Member States (2002/584/JHA), http://unicri.it/topics/organized_crime_corruption/archive/training_albania/materials/European%20Arrest%20Warrant.pdf.

[3] Council Framework Decision 2002/475/JHA of 13 June 2002 on Combating Terrorism, http://www.refworld.org//refworld/type,REGLEGISLATION,COUNCIL,,3f5342994,0.html.

[4] Declaration on Combating Terrorism, Brussels, 24 March 2004 http://www.consilium.europa.eu/uedocs/cmsUpload/DECL-25.3.pdf.

些有助于支持和招募恐怖主义的有关因素"。在这些被认定为适当的措施当中,包括确定那些支持招募恐怖主义的因素,调查极端宗教或政治信仰以及社会经济和其他因素与支持恐怖主义之间的联系,并发展和实施一种战略来促进欧洲和伊斯兰世界的跨文化和宗教间的相互理解。在2005年的伦敦恐怖主义袭击中,由于欧洲出生的穆斯林的参与,也促使欧盟加强防范欧洲内部的极端主义和恐怖主义招募。

2005年9月,欧盟委员会出版了一份消除暴力极端主义因素的通讯。其中指出,"来自恐怖主义的当前主要威胁,由于对伊斯兰教义的滥加解释而变得更为严重"。通讯还强调,应对暴力极端主义的欧洲战略,应该包括加强就业、社会包容和移民融合、平等机会和禁止歧视、跨文化对话以及广播媒体、互联网、教育和青年参与等。通讯还进一步指出,融合的失败可能提供"滋生暴力恐怖主义发展的肥沃土壤"。另外,"来源国和东道国的排斥,也会促使一些个体更加重视认同意识,并更加容易被极端主义意识形态吸引"。反恐协调机制在2009年6月提交的报告中,还包含了一份"极端主义和招募行动计划实施方案"。其中涉及到六个方面的行动,包括由西班牙领导的对欧盟成员国伊斯兰伊玛目培训情况的调查,荷兰领导的发挥地方政府防止极端主义作用的行动。另外,瑞典还负责考核警官在识别和反对极端主义过程中的作用,这将主要体现为社区警察力量发挥的关键作用。

第三节 欧洲主要国家对待穆斯林移民的政策措施

从历史上来看,欧洲国家,特别是西欧国家在处理移民和少数族裔问题并将其融入居住国社会等方面,一直是各自采取不同的政策。在过去的几十年中,德国和奥地利等国家在融合移民方面几乎没有采取什么明确措施,因为他们一直把穆斯林移民视为短期的"客籍工人"。英国与荷兰则强调多元文化观念,这种观念导致政府采取的政策包含了一定程度的平等和宽容。这种宽容就是允许移民和少数族裔在融入居住国社会的过程中，继续保持其独特的文化特征和生活习俗。① 而法国则特别强调对外来移民的改造，推动他们接受法国社会的同化以及法国社会的文化和价值观。

一、法国对穆斯林移民的同化和融合

在欧洲，法国是穆斯林人口最多的国家。但在法国政府的人口统计中，从不登记居民的人种、民族或宗教背景情况，而且禁止企业询问求职者和雇员有关种族或民族信息。因此，有关法国的穆斯林人口问题，并没有一个官方的确切数字。不过，根据非官方的估计，法国穆斯林人数大约是 350 万—600 万，法国的总人口则为 6000 万。根据美国皮尤宗教和公共生活研究中心论坛 2011 年 1 月的研究结果，法国穆斯林的人数约为 470 万，占法国人口的 7.5%。② 从来源上看，法国穆斯林主要来自法国的前殖民地阿尔及利亚和摩洛哥。同时，还有一些法国穆斯林来自突尼斯以及其他中东地区国家。另外，也有一些来自法国在撒哈拉以南的非洲前殖民地。③ 从宗教信仰人数的角度来看，伊斯兰教在法国是仅次于天主教的第二大宗教。不过，居住在法国的穆斯林其实并不是一个内部联系紧密的族群。他们按照各自来源国不同的传统、语言和种族背景，又分为不同的群体。据估计，法国目前有 1600—2000 个穆斯林协会和清真寺，它们代表着各种不同的伊斯兰宗教传统和观点。

1. 法国移民融合政策的思想基础

法国对移民融合和同化政策的思想基础，主要是 1789 年法国大革命

---

① Zaynep Yanasmayan, "Concepts of Multiculturalism and Assimilation," in *Interculturalism: Europe and Its Muslims in Search of Sound Societal Models*, Brussels: Centre for European Policy Studies, 2011.

② Jonathan Laurence and Justin Vaisse, *Integrating Islam: Political and Religious Challenges in Contemporary France*, Washington, DC: Brookings Institution Press, 2006, pp. 18 – 20; The Pew Research Center's Forum on Religion and Public Life, *The Future of the Global Muslim Population*, January 2011, http://www.pewforum.org/2011/01/27/the-future-of-the-global-muslim-population/.

③ Jonathan Laurence and Justin Vaisse, *Integrating Islam: Political and Religious Challenges in Contemporary France*, Washington, DC: Brookings Institution Press, 2006, p. 21.

以及由此产生的那些既要保证宗教自由但又要求宗教和国家政治必须彻底分离的共和主义思想。为了恪守维护所有法国公民平等权利的承诺，法国政府的政策就是在社会公共生活中绝不采用任何特别方式来对待任何宗教或政治群体。例如，法国政府拒绝在社会公共生活的所有方面，对少数族裔采取配额制或是任何形式的平权政策。这种观点的理性依据在于，权利的平等在逻辑上也会带来机会的平等。因此，法国庞大的公共教育体系长期以来一直被视为提供平等机会和同化外来移民的强有力保证。

1905年，法国政府制定的一项法律，再次明确了法国的政教分离原则，这种原则在法国又称为"世俗化"原则。这项法律规定，天主教、新教和犹太教都是国家认可的宗教，并明确了这些宗教可以设立自己的代表机构，以便和法国政府就重要事务进行协商，包括对宗教假日的认可和修建宗教崇拜场所。然而，直到20世纪90年代末，法国官方才认可了伊斯兰信仰的合法地位。2002年，法国穆斯林终于获得权利，建立一个代表伊斯兰教的机构与法国政府进行协商。

然后，在法国人们普遍认为穆斯林大多并没有被法国社会完全同化。同时，法国本土居民和那些来自北非的穆斯林移民后代之间明显的社会经济差异，也使人们质疑法国政府植根于共和主义平等思想的传统同化政策是否有效。这些差异尤其明显地表现在就业率、住房情况和教育水平等方面。据估计，法国外来移民的失业率是全国平均水平的两倍，而那些来自北非地区的移民失业率则更高。在法国政治、媒体、司法、商业、文职人员上层，也很少有穆斯林能够从业。大批法国穆斯林，尤其是穆斯林青年都居住在城市郊区的公共住房里，这些区域往往以贫困和高失业率著称。在法国，未完成中等教育的穆斯林人数，也要远高于非穆斯林。

另外，民意调查还表明，大多数法国本土居民不仅认为穆斯林移民并没有充分融入法国社会，而且他们当中还有越来越多的人还把这种融合失败的原因归咎于穆斯林移民不愿意适应法国政府的融合政策。2010年12月的调查发现，68%的法国民众认为穆斯林移民"没有充分融入社会",61%的人认为穆斯林移民对融合的抵制是导致这种结果的主要原因。[1] 不仅如此,在被调查对象中,还有42%的人认为穆斯林社区对他们的国家认同构成了一种"阻碍"。相比之下,1994年持这种观点的人只有12%,2001年也只有17%。但一些穆斯林民众对此则宣称,法国政府并没有给予他们真正平等的权利,因为政府要求穆斯林放弃他们的传统生活方式和文化中的基本要素,并彻底接受法国社会的生活方式。[2]

2. 法国政府融合穆斯林措施中的问题

过去十多年来,法国政府一方面采取了一些措施来推动穆斯林移民的同化,同时也在加强防范那些来源于穆斯林群体的潜在安全威胁。法国政府认为,既要保持共和主义理想的重要价值,也要对那些根据高度集中的政府机构来保证公共秩序的长期传统而制定的措施重新进行考虑。但法国政府始终不愿意给予穆斯林移民任何特别的待遇,并以此来制定一些新的政策。相反,法国政府只允许法国穆斯林代表和政府之间建立一种对话机制,并强制实行有关法律来保证公共安全。法国政府和很多观察家认为,在法国穆斯林中,只有极少数人可能参与暴力或其他形式的破坏行动。

在法国的穆斯林团体中,2003年成立的法国穆斯林宗教理事会,通常被认为是促进法国穆斯林和政府联系的最重要机构。从本质上来说,这个在法国政府领导下成立的法国穆斯林理事会,其成立的目的就是为了减少伊斯兰世界的外来因素对法国穆斯林民众的影响。因此,法国政府极力促成建立了这个与法国价值观基本没有冲突的具有法国标牌的穆斯林组织。不过,法国穆斯林理事会虽然是法国穆斯林的代表,但并不意味着它能够代表所有法国的穆斯林群体。实际上,这个组织只是一个和政府官员讨论修建清真寺,遵守宗教节日,甚至要求法国监狱系统保证为穆斯林提供清真食物的论坛。而法国政府通过与法国穆斯林理事会

---

[1] Open Source Center EUP20110104029007, "Integration of Islam Perceived as Failure in France and Germany," *LeMonde. fr*, January 5, 2011.

[2] Yazid Sabeg, "Les Oubliés de l'égalité des chances," *Institut Montaigne* (Paris, 2004), pp. 25–45.

的合作，则可以向穆斯林社区提供资金和培训那些赞同法国社会价值观的伊斯兰神职人员，并支持发展更多信仰态度温和的清真寺和祈祷场所。

应该承认，法国穆斯林宗教理事会是一个功能性的机构，它能够在法国政府面前代表法国穆斯林的主流民意。然而，鉴于法国穆斯林社区严重的分化现象，也很少有人相信这个机构能够和政府真正开展明确和有建设性的政治对话，并推动法国穆斯林更大程度地融入法国的社会生活。[1] 2011年6月，由于两个重要的穆斯林协会公开抵制法国穆斯林理事会管理委员会的选举，因而更加强了人们的这种看法。据说，和穆斯林兄弟会有着联系的法国伊斯兰组织联盟，还有巴黎大清真寺联盟，都因为不赞同法国穆斯林理事会的选举程序而退出了选举。对此，法国总统萨科齐曾言辞强烈地表示，外国移民的后代应该尊重法国法律，学习法国语言和接受法国文化习俗。但萨科齐政府多次采取的极其高调的融合措施，却遭到了穆斯林和移民权利保护者的批评。他们指责这些措施把矛头指向穆斯林，并始终用负面形象来概括穆斯林群体在法国社会中的作用。他们还批评萨科齐的政策，完全是为了在2012年总统大选前更多地赢得保守派的支持，并希望能够应对他面临的极右翼的反移民政党民族阵线及其领导人勒庞不断增强的政治压力。

此外，2009年11月，法国政府还发动了一场全国性的"民族认同大辩论"，并在全国各地城市的市政大厅召开了关于如何做一个21世纪法国人这样问题的会议。但很多人认为，这种公开辩论其实为那些攻击性的种族主义言论提供了一个发布平台，这反而会加剧穆斯林移民和本土法国人之间的紧张关系。还有批评者指出，萨科齐政府2010年颁布的关于在公开场合穿戴蒙面面纱的禁令以及他对于全国性的"伊斯兰和政教分离大会"有关身份问题辩论的强烈支持，都进一步表明了这位法国总统试图激发民族情绪来赢得政治支持。例如，2011年3月，萨科齐总统的宗教多样性问题顾问达曼，就曾在一篇评论中向萨科齐发难。达曼

---

[1] "L' Europe est devenue un lieu de radicalisation islamique," *Le Monde*, July 9, 2005, p. 7; Interviews with French academics and other observers, August-September 2005.

作为一位穆斯林，不但公开批评萨科齐的一体化融合政策，还将其政党称为"穆斯林的灾难"，并声称 2010 年 4 月召开的大会是"一小撮新纳粹分子"策划的阴谋。①

不过，萨科齐总统此前也曾表示，希望制定一项给予弱势群体优惠待遇的正面差别待遇政策，从经济上协助那些处于困难地位的穆斯林青年。2002—2004 年在他担任内政部长期间，萨科齐对法国穆斯林理事会的建立，也发挥过重要的推动作用。2007 年担任总统后，萨科齐还指派了好几名穆斯林移民后裔进入其政府内阁。然而，很多人还是认为，那些试图推动穆斯林移民与法国社会融合的一系列计划，并未达到预期结果。这些计划包括要求学校悬挂法国国旗，每个班级教室要陈放《世界人权宣言》，学校向学生发放《公民手册》让其遵守其中的公民行为准则，政府提高公民入籍的隆重程度并对申请加入法国国籍的人提出更高的语言和公民知识要求。另外，2008 年法国政府推行的"郊区新政策"也未取得明显进展。这项政策的目的主要就是增加郊区人口的就业、教育和住房机会。② 另外，法国政府也制定了一些涉及穆斯林融合的保守政策，其中最有代表性的是 2010 年 9 月法国议会通过的关于禁止穿戴面纱的法律。

2004 年，法国政府颁布的关于在公立学校禁止佩戴宗教象征物的禁令以及 2011 年禁止妇女在公开场合穿戴蒙面面纱的禁令，都引起了法国社会的广泛争论，并激起了穆斯林民众与政府之间的冲突。法国政府 2004 年颁发的禁令，是根据当年 3 月法国议会经过广泛争论后制定的一条法律。这条法律禁止学生在公立学校佩戴"明显的"宗教标志。在这条法律中，不仅禁止穿戴头巾，同时也禁止佩戴大号十字架和圆顶小帽这样的宗教标志。法国政府声称，实行这条法律的必要性就是要制止法国社会日益增强的宗教冲突。同时，支持这项法律的人，包括法国那些较为温和的穆斯林团体，也认为这将有助于在学校和社会日常生活中减

---

① "France's Sarkozy Sacks Diversity Head Dahmane," *BBC News*, March 11, 2011.
② "Hope for the Suburbs," and "Une Nouvelle Politique Pour Les Banlieues," both provided by the French Embassy to the United States, February 2008.

少不同宗教之间的紧张关系。而这条法律的批评者则警告，这种负面的措施会加强法国社会对穆斯林的排斥。

2010年9月，法国议会上院又以压倒性多数通过了政府提出的法案，禁止妇女在公共场合穿戴面纱。很快，法国议会下院也在2010年7月通过了这一法案。2011年4月这项法案生效后，立刻就直接涉及到法国妇女的日常穿戴，包括遮盖全身只露出双眼的罩袍以及遮盖面部不包括眼部的面纱。禁令规定，任何人在公共场合穿戴面纱将被罚款130欧元；任何人强迫他人穿戴面纱将被罚款3万欧元并处以一年监禁。

面对社会的争议，法国政府和那些支持这项法令的人，主要以人类尊严原则、男女平等原则以及公共安全考虑为这项政策辩护。在他们列出的众多理由中，主要是强调穿戴蒙面面纱是一种强迫妇女顺从的象征，而且也会阻止穿戴面纱的人融入法国社会。他们还认为，面纱会构成一种安全威胁，因为执法人员在公共场合无法对穿戴面纱的人进行识别。公众舆论调查也显示，82%的法国民众支持这项法律。[1] 然而，这项法律的反对者，特别是很多法国穆斯林则认为，这项法律只能让穆斯林受到羞辱，而不能真正解决穆斯林与法国社会融合的问题。他们还指出，只有少数法国穆斯林赞同用戴面纱作为宗教的标记，而且实际上只有少数法国穆斯林穿罩袍或戴面纱。一些批评者还认为，萨科齐总统在推动制定这项法律的过程中，可能更为关注的是通过这种方式来赢得来自保守派选民的政治支持，并向公众表明"政府正在采取行动来解决人们关注的法国穆斯林融合问题"。[2]

3. 法国打击极端主义和恐怖主义的方式

多年来，法国政府借助高度中央集权化的执法系统，再加上广泛建立的收集极端主义组织信息的情报系统，已经在打击极端主义和恐怖主义方面积累了丰富的经验。近年来，具有暴力倾向的激进主义团体在法

---

[1] Pew Global Attitudes Project, "Widespread Support for Banning Full Islamic Veil in Western Europe," Pew Research Center, July 8, 2010.

[2] Jonathan Laurence, Interview on National Public Radio, "The Dianne Rehm Show", July 13, 2010.

国一直非常活跃,法国政府也采取了强力措施加以回应。自20世纪60年代以来,阿尔及利亚人、巴斯克人和科西嘉人中的恐怖主义分子,就一直把法国作为他们攻击的目标。然而,1995年9月,在巴黎地铁发生隶属于武装伊斯兰团的阿尔及利亚激进分子制造的爆炸案后,法国政府就开始对穆斯林极端主义分子采取更加严厉的应对方式。总体来说,法国政府对穆斯林极端主义的反应可谓迅速、冷静、有效,从而在一定程度上制止了此后的一系列恐怖主义爆炸事件。

一般说来,法国政府在打击极端主义方面,较为明显的是"擅长于瓦解和打击恐怖主义网络"。[1] 1986年,法国的反恐法律就规定,法律和警察有特别的权力来应对恐怖主义。具体来说,搜寻和逮捕恐怖分子的行动主要由高级地方反恐官员负责。在下令进行窃听和监视方面,地方反恐官员任命的检察官拥有比法国普通检察官更大的权力。他们可以在不提出指控的情况下,对嫌犯进行6天以下的预防性拘留。另外,根据1986年的反恐法律,执法部门还可以组织特别陪审团对与反恐有关的案件进行审理。

长期以来,法国虽然号称是个言论和宗教自由的国家,但法国政府同样也会采取限制自由的方式来维持普遍的公共秩序。法国政府曾多次表示,在法国社会面临或意识到威胁的时候,政府可以采取多种传统方式来约束公民自由。其中最为典型的是,法国警察在公共场所经常会检查个人的身份证件和携带的物品,特别是在像飞机场这样的特殊公共场所。自从1995年发生地铁爆炸案后,法国政府还运用了多种手段来监视可疑的恐怖主义团体,例如监听嫌疑对象的电话和查看他们的电子邮件。过去几年来,法国政府还在主要城市增加了大量摄像头来进行监控。

目前,"伊斯兰国"、"基地"组织以及与其相关的极端主义团体,已经被法国政府列为国家最大的恐怖主义威胁。近年来,"伊斯兰国"和"基地"组织曾对法国实施了一系列成功的攻击。在2015年"伊斯兰国"对法国《查理周刊》和巴黎巴塔克兰剧院发动恐怖主义袭击之

---

[1] Marc Perelman, "How the French Fight Terror," *Foreign Policy*, January 2006, p. 2.

前,"基地"组织的伊斯兰马格里布分支已经对法国公民发动过多次攻击。其中包括2009年对法国在毛里塔尼亚使馆发动的导致3人死亡的自杀式爆炸攻击,还有在萨赫勒地区对法国人质的绑架并造成至少一人被杀。对此,法国官员曾宣称:"法国正在和基地组织进行战争,而且和'基地'组织伊斯兰马格里布分支的冲突将会不断加强"。[1] 特别是,随着"伊斯兰国"的兴起,伊斯兰极端主义对法国发动的恐怖主义袭击也不断加强。2015年1月,"伊斯兰国"对法国《查理周刊》发动的恐怖主义袭击造成12人死亡。此后,"伊斯兰国"2015年11月对巴黎巴塔克兰剧院发起的攻击,更是造成了130人死亡,300多人受伤。这也是欧洲遭受的最严重的伊斯兰极端主义恐怖主义袭击。

与此同时,法国政府还意识到,法国国内激进的伊斯兰神职人员不断加强原教旨主义的宣扬,也导致了恐怖主义暴力事件的不断增加。因此,法国政府从20世纪80年代开始,就和穆斯林社区建立了更加直接的联系。对于外国政府派遣的那些不会说法语、或是对法国社会不了解、或是具有极端主义倾向的伊斯兰神职人员,法国政府一般都拒绝让他们进入法国。在采取这种措施的同时,法国政府又要求法国的清真寺指派那些出生在法国,或者至少在法国受过教育的人担任伊斯兰神职人员。为了培养一批思想观点能够适应法国文化而且懂得法语的伊斯兰神职人员,法国政府2010年开始资助一项培养穆斯林神职人员的培训计划。[2] 不仅如此,美国国务院2009年和2010年的《国家反恐报告》也提到,法国官员正在日益关注法国学校和法国监狱系统中的伊斯兰极端主义问题。[3] 法国政府为此也实施了一系列计划,其中有些计划还和欧盟成员国共同开展,主要就是为了限制监狱系统中伊斯兰极端主义的蔓延和扩展。此外,法国政府从2010年开始,还开展了一些针对处于容易受到伊

---

[1] "France-Hostage Death May Spur Shift in Tactics Against AQIM," Open Source Center, July 28, 2010.

[2] U. S. Department of State, "Country Reports on Terrorism 2010", August 2011, http://china. usc. edu/us-department-state-country-reports-terrorism-2010-august-18-2011.

[3] U. S. Department of State, "Country Reports on Terrorism 2009", August 2010.

斯兰极端主义影响的穆斯林青年一代的课外项目。

二、德国穆斯林移民融合中的"客籍劳工"问题

德国的穆斯林人口大约400万，约占德国8100万人口中的5%。[①] 在德国的穆斯林中，大约有2/3来自土耳其；另有约14%来自东南欧的阿尔巴尼亚、波斯尼亚和保加利亚；还有大约8%来自中东；最后还有7%来自北非的摩洛哥。在德国的宗教信仰群体中，穆斯林是继天主教和路德新教之后的第三大宗教群体。在人口结构方面，德国穆斯林的生育率是非穆斯林的3倍，而且将近1/3的德国穆斯林的年纪在18岁以下。在他们当中，45%是德国公民。与法国和英国不同，德国的穆斯林移民与其殖民历史无关，主要是第二次世界大战后德国实行"客籍劳工"计划的结果。20世纪五六十年代，为解决经济快速发展带来的劳动力严重短缺问题，德国政府从不发达地区国家引进了一大批客籍劳工，来德国从事那些德国人不愿意从事的体力劳动。根据和外国政府达成的协议，这些工人将按照预定的期限在德国工作。当这些工作不再需要时，他们必须离开德国返回自己的祖国。然而，很多人后来却以种种理由留在了德国，并将其家庭也迁移到德国来团聚。尽管居住在德国的穆斯林大多可以视为宗教上的温和派，但近年来极端主义观点的支持者开始上升，特别是在一些年轻穆斯林中这种情况更加明显。人们一般认为，这些穆斯林青年并不认同德国的社会，而且受到那种穆斯林在全世界遭到歧视，巴勒斯坦人遭受困境，还有美国打压阿拉伯国家等泛伊斯兰观念的影响。在这个群体中，伊斯兰暴力极端主义者很容易找到同情者。

1. 德国主流社会与穆斯林的关系

二战后，德国政府由于对其纳粹历史极为敏感，因而对那些前来德国寻求庇护或是希望在德国居住和工作的外国人实行了极其开放的政策。

[①] Pew Research Center's Forum on Religion and Public Life, "The Future of the Global Muslim Population", January 2011, http://www.pewforum.org/2011/01/27/the-future-of-the-global-muslim-population.

同时，德国政府对于那些选择长期居住在德国的外国人，特别是不断增长的穆斯林人口也始终没有采取任何融合或是同化的政策。结果，那些在20世纪60年代初从土耳其和东南欧来到德国的客籍劳工，大多都和他们的家庭最后留在了德国。然而，这些穆斯林劳工和他们的子女一般都居住在他们自己的社区，与德国社会处于一种隔离状态。近年来，很多德国人已逐渐认可了这种"多元文化主义"的社会形态，接受了这些选择居留在德国的穆斯林群体保持的他们自己的文化特征。

在历史上，德国从未将自己视为一个移民国家。公元2000年以前，德国的国籍法规定，获得德国国籍完全取决于德国血统而非出生地。居住在德国的外国人，即使是出生在德国的第二代或第三代居民依然很难获得德国国籍。为了对此做出补偿，德国政府给予合法居住在德国的外国居民广泛的公民和社会权利以及社会福利。1999年，德国通过和实施新公民法后，出生在德国的第二代外国人才有权申请成为德国公民。新公民法规定，出生在德国的外国人，只要其父母中有一方在德国合法居住五年以上，就可以获得德国国籍。然而，在德国社会的观念中，依然保持着那种由种族决定"真正"德国人的传统观念。很多德国人对国籍的认定，依然是根据血统和文化传统。这就是说，他们并不认为那些拥有德国国籍但没有德国血统的人是德国人。

对于穆斯林移民来说，尽管在获得德国国籍方面有了改进，但穆斯林与德国社会全面融合的程度却非常有限。为此，德国人和穆斯林经常互相指责。很多德国人认为，穆斯林拒绝接受德国社会规范和价值观念，希望独立于主流社会之外。同时，德国人对于穆斯林社区的偏见，不仅受到文化和价值观差异的影响，而且还因为面临的社会和经济问题而更为加剧。因此，很多穆斯林则认为，德国社会并不愿意真正接受来自不同种族的民众，而且并不在意他们是否愿意被同化。近年来，这种相互不情愿的情绪很容易被影响日益扩大的伊斯兰原教旨主义鼓吹者所利用。他们总是试图证明"德国人反对伊斯兰，土耳其社区才是穆斯林自己的社区"。①

与德国其他的社会群体相比,穆斯林群体尤其是穆斯林青年的失业和贫困程度最高,而教育程度则最低。因此,德国社会一体化最大的难题,就是要在某种程度上达到教育、工作训练和就业的平等。根据一般的看法,教育程度出现巨大差异的原因,主要还是语言方面的问题。而语言方面的困难又导致那些出生于不会说德语家庭的孩子,难以接受正常教育,因而社会地位低下。事实证明,那些被归类为属于"特殊教育"或是中途辍学的土耳其学生的人数是普通德国人的两倍。② 这种教育程度的差异同样反映在就业方面,那就是土耳其穆斯林的失业率是全国平均水平的两倍以上。

2010年8月,一本名为《德国自我毁灭》的书出版后,有关穆斯林在德国社会中作用的问题引发了越来越多的公开辩论。在这本大量销售并引起广泛争议的书中,作者强调随着移民和德国下层阶级的不断增长,德国将走向衰落。这本书的作者萨拉辛原是德国国家银行理事会的一名成员。他后来虽然因为这本书引发的争议而辞职,但这本书中的观点却受到了民众的高度重视,因为这些观点反映了很多德国人对于穆斯林在德国社会中负面作用的看法。随着这本书引发的公众辩论不断扩大,德国总理默克尔宣布德国现有的社会融合政策失败,必须让移民更大程度地融入德国社会。默克尔的一些联合执政伙伴,诸如巴伐利亚的基督教社会联盟也声称,德国并不是一个移民国家,伊斯兰也不是德国的一部分。③ 2011年3月,德国内政部长弗里德里克在他就职后的第一次记者招待会上,还因声称"历史并不能证明伊斯兰是德国一部分的事实"而引起广泛争议。④ 不过,包括德国总统伍尔夫在内的其他德国政治家,都极力反对这种言论,并肯定穆斯林移

---

① International Crisis Group, "Islam and Identity in Germany", March 14, 2007, p. 22.
② International Crisis Group, "Islam and Identity in Germany", March 14, 2007, p. 22.
③ "Berlin Passes New Integration Measures," *Spiegelonline*, March 18, 2011.
④ "German Minister Slammed over Proposed 'Security Partnership' with Muslims," *Spiegelonline*, March 30, 2011.

民在德国社会中的重要作用。

2. 德国政府推动穆斯林移民融合的努力

值得注意的是,公元2000年前,德国政府和移民及其后代的关系一直是建立在移民将不会也不需要成为德国公民这一观念的前提之上。这种在国籍上加以排斥的做法,长期以来一直被看作是阻止穆斯林移民融入德国社会的关键障碍。自从2000年德国实行修改过的新公民法后,德国政府才开始制订和实施移民融入计划。2007年,德国联邦政府以及16个联邦州地方政府,再加上一批非政府组织,终于就德国的第一个国家融合计划达成一致。融合计划以及与之相关的努力,主要是致力于促进和推动学习德国语言和普及德国的平等价值观。同时,还鼓励移民的政治参与,推动教育和职业培训,扩大移民就业机会,改善移民妇女的生活状况。2006年,作为采取的相关行动,德国政府召开了德国穆斯林全国大会,将其作为推动穆斯林更大程度融入德国政治进程的首要步骤。不过,在很多人看来,穆斯林全国大会并未取得预期成果,因为一些被认为持有过度保守观点的穆斯林组织被禁止参加大会。还有一些穆斯林组织认为,政府的目的不过是利用这次大会来加强对国家安全的关注。[①]

在德国政府制定移民融合政策的过程中,一些较为保守的政治家极力要求把移民归化和新的融合要求结合在一起。德国政府确定的移民归化指导方针,也要求未来的公民必须德语达到一定的熟练程度,完成关于德国民主原则的强制性融合课程,并且还要参加移民归化仪式,其中包括宣誓以及其他相似的内容。为此,德国联邦政府设计了一套多项选择的公民考试题库,每个移民必须通过这项考试才能获得德国国籍。对此,一些批评者认为,德国政府设计的公民考试题目过于刁难,而且还触及到一些伊斯兰信仰的敏感问题,诸如男女平等以及对同性恋的容忍等。[②] 不过,多数人认为,达到移民归化的要求将有助于移民在德国社会中取得成功。

[①] "German Minister Slammed over Proposed 'Security Partnership' with Muslims," *Spiegelonline*, March 30, 2011.

[②] International Crisis Group, "Islam and Identity in Germany", March 14, 2007.

总的来说，德国的移民融合政策在很大程度上反映了"一种要求移民更大程度融合的总体趋势"。① 为此，2005 年德国政府的一项移民法规定，将提供资金为所有缺乏德语能力的新移民开设强制性的"融合课程"，这些课程主要集中于德国语言、历史、文化和法律规则。对于那些拒绝参加这些课程学习的人，他们的社会福利将会减少。近年来，通过公共教育来促进融合的努力，依然主要集中于语言训练。2007 年，国家融合计划要求学生在入学前必须进行语言能力测试，并提供各种不同水平的语言补习课程。一些德国学校实施的政策还规定，在校园内即使下课后也必须使用德语。

对于德国的各州来说，公立学校中开展伊斯兰教育也是一个难以解决的问题。目前，德国的公立学校大多不肯把伊斯兰教育纳入它们的课程，而且各州的政策也不尽相同。在一些州，甚至在学校校园内穿戴头巾也是一个严重问题。尽管德国的联邦法律并没有禁止在学校校园内穿戴头巾，但大多数州都通过了法律，禁止在公立学校校园内穿戴头巾。另外，德国宪法虽然规定政教分离，但政府和那些具有官方地位的主要宗教团体之间实际上保持着牢固的伙伴关系。这些宗教团体包括罗马天主教会、一些新教教派以及犹太教。作为德国税收体制的一部分，德国政府一方面向这些宗教团体征收"教堂税"，另一方面也会提供资金资助教堂的修建以及其他宗教活动。然而，德国的伊斯兰组织却并未获得这种正式的宗教地位，也未获得过政府的公共基金。特别是德国政府很少资助修建清真寺或是以清真寺为中心的伊斯兰社会服务机构。

3. 德国打击极端主义和反恐的措施

2001 年 9 月 11 日恐怖分子对美国发动的攻击，加之此后欧洲发生的一系列恐怖主义袭击事件，都加强了德国公众对于居住在德国的穆斯林的怀疑，并导致了反穆斯林事件的不断增加。这些反穆斯林事件，主要发生在德国东部地区。与此同时，伊斯兰极端主义带来的恐怖主义威胁，也导致德国政府加强了对德国穆斯林居住区的关注和监视。

---

① International Crisis Group, "Islam and Identity in Germany", March 14, 2007, p. 20.

"9·11"事件后,德国政府显然感受到了来自其本土伊斯兰恐怖分子的严重威胁。这主要是因为"9·11"事件的3名劫机者,曾在汉堡和德国其他地区居住过多年,并在那里策划了对美国发起的攻击。此后欧洲其他地区发生的恐怖主义袭击,也和德国有联系。这表明,恐怖分子可能已经把德国视为欧洲一个较为容易策划和实施恐怖主义行动的国家。一些人还发现,恐怖分子善于利用德国宽松的庇护法律,还有对个人隐私的保护以及为宗教言论自由提供的便利,从而使得他们在德国的伊斯兰清真寺内长期进行隐秘活动而不会受到政府的监视。

近年来,被揭露的恐怖分子的阴谋计划表明,参加暴力极端主义组织的德国公民人数正在不断增加。2007年9月,一个由伊斯兰圣战联盟成员组成的团体被逮捕,因为他们准备对拉姆施泰因空军基地以及其他美军和美国外交机构发动攻击。2010年3月,3名德国公民和一名土耳其移民因为阴谋发动一次德国调查人员所谓的"欧洲战后最致命的攻击"而被判有罪。2011年3月2日,又有一名居住在德国的科索沃穆斯林乌卡,在法兰克福机场向一辆装载美军士兵的大巴开火。结果,2名美军飞行员当场死亡,2人重伤。根据媒体的报道,这也是伊斯兰恐怖分子在德国发动的第一次致命性攻击。在8月31日的谋杀案审判中,乌卡承认自己所犯的罪行并表示后悔,同时也承认他的行动受到了伊斯兰主义者推动的暴力极端主义宣传的影响。[1]

"9·11"事件后,德国政府采用了一系列新的反恐措施来限制伊斯兰极端主义者的活动,并不断加强监视那些在德国清真寺内讲道的具有激进主义倾向的穆斯林教士。由于德国并没有培训穆斯林教士的机构,大多数穆斯林神职人员几乎都来自欧洲以外。他们来到德国时,甚至可能带着对西方制度和价值观的负面看法甚至敌对态度。[2] 根据

---

[1] Matthias Bartsch, "The Radical Islamist Roots of the Frankfurt Attack," *Spiegelonline*, March 3, 2011; "German: Sorry I Killed U. S. Servicemen," News 24. com, August 31, 2011.

[2] U. S. Congress, House Committee on International Relations, Subcommittee on Europe and Emerging Threats, Hearings on Islamic Extremism in Europe, April 27, 2005. Statement by Claude Moniquet, p. 32.

2001年通过的反恐法案，德国政府有权对清真寺内部的活动进行监视。德国的一些州还考虑通过法律，规定穆斯林神职人员必须用德语讲道。还有一些州则希望建立培训穆斯林神职人员的机构。

同时，德国政府还制定了其他一些反恐措施，旨在消除那些让恐怖分子能够在德国居住和筹款的法律漏洞。法国政府不但取消了宗教团体和神职人员不受当局调查和监视的特权，而且他们组织集会的权利也受到限制。而政府则有了更大的权力，对极端主义团体采取行动。在通过这些立法之后，很多恐怖分子都在德国遭到了起诉，即使他们属于外国的恐怖主义组织，而且只在其他国家进行行动。此外，德国政府制定的一些其他法规，还进一步扩大了联邦刑事调查办公厅对反恐活动调查的权力，包括赋予他们预防性权力对那些被怀疑计划采取暴力行动的人加以控制。德国政府还将那些与恐怖主义有关的准备行动定性为非法，例如参加恐怖主义行动训练。

不仅如此，德国政府还作出了很大努力来识别和铲除那些伊斯兰极端主义的据点。德国政府指出，2009年底德国共有29个伊斯兰极端主义组织，成员达到36000人。这一数字比2008年增加了1500人。[①] 另外，德国政府官员还估计，自从20世纪90年代初以来，已有大约220名德国人在阿富汗和巴基斯坦边界地区的伊斯兰极端主义中心接受过准军事训练，其中包括德国公民和德国的外国长期居民。在这些接受过训练的人员中，大约110人已经回到德国，其中有10人在2010年底被拘禁。[②] 2010年7月，德国内政部宣布启动一项"脱离计划"，为那些寻求脱离暴力极端主义的极端分子提供帮助。这项计划与2001年为极右翼极端主义分子制定的政策相似。

值得注意的是，"9·11"攻击事件发生后，一些伊斯兰组织在德国遭到取缔，包括哈里发阿克萨组织和伊斯兰解放党。2010年8月，德国

[①] "Germany to Offer Exit Program to Help Quit Islamic Extremism," Open Source Center, June 21, 2010.

[②] U. S. Department of State, "Country Reports on Terrorism 2010", August 2011, http://china.usc.edu/us-department-state-country-reports-terrorism-2010-august-18-2011.

政府还关闭了位于汉堡的清真寺。这座清真寺原来名叫圣城清真寺，是参与"9·11"事件的几名劫机者碰头的地方。德国官员宣称，这里长期以来就是伊斯兰极端主义滋长的根源。此后，德国执法部门和情报部门还密切监控了数百名试图与国际恐怖主义网络建立联系的嫌疑人。2005年，德国修改了移民法律，使政府可以更加容易地驱逐具有嫌疑的外国极端主义分子。长期以来，德国宪法对个人隐私以及公民个人自由的保护，总是让德国的立法机构对于要求扩大对计算机、互联网以及其他联系方式的监控提出强烈反对。2010年3月，德国最高法院甚至裁定，德国政府2008年根据欧盟指令制定的数据保留法律违宪。这项法律要求，电讯公司对所有公民的电话和网络数据保留6个月。由于这些情况的存在，也增加了德国政府监控伊斯兰极端分子通讯的难度。

三、荷兰融合穆斯林移民的文化宽容政策

在历史上，号称尼德兰王国的荷兰曾控制过两个穆斯林人口占绝大多数的殖民地。其中一个是原来称为荷属东印度群岛，但在1949年赢得独立后改名的印度尼西亚；另一个则是1975年获得自治的苏里兰。20世纪50年代初，大批穆斯林就开始从印度尼西亚移民荷兰。20世纪60—70年代，荷兰进入经济腾飞时期后，又出现了第二次穆斯林移民浪潮。构成这一波移民浪潮的，主要是荷兰企业从摩洛哥和土耳其以及其他伊斯兰国家招募的大量"客籍工人"。后来荷兰虽然停止了劳工招募，但很多客籍工人最终都留在了荷兰，并随着大批劳工家庭团聚而形成了一次新的穆斯林移民潮。此后，苏里兰在20世纪70年代中期获得独立时，又有很多苏里兰人来到荷兰。最后，在20世纪80年代之后，还出现了一批波斯尼亚、阿富汗和索马里来的穆斯林难民，来到荷兰要求庇护。目前，大约有90多万穆斯林移民居住在荷兰。研究表明，穆斯林移

民构成了荷兰1700万总人口中的5.5%—5.8%。① 从穆斯林人口的增长趋势来看，他们1971年的人数大约为54000人，而1980年时已经增长到225000人。② 据报道，荷兰还有数目不详的穆斯林非法移民。总的来说，荷兰大约3/4的穆斯林移民来自土耳其和摩洛哥。他们大多聚集在阿姆斯特丹、鹿特丹、海牙和乌特勒支等大城市周围。如今，阿姆斯特丹的人口中大约一半是穆斯林，这也是所有欧洲城市中，穆斯林人口比例最高的城市。③ 早在2009年初，荷兰已经有475座清真寺。荷兰穆斯林的年龄结构比普通荷兰人更为年轻，他们的平均年龄只有25岁，而荷兰本土居民的平均年龄是38岁。但对于土耳其和摩洛哥移民来说，他们失业率高，收入低，对社会福利的依赖性大。造成这种情况的原因，主要是他们的高辍学率。不过，在过去十几年中，荷兰穆斯林完成高等教育的人数已经大幅度提高，这一点在女性中更为明显。近年来，荷兰穆斯林还建立了一批自己的小学和中学。

1. 荷兰穆斯林的政治层面问题

长期以来，之所以有成千上万的穆斯林移民来到荷兰，这不仅是荷兰几个世纪以来保持的文化宽容传统，而且也是自20世纪70年代以来，荷兰政府实行多元文化主义政策的结果。然而，一些保守的穆斯林却对荷兰这种文化宽容的社会氛围感到怨恨。在他们看来，那些虔敬的穆斯林在这种宽容的社会氛围中，反而可能会产生一种隔离和排斥的情绪。另外，那些第二代和第三代穆斯林移民也面临困境。一方面，他们在自己父母的文化中失去了根基；另一方面，他们在荷兰社会中又无所依附，因而这些人很容易加入那些持伊斯兰极端主义观点的团体。④

---

① The Pew Research Center, "The Future of the Global Muslim Population", January 27, 2011, http://pewresearch.org/pubs/1872/muslim-population-projections-worldwide-fast-growth.

② Dutch Ministry of Foreign Affairs, *Islam in the Netherlands*, November 2002, http://home.deds.nl/~quip/archief/culture/Islam%20in%20Nederland.html.

③ Forum Institute for Multicultural Affairs, *The Position of Muslims In the Netherlands: Facts and Figures*, March 2010; "Netherlands: Integration Policies Show Limited Results," *Oxford Analytica*, December 22, 2009.

④ Ian Buruma, *Murder in Amsterdam: The Death of Theo van Gogh and the Limits of Tolerance*, New York: Penguin Press, 2006, pp. 18, 32.

过去十多年来，荷兰政治领域中有关移民的问题一直是争论不休，其中主要是围绕对于穆斯林移民进行同化的争论。特别是在美国发生"9·11"恐怖主义攻击后，荷兰国内更是立刻引起了广泛的争论。当时的民意调查表明，全体荷兰人中60%的人赞同驱逐那些支持这次恐怖主义攻击的穆斯林。同时，大致同样比例的荷兰人还认为，美国的恐怖主义攻击事件会影响穆斯林与荷兰社会的融合。另外，媒体和一些政治家也极力批评那些居住在荷兰的穆斯林所持的反西方态度。[①] 2001年10月5日，荷兰新闻工作者在一封"致全体荷兰穆斯林的公开信"中，一方面指责荷兰的穆斯林领导人对于"9·11"事件迟迟不表明态度，另一方面则要求他们对恐怖主义攻击明确加以谴责。

2002年5月荷兰议会选举期间，民粹主义政治家富图恩（Pim Fortuyn）因为遭到一名动物权利保护者的枪击身亡，而再次引起荷兰国内舆论哗然。富图恩作为一名公开的同性恋学者，主要因为他对荷兰自由化移民政策的强烈批评而受到广泛关注和支持。2004年11月，荷兰又出现了制片商梵高被刺杀身亡事件。这一事件显然是因为他制作的一部关于伊斯兰文化的有争议的影片，特别是其中涉及的妇女被虐待问题而遭到的报复。凶手布耶里是一名出生和成长在荷兰的26岁的摩洛哥裔荷兰穆斯林。结果，布耶里因为谋杀梵高被判终身监禁。尽管没有明确的证据，但人们广泛相信布耶里是一个名为豪夫斯泰德组的穆斯林极端主义组织成员。这个组织的另外几名成员后来也被起诉，并因为他们策划多起在荷兰国内的恐怖主义攻击而被定罪。

近年来，荷兰国内两个具有民粹主义激进倾向的反对党，也就是自由党和荷兰光荣党，都在极力煽动反移民情绪，特别是反对穆斯林移民。2008年3月，煽动能力极强的自由党领导人韦尔德斯，在网络上传播了一部他制作的具有煽动性的反对古兰经的影片《伊斯兰教的战栗》。一

---

① John Vinocur, "Dutch Frankness On Immigrants Treads Where Many Nations Fear To Go," *International Herald Tribune*, October 1, 2001.

些观察家担心这种做法会导致荷兰国内的暴乱以及荷兰士兵和外交官在国外受到恐怖主义攻击。然而,穆斯林对此事件的反应相对来说比较克制。2009年3月,韦尔德斯甚至被英国拒绝入境,因为担心他传播"仇恨和暴力言论"。①

然而,2009年6月在欧洲的关键机构欧洲议会的选举中,韦尔德斯领导的自由党获得了令人惊讶的胜利,在荷兰所有政党中得票率占第二位。2010年6月在荷兰的议会选举中,自由党成为议会中的第三大党,但荷兰光荣党则在选举中失利。2010年10月,经过长时间政治博弈后,自民党和基督教民主党组成少数党联盟,自民党领导人鲁特担任首相。这两个人中右翼政党的执政得到了自由党的非正式支持。自由党虽然处于执政联盟之外,未获得任何内阁职位,但自由党与执政联盟的合作,使得他们可以在下议院中获得一票多数。作为对联合执政支持的回报,自由党获得了修改移民政策的承诺。自由党对移民政策修改的建议包括三个方面:首先,要对穿戴面纱加以限制;其次,要对原来的荷兰语义务教育征收费用;最后,要对寻求移民的家庭成员的就业能力提高要求。结果,在新政府就任后不久,首相鲁特就表示:"我们不能继续允许这么多前景不明的人来到荷兰。"②

2. 荷兰政府推动穆斯林融合的努力

早在2001年恐怖分子对美国发动"9·11"攻击之前,荷兰政府已经开始致力于鼓励和推动穆斯林移民与主流社会的融合。1994年,荷兰内政与王国关系部就实行了一项旨在推动这种融合的政策,"其目标就是要提高那些处于社会底层的少数族裔的社会经济地位"。这项政策强调,政府和移民之间应该相互合作。在这种合作关系中,政府要极力促进融合,而移民则有责任接受荷兰社会的生活方式。③ 1998年,荷兰政

---

① "Secrecy About Anti-Koran Film Worries Dutch Govt.," *Reuters*, March 19, 2008; "Dutch Relief At 'Mild' Anti-Islam Film," *Agence France Presse*. March 28, 2008; "Dutch Anti-Islam MP Says Britain Refuses Him Entry," *Reuters*, February 10, 2009.
② Economist Intelligence Unit, "Country Report: Netherlands," March, 2011.
③ Monica Raymunt, "The Politics of Integration: Can the Netherlands Get Immigration Right?," Atlantic.com, May 17, 2011.

府开始实行新的移民融合法,要求那些接受国家福利的移民必须参与政府的融合项目,否则会遭到罚款。2000年,荷兰政府宣称其实行的寻求实现少数族裔融合的政策,目标主要就是针对穆斯林移民。而政府实行这一政策的目的,是要让这些穆斯林移民能够参与民主社会,克服自己所处的不利地位,防止和抵制民族歧视和种族主义。为了实现这些目标,荷兰各个城市的政府都制订了融合计划,积极推动穆斯林移民接受荷兰的文化观念和社会习俗,并提供各种语言训练。在这些计划中,还包含了协助在教育方面处于不利地位的少数族裔。[1] 2006年,荷兰政府曾考虑提出一项禁止穿戴伊斯兰面纱的法案,但由于政府律师认为这一法案可能被判违宪,因而未向立法机构提交。为此,政府制定了一项禁止教育工作者和政府雇员穿戴蒙面面纱的规定,荷兰议会也通过了一项同样的法案。[2]

2009年11月,荷兰住房、工作和和综合事务部部长范德莱恩写信给议会,综合概括了政府对穆斯林移民的融合政策。他在信中强调,穆斯林移民负有"道德责任来适应荷兰社会并对其做出贡献"。他还指出,政府为协助他们,已经发展了一项政策来帮助新移民学习荷兰的语言和文化,并鼓励他们参与社会,了解荷兰法制规则的重要性。另外,政府还试图解决穆斯林移民的就业,特别是年轻人的就业问题,并反对对移民的歧视。范德莱恩对此解释说,政府的移民政策是要保证国家能够及时吸收和同化所接收的新移民。[3]

为了促进融合,政府还制订和实施了多项计划,其中一个重要方面就是和穆斯林民间团体进行合作。荷兰住房、工作和综合事务部专门建立了两个与伊斯兰民间组织联系的机构,一个是穆斯林与政府联络平台,另一个是伊斯兰联络小组。同时,政府还建立了一些穆斯林妇女组织,

---

[1] Dutch Ministry of Foreign Affairs, "Islam in the Netherlands", November 2002, http://home.deds.nl/~quip/archief/culture/Islam%20in%20Nederland.html.

[2] "A Look At Legislation and Debate Concerning Muslim Veils In Europe and Beyond," Associated Press, January 15, 2010.

[3] Dutch Ministry of Housing, Communities, and Integration, Letter to the Dutch Parliament on Integration, November 17, 2009.

其中包括全国伊斯兰妇女网络和阿姆斯特丹妮萨小组。另外，荷兰政府从 1986 年开始还建立了针对穆斯林的广播机构，目前荷兰国内有两家穆斯林广播公司。政府还经营了一些像荷兰多元文化电视这样的电视台，主要向少数族裔播放节目。为了促进执法机关的效率，政府还建立了"加强社区对警察信任和接触"的计划。例如，政府为摩洛哥移民开创的"邻里爸爸"项目提供资金，这个项目的功能与美国社会的守望相助计划相似。通过招募少数族裔，荷兰政府还努力提高警察人员的种族多样化。[1] 对于新移民，荷兰政府要求他们必须通过荷兰的语言和文化考试。如果原有移民要求申请家庭成员移民前来荷兰团聚，他们还需要提供有足够收入的就业证明。作为配偶的移民，则要求年龄必须在 21 岁以上。

荷兰政府为鼓励融合采取的另一个重要步骤，就是制订了一系列计划旨在防止和消除对移民的歧视。2009 年 6 月，荷兰政府通过了一项设立城市非歧视服务机构的法律。根据这项法律，地方政府必须设立非歧视办公室，去帮助那些投诉遭到歧视的人，并帮助他们处理和解决投诉的问题。与此同时，荷兰政府还修改了劳工健康与安全法，要求雇主不得歧视穆斯林移民。如果出现歧视的情况，政府将采取行动加以制止。[2]

此外，荷兰政府推动移民融合的另一项措施，就是鼓励他们参与政治和社会。2009 年，已有 7 名穆斯林议员进入众议院，一名进入参议院，还有一名进入了内阁。另外，还有一些穆斯林通过地方选举，担任了州议会议员和市级政府官员。例如，荷兰第二大城市鹿特丹的市长就是穆斯林，阿姆斯特丹的行政区中也有一位女性穆斯林区长。[3]

2011 年 6 月，荷兰内政部再次向议会提交了一份关于移民问题的报告。报告中强调，移民有义务适应荷兰社会，并且应该加强学习荷兰的

---

[1] Open Society Institute, "Muslims in Europe: A Report on 11 EU Cities", 2010, p.183, https://www.opensocietyfoundations.org/reports/muslims-europe-report-11-eu-cities.

[2] EU Agency for Fundamental Rights, "FRA Annual Report on Fundamental Rights in 2009", June 10, 2010, http://fra.europa.eu/fraWebsite/news_and_events/infocus10_10-06_en.htm.

[3] "Dutch Muslims Striving to Integrate," BBC News, April 28, 2010.

语言和社会习俗。报告还认为，推动移民融合并不仅仅是行政当局的责任，更取决于那些决定要留在荷兰生活的人。报告还提出要制定新的法律，包括制定更加严格的公民融合法，停止为特别群体融合提供补助，禁止强迫婚姻，禁止在公众场合穿戴头巾，并要为公民身份建立公共准则。①

3. 荷兰政府抵制极端主义和打击恐怖主义的措施

2009年10月，荷兰驻美国大使琼斯鲍斯在演讲中指出，对于极端主义和恐怖主义，荷兰政府采用的是"预防和打击"这种双管齐下的方式来加以抵制。② 近年来，为了防止极端主义扩张，荷兰政府做了大量工作来推动穆斯林移民融合。特别是帮助那些容易受到影响的人群抵御极端主义，并通过干预的方式来"识别、孤立和遏制极端主义的进程"。这些措施包含了荷兰内政部领导的多个机构的共同努力，并且还涉及到国家反恐协调中心以及教育、青年和家庭部。同时，执法机构和情报部门也全面参与。琼斯鲍斯大使还强调，荷兰各地的地方政府也发挥了重要作用。地方政府与中央政府合作，为这些计划提供部分资金，并且建立了号称为"闹恩萨"的国家信息和建议数据库。这位大使还特别指出，为了防止极端主义蔓延，荷兰政府将采取步骤，更大程度地推动穆斯林移民融入荷兰社会。

实际上，荷兰政府多年来一直在推动不同信仰之间的对话和不同种族之间的接触。对于荷兰国内的穆斯林，政府也鼓励穆斯林社区发展他们自己的宗教训练计划，这样他们就不再需要从那些对荷兰文化和价值观并不熟悉的国家"进口"神职人员。根据荷兰2007年的公民融合法，所有拥有永久居留权的外国人都有义务要融入荷兰社会。特别是，包括穆斯林伊玛目在内的那些从事心灵指导工作的人，更加有义务要参与融合，即使他们不能获得永久居住权。荷兰政府明确意识到，这些从事心

---

① "Integration Policy Based on Dutch Values," States News Service, June 17. 2011.
② Address by Renée Jonca-Bos, Dutch Ambassador to the United States, "Countering Radicalization in the Netherlands," Washington, DC, October 23, 2009, http://www.gwumc.edu/hspi/events/netherlandsARTresource.cfm.

灵指导工作的人，在他们的社区中能够发挥重要作用，他们会影响到他们的追随者参与社会融合进程的积极性。①

同时，荷兰政府也加强了对极端主义网站的监控，并建立了一些网站来驳斥那些对伊斯兰的极端主义解释。② 在监狱系统中，内政部还努力防止那些被监禁的穆斯林青年受到极端主义影响。在教育系统中，学校里建立了服务中心，让学生可以报告他们听到的宣扬激进主义和暴力的言论。荷兰开放社会研究所的一项研究还指出，荷兰城市的社区设立了社区指导员和街道教练。这些街道教练通常都是拳击运动员或是武术专家，他们骑自行车在社区内巡逻，制止各种反社会行为。他们还要向负责社会工作的家庭团队报告他们发现的各种问题，家庭团队成员则会上门拜访有关人员，并和有关家庭以及父母讨论他们子女的问题。

在打击极端主义方面，荷兰政府加大了对于那些与恐怖主义有关行动的惩罚力度，并采取措施来阻止极端主义团体进行洗钱和招募成员。同时，政府还扩大了执法机构开展调查的权力，情报和安全机构也配备了更多的人员和资源。尽管目前还很难评估荷兰警察所做的工作，但荷兰政府在预防和打击暴力极端主义方面还是取得了几个方面的成绩：首先，调查表明，公众过去几年来对恐怖主义关注的程度已经大幅度下降；其次，政府根据犯罪与恐怖主义法案对相关人士进行了起诉，并在这一方面获得了经验；最后，政府对伊斯兰极端主义有了更多的了解，并开始联合政府多个部门来制止极端主义言论的传播。作为荷兰政府工作的一种成效，荷兰穆斯林对于2008年《伊斯兰内部的战争》这本书引发的反应也较为克制。同时，荷兰的萨拉菲主义团体的言论也在很大程度上没有表现出过分的极端主义色彩。

在看到荷兰政府在预防和打击极端主义方面取得的成效的同时，也要看到荷兰当前存在的问题。一方面，荷兰穆斯林青年中有些人被招募

---

① Forum Institute for Multicultural Affairs, "Netherlands: Integration Policies Show Limited Results," *Oxford Analytica*., December 22, 2009, p. 40.
② National Coordinator for Counterterrorism in the Netherlands, "Countering Violent Extremist Narratives", January 2010.

去索马里和叙利亚参加圣战的问题,依然让荷兰政府感到忧虑;另一方面,荷兰国内社会两极分化的现象,也导致了荷兰国内具有极端民族主义色彩的民粹主义和其他极端主义的出现。事实表明,荷兰国内的非穆斯林极端主义近来也呈现出上升的趋势。荷兰自由党近年来在大选中的胜利,就是一个明显例证。另外,有些评价机构对于荷兰政府在打击极端主义和伊斯兰恐怖主义方面取得成果的评价,也不是那么肯定。2009年12月,《牛津分析》中的一篇文章指出,荷兰的极端主义是否受到了遏制现在还难以断言。文章的作者强调,目前尚无法确定过去5年来荷兰潜在的穆斯林极端分子的人数是否已经减少。这篇文章还宣称,像伊斯兰解放党这样激进的伊斯兰主义团体,已经进入荷兰的大学校园展开活动。另外文章也提到,在荷兰国内,反对穆斯林移民的极右翼政治家韦尔德斯依然广受欢迎,这也是对穆斯林群体的一种公开侮辱。[①] 不过,荷兰国家反恐协作办公室的评估则认为,荷兰国内发生恐怖主义攻击的可能目前属于第二级的"有限级"。在荷兰,恐怖攻击的可能性被划分为"微小级"、"有限级"、"实质级"和"临界级"等4个级别。荷兰政府相信,伊斯兰极端主义发动恐怖主义的目标可能不是荷兰本土,而是荷兰在海外的设施和公民。因此,正如美国国务院2010年提交的《恐怖主义国家报告》所指出的,荷兰国家反恐协作办公室依然明确认识到"必须继续高度打击荷兰民众中出于政治和意识形态动机的暴力行动"。[②]

四、西班牙对穆斯林移民的融合和排斥

对于西班牙来说,大量穆斯林移民的出现只是近年来才有的现象。21世纪初,西班牙的经济繁荣也直接推动了农业、住房和建筑工业的发

[①] "Netherlands: Integration Policies Show Limited Results," *op. cit.*

[②] U. S. Department of State, "Background Note: The Netherlands", August 2011; U. S. Department of State, "Country Reports on Terrorism 2010", August 2011, http://www.state.gov/j/ct/rls/crt/2010/index.htm.

展，从而导致了对劳动力需求的增长，同时也造成了移民人数的大量增加。有估计认为，西班牙的移民人数已从20世纪90年代的50万人迅速增长到2009年的大约500万人。总体来说，西班牙的移民大多来自拉丁美洲，也就是中美、南美和墨西哥。从比例上来说，西班牙来自美洲地区的移民人数要多于来自穆斯林国家的移民，两者的比例大约为3：1。① 据估计，西班牙大约有100万穆斯林，但也有资料认为这个数字应该是140万。② 西班牙穆斯林中的多数，大约总数的70%来自摩洛哥，这主要是因为地理联系、人口迁移和经济因素等原因。摩洛哥人口增长迅速，有大批年轻人。其人均国内生产总值为4500美元，而相比之下西班牙则高达30000美元。③ 在地理位置上，摩洛哥与西班牙隔地中海相望，移民只要渡过地中海连接大西洋的狭窄的出口直布罗陀海峡就可以到达西班牙。而且在摩洛哥一侧还有西班牙的两块飞地，休达和梅利利亚。除摩洛哥外，西班牙的穆斯林移民还来自塞内加尔、阿尔及利亚、巴基斯坦和尼日利亚。据报道，居住在西班牙的穆斯林大约90%是外国侨民。目前，西班牙的穆斯林人口主要集中在加塞罗尼亚，特别是巴塞罗那。同时，还有马德里以及阿尔梅里亚、穆尔西亚、巴伦西亚和安达卢西亚等位于地中海沿岸的地区。在这些城市里，穆斯林居民主要集中在那些贫困和教育落后的居住区。

1. 西班牙社会现实中的穆斯林问题

客观地说，西班牙的穆斯林人口中，暴力极端主义及其积极支持者始终只是其中的小部分人。一直以来，西班牙政府当局都认为，其国内的伊斯兰极端分子至多为300—1000人。然而，当西班牙穆斯林极端分子2004年3月11日在马德里城际铁路的列车上制造4起爆炸事件，导致192人丧生和1800人受伤时，西班牙穆斯林社区中隐藏的极端主义问

---

① Patricia Bezunartea, Jose Manuel Lopez, and Laura Tedesco, "Muslims in Spain and Islamic Religious Radicalism", MICROCON, Policy Working Paper 8, May 2009.
② The Pew Research Center's Forum on Religion and Public Life, "Muslim Networks and Movements in Western Europe", September 2010, http://pewforum.org/uploadedFiles/Topics/Religious_Affiliation/Muslim/Muslim-networksfull-report.pdf.
③ U. S. Department of State, "Background Note: Morocco", April 2011.

题才引起了西班牙政府和全球的关注。参与这次爆炸事件的恐怖主义组织中,一些成员与摩洛哥伊斯兰战斗团有联系,而这个组织又和"基地"组织来往密切。实际上,参与这些爆炸事件的人只是受到了"基地"组织的鼓动,但并不是"基地"组织的正式成员。这些参与爆炸攻击的人员声称,他们是以塔里克·伊本·齐亚德的名义发动攻击的,齐亚德是公元8世纪征服西班牙的穆斯林领袖。同时,这些人还称自己是"驻扎在安达卢斯的行动大队",安达卢斯则是中世纪穆斯林统治西班牙时这个地区的名字。不过,穆斯林极端主义发动这次攻击的现实原因,主要还是西班牙政府派遣了1300名士兵,参加美国领导的"联合意愿"行动入侵伊拉克。

从人员的构成来看,参与马德里爆炸袭击的人员大多是第一代移民,而且其中很多人在移民西班牙之前已经加入了圣战组织。在他们当中,很少有人受过高等教育,大多在建筑、小企业以及其他一些移民在西班牙的典型行业工作。他们当中有些人甚至没有工作,靠小偷小摸以及其他犯罪活动为生。他们一般年纪在30岁以上,而且大多已经成家。[①] 参与马德里爆炸案的人员多数在其后与警察的交火中被击毙,或是被逮捕起诉。不过,西班牙政府当局依旧极其关注那些所谓的"潜伏杀手",担心他们会继续在这个国家采取恐怖主义行动。2008年,警察逮捕了一个14人的团伙,据说他们与巴基斯坦为"基地"的恐怖组织有联系。除了马德里爆炸案外,西班牙的极端主义网络主要是通过筹集资金和提供后勤,来支持其他地区更为活跃的组织展开行动。在恐怖分子对美国发动的"9·11"攻击事件中,西班牙也是一个关键的支持和策划基地。

多年来,西班牙政府其实很少关注将穆斯林移民融入社会的问题。直到马德里爆炸案发生后,才把西班牙的穆斯林问题一下子摆到了西班牙公众面前。为此,2004年就上台执政的总理萨巴德洛多次强调,必须

---

① Javier Jordan and Nicola Horsburgh, "Mapping Jihadist Terrorism in Spain," *Studies in Conflict and Terrorism*, vol. 28, May 2005, pp 169-191.

让西班牙国内的穆斯林移民与社会更好地融合。不过，西班牙政府对于移民融合并没有一个特别的模式，因此只能采用英国和荷兰的多元文化主义以及法国同化模式。① 然而，在现实生活中，西班牙穆斯林移民遭受的歧视不仅是因为他们的宗教和民族身份，而且也是因为他们的贫困。2000年和2002年，西班牙国内曾出现过针对摩洛哥人的反移民暴乱，但总体来说西班牙国内反对移民的暴力案件还比较少见。尽管人们预期马德里爆炸案会导致西班牙民众与穆斯林移民的冲突加剧，但这种情况似乎并未出现，而且也没有发生警察广泛虐待穆斯林的事件。

在马德里爆炸案发生之前，西班牙像其他欧洲国家一样，主要是把穆斯林社区的问题视为一个移民问题。西班牙国内的政治派别也倾向于把融合政策和移民政策结合在一起。萨巴德洛总理上台后，采取了多种步骤使很多在西班牙工作的非法移民获得了合法身份，并放宽了申请临时居住和工作许可的条件。萨巴德洛总理还声称，这些让非法劳工成为合法劳工的政策，有助于加强西班牙的安全。但作为反对党的人民党，却倾向于采取更加严厉的移民政策，并批评萨巴德洛的措施会鼓励更多的移民来到西班牙。2009年以后，西班牙经济严重衰退，失业率增加到20%，移民政策也始终是一个引起广泛争论的议题。

不过，很多西班牙人并不愿意把这场争论局限于"穆斯林群体"。这主要是因为西班牙的移民主要来自拉丁美洲。因此，有些人强调这个问题是一个"移民与融合"的问题，而不是一个"穆斯林移民"或者"穆斯林融合"问题。同样，还有很多西班牙人更加关注像巴斯克祖国与自由组织（埃塔）这样的具有明显暴力性质的地区分离主义问题，将其视作最为严重的恐怖主义威胁。还有一些人认为，"恐怖主义"并不等同于"伊斯兰恐怖主义"。

2. 西班牙政府推动穆斯林移民融合的努力和问题

2004年马德里恐怖主义攻击发生后，西班牙政府很快就开始集中力量推动西班牙穆斯林民众与主流社会的融合。此后，西班牙政府一直在

---

① "Muslim migrants 'feel at home' in Spain," *Deutsche Welle*, October 15, 2010.

寻求扩大执行融合政策的机构和加强与之相关的基础设施。在西班牙劳工和移民部里，负责移民融合的领导人都要亲自实施各项政策和计划。①从2007—2010年，这个部的公民融合计划获得了大约20亿欧元的资金，主要用来实行与移民教育、就业、住房、社会服务、健康、妇女以及青年有关的项目。②

在政府其他相关机构中，一个称为"永久移民观察"的部门主要负责收集数据，并对移民社区的情况进行分析。③ 2006年，西班牙政府还建立了社会融合和移民论坛。另外，一个由不同部共同建立的外国人事务委员会，主要负责指导和整合政府有关外国侨民事务的政策，其中涉及到移民融合和难民收容政策。西班牙政府还建立了一个多元主义与共同生存基金，来促进社会对话和支持西班牙国内的少数宗教群体，包括穆斯林、犹太人和新教徒。同时，还特别资助一些专门选定的融合项目。

在1992年签署的正式合作协议的基础上，西班牙伊斯兰委员会被确定为西班牙穆斯林群体和国家对话的官方代表。西班牙伊斯兰委员会主要协调西班牙两个最大的穆斯林协会，一个是西班牙伊斯兰宗教团体联盟，另一个是西班牙伊斯兰社区联合会。协调这两个协会的目的，就是要让西班牙穆斯林能够形成一个共同的声音提出诉求，在诸如设立穆斯林假日以及建立伊斯兰教育体系等方面和政府进行沟通。由于两个协会之间的严重分歧，西班牙伊斯兰社区联合会和伊斯兰宗教团体联盟的一些人员重新进行组合，于2011年4月成立了西班牙伊斯兰理事会。

目前，西班牙全国大约有700座清真寺和800个注册的穆斯林聚会所。由于政府并未强行要求宗教场所进行登记，因此人们相信大约还有

---

① Spanish Ministry of Labor and Integration, http://www.mtin.es/es/sec_emi/IntegraInmigrantes.

② Patricia Bezunartea, Jose Manuel Lopez, and Laura Tedesco, "Muslims in Spain and Islamic Religious Radicalism", MICROCON, Policy Working Paper 8, May 2009.

③ Observatorio Permanente de la Inmigración, "Observatorio Permanente de la Inmigracion", http://extranjeros.mtin.es/es/ObservatorioPermanenteInmigracion.

150个穆斯林宗教团体并没有向政府进行注册。通常来说，很多西班牙穆斯林民众都是在这些非正式和没有明显标志的祈祷室举行祈祷活动。据估计，西班牙全国各地有成百上千这样的"车库清真寺"，而主持这些清真寺的则是那些并不具有职业资格或是政治意识形态不明确的伊玛目。在这种情况下，西班牙政府显然难于确定和监控潜在的极端主义团体，更谈不上通过融合来打击极端主义观念不断扩大的影响。马德里爆炸案中的关键人物，也就是号称"突尼斯人"的法赫特，原先就是这种非正式祈祷所的领导者。不过，很多西班牙穆斯林社区还是较为支持政府培养更多本土生长的西班牙伊玛目的计划。但穆斯林社区中，也有相当多的人反对这种做法。他们担心宗教讲道会受到更多的监控，甚至要求伊玛目必须获得神职人员的执照。

另外，西班牙政府还面临把大批穆斯林以及其他移民的子女融入西班牙教育体系的难题。西班牙法律要求，各行政区应将移民的子女纳入当地的教育体系，并推动他们与当地社会融合。从行政结构来说，西班牙的行政区相当于美国的州。然而，西班牙穆斯林和其他移民一样，其子女面临的主要困难是他们缺少西班牙语能力，而且他们在自己原来的国家几乎没有受过什么教育。因此，西班牙行政区只能采用各自不同的方式来处理这些问题。他们或是把这些孩子放进"过渡"班，让他们在进入正式班级前先学习西班牙语；或是让这些孩子进入比他们年龄更低的年级，让他们能够在学业上跟上其他同学；或是安排指定老师，为他们提供课外辅导和咨询。

根据西班牙政府1992年和西班牙伊斯兰委员会达成的协议，伊斯兰教育至少原则上可以在西班牙公立学校中加以实施。不过，政府并不愿意为教授这些课程的伊玛目支付薪酬。在2009—2010学年中，西班牙全国只有46名公立学校教师从事伊斯兰宗教教育。但相比之下，从事天主教宗教教育的公立学校教师却有大约1.5万名。西班牙伊斯兰社区联合会估计，如果公立学校开设伊斯兰宗教教育课程的话，至少有16.6万名穆斯林学生愿意学习这一课程，这就要求政府雇佣至少300名以上教师从事教学工作。① 多年来，西班牙的温和派穆斯林一直对于这方面的缺乏表示关注，因为这会使得大批穆斯林儿童接受到与教义不符的宗教教育，从而形成一些正统伊斯兰无法容忍的歪曲信念。

另外，像法国和其他欧洲国家一样，西班牙国内对于是否允许在公共场所穿戴面纱的问题也是争论不休。主要反对党人民党以维护妇女权利的名义，提出的一份关于禁止伊斯兰服装的议案，于2010年6月在参议院获得通过。执政的社会党虽然有着强烈的世俗化倾向，但却反对这项禁令。结果，这项议案在2010年7月西班牙众议院的投票表决中未能通过。不过，西班牙的一些地方政府还是颁发了禁令，禁止在公共建筑区内穿戴面纱。

3. 西班牙的反恐法律和措施

尽管极端伊斯兰主义的恐怖主义威胁，是西班牙近年来面临的一个新问题，但西班牙在应对恐怖主义威胁方面，其实已经有着丰富的经验。过去40多年来，西班牙一直面对来自称之为埃塔的巴斯克祖国与自由组织的威胁。在这些年中，埃塔共计杀害了800多人。与此同时，西班牙也制定了一套发展完善的反恐法律体系，其中包含了大量明确的规则。虽然一些评论家认为西班牙政府处理恐怖主义事件的做法过于温和，但实践证明西班牙的反恐措施还相当有效。

西班牙和法国一样，采用的是以成文法为基础的大陆法体系。根据西班牙的刑事法典，恐怖主义犯罪被定为恶性犯罪。在西班牙的刑事法典中，恐怖主义犯罪被定义为试图破坏宪法和公共秩序，其具体表现包括策划和实施恐怖主义行动，资助恐怖主义，招募、灌输和训练恐怖主义人员，公开赞扬和鼓励恐怖主义等。西班牙刑法对于恐怖主义的惩处包括：恐怖组织成员将被处以6—12年监禁；指导恐怖主义组织的领导人处以8—14年监禁；恐怖主义谋杀处以20—30年监禁。② 不过，也有

---

① U. S. Department of State, Bureau of Democracy, Human Rights, and Labor, "International Religious Freedom Report 2010", November 2010.

② U. S. Department of State, *Country Reports on Terrorism* 2010, August 2011, http://china.usc.edu/us-department-state-country-reports-terrorism-2010-august-18-2011.

一些人权维护人士对西班牙法律中的某些规定提出了批评。这些规定让警察可以在向法官起诉前，对恐怖主义嫌犯单独监禁长达5天。[①] 在历史上，西班牙曾经历过佛朗哥时期的独裁政权，因此很多西班牙人都不希望政府采取任何有损公民自由的措施，诸如放宽对电话监听的限制以及允许情报机构接触个人资料库等。但在马德里爆炸案以后，西班牙政府还是大幅提高了国家反恐机构的职能范围，增加了内政部中处理反恐事务的人员数量，还在内政部中组建了国家反恐协作中心。协调中心包含了执行法律和收集情报的国家警察，还有作为准军事部队的国民警卫队以及作为国家情报机构核心的国家情报中心。协调中心通过建立新的机构协调机制，来整合这些部门共同开展工作。同时，西班牙司法部门还加强措施，严密监督在监狱中的伊斯兰极端主义分子的活动。

与此同时，西班牙政府还切实加强国际合作来应对极端的伊斯兰恐怖主义。在欧盟方面，西班牙政府是欧盟在联盟层面上协同反恐的积极支持者，并且也是和法国、摩洛哥以及美国等国家在双边反恐合作中的关键伙伴。西班牙总理萨帕特罗一直坚持，不能用军事手段来解决恐怖主义问题，应该强调在法律方面加强合作。萨帕特罗还始终致力于推动扩大基督教与伊斯兰之间的文明对话，并通过与穆斯林世界建立和发展"文明联盟"，来加强相互接触和了解。

五、英国融合穆斯林移民的多元化政策

研究表明，英国的穆斯林人口大约为290万。[②] 在过去的十多年中，英国穆斯林人口出现了高速增长。英国2001年的人口普查中，穆斯林人口大约为160万。但英国2005年的劳动力调查表明，穆斯林人口已经达

---

① Martin Scheinin, "Mission to Spain-Report of the Special Rapporteur on the Promotion and Protection of Human Rights and Fundamental Freedoms While Countering Terrorism", United Nations Human Rights Council, December 16, 2008.

② The Pew Research Center's Forum on Religion and Public Life, "Muslim Networks and Movements in Western Europe", September 2010, http://pewforum.org/uploadedFiles/Topics/Religious_Affiliation/Muslim/Muslim-networksfull-report.pdf.

到200万。① 在英国的穆斯林人口结构中，年轻人占据多数，大约50%的人口年龄在25岁以下。由于历史上和殖民地之间的联系，再加上二战后大批劳工和移民的输入，英国的穆斯林大约2/3来自南亚。其中大约一半是巴基斯坦人，20%是孟加拉人，还有10%是印度人。此外，英国的穆斯林还来自阿富汗、波斯尼亚、伊朗、土耳其、塞浦路斯、马来西亚和非洲。在英国的全体穆斯林中，几乎一半出生在英国。② 社会研究表明，英国穆斯林的经济状况普遍低于全国人口的平均水平，而且失业率也相当高。在英国监狱的服刑人员中，穆斯林也占据了相当高的比例。

1. 英国的多元文化主义政策和穆斯林中的极端主义成分

长期以来，英国政府处理移民融合的原则一直是强调多元文化主义，而不是单一文化的同化。多元主义文化原则鼓励容忍和逐步建立平等观念，同时允许移民和其他种族群体保留自己的文化身份和生活习惯。但自从2005年以来，英国国内对于多元主义文化问题出现了持续争论。争论的焦点是政府的政策对于英国正在出现的文化多样性是否过于容忍，加之强调反对歧视以及保持个人或社区群体的文化特征，从而放弃了建立英国社会的共同身份和价值观。批评者认为，英国政府多年来实行的多元文化主义，加剧了英国穆斯林群体与外界的隔绝，因而在一定程度上促进了所谓"平行社会"的形成。还有一些人认为，多元主义文化政策并未解决影响到英国社会生活各个方面的深层次社会分化。据报道，很多英国穆斯林青年陷入伊斯兰极端主义，主要是因为感到自己在文化上被疏远，自己的公民权利被剥夺，而且自己还受到歧视。因而他们转向伊斯兰极端主义，是为了寻求一种方式来排解那种被排斥的感觉，所以很容易接受那些伊斯兰极端主义教士传播的伊斯兰激进思想。

对此，英国首相卡梅伦2011年2月5日在德国慕尼黑召开的安全会

---

① Richard Kerbaj, "Muslim Population 'Rising 10 Times Faster Than Rest of Society'," *The Sunday Times*, January 30, 2009.

② Ceri Peach, "Muslim Population of Europe: A Brief Overview of Demographic Trends and Socio-economic Integration with Particular Focus on Britain," Center for Strategic and International Studies, September 2007.

议上，发表了一篇关于激进主义和伊斯兰极端主义的长篇演讲。在这次演讲中，卡梅伦对于把多元文化主义作为一种政策选择所做的批评表示赞同。根据卡梅伦的说法，英国在国家多元文化主义原则下处理穆斯林移民的政策，实际上是在鼓励不同文化相互分离。这种政策导致少数群体与主流群体之间没有接触，而且远离社会主流。同时，英国也没有建立一种少数族群希望从属的社会模式，而是容忍这些少数群体采取和英国价值观完全背离的生活方式。对此卡梅伦承诺："我们应该翻过过去政策失败的这一页，不再鼓励人民相互分离，而是建立一种向每个人开放的全民共享的国家身份。"①

卡梅伦发表这次讲话后，一些分析家认为这表明英国处理移民融合问题的官方政策将会出现变化，并表示要对这种变化的政策含义进行观察。还有一些人认为，卡梅伦提出的很多措施，诸如加强对穆斯林团体接受公共资金的控制，禁止"传播仇恨的布道者"访问英国时在公众论坛发表演讲，采取强制措施禁止强迫婚姻，建立一种所有英国人都赞同的共同价值观等，这些和前工党政府首相布莱尔在2005年伦敦爆炸案之后的说法完全相同。因此，他们认为卡梅伦的演讲主要是为了表明他对其联合政府内一些争论所持的立场。这些争论涉及到是否应该把非暴力极端主义作为反对恐怖主义的一种途径或是权宜之计，还有英国政府在致力于反对极端主义的时候，是否应该继续和非暴力的伊斯兰主义合作，而不必考虑这些人的政治目标和价值观和英国主流社会之间可能存在的明显差异。②

在英国穆斯林群体中，虽然大多数穆斯林并没有参与过极端主义活动，但却有少数人不但积极鼓吹伊斯兰极端主义，而且还在某些情况下支持极端主义的暴力行动。一般来说，这些伊斯兰极端主义者主要是利用英国的外交政策，包括英国出兵伊拉克和阿富汗，还有英国对以色列

---

① David Cameron, "PM's speech at the Munich Security Conference", February 5, 2011, http://www.number10.gov.uk/news/pms-speech-at-munich-security-conference.
② "Muscle v Multiculturalism; Bagehot. (Bagehot: The row over multiculturalism)," *The Economist*, February 12, 2011, https://www.highbeam.com/doc/1G1-286685413.html.

的偏袒，作为他们采取暴力行动的合法依据。近年来，一些极端主义色彩鲜明的暴力事件，引起了人们对于穆斯林群体中极端主义问题的关注。这其中最突出的事件，就是2005年7月7日4名英国穆斯林因为反对英国参与伊拉克和阿富汗战争，因而在伦敦制造的一系列自杀式爆炸袭击。这次袭击共导致52人死亡。英国政府感到尤为震惊的是，这4名极端分子中，竟有3人是在英国出生的巴基斯坦第二代穆斯林，还有一人是出生在牙买加的伊斯兰皈依者。另外，在2006年破获的试图炸毁跨大西洋航班的阴谋中，犯罪嫌疑人中大多也是巴基斯坦裔的英国穆斯林。

这些事件发生之前，一些分析家已经指出英国是一个伊斯兰极端主义者的避风港和恐怖分子的孵化地。这主要是因为英国传统上实行的宽松的难民庇护政策和移民法律，还有英国政府特别重视的言论自由和隐私保护，因而吸引了大批声称在自己国家遭到迫害的具有极端主义思想的伊斯兰教士。例如，2001年"9·11"事件中的第20名劫机犯穆沙维和2001年12月试图炸毁美国航空一架巴黎飞往迈阿密航班的"皮鞋炸弹"制造者里德，都曾参加过伦敦北部芬斯伯里公园清真寺的礼拜。多年来，这座清真寺一直是由具有伊斯兰极端主义思想的教士哈姆扎主持。因此，一些人甚至把伦敦对于极端伊斯兰主义的这种开放态度讥讽为"伦敦斯坦"。

根据英国穆斯林领导人和英国官员的说法，英国穆斯林青年中的极端主义问题不仅出现在清真寺中，而且还出现在监狱和大学校园中。例如，2009年12月，在试图炸毁阿姆斯特丹飞往底特律航班的"内裤炸弹"事件中，其实施者就是一名曾在伦敦居住并在伦敦一所大学学习的尼日利亚穆斯林青年塔拉布。这也表明，英国穆斯林中很多转向暴力极端主义的穆斯林青年曾接受过良好的专业教育。例如，2007年6月试图在伦敦和格拉斯哥发动汽车炸弹袭击的两名嫌犯中，一名是出生于英国的医生，另一名是一位学习机械专业的博士生。由于这些拥有不同社会经济背景的英国穆斯林对极端主义恐怖攻击的参与，因而使得英国政府制止伊斯兰极端主义的工作更加困难。

2. 英国政府推动穆斯林融合和打击极端主义的努力

在英国，推动穆斯林融合和打击伊斯兰极端主义最重要的工作，就是英国政府制订的"预防计划"，这也是英国政府打击国际恐怖主义战略中的重要组成部分。[①] 英国政府2007年发布的"预防计划"共有5个核心目标，其中包括"批判暴力极端主义背后的意识形态并支持主流言论；打击推动暴力极端主义的行为，并对他们展开活动的地点加强监控；关注那些容易被暴力极端主义分子招募的人群；加强群体的适应能力；处理好极端化进程中，常常被利用的那些人们广泛抱怨的问题"。[②] 这项战略特别强调，加强社会主导方式的重要性以及加强警察和地方政府及地方社区之间的伙伴关系，以便及时发现极端主义的潜在风险并及时处理每个事件。从2007—2011年，"预防计划"为实行1000多个具体方案花费了8400万英镑。[③]

然而，英国政府"预防计划"同样也遭到了广泛指责。2010年3月，英国下院的社会和地方政府委员会就对"预防计划"提出了批评，声称其不过是把社会融合和加强社区凝聚力与打击恐怖主义、预防犯罪以及情报收集综合在一起，这种方式不但"缺乏效率而且结果会事与愿违"。[④] 还有一些批评意见认为，英国政府实行的"预防计划"破坏了很多地方计划，因而在穆斯林群体中造成一种概念，认为政府领导的计划缺乏信誉。一些穆斯林团体也认为，那些参与"预防计划"的机构和个人都是政府专门指派，因此拒绝与他们合作或是接受"预防计划"的资金。一些议会议员还指责"预防计划"实际上加强了疏离感，因为计划针对的仅仅是穆斯林群体。另外，"预防计划"资助的

[①] The most recent (July 2011) version of CONTEST is available at http://www.homeoffice.gov.uk/publications/counter-terrorism/counter-terrorism-strategy/strategy-contest? view = Binary.

[②] CONTEST document, p. 60.

[③] Dominic Casciani, "Preventing Extremism Strategy 'Stigmatizing,' Warn MPs", BBC News, March 30, 2010.

[④] House of Commons Communities and Local Government Committee, "Preventing Violent Extremism", Sixth Report, March 16, 2010, http://www.publications.parliament.uk/pa/cm200910/cmselect/cmcomloc/65/6502.htm.

一些项目最后也因为某些穆斯林团体与伊斯兰极端主义意识形态有联系而被中止。

在这种情况下，英国内政大臣2010年11月宣布对"预防计划"进行修改，并在2011年6月出版了修改后的版本。[①]"预防计划"修改的一个主要方面，就是对融合穆斯林群体和打击恐怖主义这两个问题进行更加明确的区分。在此基础上，内政部将继续制定战略。在新制定的战略中，那些与安全有关的计划以及防止恐怖主义活动将继续作为"预防计划"的重要组成部分。[②]而那些与融合以及非暴力极端主义有关事务的各种项目，将从"预防计划"中分离出来，交由社区部和地方政府处理。根据修改后的文件，"预防计划"将不再对融合项目进行实施或是分配资金，因为这方面的需要远高于安全和反恐。政府也不再将融合战略纳入安全领域，因为这种做法明显是一种错误。[③]

这些调整表明，新"预防计划"的核心目标是制定策略，来应对恐怖主义以及那些对英国社会安全构成威胁的意识形态的挑战，防止民众参与恐怖主义并确保能为他们提供适当的建议和支持，在那些可能出现极端主义思想影响的领域和机构展开工作，特别是教育、宗教、健康、刑事司法以及福利等部门。同时，互联网作为一个具有自身独立体系的部门也被包括在内。[④]"预防计划"的基金将集中运用于3个主要领域：治理地方社区、监控极端主义、防范来自海外那些可能加剧国内极端主义的意识形态。另外，新的监督机制将会更加严格地控制和评价"预防计划"的实施。此外，英国政府近年来还做了一些其他工作，包括促进和穆斯林群体的对话，推动伊斯兰温和派的发展，消除穆斯林群体在社

---

① Prevent strategy 2011, GOV. Uk, 7 June 2011, http：//www. homeoffice. gov. uk/publications/counter-terrorism/prevent/prevent-strategy.

② The Home Office is the lead UK government department for immigration and passports, drugs policy, crime, counter-terrorism and police; see http：//www. homeoffice. gov. uk/.

③ Prevent strategy 2011, GOV. Uk, 7 June 2011, p. 6, http：//www. homeoffice. gov. uk/publications/counter-terrorism/prevent/prevent-strategy.

④ Prevent strategy 2011, GOV. Uk, 7 June 2011, pp. 7 – 8, http：//www. homeoffice. gov. uk/publications/counter-terrorism/prevent/prevent-strategy.

会经济方面的不利处境和歧视，提高新公民入籍的公民知识和语言要求等。

在促进和穆斯林群体对话以及推动伊斯兰温和派发展方面，英国政府长期以来一直认为，与穆斯林群体的对话是推动社会融合的基本途径，因为穆斯林社区自身就是抑制伊斯兰极端主义的最重要力量。与此同时，英国政府多年来还积极致力于和那些温和的穆斯林组织建立联系。联系的具体对象包括穆斯林领袖、穆斯林社区组织以及穆斯林青年和学生团体，讨论的问题则涉及到英国的外交政策以及英国国内的反恐措施。为此，"预防计划"采取了一系列具体行动，包括组织穆斯林温和派学者巡回演讲，在大学校园内推行反恐举措，在英国建立穆斯林世界之外最重要的伊斯兰研究中心，和清真寺神职人员以及伊玛目国家咨询委员会讨论自我约束的规则和制度，提供项目基金支持那些推动伊斯兰温和派发展的地方机构和公民组织等。同时，英国政府还寻求通过各种方式，来培养本土出生的伊玛目，而不再依赖引进那些对英国世俗社会了解甚少的外国伊玛目。

不过，英国穆斯林团体对于政府试图规范伊玛目的态度非常谨慎，担心政府规范伊玛目的做法可能被视为一种歧视，因而遭到穆斯林民众的反对。一些分析家也怀疑，英国政府鼓励和穆斯林领袖以及穆斯林社区开展对话的做法，是否能够对打击伊斯兰极端主义发挥真正影响。实际上，英国各式各样的穆斯林群体分歧严重，并不存在一个能代表英国全体穆斯林说话的公认领袖。另一些人则认为，英国政府近年来所采取措施涉及的那些个人和组织，并非他们表现的那么温和，他们在信念上和伊斯兰极端主义其实联系密切。一些专家还声称，政府应该更加重视同化和融合，应该更加积极推动伊斯兰信仰和行为方式的"温和化"。他们大多欢迎卡梅伦首相2011年2月在演讲中的承诺，政府将不再用公共基金资助那些普遍看来并不尊重性别平等、政治自由和人权的英国穆斯林团体和机构。但穆斯林组织对此大多表示愤怒，指责卡梅伦的说法是让穆斯林和其他少数族裔在社会融合问题上承担过多的责任和义务，但却不能改善他们在社会和经济方面所处的不利地位。①

对此,很多专家认为,解决英国穆斯林在社会经济方面面临的问题,是推动穆斯林群体与英国主流社会融合,并防止那些容易受到极端思想影响的人因为对社会不满而加入极端主义的关键。普遍来看,穆斯林是英国劳工市场上处境最为不利的群体,其失业率相对来说要高于其他群体。英国穆斯林从事个体经营的比例,也高出全国的平均水平。他们很多人主要从事那些低收入的行业,诸如旅馆业和餐饮业。过去以来,英国政府一直强调已经制定了大量惠及穆斯林群体的经济和社会政策。这些政策包括建立与工作有关的福利制度,设立最低工资标准,制订家庭免税计划等。其中针对穆斯林和其他少数族裔最具体的措施,就是在少数族裔失业率高发地区建立职业培训中心和发展政府企业项目。这些推动少数族裔改善就业的项目,主要是提供英语学习课程和提供就业指导。同时,英国政府还通过减免购房贷款和减税,来推动穆斯林改善住房条件。

在教育和就业方面,英国政府近年来也为地方学区提供了新的资助,来解决那些学习成绩不良的群体的需要,并制订了计划来帮助那些教育资源缺乏区域的少数族裔青年,能够进入英国那些顶尖大学学习。在英国,并没有采取定额制或是平权行动模式来推动就业和高等教育多元化。相反,英国在传统上主要依靠那些反歧视的法律,诸如《种族关系法》,这一法案主要禁止人种或种族歧视;还有 2003 年颁布的《就业平等规则》,这项规则主要禁止宗教方面的歧视。2006 年,英国还实施了《种族和宗教仇恨法》,以加强对仇恨犯罪的惩罚。不过,人们也注意到英国政府近年来实施了一系列紧缩政策。这些紧缩政策将会涉及到多种社会项目和计划。这意味着大多数英国政府部门,包括负责为地方政府提供基金的社区和地方政府部,将在未来减少 25% 以上的经费,这也必然会影响到政府为解决穆斯林群体教育和就

---

① Oliver Wright and Jerome Taylor, "Cameron: My War on Multiculturalism," *The Independent*, February 5, 2011.

业的努力。

在移民融合方面,英国政府还提高了对于新移民的英语要求。2002年,英国政府对《国籍、移民和庇护法》进行了修改,目的是让新入籍英国的移民和他们新的祖国建立更加密切的联系。这一法案于2004年生效,修改后的法案要求,那些准备入籍的移民必须具备足够的英语能力,并且掌握相当程度的英国历史、文化和习俗方面的知识。他们可以选择通过考试或是完成政府认可的公民知识和语言班的学习。新法案还制定了新的入籍仪式,要求申请入籍的人在仪式上必须宣誓效忠女皇并尊重英国的各种权利和自由。同样在2004年,英国政府宣布所有希望来英国工作的外国宗教神职人员,包括伊斯兰的伊玛目,都必须具备一定程度的英语能力。

3. 英国打击极端主义的法律规定和安全措施

近年来,英国政府已经对一大批涉及恐怖主义的案件进行了起诉和定罪,英国警察也及时破获了一系列重大的恐怖主义阴谋。[1] 为了打击伊斯兰极端主义,英国政府目前制定了欧洲最复杂和涉及面最广的反恐法规。例如,英国2006年制定的《恐怖主义法》,就明确界定了一系列与恐怖主义有关的犯罪行为。在这些行为中,包括鼓励恐怖主义和传播恐怖主义宣传品,即使是通过互联网传播。法案还授权政府,可以取缔那些宣扬恐怖主义的团体,对恐怖主义嫌疑人未经指控的扣留时间也从14天延长到28天。2008年,英国政府制定的《反恐法》,还进一步扩大了执法机构在处理与恐怖主义有关案件时的权力,这些扩大的权力涉及到搜查、审讯、资产扣押、采集和使用证据等。同时,2008年的法案还增加了一些与恐怖主义相关罪行的判决规定。另外,英国近年来实行的新的《移民、庇护和国籍法》,也让政府可以更加容易地把那些宣扬暴力和煽动仇恨的外国侨民驱逐出英国。

不过,英国政府在加强打击极端主义的执法力度的同时,英国司法机构也在极力维护公民自由和民主理念的平衡关系。例如,英国政府

---

[1] CONTEST document, p. 28.

2001年9月11日曾经制定了一项法律，可以无限期地扣留居住在英国的外国恐怖主义嫌疑人。但同年12月，英国上院，也就是英国最高上诉法庭裁定，这种未经指控和审讯的扣留违反人权和反歧视法。因此，英国政府不得不终止了无限期扣留的法律。此外，英国政府还制定了一定范围的监控等级，包括对那些怀疑支持和参与恐怖主义活动的外国侨民和英国公民实行软禁。然而，2006年的《恐怖主义法》和2008年的《反恐法》都遭到了英国公民自由维护团体的严厉批评。为此，英国内政大臣2011年1月在其发布的《反恐和安全权力审查报告》中，公布了新的政策建议。① 这份文件提出，恢复对恐怖主义嫌犯在起诉前最长14天的扣留期限，限制2000年颁布的《恐怖主义法》给予警察对个人进行盘查和搜查的权力，并减少地方政府根据2000年的《调查权监管法案》行使入室调查的权力。另外，在决定是否禁止那些煽动暴力和仇恨的团体进行活动时，要继续依据当前对于恐怖主义行动的定义，并建立一个更加明确界定的防范体系，来取代当前的控制命令体系。对此，一些评论家认为，这些改变虽有助于满足一些人对公民自由的关注，但这些调整只是给当前加强打击伊斯兰极端主义的行动贴上新的标签。换句话来说，这些调整只会对英国当前法律实行框架的某些方面有所放松，但那些核心的要素不会改变。②

总的来说，对于欧洲穆斯林问题，欧洲国家政府过去几年来已经逐步认识到需要让穆斯林民众更大程度地与主流社会融合的必要性。这种融合不仅会减少社会的紧张关系和不平等状况，而且也是欧洲国家政府阻止极端主义蔓延和打击暴力极端主义努力的一部分。近年来，欧洲国家的大多数穆斯林虽然并未卷入极端主义行动，但近年来欧洲频繁出现的恐怖主义袭击以及阴谋破坏和成员招募行动，特别是2015年1月巴黎的《查理周刊》袭击事件、2015年12月巴黎的巴塔克兰剧院袭击事件

---

① Home Office, "Review of Count Terrorism and Security Powers", http://www.homeoffice.gov.uk/publications/counter-terrorism/review-of-ct-security-powers.

② Margaret Gilmore, "UK Counter-Terrorism Review", Royal United Services Institute, http://www.rusi.org/analysis/commentary/ref: C4D4144CBED9DD.

和2016年3月布鲁塞尔机场的爆炸袭击事件,都使得欧洲国家政府深感担忧。

然而,尽管欧盟国家领导人都明确承诺要全力应对恐怖主义的各种挑战,包括促进穆斯林融合,遏制激进主义和打击暴力极端主义,但欧洲国家政府依然需要努力解决一系列政策问题。例如,在融合方面,对于很多欧洲国家来说,其中心问题是欧洲国家政府和社会究竟是希望从根本上建立一种更加多样化的文化和传统习惯的社会,还是希望促使穆斯林群体以及其他少数族裔在生活方式上去适应欧洲的政治和文化传统。客观地说,尽管欧洲国家多年来采取的大多是前一种方式,但近年来欧洲国家政府和公众正在逐步转向后一种方式,就是促使穆斯林群体和其他非欧洲少数族裔更大程度的同化。但值得注意的是,除法国以外,其他欧洲国家一般也不愿意让穆斯林群体以及其他少数族裔和欧洲社会完全同化,他们正在试图寻找一种包含多元化成分的适度宽容方式,也就是在过去"失败的"多元文化政策和当前的全面同化之间保持平衡。

同时,大多数欧洲国家政府虽然已经意识到对那些旨在促进融合的政策和那些寻求打击极端主义的政策有必要进行区分,但实际上它们之间的界限往往模糊不清,而且有些政策在两方面都可能发挥作用。因此,一些人认为,禁止伊斯兰服饰是一种鼓励世俗化和融合穆斯林的方式,而另一些人则认为这种试图遏制伊斯兰极端主义的措施带来的伤害可能更为严重,因为这将会激起一种穆斯林被歧视的感觉。另外,很多欧洲国家政府还在忙于决定应该和哪些穆斯林团体或社区组织进行接触,因为他们希望与穆斯林群体开展更多的对话,并鼓励穆斯林的政治参与。但在穆斯林社区方面,一些具有广泛影响力的穆斯林领导人并没有被邀请和欧洲国家政府合作,因为他们坚持和哈马斯或是真主党同样的立场;而一些参与和政府进行对话的穆斯林领导人则被一些穆斯林民众,特别是年轻一代视为被政府指派的机会主义者或是穆斯林的叛徒。

此外,欧洲国家政府在制定打击暴力极端主义和阻止极端主义蔓延的政策方面也面临困难。多项研究表明,伊斯兰极端主义的发展其实是一种相当个人化的过程。一些人甚至认为,欧洲国家政府长期以来融合穆斯林政策的失败，正是导致一些欧洲穆斯林更容易接受极端主义意识形态的关键。还有人认为，那些参与恐怖主义活动的欧洲穆斯林都有各自不同的社会背景。其中一些人似乎融合很成功，而且接受过很好的教育。因此，加强对穆斯林进行融合对于欧洲国家来说是社会的基本要求，但其他一些因素对于阻止伊斯兰极端主义蔓延也同样重要。例如，必须严厉批判那些被暴力极端主义分子用来证明其行动正义的言论。因此，制定公共政策来应对导致暴力极端主义的各种潜在原因，并不是一件容易的工作。而评估这些政策实施的效果，自然也更加困难。

最后，欧洲国家政府还在打击暴力伊斯兰极端主义和防止恐怖主义团体进行成员招募的同时，还必须坚持欧洲民主理念，维护公民自由和关注人权，并制定出维持两者平衡的政策。例如，在言论自由的名义下，自由社会能够在多大程度上容忍那些传播不宽容言论的人。这对于很多欧洲国家政府来说都是一个关键问题，特别是那些有过独裁主义和国家暴力历史的国家。例如，德国和西班牙在限制言论和集会自由方面就特别谨慎，因为政府担心过度严厉的安全政策可能会危害个人隐私或是宗教自由。因此，对于大多数欧洲国家来说，他们在为了打击暴力极端主义而融合少数族裔方面所作的努力，目前依旧处于初步阶段。而这一政策的成功实施，则要求欧洲国家政府必须表现出足够的政治意愿和决心。特别是在一些国家，还要扭转那种把穆斯林无论他们是否已经成为欧洲国家公民，视为外来者的根深蒂固的社会态度。与此同时，欧洲国家公众必须重新考虑谁是欧洲人以及欧洲人意味着什么的问题。欧洲国家政府则应该鼓励公众来讨论欧洲未来的身份认同，特别是如何看待2011年7月挪威右翼极端主义分子，因为他所谓的欧洲"伊斯兰蔓延"感到困扰而制造大量杀戮事件的问题。另外，欧洲国家政府在采取各种措施应对伊斯兰极端主义的同时，还要关注欧洲内部极右和极左势力构成的威胁。

第二章／欧洲穆斯林在社会平等原则下遭受的排斥

在欧洲国家中,主流社会思想意识中不仅包含了广泛的基督教文化基础,而且还特别强调所谓中立化的世俗文化原则。欧洲国家虽然都有一系列基于多元化而制定的反对各种歧视的平等法律,但穆斯林依然会因为那些表现其宗教和信仰的服饰、相貌以及宗教崇拜方式,而遭到歧视和排斥。具体来说,穆斯林在欧洲社会中遭遇的歧视和排斥,主要凸显在教育机构和就业场所两个方面。

第一节 穆斯林学生在教育机构中受到的限制

教育方面,穆斯林学生在欧洲国家公立学校遭受的歧视性排斥,尤其引人关注。这种排斥的具体表现,就是多个国家禁止学生在公立学校内穿戴标志穆斯林宗教信仰身份的头巾。尽管欧洲国家教育部门颁布的禁令,在名义上只是禁止穿戴具有宗教和文化象征的服饰,但在绝大多数情况下,涉及的都是穆斯林女学生所穿戴的头巾。对于欧洲国家教育机构这种名为限制宗教和文化象征服饰,但实为排斥象征穆斯林女生宗教信仰头巾的禁令,联合国宗教和信仰自由特别代表比勒费尔特明确指出:"这尽管是没有说明具体排斥对象的偏见,但却变成了合理的理由来禁止穆斯林学生在学校里穿戴具有宗教象征的服饰"。①

一、欧洲国家关于宗教和文化象征服饰禁令的合法性争议

在欧洲的多个国家中,关于在政府教育机构开办的公立学校中,是否可以穿戴具有宗教或文化象征的服饰问题,一直是一个引起争议的话题。不过,这个问题在欧洲一些主要国家的具体情况也各不相同。在法国,教育机构明确规定,所有公立学校都不允许学生穿戴带有明显宗教和文化象征的服饰。但在荷兰和西班牙,各个学校对于这个问题则有自己的规定。但值得注意的是,过去十多年来,欧洲一些主要国家,特别是西欧国家都发布了禁止学生在公立学校穿戴头巾或其他宗教或文化象征服饰的禁令,这些国家包括比利时、法国、荷兰、瑞士、西班牙和英国。

在欧洲,各国的教育体制存在很大的差异。例如,荷兰和比利时的佛兰德斯地区,学校主要是当地的宗教机构和组织开办,可以得到政府公共基金支持,而且这类学校在这些国家占据多数。但在其他国家,政府一般不会资助以宗教信仰为基础的学校,或者至少不会提供像资助公立学校那样的资金支持。

对于学生方面来说,现行的国际法都明确规定,穿戴某种特定象征或标志的服饰,是表明其宗教和信仰权利的一个重要组成部分。如果要对这种权利加以限制,国际法规定至少必须满足三个前提条件:首先,这种限制必须具有法律依据;其次,限制的目的必须具有国际法认可的合法性,就是保护公共安全、社会秩序、民众健康和道德观念,或是为了维护他人的权利和自由;最后,这种限制必须是为了达到上述目的而采取的必要和适当方式。

因此,在教育领域中,对宗教和信仰象征服饰的限制是否应当允许

---

① UNHRC, "Report of the UN Special Rapporteur on freedom of religion or belief, Heiner Bielefeldt", A/HRC/16/53, 15 December 2010, para 43, http://www2.ohchr.org/english/bodies/hrcouncil/docs/16session/A-HRC-16-53.pdf.

的问题，就会涉及到一系列必须加以考虑的复杂因素。对此，联合国宗教和信仰自由特别代表比勒费尔特明确指出，这种限制必须基于这样的前提，那就是首先要承认学生有权在学校穿戴宗教或文化象征服饰。不仅如此，比勒费尔特的前任贾汉吉尔还提出了一些具体标准，来衡量那些对于限制学生穿戴具有宗教或文化象征性服饰的禁令的合法性。贾汉吉尔特别强调："任何这种限制必须基于公共安全、秩序、健康或道德，或是维护他人的基本权利和自由。这不仅要反映公众和社会的紧迫需要，而且必须是为了追求一种合法的目标，并且是实现这一目标的适当方式。另外，政府也有责任来确定，这种对个人表达宗教和信仰自由权利的限制是否合法。因此，对于穿戴宗教或文化象征服饰的限制，不能仅仅是出于推断或假设，而必须是依据那些可以论证的事实。否则，这种禁令就是违反个人的宗教信仰自由。"[1]

此外，对于学校校园内限制穿戴宗教或文化象征服饰的禁令是否恰当的问题，还要严格按照就事论事的原则来加以看待。贾汉吉尔认为，统一的禁令往往是对问题一概而论，而不会考虑占据多数和少数的不同宗教群体，在整个社会而不是一个具体学校内的影响。在某些情况下，这种禁令也许是合理的，因为它可以保护一部分学生免于其他同学或是来自社区宗教团体的压力。但是，这里并没有一种普遍的模式可以运用于所有场合。因此，禁令的目的必须是平等地保护宗教和信仰自由所包含的积极和消极方面，也就是既要维护个人宗教信仰自由，也要免于遭受宗教环境压力的自由。这就是说，在任何情况下，所有关于穿戴宗教或文化象征服饰的限制，必须通过非歧视性的方式来加以实现。

为此，包括比利时和法国在内的一些欧洲国家，都试图要从世俗化和中立化的原则出发，来证明普遍禁止学生在学校校园内穿戴宗教或文化象征服饰的做法的合理性。他们的主要理由是，必须阻止父母强迫自己的女儿在学校校园内穿戴宗教象征的服饰。但问题是，情况虽然的确

---

[1] Commission on Human Rights, "Report of the UN Special Rapporteur on freedom of religion or belief, Asma Jahangir", 9 January 2006, EC/N.4/2006/5, para53.

如此，但这一禁令依然无法解决儿童在学校校园外被父母强迫穿戴宗教服饰的问题。同时，这种普遍性的禁令也会干涉到一些学生自身的权利，因为她们可能在没有任何外来压力的情况下，自己愿意穿戴宗教或文化象征的服饰。另外，对于那些年龄尚幼而且思想还不成熟的年幼学童来说，这种禁令在某些场合下可能还有一些合理性。但这种禁令对于已经成年的学生来说，则难以找到合理的依据。正如联合国宗教和信仰自由特别代表贾汉吉尔所指出的："人们通常认为年纪幼小的在校学生，因为思想尚不成熟，因而应当接受强制教育。但对于那些年龄已经达到成人的学生，他们不会像年纪幼小的在校学生那样容易受到他人影响，其父母也无法干预他们的选择。"[①] 但事实上，欧洲一些国家关于学校校园内禁止穿戴宗教服饰的禁令，不仅涉及到在校大学生，甚至还涉及到在校教师。这就引起了这种禁令是否符合国际人权法所设立的标准问题。的确，学校是一个向学生显示权威的地方，特别是对于年轻的学生，而教师则代表了那种具有重大影响力的权威。欧洲一些国家将教师也包含在限制穿戴宗教或文化象征服饰的范围之内，正是考虑到教师如果在学生面前穿戴具有宗教或文化象征的服饰，将会对学生产生更加重要的影响。当然，这还要依据这些教师平时的行为方式，同时也要考虑学生的年龄以及其他因素。对此，现任联合国宗教和信仰自由特别代表比勒费尔特强调，学校内对于穿戴宗教或文化象征服饰的任何限制，都必须根据具体情况来加以考虑。只有在具有明显的必要性和适当性，并且依照国际人权法具有合法性的情况下才可以采用。

二、比利时自治区域教育部门的禁令

比利时从语言地域上分为佛兰芒语、法语和德语等三个语言区，因而在教育上特别强调中立性的教育体制。在比利时宪法有关教育的条款

[①] Commission on Human Rights, "Report of the UN Special Rapporteur on freedom of religion or belief, Asma Jahangir", 9 January 2006, EC/N. 4/2006/5 para56.

（宪法第 24 条第 1 款）中，也明确提出这种中立的概念，就是要尊重学生及其家长的宗教信仰、意识形态和政治倾向。不过，比利时宪法并没有对中立的概念做出明确的界定。因此，佛兰德教育部门认为，对中立概念的界定主要是根据社会需要。在比利时，私人机构也可以开办教育，但必须达到社区教育部门的基本要求。在佛兰德斯地区，学校大多是佛兰德斯社区开办的，并且得到了佛兰德斯社区教育董事会的授权，主要代表省、自治市和天主教会提供中立的跨教派的教育。这些学校无论属于哪个部门，都能够获得同样的公共资金支持。

作为佛兰德斯地区最大的城市，布鲁塞尔市政当局在其 2011—2012 年的内部条例规定，禁止学生在市政当局经办的学校校园内穿戴表明宗教、政治或意识形态观点的象征物或相关形式的服装。这一禁令颁布后，立刻引起了很大争议。从法理上来说，因为布鲁塞尔市政当局经办的学校中，还包含一部分成人学校，因此这种针对成年学生穿戴宗教或文化象征服饰的禁令，显然违背了国际人权法，同时也破坏了比利时宪法中规定的表达宗教或信仰的自由权。但布鲁塞尔市政当局却强调，这项禁令以尊重中立立场的人士为基础，因而是合法的。然而，根据国际人权法，中立立场并非一种合法的法理依据，来限制宗教和信仰的自由权利，或是自由表达的权利。另外，正如联合国关于宗教和信仰自由特别代表所强调的，政府的中立立场，不能作为一种排他的依据，而是一种保证每个人的多元化和平等机会的原则。不仅如此，比利时宪法也认为，中立原则应该保证尊重每个学生的宗教和信仰自由的权利。

在比利时的佛兰德斯地区，大约 16% 的学生就读于佛兰德斯地区教育董事会开办的学校。另外还有大约 68% 的学生在私营机构开办的学校中接受教育，这些私营机构主要是天主教会的非盈利组织。佛兰德斯地区教育董事会的任务，就是致力于提供跨宗教派别的教育。不过，佛兰德斯地区的学校虽然由地区提供全部资金，但在管理上却独立于地区教育管理部门之外。2009 年以前，佛兰德斯地区教育董事会经营的每所学校，都有权对于学生穿戴宗教或文化象征服饰的问题制定自己的规则。当时，很多学校制定的内部规则，都禁止学生穿戴头巾或是宗教和文化象征的服饰。根据佛兰德斯地区教育董事会的说法，2009年以前，已有大约70%的学校在学生的着装问题上制定了限制条例。以2009年为例，佛兰德斯地区拥有穆斯林人口最多的城市安特卫普，只有三所学校允许学生穿戴宗教或文化象征服饰。这三所学校中，两所是佛兰德斯地区教育董事会开办，另一所是安特卫普城市开办。2009年，佛兰德斯地区教育董事会开办的两所学校，也决定禁止穿戴宗教或文化象征服饰。受此影响的学生，曾将此事提交到城市国民议事会。2009年9月9日，国民议事会经过讨论后，反而决定应该由佛兰德斯教育董事会来统一实行这一禁令，而不是个别学校。2009年9月11日，佛兰德斯地区教育董事会发布禁令，禁止在学校校园内穿戴表示宗教信仰和政治观点的服饰。这一禁令的范围不仅包括学生，而且还包括教师以及所有在学校内担任各种工作的人。在此之前，佛兰德斯地区教育董事会2007年曾经发布过一项相似的禁令，但当时仅仅适用于除了有宗教信仰之外的所有教师。

对于这项禁令，佛兰德斯地区教育董事会主席沃迪克的解释是："越来越多的学生选择佛兰德斯地区教育董事会开办的学校，仅仅是因为这些学校允许穿戴表示宗教信仰和政治观点的服饰。这意味着，我们开办的学校并不是依靠自己的教学项目吸引学生，而是因为我们不禁止穿戴宗教信仰象征的服饰。这将导致某些宗教背景的学生会集中到我们的学校，这将和我们多元化的办学宗旨产生冲突。而我们教学项目的基本宗旨，就是要实现多元化。另外，这些强调宗教信仰象征服饰的宗教团体，还会对那些不穿戴宗教象征服饰的学生构成压力。"[1]

结果，佛兰德斯地区教育董事会的这项禁令，对那些希望维护自己宗教信仰自由以及表达宗教信仰自由的穆斯林学生造成了严重影响。佛兰德斯地区教育董事会也承认，这项禁令对于其他宗教信仰背景的学生，并没有造成明显的影响。因为安特卫普的犹太学生可以去他们的犹太学

---

[1] Amnesty International, *Choice and Prejudice: Discrimination against Muslims in Europe*, London: Peter Benenson House, 2012, p. 63.

校，他们在那里可以穿戴自己宗教的象征服饰。然而，佛兰德斯地区教育局也很清楚，这个地区并没有穆斯林学校。在这种情况下，坚持穿戴宗教象征服饰的穆斯林学生，只能去当地的天主教学校，因为那里暂时尚未禁止穿戴非基督教象征的服饰。然而，在佛兰德斯地区教育董事会发布禁令之后，这些天主教学校中也有一些学校准备实行禁止穿戴非基督教服饰的禁令。根据佛兰德斯的法律，以宗教信仰为基础的学校可以采取各自的规定对待其他宗教，只要这些规定"公正、合法和合理"。①目前虽然还没有确切的数字说明，究竟有多少天主教学校准备采取对非基督教服饰的禁令，但人们对此已经有所传言。在这种情况下，对于那些希望穿戴宗教象征服饰的穆斯林学生来说，去天主教学校显然也不是一种适当的选择，因为仅仅是因为那里允许穿戴公立学校所不允许的宗教和文化象征服饰。从多元化的角度来说，政府应该提供的是跨教派的教育，并且让每个学生都有权享受这种教育，而无论他们是否要通过服饰来展示他们的宗教和信仰。

在佛兰德斯地区教育董事会发布禁止在学校校园内穿戴表示宗教和信仰的服饰的禁令后，也有一些希望穿戴头巾的穆斯林学生选择了居家教育。但在半年之后，他们大多又重新注册回到学校。根据比利时的义务教育规定，学生并不要求必须到学校接受教育。但选择居家教育的学生，其父母必须向佛兰德斯地区教育局提出报告，而且他们还要定期让政府部门来检查教育质量。然而，居家教育终究不利于学生的成长，因为这些学生不能和他们的同龄人在一起相处，而且还缺少学校环境所提供的各种社会机会。学校的作用就像联合国宗教和信仰自由特别代表所指出的："除了向学生提供知识以及不同学科的信息外，学校教育还能让来自不同种族、经济、社会、文化和宗教背景的学生进行日常交流。实际上，学生在规范基础上面对面交流的能力，和掌握知识技能同样重要，因为规范的交流能够促进学生沟通的意识，从而增加对于多元化的

---

① "Decree on a framework for the Flemish equal opportunities and equal treatment policy" (Decreet houdende een kader voor het Vlaamse gelijkekaanse en gelijkebehandelingsbeleid), Article 20, 10 July 2008, http：//www.elfri.be/print/3626.

理解，包括宗教和信仰多元化的理解。"①

尽管佛兰德斯地区教育董事会认为，禁令的实行并没有导致严重问题，反而减少了学生之间的紧张关系，避免了实际存在的分离，但一个包含穆斯林和非穆斯林会员的妇女组织却认为："大多数穆斯林女孩为了上学，都脱去了她们的头巾。但她们依旧感到被歧视，并没有感到自己已经完全被社会所接受。而且还有少数穆斯林女孩决定不再去学校，而是选择居家教育"。② 这个组织还指出，教育部门在实施这项禁令之前，并没有提前告知或是咨询学生的意见。

2010年3月18日，一名因为受到禁令影响的穆斯林学生向当地法院提起司法诉讼后，国民议事会曾一度暂时中止了佛兰德斯地区教育董事会实行的这项普遍禁令。然而，宪法法院对这起案件的审理后，认定佛兰德斯地区教育董事会在教育中立的原则基础上，有权力实行这项关于学生穿戴宗教和文化象征服饰的禁令。为此，国民议事会于2011年9月8日解除了对禁令的暂时中止。时至今日，国民议事会对于这项禁令的是非曲折，依然没有做出明确的认定。

事实表明，佛兰德斯地区教育董事会发布的关于穿戴宗教标志服饰的总体禁令，对那些希望穿戴头巾的穆斯林女学生的影响格外明显，这也显然是对她们应该享有的宗教和信仰自由权利以及表达宗教和信仰自由权利的歧视。尽管佛兰德斯地区教育董事会实行这项禁令的某些目的具有合法性，但这项禁令的恰当性和必要性却令人怀疑。例如，所谓保护那些不穿戴头巾的学生免宗教势力压力的说法似乎并不合适。在现实中，对于学生在学校遭受其他同学任何压力的问题，适当的处理方式是加强校园内的反霸凌措施。如果这种学生会遭到宗教势力压力的说法被广泛接受，这就势必会促使其他私立学校也实行这种禁止穿戴宗教和文化象征服饰的禁令。

---

① Human Rights Council, "Report of the UN Special Rapporteur on Freedom of Religion and Belief", 15 December 2010, p. 21.

② Amnesty International, *Choice and Prejudice: Discrimination against Muslims in Europe*, London: Peter Benenson House, 2012, p. 64.

另外，佛兰德斯地区教育董事会还声称，他们实行这条普遍禁令的原因，是因为那些允许穿戴宗教或文化象征服饰的学校所秉持的多元化传统正在受到威胁。不过，国际人权法并没有明确提出多元化是一项合法目标，并要为此来限制宗教和信仰自由以及表达自由的权利。但佛兰德斯地区教育董事会认为，一个学校缺少多元化，就会要求学生绝对服从。如果这种说法成立的话，那么在必要和适当情况下强制实行这些限制对维护那些选择不穿戴头巾的女孩的权利似乎也是合理的。尽管如此，佛兰德斯地区教育董事会除了实行这种禁令，还可以向学校颁布一些原则，明确在任何情况下，都要按照必要和适当方式来实行对于穿戴宗教和文化象征服饰的限制。另外，佛兰德斯地区教育董事会还可以推动学校制定规则，保证他们不会实行那些不必要和不适当的禁令，去限制那些希望穿戴头巾的女孩的宗教或信仰以及表达的自由权利。然而，一直以来，佛兰德斯地区教育局对于限制在公立学校穿戴宗教和文化象征服饰的问题，从未明确表明过自己的立场，只是认为这个问题最好由每所学校各自加以处理。教育局也没有采取行动，来推行一项规范学生的宗教和文化象征服饰的普遍规则。特别是，佛兰德斯地区政府也应该尊重和保护学生表达的自由以及宗教或信仰的自由权利，并为此承担责任。佛兰德斯地区公共教育组织，同样也应为此承担责任。不仅如此，政府还应该保证包括教育在内的各个领域中平等机会和待遇，佛兰德斯地区2010年7月8日所采纳的《平等机会和待遇法令》就明确规定，禁止对于包括教育在内的社会生活的多个领域中基于宗教或信仰的歧视。[1]

三、法国教育机构对穆斯林的限制

早在1989年，有关是否允许在学校穿戴宗教和文化象征服饰问题的争论，就已经引起法国社会的广泛注意。当时，3名穆斯林女学生由于

---

[1] "Decree of the Flemish Community on Equal Opportunities and Treatment Policy", Article 20, Article 20, 10 July 2008, http://www.elfri.be/print/3626.

拒绝在学校摘下头巾，而被临时停止上学。2004年，法国的共和国政教分离原则运用反应委员会，又称斯塔西委员会，即国家安全委员会宣布，在法国公立的小学、初中和高中这些学校中，学生都不能展现表明自己宗教信仰的明显标志。委员会对此所做的说明中强调，一些女孩子在日常生活中，包括在学校以外，经常会因为服饰而受到压力。那些穿着不够严谨或是不戴头巾的女孩子，甚至遭到穆斯林人士日益严重的暴力威胁。委员会因此认为，禁止在学校里穿戴具有明显宗教和文化象征服饰的禁令，也是阻止针对穆斯林女性校园霸凌和暴力的适当措施。[1] 与此同时，委员会还强调，不断加强的反犹太主义，也导致了针对那些穿戴宗教标志的犹太学生暴力的增加。为此，委员会明确指出，除了宗教和文化象征服饰所带来的问题外，当前各种宗教和文化活动，诸如祈祷和禁食在校园里正在变得日益盛行，从而构成了对于教育体制的挑战。

法国国家安全委员会宣布的禁令尽管具有普遍适用性，但依然有很多学生坚持穿戴宗教和文化象征服饰。2005年有关禁令实行情况的官方报告指出，在2004—2005学年中，总共发生了639起因为穿戴宗教和文化象征服饰引起的案例。在这些案例中，626例涉及的是穆斯林的头巾问题，11例涉及的是锡克教的帽子问题，2例涉及的是十字架问题。禁令实行一年之后，有96名坚持穿戴宗教和文化象征服饰的学生做出了其他选择来避免被学校开除，他们有些进入私立学校，有些选择远程教育，有些则干脆辍学。[2]

很明显，法国的禁令影响的主要还是穆斯林学生。对于这项禁令，法国犹太学生联盟表示，禁令对于犹太学生并没有明显影响，因为那些穿戴宗教象征服饰的犹太学生，大多去私立犹太学校。而禁止穿戴宗教

---

[1] Commission of reflection on the application of the principle of security in the Republic, "Report to the President of the Republic: the serious worsening of the situation of girl", 11 December 2003, p. 46.

[2] Ministère de l'éducation nationale, de l'enseignement supérieur et de la recherche. "Application de la loi 2004 sur le port des signes religieux ostensibles dans les établissement d'enseignement publics", pp. 34 – 41, July 2005, http: //media. education. gouv. fr/file/98/4/5984. pdf, accessed 30 January 2012.

象征服饰的禁令，并不适用于私立学校。然而，法国几乎没有穆斯林的私立学校，因而无法解决伊斯兰学生的宗教和文化要求，诸如安排每天的祈祷时间和制定适当的禁食时间表。不过，法国教育部依旧表示，这项立法已经成功实施。由于实施这项立法而引起的冲突，也已经通过对话和非惩罚性措施加以解决。然而，对于2005年实行的这项法令，法国官方并没有正式评估过其产生的效果。法国政府实行这项法令的依据，只是要重申在教育领域中的世俗化原则。在法国政府看来，这一原则已经因为在学校中出现的一批穿戴伊斯兰头巾的学生而受到了威胁。[1]

从适用范围来说，这项禁令主要适用于法国公立学校中的成年学生，因而引发了法理方面的争论。在法国教育部在2004年发布的一项通知中，明确规定这项禁令适用于公立学校的所有在校学生，包括那些已经完成中等教育被录取参加技术培训课程或是预科教育准备进入高等院校的成年学生。不过，禁令并不适用于学生家长或是在公立学校建筑内参加考试的学生或是高等院校的学生。然而，这项禁令的适用范围此后又进一步扩大，在某些情况下甚至将参与公共成年教育中心网络提供的终身教育课程的成年人也包括在内。同样，这项禁令还适用于在公立学校之外的假期训练课程的学生。对于这项禁令适用范围的不断扩大，"打击歧视和维护平等最高行政当局"明确表示，这项法律的适用性已经明显超出了其适用的范围。一些穆斯林学生因为穿着长裙，也被报告而遭遇麻烦，因为学校当局把长裙视为这些学生通过服装来表明她们穆斯林信仰的方式。

不仅如此，法国教育部还规定，当父母陪伴子女参加学校组织的各种活动时，他们也相当于参加了学校组织的公共服务，因此也应该遵守

---

[1] Dounia and Lylia Bouzar, "La république ou la burqua. Les services publics face à l'Islam manipulé", January 2010, http：//xueshu. baidu. com/s? wd = paperuri% 3A% 28 a085 cff3132 e2 a6 a 0915 b9 ff40 c7 a054% 29 &filter = sc_ long_ sign&tn = SE_ xueshusource_ 2 kduw22 v&sc_ vurl = http% 3A% 2F% 2Fci. nii. ac. jp% 2Fncid% 2FBB0301084X% 3Fl% 3Den&ie = utf - 8&sc_ us = 18082603384726161218.

中立性原则，不穿戴展示宗教和文化象征服饰。① 这项要求作为一项提案，在 2011 年 5 月的法国国民大会中被采纳。对此，具有右翼政治倾向的法国人民运动联盟秘书长库珀明确表示："那些陪伴孩子参加学校活动的父母，同样有责任表现出中立的立场。"②

对于学校禁止穿戴宗教和文化象征服饰禁令实施后所引起的反应，法国政府并没有定期进行检查。自从禁令发布之来，政府只发表过一次官方的实施情况报告。对此，联合国宗教和信仰自由权利特别代表表示，法国政府对于禁令的实施，应该提供基于国际法基础之上的合法依据。实际上，保护世俗化并不是禁止所有学生穿戴宗教和文化象征服饰的合理依据。但是，对于法国政府来说，所谓保护其他人的权利，也就是保护那些不穿戴宗教象征服饰的女孩的权利，可能是其实施此项禁令的唯一合法目的。然而，法国行政机构必须提供定期的实施情况报告，才能够说明这项目标是否实现或是如何实现。同时，对于这项针对宗教象征服饰的广泛禁令，报告还应该说明其是否能够作为消除校园内那些不穿戴头巾的女孩，以及那些不希望通过穿戴头巾或其他宗教和文化象征服饰来表明其宗教信仰的穆斯林女孩，所遭遇的校园霸凌和骚扰的最为有效措施。另外，报告还应该包含数据，以此来说明这项禁令潜在的负面作用，包括禁令导致的辍学率和居家教育率的数字。最后，报告还应说明禁令所带来的私立宗教学校的发展趋势，因为这项禁令已经导致对于那些来自宗教少数群体学生的一种实际分隔和边缘化。总的来说，如果政府提出的有关禁令实施的报告证明，这项法律对于穆斯林学生或是其他少数宗教群体学生产生了歧视性的影响，就应该取消这项禁令并以其他措施来加以取代。

法国教育部门对于学校禁止穿戴宗教和文化象征服饰的禁令，还引起了联合国有关机构的关注。联合国儿童权利委员会对于法国实行这项

---

① Letter of Luc Chatel, dated 2 March 2011, http://laic.info/2011/03/national/luc-chatel-pas-de-femmes-voileeslorsdes-sorties-scolaires.

② Amnesty International, *Choice and Prejudice: Discrimination against Muslims in Europe*, London: Peter Benenson House, 2012, p. 68.

禁令的态度是:"当事国在评价立法效果的过程中,应该根据《联合国儿童权利公约》中有关儿童应享有权利为关键依据,并考虑包括调解在内的其他可以替代的方案,来保证公立学校的世俗化特点,同时也要保证个人的权利不受侵犯,特别是儿童不能因为这项法律在学校体系或其他体系中受到排斥或是被边缘化。学校的着装要求,应该在公立学校内部妥善加以解决,并鼓励学生积极参与。当事国还要密切关注女学童因为这项禁令遭到开除的情况,特别要确保她们获得教育的权利。"[1]

2007年,联合国少数民族事务独立专家小组针对法国教育部门关于宗教和文化象征服饰的禁令,再次重申了联合国宗教和信仰自由特别代表提出的不满,强调"法国2004年3月15日发布的禁止在公立学校内穿戴具有明显宗教象征服饰的禁令,构成了对于表达宗教和信仰权利的限制,并对某些特定少数宗教群体造成了严重影响,尤其是信仰伊斯兰教的穆斯林民众"。因此,独立专家小组支持特别代表的建议,希望法国政府密切关注教育机构实行这项禁令的情况,并采取灵活的方式来处理实行这项禁令造成的问题,以保证这项禁令不会损害在校学生在宗教信仰自由方面的基本权利。对于这些学生来说,展示宗教象征也是他们自由选择自己信仰的基本权利。[2]

当然,客观地说,在公立学校内对宗教和文化象征服饰的禁令,在某些情况下也有其合理性。那就是,能够保证所有学生不受穿戴特定形式的宗教和文化象征服饰压力的权利。但是,正如联合国宗教和信仰自由特别代表所指出的,如果将成年学生包括在这项禁令之内,就很难看出其合理性,因为成年学生并不会像儿童那样受到影响。因此,法国教育部门将2004年这项禁令适用于成年学生或是学生家长,显然违反了联合国人权法所设定的合法限制范围,直接限制了个人表达自由以及宗教

---

[1] Committee on the Rights of the Child, "Concluding observations: France", CRC/C/15ADD. 240, 30 June 2004, para 26, http://www.bayefsky.com/docs.php/area/conclobs/state/62/node/4/treaty/crc/opt/0.

[2] HRC, "Report on the Independent Expert on Minority Issues, Mission to France (19 – 28 September 2007)", 4. March 2008, A/HRC/7/23/add., 2 para94.

和信仰自由的权利。

四、西班牙校园内的头巾禁令

在西班牙,教育管理的责任主要是由各自治区的社区来承担。不过,国家依然要确保所有公民获得平等教育权利的基本条件。从国家层面来说,西班牙的教育法律规定,学生在获得教育的过程中不应遭到因为宗教因素的歧视。教育中的非歧视原则,也是主导教育管理机构的首要原则。西班牙2006年颁布的有关教育的框架法律第84条规定:"无论任何情况下,都不得因为出生、种族、性别、宗教、观点或是其他个人的社会条件或环境而予以歧视。"[1] 在这项原则指导下,各自治区的社区制定了有关教育领域的法律和政策。并以此为基础,要求各个学校在制定其校内具体规则时加以考虑。

长期以来,西班牙从未对于校园内的宗教和文化象征性服饰加以普遍限制。但近年来,一些学校还是出现了禁止穆斯林女学生在学校里穿戴头巾的禁令,并引发了一系列问题。根据公众调查的情况,多数西班牙人更愿意看到在学校校园内穿戴天主教的宗教和文化象征服饰。在调查对象中,只有不到30%的人能够接受穆斯林穿戴的头巾或是犹太人戴的小圆帽,但却有一半以上的人愿意接受十字架。那些赞同把穿戴头巾的学生从学校中开除出去的人数比例,也在不断增长。在2008—2009年的一年时间内,就从28%增加到了37%。[2]

西班牙一些学校实行禁止穿戴穆斯林头巾的禁令之后,很快就引发了几起相关的法律纠纷。例如,有一所学校在学校录取新生前一天修改了内部规则,拒绝录取穿戴头巾的学生。为此,学校负责人对媒体宣称,这种做法的目的是要避免在学校内出现"宗教群体"。[3] 另外,马德里一

---

[1] Framework Law on Education 2/2006, Article 84.3.
[2] OBERAXE, "Evolución del racismo y la xenophobia en Espana", Informe 2010, p.215.
[3] "No contribuiremos a crear guetos", *El Pais*, 28 April 2010, http://www.elpais.com/articulo/sociedad/contribuiremos/crear/guetos/elpepisoc/20100428elpepisoc_5/Tes.

所名为阿拉孔的公立学院,在其校规中规定学生在学校内不能穿戴任何遮盖头部的女性服装。一名 16 岁的女生纳瓦因为坚持穿戴穆斯林头巾,因而被禁止和其他同学一起上课,只能自己留在会客室里。结果,学生家长将这一事件告到当地法庭。2012 年 1 月 25 日,法庭宣布了对这起案件的审理结果,表示支持阿拉孔公立学院的校规,并对违反校规的纳瓦进行了处罚。法庭认为,学院的校内规则,应该毫无差异地适用于每个人。这项禁令之所以禁止穿戴任何形式遮盖头部的女性服装,其目的是要确定共同的着装标准,以保证所有同学在共同相处时避免受到孤立。法庭还指出,学院实行的限制,是保护公共秩序和其他同学人权的必要措施。最后,法庭还强调,世俗主义是西班牙宪法的原则,那种不赞同这一原则的态度,不能被视为维护宗教自由的权利。[①]

在另一起案例中,西班牙加利西亚的阿尔泰修市一名 11 岁女孩,也是因为她就读的诺沃学校从 2010 年 12 月开始实行禁止穿戴宗教和文化象征服饰的内部规则而遇到了问题。当时,这个女孩完全陷入了其家庭要求她必须穿戴穆斯林头巾和学校禁止穿戴头巾的规则冲突之中。为了顺从家庭的要求,这个女孩只能去违反学校的规则,因而被视为应当受到惩罚的严重过失,结果被学校临时开除。后来,这个女孩不得不转入附近的其他学校。对此,加利西亚教育部门宣称,诺沃学校的内部规则并不违背现存的法律。而且学校的自主管理权如果不违背教育法律,就应该受到尊重并加以维护。[②]

对此,西班牙教育部长认为,各自治区管理机构在教育领域拥有的权限应该受到尊重,中央行政机构只能在自治区制定的规则对于学生获得平等教育机会遭到歧视时才能进行干预。但从法理上来说,西班牙国家和各自治区行政当局都同样负有责任,来保证在教育方面的非歧视原

---

① Amnesty International, "Spain: restrictions imposed by schools on the rights to freedom of expression and religion or belief should be in line with human rights standards" (Index: EUR 41/002/2012).

② Junta de Galicia, "A Consellería de Educación respalda a decisión do CEIP de Arteixo", Xunta de Galicia, 23 March 2011, http://www.edu.xunta.es/web/node/2180.

则受到尊重，因为这是西班牙国家宪法（Article 27.2）的明确规定，也是前面提到的（Law 2/2006）的法律框架在教育方面所做的规定。从国际法的角度来看，学校虽然可以在其校内规则中限制穿戴宗教和文化象征的服饰，但必须是为了达到合法的目标，而且这种限制对于实现合法的目标必须是必要和适当的。这就要求实行禁令的学校行政当局，必须证明这种限制符合这些标准。而且自治区行政当局，也要对这些限制是否符合标准做出评价。在这里提到的两个案例中，涉及的问题都是如何维护学生的平等教育权利。这两位学生的教育权利虽然最终通过转入其他学校而得到了维护，但这显然并非是最好的解决方式。另外，这两位学生也是在这项禁令实行而引起的学生家庭和学校当局以及自治区行政当局之间的冲突延续了几个月后，才被转入其他学校就读。

五、瑞士分散管理教育体制中的排斥问题

从教育管理体制来看，瑞士的教育是分散管理的，属于各个州管辖的事务。因此，关于在学校穿戴宗教和文化象征服饰的管理规则，各州也不尽相同。近年来，瑞士多个州都启动了有关的议会提案，目的就是要限制在学校里穿戴穆斯林的宗教和文化象征服饰，但大多并未形成具体法律。然而，各州虽然没有形成普遍规则，但各个学校还是可以自行设立其制度。根据瑞士联邦反歧视委员会的报道，很多学校实际上都对学生穿戴穆斯林头巾做出了限制。面对这种情况，瑞士的教育委员会认为，这些把头巾看成是一种宗教和信仰展示物的学校，可以被视为一种例外。①

在瑞士各州中，圣加仑州教育理事会早在 2010 年 8 月 5 日，就提出了一项要在学校校园内禁止穿戴穆斯林头巾的倡议。对此，圣加仑州教育主管科立克先生解释说，提出这项倡议的目的，是为了促进学生之间

---

① Federal Commission against Racism, "Prohibiting the headscarf at school? Or the example of a debate targeting a minority", Bern, June 2011.

的交流和维护学校校园中的秩序。科立克还指出,像头巾这样的服饰会遮盖学生的部分面部和耳朵,使得学生之间只能用眼神进行交流。同时,他还认为头巾不仅仅是穆斯林的宗教象征,而且也是一种文化传统,校园内禁止穿戴头巾主要是为了维护中立性原则。这位教育主管还特别强调,圣加仑州教育理事会提出的这项倡议,也是回应赫尔布格和巴德拉各斯两所地方学校提出的要求。[①]

2011年6月,圣加仑州一份地方报纸发起的调查表明,全州1/3的学校都实施了州行政当局倡导的政策。不过,由于巴德拉各斯学校实行的过度禁令,违反了宗教和信仰自由的权利,因而受到地区学校监督机构的批评,并要求这些学校进行调整。州行政机构表示,他们并没有权力决定每个学校是否实行关于禁止穿戴宗教象征服饰的规则。州教育理事会2010年提出的倡议,也不具有强制性。这种情况表明,瑞士各州公共行政机构,并没有明确说明穿戴头巾究竟是宗教、是文化、是传统,还是什么其他行为。然而,穿戴头巾无论出于这样或那样的原因,但只要不含有非法的目的,而且符合适当和必要的原则,学校对穿戴头巾的限制就可能违反自由表达的权利。如果穿戴头巾是出于宗教的原因,那么对其禁止就是违反宗教和信仰自由的权利。

六、荷兰教会学校对穆斯林头巾的限制

根据荷兰教育部门发布的非正式数据,荷兰全国大约2/3的学校是基督教的教会学校,也就是所谓的私立学校。这些学校既可以根据他们的宗教要求,也可以基于一些具体的、非宗教的教育原则来办学。根据荷兰宪法,教育自由的原则适用于任何人,只要他们能够满足教育方面那些最基本的要求。在荷兰的私立学校中,大多具有宗教性质。其中主要是天主教和新教,只有极少数属于伊斯兰教。不过,在荷兰的总共

---

① Amnesty International, *Choice and Prejudice: Discrimination against Muslims in Europe*, London: Peter Benenson House, 2012, p. 73.

7000所私立小学中，只有42所是穆斯林小学；在650所私立中学中，只有一所是穆斯林中学。在大多数基督教背景的私立学校中，只有少数学校不招收不同信仰的学生。其他大多数有基督教背景的私立学校，则对其他宗教的标志加以限制，主要针对的就是穿戴宗教或文化象征的服饰。

2010年2月，在沃伦丹的博斯科学院，一位名叫艾依的14岁摩洛哥裔女生，决定要在校园内穿戴穆斯林头巾。作为一所得到公共基金支持的天主教学校，博斯科学院的校内规则禁止穿戴头巾。因此，当艾依穿戴头巾出现在学校之后，学校当局连续三个星期不允许她和其他同学一起上课，只让她单独在一个房间内学习。学校还警告艾依，学校的规则是不允许穿戴头巾上学，如果她不服从学校的规则，就会被开除。同时，学校还进一步明确了规则的内容，将穆斯林头巾列为禁止学生穿戴的服饰。结果，这事件被提交给当地的平等对待委员会处理。2010年7月2日，平等对待委员会对这一事件的处理提出了书面意见，认定这是一种以宗教为根据的直接歧视，因为学校并不能证明需要禁止穿戴头巾才能维护其自身的宗教特性。委员会还认为，教会学校虽然有权以宗教为理由采取一些限制措施，但这必须是一项连续性的政策。但就博斯科的情况却并非如此。学院是在艾依表示穿戴头巾后，才明确了其内部规则的内容。然而，学校并没有接受平等对待委员会的处理意见，依旧不允许艾依在学校穿戴头巾。为此，艾依的家长2011年4月4日将学校告到了法院。但哈勒姆地区法院对案件审理后却认为，博斯科学院并没有对艾依进行歧视。根据法院的判决，学校的政策并非没有连续性，它只是在需要的时候，也就是在艾依穿戴头巾的时候明确了规则的具体内容。法院最后表示，教会学校有其自主权来决定那些维护其宗教特性所必须的规则，而这也并非是应该交由司法机构来决定的问题。2011年9月6日，阿姆斯特丹上诉法院的判决，也维持了原判，从而在法律层面上确定了艾依必须服从学院禁止穿戴头巾这种带有宗教歧视的规定。

表面看来，荷兰政府1994年通过的普通平等对待法案的第七条，已经为教育领域中因为宗教或信仰而遭到歧视的情况提供了法律保护。不过，法案第七条中的第二款又规定，以宗教为基础的学校可以采取他们自己认为必要的规则和措施来保持他们的宗教特色，这些规则可以包含不让学生接触其他的宗教信仰。法案对此仅仅强调，在实现这些目标的过程中，不应该出现对于政治意识形态、种族、性别、民族、异性或同性恋倾向、公民身份等的歧视。不过，也应该看到，荷兰大多数基督教私立学校都表示尊重非基督教背景的学生的宗教和信仰自由。这些学校大多招生穆斯林学生，并允许他们展示自己的宗教特征，包括穿戴宗教或文化象征的服饰。

另外，在荷兰各地，也有少数政府开办的公立学校，但显然不能满足基本的需要。因此，荷兰的《中学教育法》的第48条要求，在公立学校不能覆盖的地区，私立学校应当招收当地的所有学生。然而，在艾依和博斯科学院发生冲突的案例中，沃伦丹并没有其他可以替代的中学，离那里最近的中学也要到临近的城市埃丹。不过，艾依并不希望更换学校。因此，联合国宗教和信仰自由特别代表提出，在限制穿戴宗教和文化象征服饰的时候，应该充分考虑到学生的最大利益。在这个案例中，由于艾依不希望更换学校，因此让她转入另一所学校来解决穿戴宗教服饰问题的做法，也会与学生的最大利益相冲突。

在平等对待委员会对于艾依和博斯科学院之间因为穿戴头巾引起的冲突提出自己的意见后，荷兰自由党领导人，同时也是国会议员的威尔斯德向内政与王国关系部以及教育文化部提出了这一问题。这些部门在回应中，都重申宗教学校无权禁止穿戴伊斯兰头巾，除非是为了维护其办学原则或是依据学校的连续政策。但对于地区法院做出的有利于博斯科学院的判决，威尔斯德公开表达了他的担忧，认为这一案例的判决会导致大批基督教学校效仿博斯科学院有关穿戴头巾的禁令，将穆斯林学生排斥在外。

如今，由于荷兰1994年颁布的《普通平等对待法案》第7条第2款中所包含的例外条例，很多基督教会开办的学校都开始把自己归入这种例外。这就使得那些在基督教私立学校或是公立学校上学的大批穆斯林学生，都面临其宗教和信仰自由权利以及自由表达权利遭到剥夺的潜在可能。实际上,即使教会学校把维护办学原则作为一种客观和合理的理由,来实行对于不同宗教和信仰的区别对待规则,《普通平等对待法案》第 7 条第 2 款也不能作为说明这种做法必要和恰当的依据。对于教育问题,荷兰政府应该保证学校基于宗教、哲学或政治倾向制定的任何政策,都不能违反国际人权法的基本原则。而学校实行的任何旨在维护其办学宗旨的规则,都必须被置于这一原则之下。

第二节　欧洲穆斯林在就业领域中受到的排斥

在欧洲社会的就业领域,穆斯林遭遇排斥的问题尤为突出。在就业方面,穆斯林至少会在三个方面遭到歧视:首先,穆斯林求职信中的姓名,就很容易成为雇佣方筛除的对象;其次,穆斯林在求职面谈中,雇佣方对蓄有胡须的男性穆斯林和穿戴头巾的女性穆斯林都会有一种排斥的情绪,并可能提出剃掉胡须和除掉头巾作为雇佣条件;最后,在职场中,穆斯林要求每日祈祷的时间一般都不会得到保证,而女性穆斯林的头巾则会成为与同事之间始终纠缠不清的问题。

一、比利时穆斯林就业中的困难

在比利时,穆斯林在求职方面因为宗教原因遭到歧视的情况,可能比诸如在教育或接受社会福利等其他领域所遭遇的歧视情况更加严重。2010 年,因宗教原因在就业方面受到歧视而前往平等机会中心投诉的案例中,84% 的投诉者都是穆斯林。[1] 中心表示,投诉的内容主要是穆斯林妇女或是男人因为宗教原因而遭到了不同情况的歧视。涉及穆斯林男性的投诉,主要是工作场所不能为他们的宗教需要安排合适的时间进行

---

[1] Amnesty International, *Choice and Prejudice: Discrimination against Muslims in Europe*, London: Peter Benenson House, 2012, p. 34.

祈祷，还有在伊斯兰斋月的时候让他们灵活安排工作时间。穆斯林妇女提出的投诉，则主要是穿戴宗教或文化象征的服饰。对于这些问题，穆斯林群体、公民社会组织以及平等机会中心都表示，无论公共事业雇主或是接受公共资金的私营机构，包括临时雇佣机构、清洁公司和呼叫中心等私营公司，其实都在一定程度上实行了限制穿戴宗教和文化象征服饰的禁令。

比利时穆斯林在就业方面遭遇的问题，在以下这些案例中表现尤其典型。这些典型的案例可以概括为两种情况：一种是"老板不希望在她的医学实验室里看到头巾。如果你脱掉头巾，就可以签这份雇佣合同。如果你坚持要戴头巾，就没法得到这份工作"。另一种是"你的简历很不错，你和整个团队也已经很熟悉。你为什么一定要封闭自己，或者你是否面临必须穿戴头巾的压力？如果这样，我们可以帮助你。我可以也给你一些人的联系方式，他们也会帮助你。"[①]以上这是两位潜在雇主，对一位穿戴头巾前来求职的女性穆斯林所说的话。这名女性穆斯林在生物医学部门接受过培训，完成培训后她先后向两个医学实验室提出求职申请。第一次申请时，她被告知为了安全的原因她不能穿戴头巾。尽管她提出可以换一种只遮盖头顶部分的头巾，但她还是被拒绝了。第二次申请时，她正好完成了一项为期6个月的实习，因而去申请一所大学的医学实验室工作。在这次申请中，实验室的负责人没有提到任何安全方面的原因，只是出于自己对于妇女穿戴头巾的成见而直接加以拒绝。

为此，这名穆斯林妇女向比利时一个名为平等机会和打击种族主义中心的机构提出申诉。中心要求这位穆斯林妇女收集更多的证据，以便处理她的申诉。不过，这位妇女后来并没有采取更多的步骤，因为她已经感到失望，而且也感到不可能会取得任何有利的结果。在这个案例中，这名穆斯林妇女显然因为她信仰的宗教而受到了直接歧视。两次拒绝雇佣她构成的差异对待，并没有任何客观合理的依据。当她要求在一间医学实验室工作时，出于安全的考虑，头巾可能会构成客观合理的原因。但是在她愿意用外科式的盖头代替头巾时，她依旧没有被接受，这就表明是基于宗教原因对她的一种排斥。

表面看来，比利时限制在公共场所穿戴宗教和文化象征服饰的禁令，其本意也是为了体现所谓中立原则。不仅如此，比利时宪法中强调的这项原则仅仅涉及教育领域，并没有要求公务员和公职官员在他们的服装上不能体现他们的宗教信仰。因此，在公共场所对服饰的限制，是基于对这项原则的一种不正确理解，那就是穿戴显示宗教或政治信仰的服饰在公共场合是否不合时宜。出于这种不正确理解，比利时国内出现了一些要求全面禁止在公共场合展现宗教象征服饰的立法提案。不过，这种限制到目前为止尚未被公共行政机构统一实施。例如，安特卫普城市的一些公共行政机构，依旧允许那些不直接和来访人员接触的工作人员穿戴展现宗教信仰的服饰。但对于那些和来访人员直接接触的职位，则严格禁止穿戴宗教和文化象征服饰。

例如，佛兰德斯地区一位穆斯林妇女在职业培训结束后，来到一家慈善公司接受面试，希望获得一年的实习机会。这家公司主要是为布鲁塞尔一些贫困地区提供社会服务，并且接受地区和城市的资金支持。但在面试时公司负责人告诉她，由于她穿戴头巾，可能会让接受服务的人认为她在宗教信仰方面带有偏见。当负责人最后决定录用她的时候还明确表示："我们可以尝试一下，这是我们第一次录用穿戴头巾的人员。"在她开始工作几个月后，她的主管虽然对她的工作表示满意，但一些同事却对她怀有敌意。在合同即将到期时，她的主管建议她申请慈善公司内部的一个空缺职位。不过这位主管告诫她："不要有过高期待，因为同事中有些人不喜欢你。"在她提出申请后，她的同事们开始讨论雇佣一名穿戴头巾的妇女是否合适。他们最终的意见是，穿戴头巾会威胁到这个组织的中立性，因为这会让人们认为她会偏向穆斯林。然而，这位穆斯林妇女并没有放弃她的申请。后来，在一次为所有申请人召开的信息发布会上，公司负责人明确告诉她："从事这个职位的工作，我们不能接受穿戴头巾的雇员。如果你被录用的话，就必须除掉头巾。"负责人最后宣布："你的申请可以得到批准，但你必须同意这个条件。公司已经做出这一决定，我只能正式通知你。"结果，这名穆斯林妇女把她的遭遇投诉到平等机会中心以及另一个为遭受歧视者提供法律咨询的公民社会组织。然而，她从这两个组织并没有得到任何回应。

在比利时的私营企业中，限制穿戴宗教和文化象征服饰的借口，主要是这些企业声称要维护企业的特定形象，或是消除客户潜在的负面反应。最新的研究表明，穿戴穆斯林头巾已经成为在比利时私营企业求职的一种主要障碍，特别是那些要求直接面对客户的职位。一些私营部门的雇主，例如银行和金融机构，只允许那些在内部办公室工作的人员穿戴宗教标志的服饰。另外一些雇主，例如保洁公司，则要求职员必须满足客户的要求，因而限制穿戴宗教和文化象征的服饰。①

几年前，一位穆斯林妇女从荷兰来到比利时安特卫普后，到一家服装店去申请一个小时助理的职位。经过简短的面谈后她被告知："一切都很好，但我们要求你除掉头巾，否则我们无法雇佣你，因为客人不喜欢这个。"但这位穆斯林妇女不愿意在工作场所除掉头巾，因而没有得到这份工作。此后，她参加了一个旅游部门的短期训练课程，然后她又去旅行社申请一份实习工作。每次当她面对经理的时候，她总是被要求除掉头巾。他们的解释是："我们不能雇你在前台工作，我们不想失去客户。"有时她还被告知，其他同事也不喜欢和穿戴头巾的人一起工作。这位妇女共申请了40家旅行社，都是要求她必须除掉头巾。最后，她总算在一家摩洛哥人经营的旅行社找到了工作。佛兰德斯公共就业服务机构告诉她，由于她穿戴头巾因而很难在前台找到工作。他们给她的建议是，去申请那些不需要和客人直接接触的辅助性工作。

这位穆斯林妇女在比利时求职时遇到的情况并非偶然，根据比利时一家大型临时工作职业介绍所的说法，这种情况反映的是比利时民众对穆斯林的一种普遍排斥。这家介绍所有一个特别的部门，专门记录客户提出的要求。在这些要求中，1/3 的客户表示拒绝雇佣穆斯林。很明显，这些客户的要求与欧洲的多元化精神和反歧视立法相冲突。这家机构也认为，这种普遍的要求表明比利时民众缺乏多元性和非歧视的意识。不

---

① F. Brion & U. Man, "Exclusion and the job market. An empirical approach to Muslim women's situation in Belgium", *Muslim Voices*, 1998, pp. 18 – 19.

过，他们也承认，雇主限制其雇员展示宗教象征是合法的。而且雇主在招募职员时，有权询问求职者是否愿意在工作场所除掉头巾。这家机构表示，比利时社会对于穿戴头巾的穆斯林妇女还是感到不太习惯，这也许需要更多的时间来适应。

事实表明，在就业申请过程中，限制和排斥穿戴展现宗教和文化象征服饰的情况，对于穆斯林的影响尤为明显，尤其是那些通过穿戴某种服饰来表明她们宗教或文化身份或是信仰的穆斯林妇女。对此，比利时的平等机会中心表示，穆斯林因为这种限制遭到歧视的情况远超过其他少数宗教群体。相比之下，中心也会接到犹太人因为遭受歧视的申述，但针对他们的并不是因为他们展现的宗教或文化象征服饰，而是因为遭到仇恨的语言或是暴力攻击。佛兰德斯一个犹太组织也承认，根据他们的经验，涉及宗教和文化象征服饰的歧视与犹太人并不相关，由此而引起的争论和问题一般都毫无例外地涉及到穆斯林妇女的头巾。

作为一个联邦国家，比利时包含了佛兰德斯、布鲁塞尔和瓦隆尼亚等三个大区，也就是行政自治区。同时又按照语言使用的情况分为法语社区、弗拉芒社区以及德语社区。在比利时，行政自治区和社区都有责任促进平等和打击歧视。比利时国家层面的平等机构建立于1993年，名称为平等机会和打击种族主义中心，其职权就是处理除所有各方面的歧视，其范围包含所有行政自治区。中心在联邦反歧视法所包含的所有领域内，协助遭受歧视的受害人。不过，机构主要致力于以非正式的方式来处理歧视问题，很少将其提交法院。

比利时联邦法律明确规定，要为那些因为宗教原因而遭受的歧视提供保护，其范围涉及到公共服务、健康保护、社会福利、社会安全、工作就业和实习。同时，各行政自治区和各社区的法律中，也包含了反对宗教歧视的条例。然而，比利时在强调反歧视的同时，其法律实际上又允许在就业领域中，雇主可以在职业要求的范围内区别对待不同的宗教信仰，只是要求必须建立在真实和决定性的职业要求基础之上。并且声称，这并不违反《欧盟框架就业指令》中的规定。对于比利时国内法律中的这种变通，平等机会中心明确表示反对，并指出这种基于同事或是客户的不舒服感觉而限制穿戴宗教和文化象征服饰的规定，不符合比利时国内反歧视法律的基本精神，因为这种区别对待并不是出于真实和决定性的职业要求。对此，欧洲正义法庭也表示，客户的好恶不能够被视为私营企业仅仅雇佣比利时本地人的客观和合理依据。同时还指出，这种做法已经直接构成了种族方面的歧视。但比利时国内法庭却认为，私营雇主为维护独特的企业形象或是保证其中立性，也就是雇员对于客户的公正性，实行以宗教为基础的区别对待限制并不构成宗教歧视。2000年11月4日，比利时政府签署了欧洲的《保护人权和基本权利公约》，其中的第12项协议就包含了反对涉及所有合法权利的歧视，但这项公约最终未能获得比利时议会的批准。

2011年9月，比利时企业联合会表示，他们当中的一些行业已经在劳工合同中增加了具体的反歧视条例。同时，他们还在商讨一项旨在应对临时雇佣中歧视问题的条例。另外，在两项适用于所有行业的共同协议中，也包含了非歧视原则，并贯穿于雇佣的全部过程。[①] 在国家方面，联邦政府也提出了一项在就业领域中倡导平等的《多样性宪章》。与此同时，地方行政当局也制订了一些相同的计划，以打击劳工市场的歧视问题。不过，比利时联邦就业和平等机会部依旧表示，这些多样性政策只是一种倡导，对于私营雇主并不具有约束力。不过，自从2008年以来，就业和平等机会部下属的劳工监管部门，也一直在极力敦促雇主遵守联邦政府制定的就业领域中的反歧视法律。

比利时虽然有大量法律在社会生活的各个领域提供反歧视保护，特别是在就业领域由于宗教和信仰而引起的歧视，但法律同时又允许雇主对待求职者可以在宗教和信仰方面采取区别对待的方式，只要是出于真实和决定性的职业要求。这种相互矛盾的法律规定导致的结果就是，比利时政府根本无法保证其反歧视法律的实施能够达到国际社会反歧视的标准。尤其是，比利时政府也未能谨慎处理好这一自相矛盾的问题，以

---

① Convention Collective du Travail No. 38 Sexies, 10 Octobre 2008, http://www.cnt-nar.be/CCT/cct-38sexies.pdf.

防止就业领域中私营雇主因为宗教和信仰而导致的歧视。根据比利时平等机会中心收到的投诉统计,这种自相矛盾政策带来的负面影响所涉及的主要是穆斯林,而且穆斯林妇女特别容易受到私营雇主实行的关于穿戴宗教和文化服饰限制的影响。私营雇主拒绝雇佣或是解雇一名穿戴头巾的穆斯林妇女原因,往往是为了维护企业形象或是取悦客户或其他工作人员。这实际上就是一种基于宗教和信仰理由的歧视,因为这些并不构成客观合理的理由。同时,这也违反了穆斯林妇女表达和展示其宗教和信仰的自由权利。因为这些禁止穿戴宗教象征服饰的企业内部规则,并不是实现诸如维护公共安全或健康等合法目标的必要和适当方式。另外,比利时公共行政当局自身,也应该在公共事业部门中取消对于宗教和文化象征服饰的限制。因为这种限制仅仅是为了维护公共事业部门的中立性,但却排斥性地否定了公务员展示其宗教信仰的可能性。而且这种解释也不符合联合国宗教和信仰自由特别代表所强调的原则,那就是国家应该在平等的基础上对待不同宗教和信仰的成员,保证他们能够非歧视性地实行宗教或信仰自由。不仅如此,比利时政府还应该建立更多的机制,来监督私营雇主在雇佣职员时的歧视性行为,并在私营企业就业中强制实行反歧视法律。另外,政府还应该针对因为宗教和信仰原因在就业中受到歧视所造成的影响展开研究,并要加强对这种歧视给穆斯林造成的伤害的理解,尤其是穆斯林妇女。这种研究需要广泛收集宗教、种族和性别的个案资料,并以此来制定政府打击歧视的具体政策。

二、法国穆斯林就业中遭遇的成见

2009年,法国国内的平等权利机构,也就是"反对歧视与维护平等最高权力机构",收到了259件在就业领域因为宗教和信仰而受到歧视的投诉,其中绝大多数都涉及到穆斯林。[①] 具体来说,这些案例中涉及的

---

① HALDE and the International Labour Organization, "Perception des discriminations au travail: regard croisésalariés du privé et agents de la fonction publique", December 2010, p14.

主要问题，大多是宗教和信仰象征的服饰，或是穆斯林宗教生活的一些特别要求，例如每天的祈祷时间和宗教节日的时间安排。在投诉的案例中，穆斯林女性占 57%，涉及的主要是穿戴穆斯林头巾问题。

2010 年，法国一个反对针对穆斯林歧视的非政府组织收集的歧视性案例数据中，有关穆斯林遭受歧视的情况大约 10% 发生在就业方面。这些数据表明，大多数案例都关系到穆斯林妇女穿戴头巾的问题。对于穆斯林男性，则几乎没有因为服装而受到歧视的情况。[1] 2010 年，这个组织还展开了一项研究，专门比较了具有伊斯兰宗教背景和具有基督教宗教背景的人员，在求职时可能遇到的情况。这项研究发现，一位具有塞内加尔基督徒背景的法国人在求职时，获得积极回应的机会比一位具有塞内加尔穆斯林背景的法国人要高出 2.5 倍。[2]

像在欧洲其他国家一样，穿戴宗教和文化象征的服饰，尤其是头巾，显然是法国穆斯林妇女就业的最大障碍。这种情况不仅出现在求职过程中，而且也表现在工作场所内。研究人员对法国 20 个大型公司的工作场所内宗教和谐问题进行调查时，经理们都表示穆斯林头巾是他们关注的核心问题。[3] 一些雇主并不认为头巾是一种宗教信仰的展示，而且将其视为一种政治诉求或是性别不平等的标志。还有一些人认为，在工作场所应该强制实行世俗化原则。而关于宗教和信仰问题，应该在公共和私人领域之间划定一条明确的界限。由于工作场所被视为一种公共领域，因此拒绝求职者在这个领域中展示宗教或文化象征服饰不能视为是一种歧视行为。

在工作场所穿戴宗教和文化象征服饰的限制，对于穆斯林来说影响尤为突出。在法国，工作场所中对头巾的成见和限制，直接影响的就是

---

[1] Collectif contre l'Islamophobie en France, Rapport sur l'Islamophobie en France 2010, http://www.islamophobie.net/sites/default/files/rapport-ccif-2010.pdf.

[2] Claire Adida, David Laitin, Marie-Anne Valfort, "Les francais musulmans sont-ils discriminés dans leur proper pays? Une etude experimental sur la marché du travail", French-American Foundation and Institut des Etudes Politiques, 2010.

[3] Dounia and Lylia Bouzar," Allah-a-t'il une place dans l'entreprise?", Albin Michel, 2009.

那些穿戴头巾的穆斯林妇女。例如，一位名叫阿迈尔的穆斯林妇女，作为一名社会工作助理，已经有好几年的专业工作经验。两年前，当她决定开始穿戴头巾后，她就开始不断遭遇到找工作的困难。她虽然去那种非盈利组织申请过好几次工作，但每次在招聘面谈中总是被问到宗教信仰的问题。例如，她有两次被问到她是否能够单独接待一位不认识的男人。阿迈尔表示："这些问题除了表明对一个穿戴头巾的妇女的成见外，我看不出其中有什么合理性。"最后，当她接受一个协助妇女家暴受害者的非盈利组织面试时，她被直接告知她的专业资历完全符合要求，但她必须除掉头巾。当她要求作出进一步的解释时，对方的回答是："我们必须保证中立。你如果穿戴头巾，怎么能够说服一名遭遇家暴的穆斯林妇女除掉头巾去找一份工作，获得财政上的独立呢？"

在另一个案例中，涉及的是一位名叫琳达和一位名叫亚米那的放射线工作技师。她们虽然从未在工作场所穿戴穆斯林头巾，但她们还是因为穿戴那种外科手术式的护士帽而被解雇。此后，由于她们不愿意在工作场所不戴任何遮盖头发的头巾，她们已经在多个场合遇到问题。一位经理告诉她们："你们不能穿戴头巾，因为我们这里是法国，不是叙利亚。"经理还告诉她们，如果她们除掉头巾，她们一般是不会被解雇的。这些例证表明，法国社会在就业场所对宗教和文化象征服饰的限制，主要还是基于就业场所的中立性原则。这就意味着，雇员不仅在申请就业时可能会因为他们的宗教信仰而受到歧视，而且在就业场所中他们也不能够展示他们的宗教和信仰。

不仅如此，在某些情况下，这种限制甚至会影响到穆斯林妇女在其私生活中穿戴头巾的问题。在法国，除了就业场所内对穿戴宗教和文化服饰有限制，这种所谓中立性的规则甚至延伸到就业场所之外。例如，一位名叫伊皮提西姆的穆斯林妇女，已经在巴黎市下属的热纳维耶区的市政机构工作了多年，担任文化和社会发展官员。她一直遵守在公共服务中坚持中立性原则的解释，从未在工作场所中穿戴过头巾。她表示："在去市政大厅的路上，我也从不穿戴头巾，而是通常戴一顶帽子。"然而，她的同事在她结婚之后对她的敌意却越来越强烈，因为他们感到不解为什么没有邀请他们参加婚礼。她在结婚后穿着也更加保守,而且和同事相互问候时从不亲吻她们,因而对她的负面评价也不断增多。对此她曾向上司提出抱怨,但上司表示他们不了解她信奉的宗教的价值观,并建议让她去做负责青年俱乐部的工作。但她后来又被告知,市长反对让一位在工作场所以外穿戴头巾的妇女担任一项与年轻人直接接触的工作。结果,伊皮提西姆去向工会寻求帮助,但工会在召开了高级主管会议之后表示,穿戴头巾的人的确不适合担任需要和别人直接接触的公共工作。在这个案例中,因为伊皮提西姆工作和生活在同一个小城里,人们都知道她在工作场所之外穿戴头巾。结果,她最终只能被安排去做一个不需要和别人直接接触的训练管理工作。2011年4月,她在工作三个月之后辞去了这份工作,因为她觉得这份工作并不符合她的职业预期。

实际上,法国也制定了很多法律来维护不同宗教信仰人士的平等权利。法国1958年颁布的宪法第一条中就规定,所有公民无论其来源、种族和宗教,都应不加区别地享受平等的权利。1905年12月9日,法国政府制定的关于政教分离法律的第一条中,也强调要保证宗教和信仰自由。但在第二条中,又规定了两者之间的严格分别,那就是国家既不赞同也不资助任何宗教。另外,1958年的法国宪法第一条还强调,法兰西共和国是一个世俗化的国家。后来,这条世俗化原则就被国务委员会(Council of State)解释为,担任公共服务的工作人员必须严格持守中立原则。①

同时,法国的民法也为就业场所中由于宗教原因而遭受的歧视提供保护,包括求职、培训、工作环境、专业晋升和工会会员资格等。但同样,民法也允许出于宗教原因的区别对待。只要是出于真实和关键性的职业要求,而且目的合法和要求适当。不过,法国民法对于种族歧视的保护,适用范围则更为广泛。除了就业以外还包含社会保护、社会福利、

---

① Council of State, "Avis rendus par le Conseil d'Etat sur des questions de droit posées par un tribunal administratif ou une cour administrative d'appel (1)", 3 May 2000, Mlle Marteaux, http://www.legifrance.gouv.fr/affichTexte.do?cidTexte=JORFTEXT000000400740&dateTexte=.

教育、健康和获取商品与服务。根据法国刑法典的规定，在各种因素中，因为宗教而导致的歧视，只有在获取商品和服务以及就业方面会受到惩罚。

2004年，法国建立了"反对歧视与维护平等最高权力机构"，其职权就是处理国内法律禁止的任何形式的歧视，包括协助受害者，调查歧视案件和提出问题建议。2011年3月，这一机构和其他三个机构合并，成为一个称为"权利保护者机构"。另外，法国劳工法典中也包含了明确的原则，以防止雇主对雇员人权的限制。法典1321—3条表明，"企业的内部规则不能包含任何限制个体或集体权利和自由的条例，除非这些限制是出于职业的合理要求，或是实现所寻求目标的适当方式。"例如，根据这项条例，国务委员会认为那些禁止在工作场所进行宗教活动和政治讨论的内部规则不合法，超越了雇主对于雇员实施限制的范围。

不过，作为法国政府推动外国人以及在外国出生的法国公民融合的咨询机构"法国融合高等理事会"，也认为私营企业雇主有权限制穿戴特别形式的宗教和文化象征服饰，因为这关系到维护企业形象或是维护中立性原则的目的。同时，代表法国多数党的"人民运动联盟"，也支持通过一项对《劳动法典》的修正案，允许雇主在企业内部设立限制穿戴宗教和文化象征服饰的规定，只要其目的是维护私营企业内部的宗教中立性原则。

2011年10月，一项以尊重宗教中立原则为名而涉及到私立儿童照顾机构的议案提交到参议院，其起因是一位私立幼儿园的穆斯林雇员由于拒绝除掉头巾而被解雇的事件。2012年1月17日，参议院接纳了这项议案，并将其提交给国民议会。然而，法国至今并未签署包含全面禁止歧视条例的《欧洲人权公约》的第12次草案（Protocol 12）。

除了政府的各项政策外，法国的私营企业也实行了一些措施，来促进多元化和非歧视。自从2004年以来，企业可以自愿签署《多元化宪章》，表明尊重平等和反对歧视。同时，法国就业部与人力资源协会董事会还推出了一项多元化标志。获得多元化标志的企业不仅要在反对歧视方面具有良好意愿，而且还要采取必要的实际行动，诸如在企业招聘工作中实行多元化政策，或是在招聘过程中对简历进行匿名评审。就业部与人力资源协会董事会的副主席表示，尽管宗教象征服饰不应成为私营企业禁止的对象，但关键是要有一种灵活的机制，让雇主和雇员双方能以适当的方式表明自己的需要。2006年，法国的雇主组织和工会签署了协议，同意在不同行业的企业中培养多元化。协议还设定了不同阶段的步骤，包括致力于打击招聘过程中的成见和偏见。然而，这项协议只关注到与歧视有关的部分，包括种族、民族、国家身份、体型外貌、姓名和居住地，但没有明确包含宗教和信仰。

根据法国就业部与人力资源协会董事会提供的数据，穆斯林在就业中尤其容易因为宗教和信仰而受到歧视。穆斯林妇女穿戴的宗教象征服饰，是各种工作场所针对穿戴宗教和文化象征服饰限制政策和规则的主要对象。而法国的民事法律，只能对就业过程中因为宗教和信仰遭受的歧视提供部分保护。根据法国国内的法律，就业中针对宗教和信仰的区别对待并不构成歧视，只要是基于职业的基本要求。而法国政府也不能保证其国内法律的解释，能够符合国际标准。特别是，法国政府未能对此采取谨慎处理的方式，以确保私营雇主在雇佣人员时不会因为宗教和信仰而加以歧视。客观地说，法国政府强调的世俗化和中立化原则，并不能被视为私营企业对职员穿戴宗教和文化象征服饰加以限制的合理和正当理由。为此，有关修改劳动法典的建议，也是为了在诸如儿童看护机构这样的私营机构中，不能把他们歧视性做法变成一种规范。目前，尽管法国政府也支持在就业领域中打击歧视和促进多元化措施，但雇主还是会因为宗教和信仰的原因而排斥穆斯林就业，而且这种影响对于穆斯林妇女尤为突出。在这里，法国就业部与人力资源协会董事会发挥的作用，就是要求企业必须遵循反歧视法律，只能在合法的范围内限制穿戴宗教和文化象征服饰。现在，新成立的"权利保护者机构"，也在积极发挥作用，督促雇主遵循国内的反歧视法律，并协助因为宗教或是其他原因而受到歧视的受害者。

三、瑞士穆斯林就业中遭遇的歧视

2008年，联合国消除种族歧视委员会曾对瑞士在就业方面的歧视问题状况做过这样的评价："瑞士政府在消除种族主义和防止排斥外国人方面没有取得实质性的进展，排斥的对象包括黑人、穆斯林、旅行者、移民和难民"。不仅如此，瑞士部分民众对于外国人和某些少数族裔持有负面看法，甚至带有敌意，这些已经导致瑞士民众对非歧视原则的一种普遍怀疑态度。

在就业方面，瑞士企业雇主对于穆斯林妇女员工穿戴头巾的排斥态度也特别值得关注。例如，瑞士提契诺州一位28岁的穆斯林妇女卢加诺表示："我所在地区的就业办公室告诉我，如果想要找到一份允许穿戴头巾的工作，我就只能去苏黎世。他们还告诉我，这里的雇主一般都明确拒绝雇佣穿戴头巾的妇女。还有的问题是，申请工作的个人简历是不能匿名的，所以雇主会看到我的穆斯林姓名以及穿戴头巾的照片。我已经有过几次不愉快的求职经历，雇主提出的问题让我感到不安。"

在瑞士，人们也很难收集关于歧视，或是那些显然是因为宗教原因而受到歧视的具体数据。因为瑞士不同于法国和比利时，政府并没有设立监督反歧视法律实行情况的平等机构。瑞士唯一能够收集与此相关信息的机构，只有联邦反种族主义委员会。这个机构主要负责执行《消除一切种族歧视国际公约》，记录所有违反《刑事法典》第261条的事件，并惩罚那些煽动歧视和仇恨的行为。此外，瑞士还有一个为歧视受害人提供援助的框架项目，它也可以收集一些有关信息。这个项目是一个非政府机构，由人权信息平台频道综合协调。2010年，这个项目将23起"针对穆斯林的种族主义"案件披露给公民社会组织，这些案件大多涉及到语言攻击或是暴力威胁。

不过，就联邦反种族主义委员会和人权信息平台频道提供的信息而言，由于只能接受到少量投诉，因此很难概括出瑞士穆斯林在就业方面遭受歧视的具体状况。2010年，这些机构收到的各类有关遭受歧视的投诉总共只有178起。造成这种情况的原因，主要还是缺乏提交投诉的系统，包括无法找到一个帮助歧视受害者的支持中心，因而导致投诉的数量很少。同时，那些遭受歧视的外国劳工，也担心提出投诉会失去工作，或是在更新居住许可时会遇到更多的障碍。由于瑞士对国籍控制很严，到2000年为止，居住在瑞士的穆斯林只有0.6%的人获得了瑞士国籍。

从大赦国际获得的信息表明，瑞士很多企业都限制穿戴宗教和文化象征服饰，尤其是头巾。例如，瑞士最大的公司，也就是最大的连锁超市米格罗，从2004年开始就提出，要对其员工实行普遍禁令，禁止穿戴头巾或是其他宗教象征服饰。不过，米格罗超市最终并没有采取统一禁令，而是采用了一种雇主、雇员和顾客之间进行平衡的方式。就是让所有与顾客接触的雇员穿着统一制服，从而排除了员工穿戴宗教和文化象征服饰的可能性。另一家瑞士大型连锁超市库珀，也在制服穿着方面采用了相似的政策。根据库珀超市的说法，这项政策的目的是为了提升企业形象。因此，后台的雇员除非是为了卫生和安全需要，一般不需要遵守这项规则。

瑞士的跨行业工会，偶尔也会为那些因为宗教和信仰原因而受到歧视的员工提供个别支持。例如，跨行业工会曾对清洁行业一些私营公司禁止穿戴头巾的禁令提出抗议。另外，在工会和雇主谈判达成的一些总体劳工协议中，也会包含反歧视条例。通常来说，工会也会尽力敦促雇主遵守这些协议。但跨行业工会也表示，一般情况下员工们提出申诉的问题，主要涉及的是未能获得应有的薪酬，而很少涉及到关于穿戴服饰的歧视性禁令。

然而，在瑞士的就业场所中，歧视问题依然很普遍，尤其是针对穆斯林。例如，艾哈迈德是一位来自北非的穆斯林，他已经获得瑞士国籍，居住在瑞士说法语地区。过去15年来，他一直在一个机构的同一个部门工作。他表示，他是一个坚守信仰生活的穆斯林，但从未请假去庆祝穆斯林的节日，也从未在工作场所进行祈祷。有时，他会因为拒绝同事的邀请去那些喝酒的酒吧参加社会活动，因而发现同事对他表现出怀疑和疏远。随着一位新的女性同事加入这个团队后，问题也变得更加糟糕，因为这位女性同事公开反对阿拉伯人和穆斯林。此后，艾哈迈德因为蓄留胡须，因而更加成为人们敌意评论的对象。这些评论包括"你很恐怖"和"你看起来像本·拉登"。2010 年，艾哈迈德因病请假。几天后当他回来工作时，主管却告诉他工作合同已经终止。为此，他没有被告知任何原因。他的解职信中，只是说明已经向他口头解释了原因。主管只答应他，如果他找其他工作有需要的话，他可以给他写推荐信。艾哈迈德没有向工会报告他遭遇的情况，因为他知道这也不是一种有效的途径。后来，他打算向法院提告，但他必须有证据，证明他遭到了歧视。由于没有书面证据来证明他遭到的歧视，因而他也无法获得法院的支持。

在瑞士，因为宗教原因而遭到歧视的受害人，只有提供明确的证据，才能在遭到歧视后，向法院提出申诉并得到法院支持。2006 年，一位出生于马其顿的瑞士公民，按照苏黎世地区就业办公室的建议，向一家清洁公司提出了一份从事清洁工作的申请。结果，这家公司给地区就业办公室回复的邮件明确表示，他们不雇佣巴尔干地区的人，也不欢迎穆斯林和穿戴头巾的人。邮件最后还这样表述："我们不雇佣穿戴头巾的人。"在这种证据确凿的情况下，这位被歧视的受害人才获得瑞士跨行业工会的支持，向法院提出了申述。2006 年 1 月 13 日，法院判决这家清洁公司的言行违反了瑞士《民事法典》第 28 条有关人格保护的规定。

在瑞士的国内法中，联邦宪法第 8 条第 2 款规定了平等的原则，并禁止出于种族、宗教信仰和生活方式等方面原因的歧视。同样，宪法第 15 条也表明，要保护宗教和信仰自由的权利。然而，瑞士并没有实行普遍的反歧视法律，打击歧视的条例也分别包含在不同的法典中。只有在民法法典中规定了保护人格的条例，这一条例可以被理解为任何人在寻求就业时，不能因为种族和宗教原因而被拒绝。《责任法典》第 328 条也包含了同样的原则，其 226 条还明确说明在性质上涉及到雇员种族或宗教而导致的解雇将被视为非法。《刑法法典》也规定，那些在接受服务时因为宗教、种族和民族原因而受到歧视的行为将受到惩罚。然而，反对种族主义委员会指出，这些条例的解释都受到严格限制，因而不能被运用于私营服务提供者。而且瑞士民法在歧视问题上不承认举证责任分担,除非涉及到性暴力问题。

1995年,瑞士联邦政府成立了联邦反对种族主义委员会,其功能就是实施瑞士签署的《消除一切种族歧视国际公约》。委员会成立后,其主要职能就是针对所有关系到种族主义的问题向公共行政部门提供建议,包括提请关注、开展研究、监督活动以及为种族主义受害人提供帮助。委员会虽然不能向法庭提出诉讼,但它涉及的范围极为广泛,而且特别关注各种形式的种族主义,包括种族主义对穆斯林的影响。

2007年,瑞士联邦议会曾讨论过一项反歧视立法的提案,但最终未被采纳。瑞士联邦行政当局表示,他们的工作主要是更好地实行现有的法律。他们还认为,瑞士民众并没有强烈的政治要求来扩大反歧视范围,而且这种举措会遭到企业界的强烈反对。根据瑞士联邦政府的这种说法,瑞士已有的国内和国际标准,已经能够为遭受歧视的对象提供足够的保护。因此,他们只会进一步加强对现有法律条款的重视,使之有助于处理歧视问题。[①] 不过,2010年联合国经济、社会和文化权利委员会又再次提出,瑞士应该采取更加广泛的反歧视立法,因为其现有法律存在明显不足。然而,这一提议并未引起瑞士政府的重视,瑞士至今也尚未签署《欧洲人权公约》的第12条协议。

到目前为止,瑞士政府依旧未接受人权机构的建议,实行更加广泛的反歧视法律。瑞士政府最近还再次重申,进一步的反歧视立法没有必要。然而,尽管瑞士已有的民法法典和劳工法典中的一些条例,诸如保护人格个性,能够被理解为提供了对歧视的保护,但民法和行政法都没有包含对于歧视的直接或间接定义。由于证据负担不能分享,这也使得那些由于宗教原因遭受歧视的人,很难收集足够的证据来提起民事诉讼。而联邦反对种族主义委员会虽然能够为受害者提供咨询,但却不能向法庭提出诉讼。

[①] Federal Council, "Report on the development of the Confederation's integration policy: strengthen protection against discrimination", 5 March 2010, p. 47. http://www.bfm.admin.ch/content/dam/data/migration/integration/berichte/ber-br-integrpolitik-f.pdf.

另外，瑞士大量私营公司关于限制宗教和文化象征服饰的规则，表面看来是为了维护公司的形象，或是照顾那些不喜欢穿戴头巾的顾客和同事。但这些并不是合理和正当的理由，因而其本身就带有歧视性。不仅如此，这些政策也违反到穆斯林以及其他少数宗教种族，希望通过穿戴特定象征或形式的服饰来展示他们宗教和文化背景的自由表达权利。瑞士政府显然没有通过谨慎处理的方式，来消除这些限制。

就联邦反对种族主义委员会而言，其监督歧视的作用固然非常重要，但却不能提供足够的数据，来说明歧视如何影响到少数宗教种族群体的就业问题。而瑞士政府也无法提出明确的依据，来说明为什么不需要进行更加严格的反歧视立法。因此，人权平等机构必须进一步采取步骤，收集数据来研究歧视及其对少数宗教群体的影响。那些致力于研究歧视问题的中心，则需要得到更多的支持。同时，社会融合运动也应更加关注少数宗教和种族群体在就业中面临的歧视问题，并且要特别关注私营雇主和公共行政机构对穆斯林就业设置的限制。

四、荷兰穆斯林就业中遭遇的歧视

2009 年，作为荷兰国内维护人权平等的机构，荷兰的平等对待委员会发布的报告表明："很多公司在市场部门以及公共部门，都不接受雇员或是实习人员穿戴头巾，其主要原因就是中立原则或是部门形象。现在越来越多的企业都把头巾列入他们的着装要求或工作穿戴要求之中，尤其像是超市。但这种趋势目前正在朝着相反的方向发展，越来越多的公司和组织实施了新的规则，而他们过去都认为服装只是个人选择的问题。这些对于头巾的附带禁止，再加上普遍的正式着装要求，都使得穿戴头巾的穆斯林妇女更加难以进入劳工市场。"[1]

2010 年，荷兰平等对待委员会发布的有关歧视的数据中，与宗教有

---

[1] Equal Treatment Commission, "Comments on the combined fourth and fifth Dutch report on The implementation of the International Covenant on Economic, Social and Cultural Rights: the headscarf and access to the labour market", November 2009, p. 8.

关的占6%。尽管因宗教歧视而提出的申诉与其他方面相比数量并不多，而且涉及不同宗教的数据也未加区分，但委员会表示，几乎所有与宗教相关的申诉都来自穆斯林。其中绝大多数都是穆斯林妇女提出的有关穿戴宗教和文化象征服饰，另有极少数是穆斯林男性因为他们的胡须而受到歧视。不过，穆斯林男性提出的申诉一般并不涉及服饰，而是在工作时间祈祷或是拒绝与女性握手。对于拒绝与女性握手问题，委员会也没有提出什么看法。然而，这个问题却得到了媒体的特别关注。因此，穆斯林男性现在求职面试时，更容易被问及他们是否有意愿和异性握手。此外，荷兰各地那些支持歧视受害者的城市反歧视管理局，2010年共接到401起涉及宗教歧视问题的申诉，占所有投诉的6.6%，其中绝大多数也是来自穆斯林。

根据城市反歧视管理局的数据，2010年鹿特丹的杰蒙德区共有61起关于遭到宗教歧视的报告。其中43起涉及到穆斯林，有18起涉及到穿戴宗教和文化象征服饰的问题，提出申诉的主要是穆斯林妇女。荷兰社会研究院开展的研究表明，就业场所的歧视主要是招聘官员的歧视态度。在申请工作面试时，申请人的外貌是影响招聘官员的重要因素。头巾和大胡子是最有争议的外貌，不仅是那些要求直接接触顾客，而且也包括那些在内部办公室工作的职位。

依据荷兰的《刑事法典》，荷兰的司法部门也曾惩罚过几种形式的歧视，包括雇主因为宗教或信仰的歧视。同时，国家歧视鉴别中心也根据《刑事法典》规定应当给予惩罚的与歧视有关的罪行的数据进行了收集。2010年收集的数据中，7%的案件涉及因宗教或信仰而导致的歧视，而且所有这些案件都是针对穆斯林。一些雇主也因为涉及与歧视有关的行为，而受到惩罚。国家歧视鉴别中心表示，大多数在就业和获取社会福利方面遭受歧视的受害者，都会向平等对待委员会提出申诉。与《一般平等对待法》不同，《刑事法典》并不要求证据作为犯罪惩罚的依据，而是将其作为处理歧视行为的一种措施。

2010年，联合国消除对妇女歧视委员会向荷兰政府提出："应该加强努力消除针对移民、季节劳工、黑人、穆斯林以及其他少数群体妇女的歧视。并且要更加积极主动地增加她们进入就业市场的机会，促进她们对于社会服务和法律援助的意识，确保她们不受到伤害。"委员会还呼吁荷兰国家机构对那些涉及到移民、季节劳工和少数族裔妇女歧视的问题开展广泛研究，对她们的就业、教育和健康情况进行统计，并向委员会提出报告。

对于来自少数宗教群体的妇女，由于宗教的歧视往往和其他形式的歧视混合在一起，特别是种族和性别为基础的歧视，从而使得穿戴宗教服饰的穆斯林妇女的境遇进一步恶化，主要是难以进入荷兰的就业市场。在2009年欧盟地区少数族裔遭受歧视情况的调查中，欧盟基本权利机构发现，居住在荷兰的那些来自土耳其、北非或苏里南的穆斯林妇女，在就业场所中遭受歧视的问题不容忽视。[1]

2008年，荷兰内政部下属的移民服务处，曾拒绝雇佣一位来自巴基斯坦的穆斯林男子担任难民收容部门的职员。在求职面试时，这位男子表示为了宗教信仰的原因，他要让胡须保留一英寸的长度。最终，移民服务处否决了他的求职申请，因为机构认为申请人的宗教信仰，可能使得他不能以中立的立场来处理寻求庇护人员的问题。不过移民服务处又强调，申请人被拒绝的主要理由，还是他蓄养胡须的相貌。对于这一案例，平等对待委员会认为，移民服务处是一种基于宗教原因的直接歧视，因为他们判定申请人将会让寻求庇护者感到一种威胁和不安的这种想法，完全是基于他们那种不透明、主观和无法证明的假设。

2010年，一位穿戴头巾的穆斯林妇女，到一家公证公司申请一个初级助手的职位。在面试时，她也被问到穿戴头巾是否因为宗教原因。最后，面试人告诉她穿戴头巾可能带来问题，因为这个职位要求与客人接触，因此需要绝对公正。这位穆斯林妇女得知其工作申请被拒后，曾向雇主提出申诉。但雇主再次表示，这是基于这一职位所要求的中立性。为此，雇主还向平等对待委员会说明了公司的着装规则。这些规则虽然

---

[1] European Union Agency for Fundamental Rights, "European Union Minorities and Discrimination Survey", overall reporting rates of discrimination incidents suffered, p. 51.

没有书面公布，但绝对禁止刺青、穿拖鞋以及展示宗教信仰的标志。虽然公司的有些职位并不需要接触客户，主要是从事行政工作。但根据公司的规定，所有雇员都应该致力于实现公司的最高目标。因此，无论他们担任什么职位，都应该遵守公司的着装规则。不过，平等委员会还是认为，这位穆斯林妇女工作申请被拒，是基于宗教因素而导致的不公正差别对待。

实际上，荷兰国内也有一些反对歧视的法律。例如，荷兰2004年颁布的《一般平等法》，[①] 就明确提出要为歧视受害者提供保护。这里的歧视包括宗教信仰、政治见解、种族、性别、国籍、性取向、公民地位等因素，涉及范围包括就业和职业（第五条）、教育以及获取社会福利方面（第七条）受到的歧视。特别是在第七条中，还把欧洲指令中的种族指令和框架就业指令直接转化为荷兰的国内法。不过，荷兰的法律对于所谓间接歧视并不禁止。这就是《一般平等法》第二条第一款所说的，只要客观上能够证明这种歧视是为了合理的合法目的，而且实现这一目的的方式是适当而必须的。

另外，荷兰的《一般平等法》第五条第二款还规定，如果雇主是一个以宗教、意识形态或政治原则为基础建立的组织机构时，他们也可以确定自己的招聘要求来维护这些基础。例如，如果一所天主教学校要确保其天主教的宗教特色，就可以合法地拒绝非天主教人士来担任教职。根据《一般平等法》第五条第二款的说法，这些要求"并不构成由于政见、种族、性别、国籍、异性恋或同性恋倾向或是公民地位而产生的歧视"。然而，这种说法也会导致一些以信仰为基础的学校不再雇佣同性恋教师，因为他们的性取向显然与学校坚持的宗教观念相矛盾。实际上，《欧盟框架就业指令》第四条第二款中，已经预见到这种情况。就是担心那些建立在宗教和信仰基础上的组织机构，在招聘职员时会依据宗教和信仰来区别对待应聘者。并根据这个组织机构的特性，来确定每个求

[①] General Equal Treatment Act (GETA), http：//www.cgb.nl/english/legislation/equal_ treatment_ act.

职者的宗教或信仰所构成的求职资格。为此，欧洲委员会2008年向荷兰提出了不合程序的指控，因为其荷兰的《一般平等法》未能正确转换《欧盟就业指令》的规则。欧洲委员会还要求荷兰对其反歧视法律中的一系列缺陷做出解释，包括直接歧视和间接歧视的定义，还有针对宗教、政治和意识形态反歧视一般原则的例外情况，因为这并不符合《欧盟就业指令》的要求。

2011年11月8日，荷兰政府开始对《一般平等法》以及其他一些平等法案进行修改。尽管欧洲委员会在此之前已经指出这项法律中存在的缺陷，但《一般平等法》的第五条第二款并没有得到纠正。此后，根据《一般平等法》建立的荷兰平等对待委员会，开始负责实行平等对待法律。同时，平等对待委员会还要处理所有个人提出的他们在各个方面受到歧视的申诉。委员会提供的这项服务完全免费，而且不需要律师协助。不过，委员会只能对所有申诉的情况是否违反平等对待法进行调查，但其意见不具有约束性。

另外，荷兰2010年实行的《城市反歧视服务法案》，也提出要为那些感到自己受到歧视的人提供帮助，包括协助他们提出申诉。这项法案要求荷兰的每个城市，都要为其居民提供一个这样的反歧视服务机构。2010年，荷兰大多数城市都按照要求建立了类似的机构，因而荷兰民众可以在他们居住的城市获得反歧视方面的服务。

2011年7月7日，荷兰政府又推出一系列措施，旨在进一步打击歧视。这些措施加强了对于歧视而导致暴力罪行的惩罚力度。[①] 然而，荷兰政府始终将自己在反歧视方面的作用，限定为提供一种支持。荷兰政府还表示："这个国家主要是公民自身应该放弃歧视和成见，因为反歧视是一种公民义务。"[②] 在这种情况下，政府只负责实行非歧视法律，登

---

① Brief Tweede Kamer: anscheerping bestrijding discriminatie, http://www.rijksoverheid.nl/documenten-enpublicaties/kamerstukken/2011/07/08/brief-tweede-kamer-aanscherping-bestrijding-discriminatie.html.

② Minister of Security and Justice and the Interior and Kingdom Relations, Policy letter on anti-discrimination, July 7th 2011, p. 3. (Tweede Kamer, vergaderjaar 2010–2011, 30 950 nr. 34.)

记被歧视者提出的申诉,或是在必要情况下进行惩处。除这些外,政府不会采取或是资助任何提高反歧视意识的举措。荷兰内政部的官员还表示,政府监督歧视的任何举措,都将是一种有争议的行动。因此,荷兰政府在打击歧视的过程中,并没有制定任何具体的措施来处理就业方面的歧视。

根据荷兰社会事务与就业部提供的信息,荷兰国内30%的集体劳动合同中有禁止歧视的条款,37%的合同包含了关于多元化的一般条例。在荷兰2009年颁布的《健康与安全法》中,也包含了非歧视条例,并确定了雇主遵守这一条例的责任。根据这一条例,雇员可以向劳工巡视员提出歧视申诉,巡视员则可以处罚那些没有采取必要措施在工作场所消除歧视的雇主。不过,劳工巡视员收到的遭遇歧视的申诉似乎并不多。2010年,仅有13项关于宗教歧视的申诉。荷兰的全国基督徒工会也表示,工会不会全面监督劳工集体合同中的反歧视条例,但他们可以为那些遭受歧视并要求协助的雇员提供支持。

荷兰的反歧视法律虽然能够为就业领域中因为宗教信仰而遭受的歧视提供保护,但荷兰法律同时也认为,在就业中基于宗教信仰原因而实行的区别对待也完全合法,只要是为了合理的目的而且实现它的方式是适当和必须的。目前,荷兰平等对待委员会和其他一些歧视受害者能够获得支持的机构,已经对一些私营雇主限制穿戴宗教和文化象征服饰的规则表示关注。这些机制获得的数据表明,这种限制对于穆斯林的影响最为明显,尤其是穆斯林妇女。因此,荷兰政府应该保证《一般平等法》第二条所提及的有关宗教因素区别对待的理解和实行,必须遵循国际非歧视标准。这些标准规定,这种区分只有建立在客观和合理的基础上,才能够允许。同时,荷兰政府也有义务来谨慎处理这一问题,以免私营雇主对穆斯林日益增加的歧视。尽管荷兰也有反歧视局这样的机构,能够为那些歧视受害者提供有效的帮助,但荷兰政府应该进一步采取努力,以保证私营雇主尽量减少限制穿戴宗教和文化象征服饰,除非这种限制确实必须而且适当,并符合国际人权法律所设定的目标,诸如保护公共安全或健康,或是其他人的权利。

超越了这个范围的限制，就会导致对穆斯林的间接歧视，尤其是会构成穆斯林进入就业市场的一种障碍。

另外，荷兰政府还要负责持守其国际承诺，保护、尊重和实行非歧视原则。在这方面，关键是要采取意识提升举措和监督歧视性行为。特别是荷兰政府要确保其国内反歧视法律符合国际标准。《一般平等法》第五条第二款中包含的例外情况，也就是允许以宗教、政治或意识形态原则为基础建立的机构保留他们的特点，但也应该遵守国际和地区建立的一般标准。例如在招聘过程中，宗教机构可以根据宗教来区别对待候选人的前提，只能是在候选人的宗教信仰必须符合职业规定的情况下。除此之外，其他任何原因都不合理。为此，荷兰政府应该修改《一般平等法》第五条第二款，让它和欧洲的平等原则保持一致。

第三章/欧洲穆斯林与主流社会的意识形态冲突

在穆斯林移民与西欧主流社会矛盾和冲突的思想意识层面,将不可回避地会涉及到两者之间体现为价值观念和生活方式的宗教文化意识之间的隔阂。长期以来,欧洲主流社会中就存在着由于种种历史原因而形成的排斥和怀疑穆斯林的情绪,这就是所谓的"伊斯兰恐惧症"。这种排斥情绪在美国2001年爆发"9·11"事件后,又进一步迅速蔓延。近年来,随着大批来自中东地区的难民涌入欧洲,这种情绪更是日益强烈。面对这种充满敌意的情绪,欧洲穆斯林社区中的伊斯兰原教旨主义也开始悄然兴起。21世纪后,欧洲穆斯林群体中伊斯兰原教旨主义的盛行,已经越来越被视为穆斯林在融入欧洲主流社会受挫情况下对自身宗教的某种回归。然而,这两种宗教文化观念的对立和冲突,必然会加剧欧洲主流社会在心理层面上对穆斯林的排斥,同时也会强化穆斯林移民在融入欧洲社会过程中的宗教抵触心态。这种相互的社会心理排斥,不但会带来一系列具体的社会、经济、教育问题,而且可能促使更多的穆斯林年轻一代在伊斯兰原教旨主义的影响下走向极端。作为一种恶性循环,不断增加的伊斯兰极端主义暴力活动,又会更加加深"伊斯兰恐惧症"在欧洲主流社会中的影响。

第一节 欧洲社会根深蒂固的"伊斯兰恐惧症"

作为一种有着深远历史背景和现实原因的社会心理和情绪,"伊斯兰恐惧症"从某种意义上来说，已经成为欧洲当前一种重要的种族主义表现形式。事实表明，这种具有种族主义性质的社会心理和情绪是强有力而且多层次的，它体现在国家、民众和政党等不同政治和社会层面，代表着一种强大的排外势力。从认知上来说，这种社会心理和情绪所反映的不仅是那些鼓吹要为维护西方文化和启蒙运动价值观而斗争的人所认定的"穆斯林问题"是"反恐战争"的核心因素，而且还在很大程度上造成了欧洲左翼和自由主义知识阶层的混乱，并对此做出强烈的反弹。在这种心理和情绪的影响下，欧洲主流社会实际上已经不再那么关注穆斯林群体的生活现状和命运，而是相信必须对外采取必要的军事干预和对内采取严厉的安全措施，从而从国内外彻底根除"伊斯兰恐怖主义"。这种带有种族主义色彩的"伊斯兰恐惧症"，在很多方面与欧洲传统上的反犹太主义极其相似。他们都试图把某个少数群体视为"另类"，并认为他们的信仰和文化会对社会中的其他人构成威胁。这正如著名穆斯林学者赛义德所说的："现代西方基督教国家对于伊斯兰的敌意，和反犹太主义一样有着同样的根源，而且也受到了反犹太主义的影响。"[①]

从本质上来说，欧洲的种族主义无论是否来源于对罗马帝国当年对于少数民族的迫害，这种长期以来的制度化的种族主义对其他民族的敌意，主要还是基于这些民族的宗教、文化和肤色的差异，还有那种深入社会意识之中的对移民的仇外心理，并随着近年来穆斯林移民的不断增加而进一步激化。欧洲国家为了维护安全对公民权利和自由实现的限制，再加上不断扩大的国家监督制度，尽管主要是针对穆斯林中的伊斯兰极端主义分子，但也代表了一种对于穆斯林群体的广泛的社会敌意。特别是从21世纪初欧洲各地出现的恐怖主义袭击，正在不断加剧伊斯兰极端主义势力的恐怖主义威胁，因而也导致了欧洲社会采取的一系列主要针对穆斯林的惩罚性措施。在恐怖主义威胁面前，处于惊恐中的欧洲各国政府，也意识到他们没有万全的方法来保护民众免遭像近年来巴黎《查

---

① Edward W. Said, "Orientalism Reconsidered", *Race & Class*, vol. 27, no. 2, 1985, p. 99.

理周刊》和比利时布鲁塞尔机场以及地铁所遭遇的那种恐怖主义攻击。在这种充满敌意的紧张气氛下，整个社会各种反穆斯林的仇恨言论，再加上其他各种对社会和经济状况的不满，一时间弥漫在欧洲各地。与此同时，一场号称为"反对西方伊斯兰化的欧洲爱国主义运动"，也于2014年10月首先在德国萨克森省东部的城市德累斯顿开始出现。这场运动虽然最初只是少数极右翼分子发起，但很快就吸引了大批中产阶级抗议者参加。他们担心随着大批穆斯林移民的到来，会失去自己的养老金和积蓄，因而也赞同这种带有种族排外色彩的口号："我们才是人民"。[1]

一、"伊斯兰恐惧症"的形成和体现

欧洲社会长期存在的"伊斯兰恐惧症"，并不是脱离于社会之外而形成的，而是产生于欧洲社会特定的历史环境和社会关系之中。不仅如此，"反对西方伊斯兰化的欧洲爱国主义运动"的兴起，还表明"伊斯兰恐惧症"的出现，也是欧洲国家和地方层面社会政治和经济对立关系的结果。不过，欧洲社会"伊斯兰恐惧症"产生的最主要原因，还是源于西方国家多年来对中东地区以及其他穆斯林国家进行的政治和军事干预。在这些政治和军事干预中，各种暴力、苦难和社会动荡带来的仇恨，必然会导致穆斯林世界对西方国家和社会的报复，这种担忧也使得"伊斯兰恐惧症"成为欧洲社会心理上挥之不去的阴影。为了报复，西方国家在"9·11"之后针对穆斯林世界发动了全面的反恐战争，[2] 但"伊斯兰恐惧症"并没有随之消失。伴随着中东地区长期持续的动荡，加之欧洲国家已经成为伊斯兰极端主义势力发动恐怖主义袭击的目标，"伊斯兰恐惧症"在欧洲社会中也变得日益强烈。

---

[1] Dave Gilchrist, "Germany: Racists Take to the Streets", *Socialist Review*, February, 2015, http://socialistreview.org.uk/399/germanyraciststakestreets.

[2] Richard Seymour, "The Changing Face of Racism", *International Socialism*, vol. 126, Spring, 2010, http://isj.org.uk/thechangingfaceofracism.

"9·11"事件后,当美国领导的西方国家展开全面反恐战争并入侵阿富汗和伊拉克时,很多欧洲国家首都也遭到了一系列恐怖主义攻击。在遭到攻击的城市中,有马德里、伦敦、斯德哥尔摩、巴黎、布鲁塞尔和哥本哈根等。这一系列恐怖主义暴力事件的出现,又为"伊斯兰恐惧症"的蔓延提供了新的动力。然而,客观地说,这些伊斯兰极端主义个人和团体发动的恐怖主义攻击,主要是为了报复西方国家军队在穆斯林土地上发动的战争。同时,这些报复还涉及到美军在伊拉克阿布格莱布监狱的虐囚事件以及中央情报局对待伊斯兰极端分子的酷刑。此外,还包含了欧洲穆斯林长期受到的歧视性待遇。这些虽然不能成为伊斯兰极端主义势力采取暴力行动的理由,而且也不能证明他们暴力行为合理,但至少有助于人们理解他们这种不满的原因。对此,英国时任工党副首相普雷斯科特也坦率承认:"我支持了布莱尔首相的伊拉克战争,但我知道我们错了。他们原来告诉我们战争不是为了变更伊拉克政权,但事实却最终如此,而这个结果正是美国想要的。不幸的是,布莱尔现在依然坚持这种政策,他似乎想要到处发动战争。我想他应该穿上一件上面印有红色十字架的白色战袍,进行一场血腥的十字军战争。当人们谈论年轻的穆斯林如何变得极端化的时候,我可以告诉你们真正的原因。那就是他们在电视上看到了他们的家庭被破坏,他们的孩子被杀害,他们的人民被火箭弹炸死,这些才是他们走向极端化的真正原因。"[1]

从意识形态的角度来看,欧洲国家政府大多认为,"伊斯兰恐惧症"产生的主观原因,是欧洲大陆在推行多元文化观念和坚持容忍态度的同时,未能防范穆斯林民众中潜藏的伊斯兰原教旨主义的侵蚀。[2] 对于这种看法,英国首相卡梅伦 2011 年在慕尼黑召开的年度安全会议上曾做过解释。他在发言中不但批评"国家多元文化主义的信条",而且还提出

---

[1] Peter Dominiczak, "Lord Prescott says Tony Blair's Bloody Crusades Radicalised Muslims", *Daily Telegraph*, 13 March 2015, http://tinyurl.com/mmjxqk9 (http://tinyurl.com/mmjxqk9.

[2] Pascal Bruckner, *The Tyranny of Guilt: An Essay on Western Masochism*, Princeton University Press, 2010.

要"大量减少近年来被动的容忍,更加积极主动地推行自由主义的观念"。[①] 卡梅伦的这种观点还得到了欧洲其他国家领导人的赞同,其中包括法国总统萨科齐、德国总理默克尔以及西班牙首相阿斯纳尔,他们也发表了相同的言论。

不过,在欧洲社会中,无论是右翼还是那些曾经采取过相同立场的左翼政治势力,都认为应当根除欧洲社会中的"伊斯兰恐惧症"。在这些政治势力看来,"伊斯兰恐惧症"这个术语本身就令人厌恶。他们认为,即使存在着"伊斯兰恐惧症"这种现象,但也不应该加以宣扬。依照欧洲文明的标准,诽谤和污蔑某个少数群体的宗教信仰,这种行动本身就意味着跨越了民主和集权之间的界线。18世纪末,法国学者伏尔泰在谴责法国政府运用国家暴力迫害当时占少数的新教徒时曾指出:"我想要知道的是,恐怖的狂热究竟在那一边?"[②] 因此,2015年在哀悼《查理周刊》恐怖袭击期间,法国总理瓦尔斯也明确声称:"我拒绝使用'伊斯兰恐惧症'这个术语,因为使用这个术语,就意味着要让民众沉默。"[③]

然而,这些表态并不能掩盖客观存在的现实,特别是当前法国的情况。多年来,欧洲的穆斯林就始终遭到肆无忌惮的恶意攻击。他们的宗教、种族背景和文化,已经被综合在一系列负面背景之中。无论是《查理周刊》对先知穆罕穆德的漫画,还是福克斯新闻广播中大量带有偏见的攻击性言辞,都很容易让人联想起经典的反犹太主义的讽刺手法。一般来说,欧洲国家那些掌握媒体权力或是能够影响媒体的人,应该尽量避免攻击穆斯林以及他们的信仰,以免被指责为种族主义。但在现实生活中,对穆斯林的负面描绘却极为广泛,因而使得那些攻击穆斯林的人

---

① David Cameron, "PM's Speech at Munich Security Conference", 5 February 2011, www.gov.uk/government/speeches/pmsspeechatmunichsecurityconference.

② Ian Davidson, *Voltaire in Exile: The Last Years*, 1753 – 1778, London: Atlantic Books, 2005, p. 97.

③ Jeffrey Goldberg, "French Prime Minister: 'I Refuse to Use This Term Islamophobia'," *The Atlantic*, 16 January 2015, http://www.theatlantic.com/international/archive/2015/01/frenchprimeministermanuelvallsonislamophobia/384592.

认为他们不会因此而受到指责。这里还要指出的是，由于"伊斯兰恐惧症"已经成为一种普遍共识，因而人们对于那种攻击穆斯林的言论往往视而不见。就像身为作家和评论家的阿斯兰对这种情况所解释的："'伊斯兰恐惧症'在这里已经成为一种主流观点，因而人们都期待着用暴力去对付穆斯林。人们并不是为暴力寻找借口，而是一种期待。这种情况的出现，是因为'伊斯兰恐惧症'在这些国家已经被普遍认同，从而使得人们以为敌人就在他们当中。"[1]

与欧洲的情况相似，"伊斯兰恐惧症"在美国的影响也极其广泛。按照利恩的说法，穆斯林一直以来就是"伊斯兰恐惧症"制造者的攻击目标。他们"发挥骇人听闻的想象，运用情绪化的语言，制造气氛紧张的场景，并通过反复宣扬来激起人们对于这种所谓具有旺盛生命力的潜在的对穆斯林的威胁所产生的恐惧"。[2] 2015年2月，3名阿拉伯裔美国穆斯林在北卡罗莱纳州一个名为教堂山的小镇被杀，行凶者的作案动机正是来源于这种"伊斯兰恐惧症"，但媒体对这种情况却轻轻带过。对此，利恩明确指出，"伊斯兰恐惧症"的"制造者"不仅和极右翼势力、福音派基督教、茶党以及各种极端的边缘团体之间存在联系，而且还得到来自右翼基金、商业利益集团和国际网络所提供的强大财政支持。在这些"伊斯兰恐惧症"制造者的言论中，反复出现的主题就是"美国的伊斯兰化"。与这个主题对应的，就是欧洲流行的反乌托邦的"欧拉伯"的警告。在"欧拉伯"鼓吹者的"奇特想象"中，甚至还包含了种族清洗的种子。英国作家艾米斯曾极不严谨地向一位记者表示："穆斯林正在以极快的速度在人口上超越我们。穆斯林目前占全人类人口的1/4，到2025年他们将达到人类的1/3。相比之下，意大利妇女的生育率只有1.1%。因此，我们很快就会在人口上被他们超越。"[3] 加拿大作家斯泰

---

[1] Samuel G. Freedman, "If the Sikh Temple Had Been a Mosque", *New York Times*, 10 August 2012, http://tinyurl.com/pk94q2w.

[2] Nathan Lean, *The Islamophobia Industry: How the Right Manufactures Fear of Muslims*, London: Pluto Press, 2014, p. 40.

[3] Hassan Mahamdallie, "Islamophobia: A New Strain of Bigotry", *Socialist Review*, April 2008, http://socialistreview.org.uk/324/islamophobianewstrainbigotry.

恩（Mark Steyn）在他的一本畅销书中也强调，波斯尼亚战争爆发的原因，是因为穆斯林人口增长的速度超过了塞尔维亚人。他因此得出的结论是："在这个民主政治的时代，任何人都无法改变人口增长的趋势，除非通过战争。当年，塞尔维亚人已经看到了这一点。不远的将来，其他欧洲人也会看到这一点。如果你不能在人口增长的速度上超过自己的敌人，那就只能消灭他们。欧洲目前面临的问题就是，波斯尼亚的人口结构状况，正在成为整个欧洲人口结构的模式。"① 人们不难发现，斯泰恩这些言论正是出自号称为"斯雷布雷尼察的屠夫"，也就是后被定为犯有战争罪的姆拉迪奇之口。因此，可以想象这些言论产生的恶劣影响。姆拉迪奇曾经说过："伊斯兰世界没有原子弹，但他们却有人口增长的原子弹。整个欧洲未来将被阿尔巴尼亚人和穆斯林吞没。"② 这种痴迷于繁殖和保护基因的说法表明，这种"新的"种族主义，已经和生物种族主义的古老形式结合在一起。

实际上，欧洲穆斯林目前只占欧洲人口的4%，而且他们在任何欧洲国家的人口都没有超过这个国家人口的7%。相比之下，美国穆斯林的人口比例更小，仅仅只有0.2%—0.6%。不仅如此，穆斯林在欧洲国家中，大多被排斥在拥有重大政治和经济影响力的人群之外。他们一般都属于劳工阶级中最贫困的阶层，而且还遭受歧视以及结构性的失业和贫困。2014年，一项基于英国国家统计办公室的统计数据表明，英国穆斯林正面临着比其他少数民族更加糟糕的就业歧视，他们获得工作或是担任管理职务的机会也最少。研究者们还发现，"与同样年纪并具有同样技能的基督徒男性相比，英国穆斯林男性获得工作的机率不到76%。而穆斯林女性在同样情况下的就业的机率则不到65%。即使在那些找到工作的人当中，研究者们发现只有23%的孟加拉穆斯林和27%的巴基斯

---

① Mark Steyn, *America Alone*: *The End of the World As We Know It*, Washington: Regnery Publishing, 2006, p. 5.

② Paul Koring, "A Globe Correspondent's Dinner with the Butcher of Srebrenica", *Globe and Mail*, 26 May 2011, http://www.theglobeandmail.com/news/world/aglobecorrespondentsdinnerwith thebutcherofsrebrenica/article581137.

坦穆斯林拥有固定薪金的工作。"①

在这些研究中，阿拉伯裔的哈塔卜博士发现，英国穆斯林在就业方面面临着种族和宗教的双重歧视。他认为，出现这种情况主要还是因为针对穆斯林的"伊斯兰恐惧症"带来的敌意正在不断加强，从而使得穆斯林在整体上处于社会种族和文化体系的最底层。尽管如此，他们依旧被视为对国家不忠诚和一种安全威胁，而没有被看成是一个处于不利地位的少数民族。在这种情况下，很多雇主尤其不愿意雇佣穆斯林求职者，特别是如果有来自与雇主同一族群或是那些被认为没有威胁性族群的求职者竞争的情况下。②

哈塔卜还指出："这种歧视主要取决于宗教文化，而不是肤色，因为肤色的价值并不是固定不变的。这就是说，白皮肤在某种情况下是有价值的，但当这种肤色和穆斯林的宗教文化联系在一起的时候又是无价值的。同样，对于信仰印度教的黑皮肤的印度人，这种肤色也不会始终和某种有意识的歧视联系在一起。"另外，哈塔卜的研究还发现，一个人在寻找工作时，如果他的姓名带有明显的穆斯林特征，他就必须发出比那些非穆斯林姓名的求职者多一倍的工作申请，才有可能得到一个肯定的答复。③

在健康方面，欧洲50岁以上的穆斯林和其他种族的同龄人相比，其状况往往更加糟糕。在英国，穆斯林人口中一半以上居住在英国十个最贫穷的地方行政区中。其中，大约5%的穆斯林住在政府为无家可归者提供的临时救护站里。这个比例在其他种族中，只有2.2%。住房方面，穆斯林与其他种族相比，也有更多的人居住在公益住房中。自己拥有住

---

① Roger Dobson, "British Muslims Face Worst Job Discrimination of any Minority Group, According to Research", *Independent*, 30 November 2014, http://tinyurl.com/phat2jx.

② Nabil Khattab and Ron Johnston, "Ethnic and Religious Penalties in a Changing British Labour Market from 2002 to 2010: The Case of Unemployment", *Environment and Planning A*, volume 45, number 6, 2013.

③ Sundas Ali, "British Muslims in Numbers: A Demographic; Socioeconomic and Health Profile of Muslims in Britain Drawing on the 2011 Census", *Muslim Council of Britain*, January 2015, www.mcb.org.uk/wpcontent/uploads/2015/02/MCBCensusReport_2015.pdf.

房的穆斯林，其比例也远低于其他种族。另外，在英国监狱的在押囚犯中，穆斯林占13%。这意味着，在英国86000名在押囚犯中，11000人是穆斯林，另外还有8000人是黑人和南亚人。在这些在押囚犯中，黑人囚犯的罪行主要是团伙作案和毒品交易，而穆斯林囚犯则大多是伊斯兰极端主义和恐怖主义。① 在法国监狱中，穆斯林囚犯所占比例更高，甚至达到70%，而穆斯林人口只占法国总人口的7%。尤其是巴黎的监狱，这个比例可能更高。2015年，在巴黎和图卢兹发动恐怖袭击的人，一般都有过一些轻微罪行的犯罪记录。很明显，这种经历也是导致他们在获释后走向伊斯兰极端主义暴力的重要原因。在这里，并不是要强调坐牢服刑和恐怖暴力之间存在必然联系，但人们也应该重视那些发动恐怖主义攻击行动的人的社会地位和背景。②

欧洲学者有关穆斯林社会封闭性的大量研究中，都认为伊斯兰信仰系统拒绝统一和融合。不过，相比较而言，尽管存在信仰的差异以及社会经济状况方面的问题，但英国穆斯林似乎愿意把自己视为英国人，并且也能在很大程度上认同"英国的价值观"。同时也反对暴力，认为自己是英国社会的一部分。但在维护宗教信仰方面，他们还是会表现出一些与大众态度格格不入的情况。③

另外，在欧洲社会中，那些将自己视为进步主义者和左翼的人士，对待劳工阶级中那些心存疑虑并受到怀疑和憎恨，而且被边缘化并受到诽谤和压迫的穆斯林群体的态度，同样也值得关注。2014年，皮尤研究中心发布的一项名为"欧洲的全球态度"的调查指出，不仅那些持右翼观点的人大多不信任穆斯林，即使在持左翼观点的人当中，对穆斯林持

---

① Lola Young, "The Young Review: Improving Outcomes for Young Black and/or Muslim Men in the Criminal Justice System Final Report", The Barrow Cadbury Trust, 2014, www.youngreview.org/sites/default/files/clinks_ youngreview_ report_ dec2014.pdf.

② Harriet Alexander, "What is Going Wrong in France's Prisons?", *Daily Telegraph*, 17 January 2015, www.telegraph.co.uk/news/worldnews/europe/france/11352268/WhatisgoingwronginFrancesprisons.html.

③ Danny Dorling, "Multicultural Britain-That's Just the Way it is", in Hassan Mahamdallie, (ed), *Defending Multiculturalism, A Guide for the Movement*, London: Bookmarks Publisications, 2011.

否定态度的人同样也占很高的比例。在法国，自称右翼的人士中，47%的人持反对穆斯林的态度。在左翼人士中，也有17%的人持同样态度。在西班牙，这个比例更为接近。右翼是54%，左翼是38%。在德国，这个比例是右翼占47%，左翼占20%。英国的情况也大致相似，右翼占34%，左翼占19%。[1]

近年来，欧洲社会中的左翼人士和反种族主义团体越来越感到，经过大量恶意的政治歪曲之后，西方社会的基本分界线已经确定在世俗主义和宗教蒙昧主义之间。根据欧洲主流社会的观点，启蒙主义价值观当前面临的最根本威胁已经不是战争，或是新自由主义，或是经济紧缩，或是极右思想，而是伊斯兰及其追随者。这也进一步导致欧洲社会把穆斯林视为一个特别的群体，其依据就是这个群体具有无法和启蒙主义相融合的信仰、价值观和文化。实际上，这种观点从某种方面来说，主要还是因为对于启蒙主义和宗教信仰之间关系的一种简单化和漫画式的理解。

在欧洲学者中，以色列为代表的一批人所持的观点，反映的正是启蒙主义哲学家对于伊斯兰的那种矛盾和模糊的认识。在这些学者中，很多人主要就是研究伊斯兰极端主义。[2] 哈尔曼对此特别指出："这些人完全不是像那些自称为启蒙主义继承人的自由主义者那样看待伊斯兰。在他们看来，伊斯兰的形象在极端主义的背景下，具有某种带有极高道德标准的纯粹的一神化。他们这种试图从根本上变革社会的暴力倾向，从一开始就证明比基督教和犹太教更加理想化。"[3]

其实，伊斯兰像其他宗教一样，也有自己的哲学体系和诠释方法，不能被简单化为非理性主义和迷信。然而，根据这种观点建立的世俗与宗教之间虚假的二元关系的观点，往往无视像伊斯兰这样的一神论宗教所取得的哲学进步，将会有助于建立在启蒙主义基础上的理性主义的发

---

[1] Hassan Mahamdallie, "Islamophobia: the othering of Europe's Muslims", *International Socialism*, Issue 146, April 11, 2015.

[2] Jonathan Israel, *Enlightenment Contested: Philosophy, Modernity, and the Emancipation of Man 1670 – 1752*, Oxford University Press, 2008.

[3] Chris Harman, "When Reason was Revolt", *International Socialism*, vol. 113, Winter 2007, http://isj.org.uk/whenreasonwasrevolt.

展。在吉本撰写的《罗马帝国衰亡史》中，那些对于先知穆罕穆德的思想带有赞同性的章节，已经意识到人类思想的这种进步。吉本在他的书中写道："穆罕穆德的信条令人信服，清楚明了。《古兰经》是一部关于真主统一性的辉煌见证。这位麦加的先知反对崇拜偶像、人类、星宿，并从理性的原则上强调有兴就有衰，有生就有死，一切必朽坏的必须腐烂消亡。先知用他的话语传播的这些最高真理，都要求其信徒坚定遵循，并且由《古兰经》的解经家们用形而上学的精确性加以界定。在穆罕穆德的话语中，理性和革命的首要原则已经被确认。从印度到麦加的伊斯兰皈依者们，都体现出一神教的特征。对于偶像崇拜的危险，也因为先知禁止设立偶像的禁令而得以阻止。"①

尽管这样，还是有一些称吉本和启蒙主义后代的人坚持认为，左翼运动才是唯一的世俗化进程。他们认为，西方社会中某些学者对伊斯兰宗教的认同，是西方社会一种明显的倒退。在他们看来，20世纪80年代末《撒旦诗篇》事件发生之前那些"美好的日子"，已经成为过去。那时，来到欧洲的穆斯林移民得到了那些反种族主义者的左翼人士的密切关注。然而，当这种对于伊斯兰的认同出现之后，来自亚洲和非洲的穆斯林移民已经不再受到他们的关注，这种转变几乎颠倒了整个反种族主义的传统。在这些反种族主义的左翼看来，所有伊斯兰认同者都属于那些倾向于落后思想的群体。他们在得到进步运动的支持或者参与进步运动之前，必须经历"世俗化检验"的过程。从本质上来说，这种认识反映的也是右翼的主要观点。

长期致力于研究伊斯兰问题的法国政治学家布尔盖特认为，法国左翼在穆斯林问题出现之后，已经改变了反对帝国主义和反对种族主义的立场，滑落到放弃、漠视、敌意和背弃的地步。而法国右翼则强调，随着伊斯兰幽灵的出现，再次证明了他们对于伊斯兰、第三世界以及阿拉伯人的各种旧的传统偏见。相比之下，左翼虽然更倾向于接受那些称之

---

① Edward Gibbon, *The History of the Decline and Fall of the Roman Empire* (3 Volumes), Penguin Classics, 1995, pp. 177 – 178.

为"他者"的阿拉伯移民,但他们还是设立了一条底线。那就是尽管他们能够认同阿拉伯人,但却不能理性地与穆斯林相处。因此,当欧洲左翼一旦退缩到这种"世俗主义"所象征的目空一切的背后,他们就不再能够证明共和思想的普世性可以在局部和整体上应对任何挑战,或是允许其他人用并非他们自己的词汇来书写历史。①

当然,不可否认的是,欧洲社会当前之所以要从其他宗教少数群体中把穆斯林分离出来,并拒绝承认他们能够融入欧洲社会,也是因为大量年轻的穆斯林移民在拉什迪事件期间那种激进主义情绪的流露。这也是导致在欧洲社会的认知中,把他们从亚洲人的身份变成了穆斯林身份的重要原因。②正是在这种背景下,穆斯林妇女穿戴头巾会被视为怪异,而锡克族男人头戴代表其宗教特征的无檐帽,或是犹太男人头戴小园帽却不会引起别人的指责。实际上,当老一代穆斯林移民在20世纪60—70年代进入欧洲时,他们也曾在就业场所和生活社区为获得更加公平的待遇而进行过多次抗争。他们当时还和黑人以及其他亚洲人结成联盟,并且得到了反种族主义的左翼势力的积极支持。而如今,这面曾经把少数群体联合起来反压迫的政治旗帜,已经因为伊斯兰宗教和文化的原因而变得模糊不清。正如布拉德福德事件中的12名嫌犯之一塔里克·默罕默德20世纪80年代初,因为阻止国民卫队进入他们社区而受审时所说的:"穆斯林青年大多是有宗教信仰的,宗教对于很多人来说都很重要。但任何对宗教加以区分的做法都是政治性的,无论是右翼还是左翼。"③

二、"伊斯兰恐惧症"的种族主义属性

有关"伊斯兰恐惧症"的种族主义性质问题,在一篇名为《伊斯兰

---

① François Burgat, *Face to Face With Political Islam*, IB Taurus, 2003, pp. 18 – 19.
② Talat Ahmed, "The Rise of Islamophobia", in Brian Richardson (ed), *Say It Loud: Marxism and the Fight Against Racism*, Bookmarks Publications, 2013.
③ Hassan Mahamdallie, "Muslim Working Class Struggles", *International Socialism*, Winter 2007, p. 113, http://isj.org.uk/muslimworkingclassstruggles.

恐惧症的秘密》的文章中曾做过这样的解释。这篇文章认为："种族和宗教之间的根本区别是，你不能选择自己皮肤的颜色，但你可以选择自己信仰的宗教。在宗教中，则包含了各种相互难以融合的信仰。当一个人对其中某种信仰表示憎恶的时候，这种憎恶中也包含了那些接受这种信仰的人群，因而成为对于信仰某种宗教的特定人群的憎恶。"[1] 在这种观点的影响下，很多声称自己坚持世俗主义和具有普世主义性质的启蒙主义观点的人，也开始转向所谓的"后拉什迪时代原则"，不再坚持多元文化主义和身份认同政治。

然而，种族和宗教之间看似明确的区别似乎并不存在于现实之中，而是像马克思所说的那样存在于"空中的独立王国"之中。[2] 从客观上来说，种族只是一种缺乏科学依据的社会建构，因而可以对其进行开放和多样性的解释。在英国的法律中，种族团体受到法律保护，他们被确定为"所有以其人种、肤色、民族（包括国籍）、种族或民族根源来划分的群体"。1982 年，英国上议院的一项裁决又扩大了这一内涵，将宗教性和种族性进行融合，并把锡克人和犹太人这些具有宗教性的群体也归到种族范畴之中。不过，英国穆斯林并没有被包含在这个被保护的范畴之内。因此，带有种族主义色彩的英国国家党和英国防御联盟就常常利用这一点，用宗教色彩的煽动性语言攻击穆斯林。这种情况在欧洲其他国家也同样存在。

另一方面，欧洲社会当前的情况是，保守的政治势力又在试图模糊种族和宗教之间的差别，将两者混为一谈，从而导致可怕的结果。例如，从第二次世界大战到波斯尼亚战争，波斯尼亚的穆斯林民众，就多次遭到过塞尔维亚极端种族主义势力的屠杀和驱赶。从种族属性来说，他们和塞尔维亚人属于同样的种族。他们有着同样的人种特点，使用同样的语言，拥有同样的文化，只是他们信仰不同的宗教。这种情况就像迈提

---

[1] Kenan Malik, "The Islamophobia Myth", *Prospect*, February 2005, http://www.kenanmalik.com/essays/prospect_islamophobia.html.
[2] Karl Marx [1845], "Theses on Feuerbach", 1969, http://www.marxists.org/archive/marx/works/1845/theses/theses.htm.

克所说的:"很多世纪以来,波斯尼亚人就一直难以达成融合或是折衷的宗教理念。尽管如此,各个宗教群体还是经常会从敌对的宗教那里借用习惯和礼仪"。① 然而,塞尔维亚人之间之所以会发生种族主义的屠杀,主要是塞尔维亚领导人把他们同胞当中信仰伊斯兰教的穆斯林民众加以"种族化"。20世纪末,这种种族化导致的战争致使10万人死亡,200万人被赶出家园。

在这种对宗教进行种族化的影响下,居住在欧洲的穆斯林通常被视为某种种族性的"类型",因而成为欧洲当代历史中种族主义歧视的主要对象。实际上,欧洲穆斯林大多具有鲜明的种族特性。他们在来源、民族、历史、文化、政治和宗教教派方面极为多样,其中大多具有亚洲和非洲血统。在欧洲穆斯林中,英国穆斯林大约七成来自南亚地区,其他则主要是非洲人或者是阿拉伯人的后裔。法国穆斯林大多来自北非,德国穆斯林中2/3具有土耳其血统,荷兰穆斯林主要是摩洛哥和突尼斯人,还有一些是来自中东和非洲的难民。斯堪的纳维亚地区的穆斯林,则大多是来自巴勒斯坦、索马里和伊拉克等战争地区的难民。

"伊斯兰恐惧症"一方面是对穆斯林的种族身份加以否定,然后再加上对宗教文化的排斥,并使这两者相互融合,相互强化。因此,米尔和莫多德认为,"伊斯兰恐惧症"一方面具有宗教文化的维度,但同时又确切地包含着种族主义的显性成分。根据"伊斯兰恐惧症"的观点,穆斯林并不是一个生物学的范畴。他们在经历了一个漫长、非线性的种族化发展过程之后,已经从一个种族性的群体变成了一个宗教性的特殊种族群体。这个群体并非取代了原来的种族性群体,而是把两者叠加在一起。在波斯尼亚地区的塞尔维亚人对穆斯林进行种族清洗时,"种族清洗者们不会像检察官那样,花费时间去调查每个人真实的种族背景。他们只是要确定这些人是否去清真寺。或是多久去一次清真寺等诸如此

---

① Sejad Mekic, "Governing Bosnia Herzegovina", *Critical Muslim*, Vol. 14, April/June 2015, p. 132.

类的问题。在这些种族清洗中,受害者只是因为他们在种群上被视为穆斯林。"①

有些欧洲学者试图证明,"伊斯兰恐惧症"包含的那种对于伊斯兰的敌意和那些对穆斯林的攻击之间并不存在直接联系。他们认为,很多对穆斯林的攻击事件,也不能证明其"伊斯兰恐惧症"的动机,或者仅仅是一种偶发事件。②但事实证明,所有对于穆斯林的攻击,其实都明显带有"伊斯兰恐惧症"所包含的种族主义攻击的性质。在各种有关对穆斯林攻击的报道中,攻击者除了对被攻击者的恐吓或是对其身体的暴力威胁外,通常还会夹杂着种族主义、排外主义和"伊斯兰恐惧症"的辱骂,例如"巴基斯坦佬","从哪来到哪去","恐怖分子"等。这些辱骂的言辞,已经明确表现出"伊斯兰恐惧症"的动机中宗教性种族主义的性质。在这些攻击中,当欧洲本土皈依的"白人"穆斯林成为攻击受害者的时候,他们的人种也因其信仰被改变成与穆斯林相同的种族特征。例如,在一则关于对穆斯林攻击事件的报道中,一名英国白人穆斯林妇女遭到一辆汽车撞击后,肇事者竟然高呼:"我要撞死你这个穆斯林"。因此,正像这篇报道中所强调的:"这里不再关注你的人种,而是你的宗教。"③ 在欧洲,这种把宗教"种族化"的问题,还表现为就业市场中的歧视。很多研究穆斯林遭受歧视情况的调查发现,"在其他条件相同的情况下,白人穆斯林比普通白人在就业上往往更加困难"。④

对于那些出于"伊斯兰恐惧症"而对穆斯林发动攻击的所谓"鞋

---

① Nasar Meer and Tariq Modood, "For 'Jewish' read 'Muslim'? Islamophobia as a Form of Racialisation of EthnoReligious Groups in Britain Today", *Islamophobia Studies*, volume 1, issue 1, Spring 2012.

② Kenan Malik, "The Islamophobia Myth", *Prospect*, February 2005, http://www.kenanmalik.com/essays/prospect_islamophobia.html.

③ Chris Allen, Arshad Isakjee and Özlem Ögtem Young, "'Maybe we are Hated': The Experience and Impact of Anti Muslim Hate on British Muslim Women", University of Birmingham, 2014, http://tellmamauk.org/wpcontent/uploads/2013/11/maybewearehated.pdf.

④ Ken Clark and Stephen Drinkwater, *Ethnic Minorities in the Labour Market: Dynamics and Diversity*, Bristol: The Policy Press, 2007.

钉"们的分析表明，这些攻击者通常认为穆斯林应该受到整体惩罚，而且这种想法在 2005 年欧洲遭到伊斯兰极端分子的恐怖主义袭击后变得更加强烈。2005 年伦敦爆炸案发生后，伦敦警察厅的报告就指出，针对穆斯林的宗教仇恨犯罪，在爆炸案发生后比前几年一下子增加了六倍。[①]根据一个公开反对仇视穆斯林和"穆斯林恐惧症"的名为"告诉妈妈"的组织 2014 年的报告，还有梯塞德大学近年来所做的研究，近年来引发反穆斯林仇恨犯罪最典型的事件，就是 2014 年 5 月 24 日穆斯林极端分子在伦敦杀害英国士兵李·里格的事件。这一事件引起的反穆斯林犯罪浪潮持续高涨。对于其增长的程度，各个机构提供的数据也不尽相同。根据"告诉妈妈"团体提供的说法，在此事件发生后一周内，针对穆斯林的犯罪率比一周前增长了 373%。而伦敦自治市的一位警官则认为，针对穆斯林的暴力事件增加了八倍。即使英国内政部统计局根据西米德兰兹郡的情况所做的比较保守的估计，这种犯罪也增加了 63%。很明显，反穆斯林的仇恨犯罪在伦敦爆炸案后的确出现了惊人的增长。[②] 2015 年 1 月巴黎恐怖袭击发生后，法国境内 26 座清真寺都遭到了火焰弹、枪支、猪头以及手榴弹的攻击。根据法国的国家反"伊斯兰恐惧症"观察组织的报告，自从恐怖袭击发生后，几天之内就有 60 起"伊斯兰恐惧症"引发的暴力攻击事件，另外还有大量较为轻微的事件未做报道。[③]

在现实生活中，"伊斯兰恐惧症"还有一个重要特征，就是更倾向于对女性穆斯林发动攻击，尤其是那些穿戴穆斯林宗教标志服饰的妇女。这不仅体现了这种攻击中所包含的反伊斯兰情绪动机，而且也表明了对于头巾、面纱、长袍等女性服饰感到厌恶的启蒙主义伪女权主义的破产。

[①] BBC News, "Hate Crimes Soar After Bombings", 4 August 2005, http://news.bbc.co.uk/1/hi/england/london/4740015.stm.

[②] Leah Owen, "Teesside/ Tell MAMA Publication Out Today: A Summary of Developments", 3 July 2013, http://tellmamauk.org/teessidetellmamapublicationouttoday asummaryofdevelopmentsby-leahowen.

[③] Jon Stone, "Firebombs and Pigsheads Thrown into Mosques as AntiMuslim Attacks Increase after Paris Shootings", Independent, 14 January 2015, http://tinyurl.com/pjyek5z.

在"伊斯兰恐惧症"者看来,穆斯林妇女佩戴的宗教象征物表现出明确的伊斯兰原教旨主义观念,她们的宗教服饰进一步加剧了这种象征性,因而她们更容易成为"伊斯兰恐惧症"歧视、辱骂和暴力攻击的对象。根据"告诉妈妈"这个团体的说法,所有报道有关对穆斯林的攻击事件中,对穆斯林妇女攻击和威胁的事件占58%。其中,80%的攻击事件都是因为穆斯林妇女佩戴的穆斯林标志,也就是穿戴面纱、头巾或是其他与伊斯兰相联系的服装。①

对此,菲科特明确指出,那些以维护个人自主权利的名义要求禁止穿戴面纱的呼吁,其实已经完全否认了穆斯林女性应有的个人自我表达的权利。在关于进一步发展启蒙主义价值观的辩论中,得出的结论不过是对穆斯林女性在文化领域中人权的剥夺。穿戴面纱的穆斯林女性在人性解放者的眼中,仅仅是一种非自主的存在。她们要么是伊斯兰原教旨主义的代表,要么是伊斯兰原教旨主义的牺牲品,完全没有自己宗教信仰表达的权利。②

在确定了"伊斯兰恐惧症"中包含的种族主义内涵之后,还要进一步了解其性质,也就是这种种族主义和其他种族主义的相似和不同之处,这样才能更加有效地对其加以抵制。早在一个世纪前,"伊斯兰恐惧症"这个术语就已经出现。但直到1979年伊朗伊斯兰革命时,才开始被广泛推行神权政治的毛拉们加以指责,目的是要转移人们对于伊朗神权政治建立过程中那些过激行为的关注。1997年,英国兰基米德信托公司发表了一份名为"伊斯兰恐惧症:对我们所有人的挑战"的报告,此后这个术语才普遍为人所知。③ 在这篇报告中,"伊斯兰恐惧症"被界定为"对伊斯兰的一种没有根据的仇恨。这种仇恨会导致对穆斯林个人和社区的

---

① Chris Allen, Arshad Isakjee and Özlem Ögtem Young, "'Maybe we are Hated': The Experience and Impact of Anti Muslim Hate on British Muslim Women", University of Birmingham, 2014, http://tellmamauk.org/wpcontent/uploads/2013/11/maybewearehated.pdf.

② Liz Fekete, *A Suitable Enemy*, *Racism*, *Migration and Islamophobia in Europe*, Pluto Press, 2009, pp. 98 - 99.

③ Runnymede Trust, 1997, "Islamophobia: A Challenge for Us All", p. 4, http://www.runnymedetrust.org/publications/17/32.html.

不公正歧视，并在主流政治和社会事务中排斥穆斯林"。不过，这篇报告的作者在解释这个术语的定义时也承认，对这个术语的界定显然不够恰当。但报告的作者依旧认为，"伊斯兰恐惧症"这个概念的出现，是要对一些新出现的情况进行概括。这就是近年来反穆斯林偏见迅速加强，因此日常词汇中需要一个概念来指称和说明这种现象。相比之下，欧洲历史上反犹太主义这个概念的出现，也是为了指称和强调欧洲当时反犹太主义仇恨不断增长的情况。①

从最初开始，这个概念就受到了左翼政治势力的关注。反种族主义教育家理查森曾经表示，"伊斯兰恐惧症"这个概念本身就意味着对于穆斯林的敌意既无关乎也不同于针对诸如种族主义、排外主义、宗派主义以及原教旨主义等的敌意，其中所涉及的问题和阶级、权力、地位以及领土等并无联系，而且和军事、政治、经济等方面的竞争和冲突也毫不相关。②从根源上来说，就像帝国主义时代种族主义自认为跨大西洋奴隶制和殖民主义完全合理一样，这种新的种族主义也有其自己的历史基础。在表现形式上，"伊斯兰恐惧症"最极端的表现，就是对穆斯林及其所持守的宗教和文化，所表现的那种种族差异合理性的专横态度。长期以来，西方世界对穆斯林及其所信奉的伊斯兰教就有着根深蒂固的成见。正如艾哈迈德所指出的："实际上，对当代穆斯林的妖魔化，使用的正是先前时代的成见，而且还对其重新加工以适应当前的需要。在此过程中，古老形式的种族主义被加以利用，并能够不受妨碍地喷发出其中的毒汁。"③

因此，要让西方社会改变对伊斯兰和穆斯林在整体上的负面态度，就要认识到正是西方殖民主义对中东的扩张，才使得穆斯林成为低人一等的群体。阿拉伯学者阿泽姆认为，正是在西方殖民统治时期，那些在

---

① Runnymede Trust, 1997, "Islamophobia: A Challenge for Us All", p. 4, http://www.runnymedetrust.org/publications/17/32.html.
② Robin Richardson, "Islamophobia or AntiMuslim racism—Or What? —Concepts and Terms Revisited", 2003, http://www.insted.co.uk/antimuslimracism.pdf.
③ Talat Ahmed, "The Rise of Islamophobia", in Brian Richardson, (ed) *Say It Loud: Marxism and the Fight Against Racism*, Bookmarks Publications, 2013, p. 191.

伊斯兰世界中占主导地位的东方学家，用他们的话语创造了伊斯兰的整体形象，并能够与当时业已存在的西方文明形成对比。其中涉及的话题，包括理性、自由和完美。然而，就像今天西方媒体的评论员一样，19世纪的西方学者和殖民主义者同样把伊斯兰世界这种热情视为非理性的，并在政治上将其解释为狂热主义。此后，这种观点又对西方殖民时期以及后殖民时期的伊斯兰世界，与西方世界在政治和社会方面的对抗做出了解释，把政治和社会运动降低为人类和动物在生存方面具有的同样动机。西方思想家们还把西方崇尚的自由原则，与伊斯兰世界"放弃个性而敬拜一位抽象真主以及让个体完全服从于共体"的观念相对立，认为他们正在走向更加高尚和完善的文明，而伊斯兰世界则因为难以超越"专制、非理性、迷信、停滞、中世纪情结"等种种缺陷，而远远落后于时代的发展。[1]

不仅如此，19世纪的西方学者还认为伊斯兰国家具有内在的原始性特点，并强调只有军事干预才能促使这些落后的国家进入西方现代化的发展轨道。但实际上，这些国家如果不能摆脱殖民统治和独立进行发展，他们将无法取得进步。对此，20世纪初期的人类学家鲍亚士在谈到殖民主义的影响时指出："正是欧洲人在全世界的快速扩散，毁灭了各个地区刚刚出现的充满希望的前景。"[2] 鲍亚士的这种观点并不是否定历史的进步，或是否定启蒙主义在欧洲文明发展中的话语价值，而是在确定启蒙主义作为一种进步观念来实现其潜在价值时必须承认的事实。这也是柯林尼克斯所指出的，西方学者所宣扬的欧洲中心主义，主要是依赖于历史学家采取的两个步骤：一个是推行伦理政治，另一个是建立概念范畴。在这里，必须澄清两点：首先，任何历史的判断都难以获得真正的普世认可，除非它能够意识到而且适当地指出西方国家在建立和主宰全球的过程中所犯下的罪行；其次，这种道德的定位必须在概念上紧随历史中心的转移，这意味着不能以某个特定的地区或国家的发展模式作为

---

[1] Aziz AlAzmeh, Islams and Modernities, London: Verso, 1996, pp.169–70.
[2] Franz Boas [1911], The Mind of Primitive Man, New York: Macmillan Co., 1944, p.15.

一种标准，来理解发生在其他地区的事情。[①]

在谈到文明价值的"中心转移"这个问题时，鲍亚士还特别指出这是一种理解人类社会发展复杂性的关键。对此他指出："从某些方面来说，我们之所以会难于理解我们所赋予我们文明的价值，正是由于我们参与了这种文明。因此，可以设想其他文明也是基于不同的传统以及情感和理性之间的平衡，而其中所包含的价值其实并不逊色于我们的文明。"[②] 事实上，并没有一种人类发展的模式为西方所独有，或是其中包含了普世的理念。对于伊斯兰及其信奉者来说，那种要极力促使他们服从"启蒙主义价值"的做法，必然会伤害他们自己的价值观。

从传统上来说，西方殖民主义者正是认为亚洲和非洲地区社会的文明不发达，因此需要接受占领他们的西方强权的文明影响的这种意识形态而产生了种族主义的观念。此后，"新帝国主义"在致力于获取中东地区战略资源和领土的各种军事冲突中，不但保留了原来的这种偏见，而且还形成了一整套种族主义观念。另外，在殖民主义时期，穆斯林通常被西方国家视为外部的野蛮敌人。而如今，欧洲的穆斯林则成了其内部的敌人。因此，当代"伊斯兰恐惧症"的产生，主要还是因为欧洲国家内部存在穆斯林群体的现实。但事实上，欧洲穆斯林群体的出现，是因为二战后的劳工移民，再加上来自伊斯兰国家的难民，他们在欧洲人口中已经占有一定的比例。这种事实一方面加强了原有"伊斯兰恐惧症"的观念，同时又结合当前的情况进一步加深了其内涵。

从认知的角度来说，"伊斯兰恐惧症"展现的是某种单一和扭曲的视角，并且还通过一系列事态的发展来不断加强对穆斯林的成见。以英国为例，在这些事态发展中，除了伊斯兰极端主义势力发动的恐怖袭击威胁国家安全外，还包括2014年穆斯林被指控阴谋接管伯明翰学校和破坏欧洲教育体系的"特洛伊木马事件"；英国哈姆雷特塔地方议会穆斯林占据多数对地方政治的夺权问题；巴基斯坦男子虐待儿童的

[①] Alex Callinicos, *Theories and Narratives: Reflections on the Philosophy of History*, Polity Press, 1995, p. 169.

[②] Franz Boas [1911], *The Mind of Primitive Man*, New York: Macmillan Co., 1944, p. 225.

种族主义犯罪问题。这些都使得穆斯林移民和欧洲本土原居民之间的关系成为国内政治的主题。随着"伊斯兰恐惧症"的加强，那种把少数族裔视为"另类"的观点，还开启了"替罪羊"的观念和社会分裂意识。

所谓"替罪羊"的观念，也就是当前欧洲出现的"爱国的欧洲人反对西方伊斯兰化运动"，把反穆斯林的情绪作为那些遭到新自由主义经济打击的人的一种临时和错觉的发泄口。同时，这些极右翼政治势力以及反对外国人的政治党派，还借助新自由主义经济政策导致的那种广泛存在的焦虑和失望，将其归咎为"穆斯林问题"来实现自己的政治目的，并将其影响扩大到国家层面。另外，国民阵线这类民粹主义的政治势力也和"伊斯兰恐惧症"的鼓吹者结合在一起。他们根据当前出现的新情况，为迎合公众心理，已经在很大程度上放弃了反犹太主义的传统，开始转向恶毒的反穆斯林议题。

在欧洲目前的政治生态中，由于公众的政治关注正在退出公共领域，因而导致了不断增长的社会和政治不稳定。而从中获益的，主要是欧洲的极右翼政治势力。[1] 与此同时，"伊斯兰恐惧症"的影响，也随着左翼政治势力以及反种族主义运动对其长期抵制的失败，再加上人们借助现存的种族主义，把穆斯林作为"替罪羊"的做法不断盛行而变得更为复杂。在这种情况下，原来并不涉及种族主义问题的警察机构，也开始参与当前的局势。他们获得的反恐权利就是重新采用传统的歧视方式，具体来说就是在民众中进行种族划界，并对穆斯林加强盘查和搜查行动。根据媒体的揭露，欧洲国家的警察部门已经开展人口秘密统计调查行动。"9·11"恐怖主义攻击事件发生后，欧洲国家的警员就开始大量渗入穆斯林社区，对成百上千无辜的穆斯林在清真寺、大学以及其他地方的活动进行侦查。这些警员将公民置于监控之下，对他们吃饭、祈祷和工作进行监控。原因并不是因为他们的不当行为受到指控，而是因为他们所

---

[1] Alex Callinicos, "Britain and the Crisis of the Neoliberal State", *International Socialism*, Vol. 145, Winter 2015, http://isj.org.uk/britainandthecrisisoftheneoliberalstate.

属的穆斯林群体。一些举报人为了获得报酬，甚至去引诱穆斯林发表煽动性的言论。①

欧洲国家的警察机构在采取这些行动后，也承认并未获得真正有意义的恐怖主义线索。而法律专家们则明确指出，警察在"反恐战争"中实际上已经滥用了种族定性。在这种情况的影响下，尽管当前大量证据表明，相当比例的穆斯林人群已经和欧洲主流社会开始融合，但很多人却放弃了穆斯林群体能够对欧洲主流社会进行认同的期待。结果，原先那些培养穆斯林群体年轻一代守法行为的途径，诸如家庭管教、社区联系和社会控制，现在却在促使非正常行为甚至犯罪活动在穆斯林青年一代中蔓延。穆斯林群体这种观念上的变化，不仅带有地方性，而且也具有全球性。其表现就是穆斯林青年一代，更多地参与帮派、暴力、骚乱、无序。在这种情况下，他们也更容易变成潜在的恐怖主义分子。②

另外，还有一些迹象表明，"伊斯兰恐惧症"正在进一步强化欧洲传统的种族主义观念。例如，无论是英国社会态度调查提供的数据分析资料，还是《英国卫报》2014年的调查都发现，英国民众中承认自己带有种族偏见的人数，比2001年时已经有了很大增长，从而在整体上加深了对于外来移民的敌意。广泛存在的"伊斯兰恐惧症"，更使得英国社区内部的和谐关系至少倒退了20年。根据有关数据，"那些声称自己对于其他民族和种族具有严重或少许偏见的人数比例，曾从1987年的38%持续下降到2001年的25%。但进入2002年以后，随着纽约发生'9·11'恐怖主义攻击以及美军入侵阿富汗等事件，那些自称有种族偏见的人数也出现了明显上升的趋势。在此后的12年中，这个比例在2011年时再度上升到38%"。莫多德（Tariq Modood）对这个报告评论时指出："我毫不怀疑自从'9·11'以来，人们对于穆斯林的怀疑和敌意已经

---

① Conor Friedersdorf, "The Horrifying Effects of NYPD Ethnic Profiling on Innocent Muslim Americans", *The Atlantic*, 28 March 2013, http://tinyurl.com/c5wz59u.

② Ben Bowling and Coretta Phillips, "Policing Ethnic Minority Communities", in Tim Newburn (ed), *Handbook of Policing*, Devon: Willan Publishing, 2003.

大大增强,这种趋势对于种族歧视的程度有着强烈的推高作用。"①

伴随着"伊斯兰恐惧症"的不断增强,欧洲社会关于移民的问题也出现了反复争论。其结果就是,人们越来越把排外的敌意转向穆斯林。因为在这些争论中,各种言论都始终坚持,外来移民获得居住国公民身份的首要条件,必须是宣称忠诚于这些欧洲国家所谓的"国家核心价值观"。这种要求,显然是针对穆斯林的宗教信仰和生活方式。与此同时,欧洲国家对其难民庇护政策也进行了调整。很多欧洲国家都提出,人道主义救援机构应该把难民营建立在像叙利亚这样的冲突国家的边界以内或是边界地区,而不应该在欧洲国家建立难民营。英国政府对于难民的标准则更加严格,并制定了一系列规定来阻止可能成为潜在恐怖分子的男性穆斯林难民进入英国,只愿意对少量"遭到性暴力威胁的女性、年长者、残疾人和遭到酷刑后的幸存者"提供保护。②

在"伊斯兰恐惧症"这种情绪的影响下,反穆斯林倾向、种族主义言论以及"替罪羊"政治等不同思潮相互强化,已经逐步改变了欧洲的多元文化观念。对此,菲科特指出,"伊斯兰恐惧症"所导致的仇视外国人的政治影响,无论对于欧洲国家那些参与执政联盟的新合伙政党,还是对于公众选票的获得者,都出现了空前程度的提高。这也反映了反恐战争导致的一个直接结果,就是政治势力的重新组合。各种政治势力对穆斯林移民提出的所谓"融合",其实已经是完全同化。他们正在通过放弃多元文化主义,来实现这一目标。在这个重新组合的右翼势力中,其成分极其广泛,包含了从新法西斯主义到自由主义,甚至还有一些社会民主派。他们在"伊斯兰恐惧症"情绪的推动下,正在运用国家权力来加强对"外来者"的排斥,并建立起歧视穆斯林群体的法律和行政体制。③

在英国,这种右翼民粹主义趋势发展的影响就极其明显。英国独立

---

① Matthew Taylor and Hugh Muir, "Racism on the Rise in Britain", *Guardian*, 27 May 2014, http://www.theguardian.com/uknews/2014/may/27/spracismonriseinbritain.

② Andrew Grice and Jamie Merrill, "Government Uturn over Syria: 500 of Most Vulnerable Refugees to be let into Britain", *Independent*, 28 February 2014, http://tinyurl.com/m5aoz25.

③ Liz Fekete, *A Suitable Enemy*, *Racism*, *Migration and Islamophobia in Europe*, Pluto Press, 2009, p.77.

党领导人法拉奇，长期以来就是一个翻弄"伊斯兰恐惧症"情绪来推动排外的能手。2015年巴黎发生大规模恐怖主义袭击后，他更是大肆宣传"来自伊斯兰世界的大规模外来移民，已经直接导致社会难以融合"。他还以悲观的态度指出："这支生活在我们国家内部的第五纵队，与我们的价值观完全对立。因此，我们必须更加勇敢和更有胆量地坚持我们传统的犹太—基督教文化。"① 法拉奇还希望在未来的大选中，能够有机会进入新组建的联合政府。因为他看到瑞典民主党正是利用反移民、反多元文化主义和反穆斯林的言论，在大选中获得了成功。瑞典民主党获得的成功，使得他们有能力去改变国家政策。2014年12月，他们正是利用在议会中的议席，推翻了刚刚组建两个月的中间偏左的政府，促成了一场新一轮的大选。最后在主流政党团结一致的抵制下，才保持了瑞典政府原来的政治倾向。②

三、"伊斯兰恐惧症"与反恐政策的联系

近年来，随着叙利亚内战爆发后"伊斯兰国"在叙利亚和伊拉克内战中的兴起，加之这个极端恐怖组织实施的斩首西方人质以及其他恐怖主义暴行，也进一步为"伊斯兰恐惧症"所担忧的那种歪曲形式的伊斯兰所构成的恐怖主义现实威胁提供了明证，从而也成为西方国家不断加强反恐行动的明确依据。然而，正如一些评论家们所指出的，"伊斯兰国"的恐怖主义挑衅行动和西方国家政府的反恐行动之间，实际上存在着一种负面的共生关系。这主要是因为"伊斯兰国"以及其他诸如索马里激进的伊斯兰组织青年党和尼日利亚的博科圣地，不仅在一定程度上有意识地为西方国家政府提供了最完美的"恶魔"形象，同时也使得他

---

① BBC News, "UKIP's Nigel Farage Urges 'JudeoChristian' Defence after Paris Attacks", 12 January 2015, http://www.bbc.co.uk/news/worldeurope30776186.

② Richard Milne, "March Elections Called in Sweden as Government Collapses", *Financial Times*, 3 December 2014, http://www.ft.com/cms/s/0/7a7f309c7abf1 1 e48646001 44feabdc0. html#axzz3SqxwVfkQ.

们更有能力去吸引世界各地的穆斯林青年加入他们的组织去从事更为恐怖的活动,因而导致西方国家对伊斯兰世界采取更加严厉的反恐措施。不过,这种情况在塔里克·阿里看来,其实是一种破坏性的过程,因为当人们"用残暴和压迫的方式去打击残暴和压迫的时候,这种对无情和狂热的打击也会变得同样无情和狂热。这种打击既不会推动正义的事业,也不可能带来有意义的民主。从很大程度上来说,这种做法只能延续暴力的循环"。①

随着"伊斯兰恐惧症"所导致的反恐措施的不断加强,不仅使得欧洲国家监督机构的权力不断扩大,而且还出现了像英国"预防计划"这种强制性的反对极端主义的机构。这些机构往往通过对"极端主义"不断扩大的定义,来限制公民的思想和言论自由。同时,他们对穆斯林群体采取的那些促使具有敌意的个人和群体中立化,以及持续不断鼓动所谓忠诚于国家价值观的"温和的伊斯兰"的做法,正在迅速侵蚀公民权利和宗教自由。另外,对于极端主义那些模糊不清的法律定义,再加上有关"极端化"的那些肤浅的理论,都在试图把那些从极端思想到暴力行动的过程,强加给社会上那些所谓的潜在的"不忠诚"群体,尤其是穆斯林群体中那些对社会现状不满的人。

在欧洲历史上,恐怖主义一直是一个重复出现的话题。例如,西班牙从20世纪60年代以来,就一直困扰于巴斯克分裂主义团体的爆炸和暗杀活动。与此同时,英国和北爱尔兰的关系在20世纪70—90年代时也是充满暴力。另外,多年来法西斯主义一直被视为各种残忍暴力的根源,而且也是大规模恐怖主义攻击所激起的"种族战争"的根本原因。除了2015年巴黎发生的恐怖主义袭击外,欧洲近年来最血腥暴力攻击的作案者,是瑞典的极右翼恐怖主义分子布雷维克。2011年他在挪威制造的恐怖主义袭击中,杀害了77人。②

对于欧洲国家来说,原有的恐怖主义威胁往往被看作是对于政治状

---

① Tariq Ali, *The Clash of Fundamentalisms: Crusades, Jihads and Modernity*, Verso, 2002, p. 4.
② Sindre Bangstad, *Anders Breivik and the Rise of Islamophobia*, London: Zed Books, 2014.

态的一种不合法的回应。因此，国家政治机器可以压制这种暴力的行动，并能够通过政治谈判来消除这种暴力行动产生的根源。然而，对于近年来兴起的新的恐怖主义威胁，欧洲国家则明显带有一种焦虑感。从认知上来说，引起这种焦虑的原因主要是他们认为，大批狂热的宗教阴谋分子就隐藏在欧洲社会当中，这些人能够在任何时候和任何地方发动攻击。在这种典型的"伊斯兰恐惧症"的影响下，人们相信世界上所有宗教中，伊斯兰教的信奉者特别容易陷入非理性状态。在这种状态下，他们可能用过度极端的观点去理解伊斯兰教义，或是片面地遵循圣行的约束，也就是按照所谓先知的榜样去生活。他们还强调，穆斯林在心理层面上同样也包含着暴力。这些体现"伊斯兰恐惧症"的观点看起来似乎是对伊斯兰宗教的一种批判，但却与基督教坚持的原罪观念非常相似。他们还认为，伊斯兰教义中包含了一种阴谋性的信条，这主要是因为他们对于"塔其亚"这个概念的曲解。在伊斯兰教义中，这个概念是指一个人如果处在危险的环境下，可以隐瞒自己的信仰。但从"伊斯兰恐惧症"的观点来看，这些隐瞒自己信仰的穆斯林，很可能成为从欧洲社会内部进行破坏的"第五纵队"。另外，还有一些观念把穆斯林一夫多妻制的传统，视为一种两性关系不正当的信条。甚至还有的观点，把伊斯兰教法说成是一种"伊斯兰法西斯"的专制主义。

这种在整体上把伊斯兰教看作是阴谋、暴力、不道德宗教的观念，就构成了西方国家"9·11"之后出现的由大批"反恐专家"组成的庞大反恐团体的思想基础。这些专家们拒绝通过实证或是理性的方式来分析恐怖主义产生的原因，而是倾向于一些学者提出的所谓"极端主义化"的观点。他们认为，恐怖主义行动的发生主要是那些具有伊斯兰极端化思想的个人，受到了暴力恐怖欲望的驱使。由于这些人的这种欲望随时都有可能变成实际行动，因此必须及时加以发现和制止，并引导他们回到温和的伊斯兰信仰中。昆德纳尼认为，从2005—2007年期间，西方国家的高等院校、执法机构以及思想库都非常流行这种研究风气。他们接受了政府的大量资助，试图寻找出伊斯兰宗教极端主义思想是恐怖主义产生的原因的证据。当时，这个领域中集中了很多学者，因为政府将大量的金钱投入反恐研究。但结果，他们并没有找到试图寻找的证据。昆德纳尼还把这种集中于"极端主义化"的脱离现实的研究，与"9·11"之前的恐怖主义问题研究做了对比。为此，他特别推崇20世纪70年代曾经发表过重要研究成果的著名学者克伦肖的观点。在谈到恐怖主义产生的原因时，克伦肖曾将其归结为不同的层面。其中包括个人层面、个人所属的社会层面以及更为广泛的社会和政治背景层面。昆德纳尼认为："我们目前所做的，尤其是'9·11'以来我们所做的，只是集中于关注个人层面，仅仅考虑对个人意识形态的灌输，而不考虑更加广泛的社会和政治背景，也不考虑一种社会运动的战略决策，在决定何时和为什么使用暴力时与其相关的政治背景。"[1] 克伦肖对此曾明确指出，新老恐怖主义之间并没有本质的差异。

不仅如此，西方反恐专家们在运用"极端主义化"理论的时候，也常常是割裂和片面的。近年来持续的反恐战争，再加上与之相联系的伊斯兰极端主义化观念，使得被政府怀疑的对象的数量不断增加。有些国家政府已经从对暴力极端主义的关注，扩大到对非暴力极端主义的关注。其结果就是对穆斯林社区进行拉网式搜索，并不断增强公共部门作为国家安全机构"眼目"的作用。在这种情势下，似乎已经形成了一种"麦卡锡式"的政治迫害，政府正在急切搜寻具有不良倾向的个人和"萨拉菲派"的破坏阴谋。在穆斯林社区，甚至连幼儿园孩子的情况也要向政府的反恐当局报告。一个政府资助的称为"发现"的网站，要求穆斯林家庭的父母注意孩子行为方式的改变。因为年轻一代行为方式的改变，可能意味着他们受到了像"伊斯兰国"这样极端组织的影响，而且可能会按照他们新的信念采取行动。网站要求父母们注意他们的子女是否变得喜好辩论和专横跋扈？是否会强烈指责他们不同意的观点？是否会无视与他们矛盾的意见？是否会用"他们和我们"这种两分法的方式来提到与他们宗教或信仰不同的人？他们的朋友圈以及他们的社交媒体是否

---

[1] Arun Kundnani, "Counterterrorism Policy and Reanalysing Extremism", 12 February 2015, http://www.irr.org.uk/news/counterterrorismpolicyandreanalysingextremism.

发生了变化？他们是否有了一些比原来关系更加密切的朋友？他们的朋友们是否表达激进或极端的观点？他们是否对自己原来喜爱的活动失去了兴趣？他们是否改变了自己服装的式样或是个人面貌去适应新发现的思想？[①]

与此同时，政府还制订了一批"消除极端主义化"的计划，作为预防极端主义倾向和打击恐怖主义措施的一部分。在昆德纳尼援引的一个案例中，一名英国曼切斯特青少年被确定为这一计划对象的原因，就是因为他参加了针对以色列副大使的和平抗议，因而被要求参加消除极端主义化的计划。2015年英国政府开展这一计划后，已经有153名年纪在11岁以下的儿童、690名年纪在12—15岁的青少年以及554名16—17岁的青年参加了这个计划。另外，还有2196名成人也被确定具有潜在的极端主义化的危险，需要参加这一计划。在这些青少年和成人中，绝大多数都是穆斯林。[②]

总的来说，由于历史的原因，"伊斯兰恐惧症"在欧洲社会中原来就已经存在。近年来，随着伊斯兰极端主义分子在欧洲国家开展的恐怖主义袭击，这种对穆斯林敌意的情绪正在不断加剧。"伊斯兰恐惧症"作为欧洲社会主流与穆斯林群体之间难以排解的敌意的重要原因，有三个方面尤其值得关注。首先，"伊斯兰恐惧症"是欧洲社会对穆斯林的一种认知。长期以来，穆斯林在欧洲人的眼中，就被看作是非理性、固执、行为方式难以预期的群体。其次，"伊斯兰恐惧症"又是欧洲社会对于穆斯林的一种态度。这种态度不仅带有种族主义的性质，而且还体现出种族主义不可避免的排斥和歧视。最后，"伊斯兰恐惧症"还是欧洲社会对于穆斯林的一种情绪。在这种情绪的影响下，欧洲国家政府目前预防恐怖主义的范围正在不断扩大，政府公共机构对穆斯林社区的监控也在不断加强。在欧洲国家的反恐观念中，种族矛盾和宗教差异导致

---

① Families Against Stress and Trauma, http://www.familiesmatter.org.uk/spotthesigns/behaviour.

② Arun Kundnani, "A Decade Lost: Rethinking Radicalisation and Extremism", Claystone, 2015, http://mabonline.net/wpcontent/uploads/2015/01/Claystonerethinkingradicalisation.pdf.

的冲突已经被密切联系在一起，使得欧洲主流社会与穆斯林群体的关系面临更大挑战。加之反恐策略中对于伊斯兰极端主义的不断夸大，已经使得穆斯林群体表达不满的空间越来越受到压缩，这也可能导致欧洲主流社会与穆斯林群体之间的紧张关系进一步加剧，从而带来更多像巴黎和布鲁塞尔这样的恐怖主义袭击事件。

第二节　穆斯林群体中始终存在的伊斯兰原教旨主义

原教旨主义这一概念，最初来源于基督教。在第一次世界大战结束后的20世纪20年代，美国基督教新教中一些保守的神学家，极力反对称之为"现代主义"的自由主义试图用现代哲学、历史和科学对《圣经》的传统教义重新做出解释，强调《圣经》是上帝的启示，是绝对真理的神学观点，因而被称为"原教旨主义"。到了第二次世界大战后，随着工业革命的扩展和科学技术的进步，世界各主要宗教都出现了原教旨主义的宗教复兴。在伊斯兰世界中，原教旨主义复兴最有象征性的事件，就是1979年伊朗的伊斯兰革命以及后来建立的伊斯兰神权国家。此后，世界各地的穆斯林社会中都出现了伊斯兰的原教旨主义运动。对于欧洲国家穆斯林群体中出现的原教旨主义复兴，有些学者认为其范围只限于少数穆斯林群众。但问题是，欧洲穆斯林中出现的原教旨主义复兴，究竟是一种相对无害的虔诚宗教运动，还是一种对其他不同宗教群体的强烈敌意。总体上看，欧洲穆斯林的原教旨主义问题涉及到四个问题：第一，欧洲穆斯林移民及其后代中包含着多大程度的宗教原教旨主义复兴；第二，欧洲穆斯林中的原教旨主义复兴在多大程度上受到了社会经济方面的影响；第三，穆斯林的原教旨主义是其宗教信念中的固有因素还是可以和其他因素分离；第四，穆斯林的宗教原教旨主义对其他宗教群体是否存在明显的敌意。

一、伊斯兰原教旨主义的内涵

原教旨主义这个术语来源于美国20世纪初的新教复兴运动，它强调通过严格遵守按照字义解经的《圣经》话语，来归回基督教信仰的"基本要义"。[1] 此后，这个术语被用于指称其他宗教相似的运动，强调要回归到这些宗教的"基本要义"或是"源头"，从字义上严格遵守其宗教的各种圣典，包括犹太教、伊斯兰教和印度教。[2] 根据学术界最广泛接受的学术界定，宗教原教旨主义可以被定义为"一种信念。它相信有一整套宗教教训明确包含了那些最原初、基本、固有、本质和绝对正确的关于人类和神的真理，而这种基本真理从原初就遭到了必须全力打击的恶势力反对。人们今天必须按照过去那种最原初和不能更改的方式来遵循这些真理。那些相信和遵循这些原初真理的人，才能和他们信仰的神建立特别的关系"。[3]

近年来，由于伊斯兰国家宗教复兴势头日益强烈，并在全世界范围内产生了广泛影响，因而原教旨主义这个术语又被更多地用于伊斯兰的宗教复兴，还常常和"伊斯兰主义"这个概念替换使用。[4] 不过，人们通常还是把伊斯兰原教旨主义视为一种指向其宗教信条根源的个人取向，而不是一种以宗教作为政治决策前提的从属因素为特征的伊斯兰主义。[5] 但在非学术领域，特别是在涉及到与伊斯兰有关问题时，原教旨主义则

---

[1] Robert D. Woodberry and Christian S. Smith, "Fundamentalism et al: Conservative Protestants in America", *Annual Review of Sociology*, 1998, vol. 24, pp. 25–56.

[2] Gabriel A. Almond, R. Scott Appleby and Emmanuel Sivan, *Strong Religion: The Rise of Fundamentalisms around the World*. Chicago: Chicago University Press, 2003.

[3] Bob Altemeyer and Bruce Hunsberger, "Authoritarianism, Religious Fundamentalism, Quest, and Prejudice", *The International Journal for the Psychology of Religion*, 1992, vol., 2, p. 118.

[4] Martin Kramer, "Coming to Terms: Fundamentalists or Islamists?" *Middle East Quarterly*, 2003, vol. 10, no. 2, pp. 65–77.

[5] Katrin Brettfeld and Peter Wetzels, *Muslime in Deutschland. Integration, Integrationsbarrieren, Religion sowie Einstellungen zu Demokratie, Rechtsstaat und politisch-religiös motivierter Gewalt*, Berlin: Bundesministerium des Innern, 2007, p. 56; p. 63.

经常被用作极端主义运动的同义词，表明试图将自己的宗教信念用武力方式强加给别人。甚至在一些学术性的定义中，也把这种以宗教信念为动机的暴力意愿，作为原教旨主义的典型特征。[1]

然而，这种通常的理解显然并不符合原教旨主义这个概念的学术含义。从学术意义来说，这个概念应该被界定为一系列宗教态度、规范和理念，而不是一种导致暴力行为的动机。正如爱默生和哈特曼所指出的："一方面，并非所有以宗教为基础的暴力行动都是原教旨主义者所为；另一方面，也并非所有原教旨主义团体都具有暴力性质。实际上，很多原教旨主义宗教团体并不具有暴力倾向。"[2] 因此，人们在多大程度上赞同或使用暴力方式来实现原教旨主义的目标，应该一分为二地来加以看待。就像民族主义或是社会主义这样的世俗化意识形态，既可以通过民主与和平的方式加以实现，也可以用非民主和暴力的手段来完成。另外，这里研究的虽然主要是宗教的原教旨主义及其对待本宗教以外群体的敌意态度之间的关系，但这里必须明确的是，这种敌意态度并不一定会导致其对待其他群体的暴力行为方式。

根据学术界对于原教旨主义这一概念的普遍理解，宗教的原教旨主义可以分析为三种相互关联的态度。首先，信徒必须归回这一宗教过去确定的那些永恒不可改变的原则；其次，这些原则只能有一种解释，并且对所有信徒都有约束力；最后，宗教教义的规则要高于世俗规则。为了探讨宗教的原教旨主义与对本群体外敌意之间的联系，这里在确定原教旨主义的定义时，并没有把外部"罪恶势力"构成的威胁包含在其中。如果把某种宗教受到所谓外部罪恶势力威胁的观点包含在原教旨主义概念的内涵中，那么原教旨主义与群体外敌意之间的关系将成为一个定义问题，而不再需要实证调查来加以证明。

不过，按照这种思路定义的原教旨主义，还要和其他形式的宗教

---

[1] Heitmeyer, Wilhelm, Joachim Müller and Helmut Schröder, *Verlockender Fundamentalismus*, Frankfurt: Suhrkamp, 1997.

[2] Michael O. Emerson and David Hartman, "The Rise of Religious Fundamentalism", *Annual Review of Sociology* 2006, *vol.* 32, p. 136.

狂热加以区分。尽管原教旨主义宣称需要回归宗教的本源，但他们并不是简单的传统主义者。他们通常是有选择地强调宗教的某些方面以及对宗教这些方面的传统解释，并把它们和同样有选择的现代生活中的某些方面联系起来。正如布鲁斯所指出的："原教旨主义是一种有选择的重建，并通过重新解释传统来达到服务于现代的目的。"① 因此，原教旨主义应区别于正统主义。正统主义强调的是"相信的内容，而不是像原教旨主义那样，强调信念应该持守的方式。"② 正因为强调的是内容，因而正统主义不能用同一种标准对不同宗教进行考量，而只能根据各自不同的表述。即使在伊斯兰教内部，正统主义也难以在不同教派之间加以界定，甚至在不同性别之间加以界定。例如，对于逊尼派穆斯林来说，妇女戴头巾，男人按时去清真寺，还有男女都要遵守斋月，可以被视为正统主义的观点。然而，对于什叶派的阿拉维派来说，戴头巾并不是宗教信仰的标志，他们禁食的规则和时间也不同于斋月。另外，他们的宗教仪式大多在家里举行，这对于阿拉维派来说就相当于清真寺。③

同样，对于天主教的正统主义来说，相信教皇和童女玛利亚的绝对无误也是其基本信条，但对于新教徒来说则并非如此。在这里，对不同宗教群体的正统主义进行比较的目的，并不仅仅是为了分析正统主义本身，而是要说明宗教狂热只是出于个人自身对其宗教的认识，也就是宗教认同的力量。因此，如果原教旨主义层面上的群体差异，以及与原教旨主义有关的对群体外的敌意，能够通过控制宗教认同而加以消除，就可以推论出原教旨主义与宗教狂热相关，是宗教狂热的一种表现，因为它能够把信仰狂热的信徒与其他人区分开。当前的大量研究表明，欧洲穆斯林移民与其他大多数民众相比，往往更多地强调他们信仰的宗教，

---

① Steve Bruce, *Fundamentalism*. Cambridge: Polity Press, 2008, 2nd edition, p. 15.
② Brian Laythe, Deborah G. Finkel, Robert G. Bringle and Lee A. Kirkpatrick, "Religious Fundamentalism as a Predictor of Prejudice: A Two-Component Model", *Journal for the Scientific Study of Religion*, 2002, vol. 41, p. 625.
③ Sehriban Sahin, "The Rise of Alevism as a Public Religion", 2005, vol. 53, pp. 465–485.
（查）

并以宗教来界定自己的身份。① 既然原教旨主义具有加强宗教依附的重要功能，那么如果不能对原教旨主义加以控制的话，就可能导致群体差异被人为加深。结果，穆斯林和基督徒之间的差异，就有可能成为伊斯兰信仰狂热者和那些并未把宗教视为他们身份和日常生活中心的欧洲主流人群之间的差异。目前来看，这种情况正在成为欧洲穆斯林群体与主流社会之间矛盾的重要根源。

二、伊斯兰原教旨主义的涉及范围

20世纪末之前，关于宗教原教旨主义的学术研究涉及的主要都是与基督教相关的美国新教教义方面的问题。1992年，在有关"东方和西方"的宗教原教旨主义跨国比较研究中，研究的内容依旧主要是基督教的原教旨主义，涉及伊斯兰的还比较少见。直到进入21世纪后，有关伊斯兰原教旨主义的学术研究才开始大量增加。研究的内容则集中于伊斯兰世界中地区原教旨主义的意识形态、政党、运动和恐怖主义团体等。②

当人们把原教旨主义这个概念最初用于对伊斯兰教的研究时，曾经引起过很多争议。在这些争议中，赛义德等人表示，他们虽然不反对这个术语，但并不赞成这样的事实。那就是人们往往把"这个术语和伊斯兰自动联系在一起。实际上，这个术语有其盛行的时期，但人们通常忽略了它和基督教、犹太教以及印度教之间的关系。结果，这种人为造成的伊斯兰和原教旨主义的联系，就使得普通人把伊斯兰和原教旨主义视为完全等同。"③ 与此同时，与此对立的观点则认为，对伊斯兰原教旨主义的理解，不能等同于把宗教作为一个整体的理解。这就像刘易斯所强调的，在人们对原教旨主义的理解

---

① Evelyn Ersanilli, *Comparing Integration: Host culture adaption and ethnic retention among Turkish immigrants and their descendents in France, Germany and the Netherlands*. Amsterdam: Vrije Universiteit Press, 2010.

② Youssef M. Choueiri, *Islamic Fundamentalism. The Story of Islamist Movements*, London: Continuum Books, 2010, 3rd edition.

③ Edward A. Said, *Covering Islam. How the Media and the Experts Determine How We See the Rest of the World*. New York: Vintage Books, 1997, p. xvi.

中，伊斯兰当前的表现正是固有的原教旨主义。对此，他做了这样的解释："原教旨主义是一个基督教的术语。这个术语早在21世纪初就开始使用，主要是指那些新教教会和组织，特别强调《圣经》是来源于上帝的启示，而且其中绝无差错。为此，他们反对自由主义的现代神学理论，因为这些理论试图用一种批判和历史的观点来看待《圣经》。但在伊斯兰神学中，从未出现过这种用自由主义的现代方式来解释《古兰经》的情况。所以，穆斯林对待《古兰经》的态度，从原则上来说始终就是原教旨主义的。"①

关于伊斯兰教究竟属于多元还是属于原教旨主义，这是一个伊斯兰神学讨论的问题。这里的研究主要是运用经验主义的方式，通过了解欧洲穆斯林对待他们宗教的态度来说明伊斯兰原教旨主义在欧盟穆斯林群体中的影响。通过这种非神学方式的研究，将有助于理解欧洲穆斯林群体中到底大多数人还是少数人倾向于原教旨主义，而这种原教旨主义的态度和具有排他性的伊斯兰宗教狂热之间是否存在着联系，从而在更深的层面上了解欧洲主流社会与穆斯林群体之间在思想意识上的分歧和矛盾。

1. 穆斯林移民中的伊斯兰原教旨主义因素

对于伊斯兰教来说，原教旨主义通常被看作是对于世俗化和现代化的一种回应。就其逻辑关系而言，"原教旨主义是具有传统宗教信念的民众，对于那些导致宗教作用在公共生活中被降低或是受到束缚的社会、政治和经济等变革的一种理性回应。尽管自由主义者常常指出原教旨主义者争论的腔调具有攻击性，但原教旨主义者也不得不重视现代文化对于他们所重视的宗教信念的威胁程度。"②

大量早期关于基督教原教旨主义的研究发现，原教旨主义支持者主要是那些在现代化进程中受到打击的群体，也就是那些收入少，教育程度低以及职业低下的人。③ 如果用这种结论来理解欧洲的伊斯兰原教旨

---

① Bernard Lewis, *The Political Language of Islam*. Chicago: University of Chicago Press, 1988, p. 117.
② Steve Bruce, *Fundamentalism*. Cambridge: Polity Press, 2008, 2nd edition, p. 120.
③ Phillip Connor, "Fundamentalism as a Class Culture", *Sociology of Religion*, 2002, vol. 63, pp. 335 – 360.

主义，人们不难发现欧洲穆斯林移民中原教旨主义的信奉者占有相当比例的原因，正是因为他们在居住国通常较为低下的社会经济地位。因此，在比较基督徒和穆斯林接受原教旨主义的程度时，必须考虑到这两个群体的社会经济地位差异。

有关移民文化适应的理论中，也从另一个方面解释了欧洲穆斯林移民中原教旨主义程度相对较高的原因。根据"非族群划分"（种族反弹性）理论的观点，移民及其后代在移居国可能会遭遇上升通道受阻，合法身份遭到排斥，社会地位受到歧视等问题，因而会重新确定他们与群体原有的种族身份认同和联系。① 这就说明欧洲穆斯林为什么会采用"非宗教狂热"（宗教狂热反弹性）的方式，就是在遭遇排斥和歧视时，更加强烈地依附于移民群体自己的宗教。② 通过对欧洲第一代和第二代穆斯林移民情况的研究，很多学者都同意这样的观点。③

在这里，如果要评价"非宗教狂热（宗教狂热反弹性）"的观点是否合理，就必须对欧洲穆斯林中伊斯兰原教旨主义的情况做出解释。这里一方面要说明的是，原教旨主义在个人层面上是否与人们意识到的歧视有联系；另一方面还要分析，那些在制度上排斥穆斯林宗教权利的国家，伊斯兰原教旨主义的程度是否更高。而所谓制度上的排斥，主要是指限制穿戴头巾、以清真方式宰杀动物以及清真寺建设等。相比较而言，法国和德国政府最不愿意给予穆斯林更多的宗教权利，荷兰政府为穆斯林提供的宗教权利范围则最为宽泛，奥地利、瑞典和比利时大致介于其间。④ 另外，人们还可能认为，伊斯兰原教旨主义并不仅仅是对在现实生活中宗教权利遭到排斥的回应，还可能是因为穆斯林移民在法律地位上受到的总体排斥，包括在归化过程中

---

① Alejandro Portes and Ruben G. Rumbaut, *Legacies. The Story of the Immigrant Second Generation*, Berkeley: University of California Press, 2001.

② Fenella Fleischmann and Karen Phalet, ." Integration and Religiosity among the Turkish Second Generation in Europe: A Comparative Analysis across Four Capital Cities", *Ethnic and Racial Studies*, 2012, vol. 35, pp. 320–341.

③ Phillip Connor, "Contexts of Immigrant Receptivity and Immigrant Religious Outcomes. The Case of Muslims in Western Europe", *Ethnic and Racial Studies*, 2010, vol. 33, pp. 376–403.

④ Ruud Koopmans, "Multiculturalism and Immigration. A Contested Field in Cross-National Comparison", *Annual Review of Sociology*, 2013, vol. 39, pp. 147–169.

受到的各种限制以及缺乏反歧视法律。按照《移民融合政策指标》中包含的移民权利来衡量,瑞典是西欧国家中最具包容性的国家,其次是荷兰和比利时。而德国和法国为移民提供的权利相对有限,奥地利则最少。

2. 原教旨主义和外群体敌意的联系

与其他宗教相比,伊斯兰原教旨主义对于群体外的敌意显然更为强烈。有关基督教原教旨主义的研究表明,原教旨主义与那些对各种群体外的偏见和敌意密切相关,包括同性恋、其他宗教团体成员、犹太人、其他种族和人种少数群体。同时,基督教原教旨主义还与右翼威权主义有着密切联系,并在一定程度上"可以被视为右翼威权主义的宗教表现形式"。[1] 至于基督教的其他表现方式,诸如正统主义或是定期参与教会崇拜的研究表明,这种类型的宗教热情与群体外的敌意之间几乎没有任何联系。但有关基督教原教旨主义的研究却表明,原教旨主义正是宗教热情和对群体外敌意之间联系的决定因素。[2]

在比较伊斯兰原教旨主义和基督教原教旨主义对群体外敌意的程度时,根斯伯格对四种具有代表性的宗教群体进行了研究。结果表明,宗教原教旨主义与群体外敌意之间联系程度最高的是穆斯林,最低的是犹太人,介于其间的是基督徒和印度教徒。在这四个群体中,伊斯兰原教旨主义和基督教原教旨主义都与右翼威权主义有着密切联系,并对同性恋持完全否定态度。另外,根斯伯格等人对加纳的基督徒大学生和穆斯林大学生进行的调查对比中,还发现这两个宗教群体的宗教原教旨主义程度几乎完全相同,都和右翼威权主义联系密切,只是穆斯林群体表现得更加明显。[3]

---

[1] Bob Altemeyer and Bruce Hunsberger, "Fundamentalism and Authoritarianism", in Raymond F. Paloutzian and Crystal L. Park, eds., *Handbook of the Psychology of Religion and Spirituality*, New York: Guilford Press, 2005, p. 391.

[2] Bob Altemeyer and Bruce Hunsberger, "Authoritarianism, Religious Fundamentalism, Quest, and Prejudice", *The International Journal for the Psychology of Religion*, 1992, vol. 2, no. 2, pp. 113 – 133.

[3] Bruce Hunsberger, Vida Owusu and Robert Duck, "Religion and Prejudice in Ghana and Canada: Religious Fundamentalism, Right-Wing Authoritarianism, and Attitudes toward Homosexuals and Women", *The International Journal for the Psychology of Religion*, 1999, vol. 9, pp. 181 – 194.

实际上，欧洲国家穆斯林中伊斯兰原教旨主义与群体外敌意之间联系的程度，近年来都有一定程度的加强。例如在德国，20世纪90年代中期对土耳其裔青年的调查表明，49%的人表示他们拒绝"对信仰进行改革或是让信仰现代化"。这项调查还表明，德国的穆斯林中存在着一种广泛的情绪，就是认为伊斯兰受到西方和犹太主义敌人的威胁。在德国的穆斯林中，60%的人认为"波斯尼亚战争表明西方想要消灭伊斯兰"；33%的人认为"犹太主义威胁到伊斯兰"的安全。[1] 2007年，当布莱特费尔德等人再次对德国土耳其裔穆斯林进行调查时，结果有了进一步改变。32%的德国穆斯林赞同伊斯兰原教旨主义的观点，强调"那些不能逐字逐句遵循《古兰经》规则的人不是真正的穆斯林"；47%的人认为"遵循穆斯林信仰的宗教来解决问题，比民主制度更加重要"。这项调查还发现，大多数德国穆斯林反对基督教和西方的道德观念。56%的人认为"基督教在德国作为宗教已经无法保证道德规范"，71%的人确信"西方的性道德已经彻底堕落"。[2]

与此同时，劳力士等人2010年在移民政策最宽容的荷兰对穆斯林的调查也发现，43%的穆斯林赞同"真主的法则对于穆斯林比荷兰国家的法律更加重要"。[3] 这种情况与德国穆斯林中的调查结果大致相同。不仅如此，很多荷兰穆斯林还表现出一种所谓"分裂的世界观"。他们当中71%的人承认，有时"会感到这个世界是由完全对立的群体构成的"。另有17%的人，相信"西方国家正在毁灭伊斯兰"。尤其值得注意的是，在德国进行的一项针对14—32岁年轻穆斯林的调查发现，这些年轻的穆斯林与德国人中相同年纪的非穆斯林相比，无论对于原教旨主义的认同，对于犹太人的偏见，甚至对于威权主义的崇拜，都要强烈得多，特别是在社会

---

[1] Wilhelm Heitmeyer, Joachim Müller and Helmut Schröder, *Verlockender Fundamentalismus*, 1997, Frankfurt: Suhrkamp.

[2] Katrin Brettfeld and Peter Wetzels, *Muslime in Deutschland. Integration, Integrationsbarrieren, Religion sowie Einstellungen zu Demokratie, Rechtsstaat und politisch-religiös motivierter Gewalt*. 2007, Berlin: Bundesministerium des Innern.

[3] Ineke Roex, Sjef van Stiphout and Jean Tillie, *Salafisme in Nederland. Aard, omvang en dreiging*, 2010, Amsterdam: IMES.

经济背景不同的情况下。①

三、伊斯兰原教旨主义在欧洲穆斯林中的存在特点

在欧洲国家的穆斯林中,最有代表性的是来自土耳其和摩洛哥的穆斯林移民。在德国、法国、荷兰、比利时、奥地利和瑞典等欧洲主要国家中,土耳其和摩洛哥裔移民是这些国家穆斯林的主要来源。其中,土耳其移民是德国、荷兰、奥地利和瑞典最大的穆斯林群体。在比利时和法国,他们分别是第二和第四大穆斯林群体。摩洛哥移民则是比利时最主要的穆斯林群体,同时也是荷兰和法国的第二大穆斯林群体,在德国则位列第三。总体来说,土耳其和摩洛哥穆斯林移民构成了德国、荷兰和比利时大约2/3的穆斯林人口;大约占奥地利穆斯林人口的40%,因为来自前南联盟的穆斯林占奥地利穆斯林的多数;大约占法国穆斯林人口的1/3,因为阿尔及利亚移民是法国穆斯林中的主要部分;大约占瑞典穆斯林中的10%,因为瑞典的穆斯林比较平均地来源于不同的伊斯兰国家。

因此,将欧洲的土耳其和摩洛哥这两大穆斯林移民群体作为研究对象,虽然不能代表欧洲国家所有穆斯林的情况,特别是奥地利、法国和瑞典,但却能够更加有效地进行跨国比较。否则的话,如果要用各个国家占多数的穆斯林民众构成的样本进行比较,就意味着必须用一个由土耳其穆斯林为主体的德国样本与一个以阿尔及利亚穆斯林为主体的法国样本进行比较。这种比较的结果会让人认为,两者之间的差异是由于对象国的差异,或是阿尔及利亚和土耳其这两个穆斯林来源国的差异。不仅如此,以土耳其和摩洛哥穆斯林移民为对象进行跨国比较时,还可以关注到来自城市和乡村地区的人员比例平衡问题。特别是可以考虑到来自土耳其安纳托利亚中部和北部地区以及摩洛哥北部地区的穆斯林移民。

---

① Wolfgang Frindte, Klaus Boehnke, Henry Kreikenbom and Wolfgang Wagner, *Lebenswelten junger Muslime in Deutschland*, 2011, Berlin: Bundesministerium des Innern.

这种平衡控制的目的，也是为了尽可能减少移民来源本身的差异。在调查对象中，摩洛哥穆斯林大多属于伊斯兰教的逊尼派，而土耳其穆斯林中则包含了相当数量的阿拉维派，这是伊斯兰教什叶派中一个带有自由主义色彩的少数派。另外还有一些小的穆斯林群体，主要是非阿拉维派的什叶派。在种族方面，摩洛哥移民主要是阿拉伯人和柏柏尔人，土耳其移民则主要是土耳其人和库尔德人。分析表明，种族差异与原教旨主义程度之间并没有明显的联系。

在调查的内容中，第一项是对伊斯兰原教旨主义的认定，这主要取决于调查对象对以下三个问题肯定或否定的回答。这三个问题分别为：（1）"穆斯林是否应该回归伊斯兰教的本源"；（2）"《古兰经》是否只有一种解释，而且每个穆斯林都必须加以坚守"；（3）"《古兰经》的原则是否比所在国的法律更为重要"。对这些问题的回答类别分为"同意"、"不同意"或"不知道"（不回答）。不过，调查结果规定，如果对这些问题中的一项或是两项表示同意，都不能确定其属于原教旨主义者。只有同意全部三项，才能划入原教旨主义的信仰体系。

除了伊斯兰原教旨主义外，对土耳其和摩洛哥移民的第二项调查是他们对于群体外的敌意问题。为了衡量其是否存在对于群体外的敌意，这里也设置了三个方面的问题，这些问题具体是：（1）"是否愿意和同性恋的人做朋友"；（2）"犹太人是否不可信任"；（3）"西方国家是否旨在毁灭伊斯兰"。在这里要说明的是，最后一项主要是指西方而不是基督教文化和国家。因为在文明冲突的词汇中，冲突的框架是"伊斯兰与西方的对抗"，而不是"伊斯兰与基督教的对抗"。对这些问题的回答，同样也分为"同意"、"不同意"或"不知道（不回答）"。通过对这三个问题的回答，就可以判断受访者对于群体外敌意的程度。

调查的第三项是宗教认同问题。宗教认同作为一种范围变量，也由三项命题构成，具体问题是："你在多大程度上认为自己是穆斯林？""你在多大程度上和其他穆斯林有联系？""你在多大程度上为自己是穆斯林而自豪？"其回答则分为五种：（1）完全没有；（2）大多没有；（3）有一点；（4）很大程度上有；（5）完全是。对这些问题的回答，主要是判断穆斯林宗教认同的程度。

调查的第四项，是欧洲穆斯林在他们生活的社会中感受到的歧视问题。在这项调查中，包含了两个可感受的歧视指标。其中第一个问题通常是："你是否感到因为你的出身或宗教而在居住国经常遭到歧视"？对其回答的选项有四种："从不"、"几乎不"、"经常"和"总是"。第二个问题则是针对那些对前一个问题做出肯定回答而进一步提出的六个具体问题。这些问题具体就是：这种被歧视的感觉"是在找工作的时候"；"是在找房子的时候"；"是去俱乐部和咖啡馆的时候"；"是在学校的时候"；"是遇到警察的时候"；或者"是在公共服务机构、社会服务机构或市政当局的时候"。

通过调查发现，欧洲穆斯林中原教旨主义的情况表现为以下特点：首先，从原教旨主义的态度来说，伊斯兰原教旨主义在西欧穆斯林中存在的情况相当普遍。无论是那些出生在国外的移民，还是在移民国出生的移民后代，都有几乎60%的人认为穆斯林应该回归伊斯兰教本源；75%的人认为《古兰经》只有一种解释，而且所有穆斯林都应该遵循；65%的穆斯林认为，伊斯兰的宗教规则对于他们来说比他们居住国的法律更加重要。对这三种可以确定为原教旨主义观点都表示赞同的人数，平均达到了44%。不过，这里也要注意到，不仅那些不同来源国的穆斯林的原教旨主义程度存在差异，而且不同教派穆斯林的原教旨主义程度也有所不同。其中，土耳其的逊尼派穆斯林移民中，肯定这三种表明自己是原教旨主义的占45%，摩洛哥的穆斯林移民中占50%。但是，土耳其移民中阿拉维派的原教旨主义程度较低，只有15%。[1]

当然，这种群体差异也可能包含了人口统计以及社会经济状况差异的结果。但是，原教旨主义的程度在性别以及已婚和未婚者之间并不存在明显差异，只是年长者通常更趋向于原教旨主义。从程度上来说，年纪每增长10岁，程度会提高20%。另外，社会经济变量对于原教旨主

---

[1] Ruud Koopmans, "Religious Fundamentalism and Hostility against Out-groups: A Comparison of Muslims and Christians in Western Europe", *Journal of Ethnic and Migration Studies*, p. 43, Vol. 41, 2015, http://www.tandfonline.com/doi/abs/10.1080/1369183X.2014.935307.

义程度有着极其重要和确切地影响。通常来说，原教旨主义态度与社会经济边缘化的程度密切相关。这就是说，那些处于失业，或是职业地位较低，或是受过较少教育并住在出租屋里的人，往往会表现出较高程度的原教旨主义。相比之下，在社会经济变量中，最重要的影响因素还是教育。在那些只受过小学教育的人群中，原教旨主义程度比受过大学教育的人群要高出 25%。同样，国家之间也有一些差异。其中德国、瑞典以及荷兰的穆斯林，其原教旨主义程度上要低于奥地利。[①]

其次，宗教认同与原教旨主义之间的关系也是值得关注的问题。通常来说，宗教认同与原教旨主义联系的密切程度，在穆斯林中普遍要远高于欧洲的基督徒。特别是在欧洲的逊尼派穆斯林中，强烈的宗教信念更集中体现在他们对于原教旨主义的认同之中。在他们当中，60%—80% 的人同意确定原教旨主义的三项标准中的一项或两项，50% 的人同意全部三项。在这里，有一点值得关注的是，外界的歧视对于穆斯林的宗教原教旨主义观念似乎并不构成一个关键因素。同时，国家对待穆斯林政策的差异，也无法用宗教反弹性来加以解释。例如，德国和法国给予穆斯林的权利最为有限，但穆斯林的原教旨主义程度却相对较低。相反，多元化程度较高的比利时，尽管为穆斯林和外来移民制定了更加宽容的政策，但这里的穆斯林却表现出更高程度的原教旨主义。对此，也有人提出，导致这种情况差异的是反对穆斯林的平民党所造成的。他们对穆斯林移民以及伊斯兰宗教的否定言论，更容易引起宗教的反弹。事实上，与英国、法国、比利时等国家相比，平民党在瑞典和德国的力量较为弱小。[②]

最后，对于群体外的敌意同样也和伊斯兰原教旨主义密切相关。对土耳其和摩洛哥穆斯林移民及其后代的调查表明，他们对群体外的敌意

---

① Ruud Koopmans, "Religious Fundamentalism and Hostility against Out-groups: A Comparison of Muslims and Christians in Western Europe", *Journal of Ethnic and Migration Studies*, p. 45, Vol. 41, 2015, http://www.tandfonline.com/doi/abs/10.1080/1369183X.2014.935307.

② Frank Van Tubergen and Jorunn I. Sindradottir, "The Religiosity of Immigrants in Europe: A Cross-National Study", *Journal for the Scientific Study of Religion*, 2011, *vol.* 50, pp. 272–288.

非常明显。在这些被调查的穆斯林中，57%的人拒绝和同性恋交朋友，45%的人不信任犹太人，54%的人把西方视为伊斯兰的敌人，认为西方的最终目的是要消灭伊斯兰。从总体来说，对这三种观点都赞同的人，达到全体被调查对象的26%。不过，这种对群体外敌意的情况，在穆斯林内部也存在一些差异。具体来看，第二代穆斯林对同性恋的敌意要低于第一代穆斯林，大约为48%对60%。对犹太人的情况也大致相同，大约为39%对47%。但对于西方的敌意，第二代和第一代同样强烈。在教派之间，这种差异更加明显，土耳其穆斯林中的阿拉维派对群体外的敌意要明显低于逊尼派。对于犹太人的敌意，两者的比例为29%对52%；对西方的敌意，则是37%对62%。在逊尼派群体中，还存在不同国家之间的差异。土耳其逊尼派显然比摩洛哥逊尼派对群体外的敌意更加强烈，特别是更加仇视犹太人和西方。[1]

总的来说，欧洲穆斯林中的伊斯兰原教旨主义的表现，可以归纳出四个方面的特点：

第一，在欧洲穆斯林移民及其后代中，原教旨主义实际上已经成为一种需要加以密切关注的现象。调查数据表明，有一半的穆斯林受访者都确定应该回归他们信仰的伊斯兰教的本源，而且认同《古兰经》只有一种对所有信徒都具有约束力的解释。另外，他们还认为伊斯兰的宗教规则比世俗法律更为重要。其余的穆斯林受访者虽然并不全部赞同这三种观点，但他们至少对其中的一条或是两条表示赞同。因此可见，在欧洲穆斯林中，原教旨主义观念虽然尚未成为一种普遍现象，但已经表现为一种结构性的广泛存在。

在这里要强调的是，研究的调查对象虽然主要是土耳其移民和摩洛哥移民，而且没有涉及欧洲所有国家，但这些数据依然具有很大程度的代表性，能够较为客观地反映欧洲穆斯林中原教旨主义存在的情况。作为调查对象的土耳其和摩洛哥穆斯林，是欧洲国家穆斯林最重要的两个

---

[1] Ruud Koopmans, "Religious Fundamentalism and Hostility against Out-groups: A Comparison of Muslims and Christians in Western Europe", *Journal of Ethnic and Migration Studies*, p. 50, Vol. 41, 2015, http://www.tandfonline.com/doi/abs/10.1080/1369183X.2014.935307.

来源国家。当然，欧洲国家还有很多穆斯林移民来源于中东北非的其他国家，还有的来源于前南联盟以及巴基斯坦等地。但这并不能改变土耳其和摩洛哥的穆斯林移民能够代表欧洲穆斯林主流的事实。近年来，一些最新的比较研究表明，欧洲穆斯林中，来自巴基斯坦的穆斯林无论在宗教认同方面还是在坚持宗教仪式方面都意愿最强，而前南联盟的穆斯林在这方面的意愿最低，土耳其和摩洛哥的穆斯林则居于中间。[①] 另外，这项调查也无法包含所有的欧洲国家，例如英国和西班牙，但却包含了穆斯林移民最具代表性的国家，这就是法国和德国。在欧洲，这两个国家是目前穆斯林人口最多的国家。

第二，调查涉及的另一个问题是，社会经济状况是否影响到欧洲穆斯林的宗教原教旨主义程度。一般来说，这种情况的确值得关注，因为在社会经济地位低阶层中，原教旨主义的程度通常会大大增加。这就是说，那些只受过低等教育，长期失业或是职业地位较低的人群，更容易接受伊斯兰原教旨主义的观念。但在欧洲穆斯林中，教育程度和就业情况等因素与伊斯兰原教旨主义之间的联系并不特别明显。特别是这两个因素在欧洲穆斯林群体内部，也不能解释土耳其穆斯林中什叶派分支的阿拉维派，表现的原教旨主义程度远低于逊尼派穆斯林。实际上，欧洲的逊尼派穆斯林对于伊斯兰原教旨主义的高度赞同，主要还是种族反弹性和宗教反弹性理论所强调的与移民有关的被排斥的个人经验。但从整体层面来说，欧洲穆斯林接受伊斯兰原教旨主义的程度和他们所感受的歧视程度之间的联系也很有限。这就是说，欧洲主流社会与穆斯林群体之间的关系，实际上是一种已经在很大程度上世俗化的本土民众与具有宗教保守主义的穆斯林民众之间的关系，这才是导致欧洲穆斯林在宗教态度上更加趋向于原教旨主义的根本原因。因为欧洲穆斯林移民大多来自其来源国的那些保守的乡村地区，他们当中 75% 的人认为《古兰经》

[①] Jean Tillie, Maarten Koomen, Anja van Heelsum and Alyt Damstra, *Finding a Place for Islam in Europe. Cultural Interactions between Muslims and Receiving Societies*, Final Integrated Research Report., 2012, http://www.eurislam.eu/var/EURISLAM_Final_Integrated_Research_Report_1.pdf.

只能有一种对所有穆斯林都具有约束力的解释。而欧洲社会与世界其他地区相比,已经很大程度地放弃了对于宗教的热情,并在很多方面实现了社会的多元化。

第三,调查还分析了欧洲穆斯林的宗教原教旨主义,在多大程度上构成了他们对于伊斯兰宗教信念的内在要素,或者只是一种特殊的现象。尽管宗教认同的力量和原教旨主义的态度有着密切的联系,但也有一些具有强烈宗教信念的人并不赞同原教旨主义的态度。这种情况在属于什叶派的阿拉维派中表现尤为明显。他们当中那些具有强烈宗教信念的受访者,往往并不支持原教旨主义的信念。只有8%—21%的人同意伊斯兰原教旨主义的全部三种表述。但在逊尼派穆斯林那些具有强烈宗教信念的人当中,有50%的人同意原教旨主义的全部三项表述。因此,强烈的宗教信念并不意味着必然会有强烈的原教旨主义倾向,只有在逊尼派穆斯林中,这两者之间的联系较为密切。

第四,调查涉及的最后一个问题,是欧洲穆斯林中是否存在着伊斯兰原教旨主义和对于群体外敌意之间的密切联系。调查结果表明,这种联系的确存在。对于伊斯兰原教旨主义来说,同性恋、犹太人以及西方都是敌视的重要对象。不过,强烈的宗教信念并不必然导致对于群体外的敌意,充其量也只是一个次要的影响因素。只有在这种强烈的宗教信念和原教旨主义结合在一起的时候,才会大大加强穆斯林群体对于群体外的敌意。在欧洲穆斯林中,对群体外的敌意通常要高于其他宗教的信徒。特别是在持原教旨主义态度的欧洲穆斯林中,70%以上的人拒绝和同性恋交往,认为犹太人不可信任,确信西方是伊斯兰的敌人,最终要消灭伊斯兰。因此,就像在欧洲本土公众中很多人表现出的"伊斯兰恐惧症"一样,欧洲穆斯林中同样也存在着"西方恐惧症"广泛蔓延的现象。

不过,在这里还要进一步明确的是,对于其他群体的敌意一般来说并不等同于要求诉诸于暴力行动的意愿。但是,当原教旨主义和那种认为自己的信仰是绝对真理和绝对正义的信念结合在一起时,就会形成为一种对其他群体的不信任和敌意。这种不信任和敌意如果进一步和那种认为其他人要毁灭自身宗教和群体的认知结合并成为一种信念时，就可能成为少数人出于极端信念而采取暴力行动的动机。在欧洲穆斯林中，那些处于宗教信念而采取暴力行动的人，往往都持有为了保护伊斯兰免遭毁灭而采用自杀式爆炸或其他暴力方式攻击平民是正义行动的观念。根据皮尤研究中心的调查，法国、英国和德国穆斯林中，赞同这种观念的人数比例分别为16%、15%和7%。他们普遍认为，用暴力针对平民目标在某些时候是正义的。在荷兰的调查中，11%的荷兰穆斯林表示，在某种情况下会出于自己的宗教信念而使用暴力。[1] 当然也应该看到，从这种使用暴力的动机和意愿到实际使用暴力行动之间还有很长的距离。但宗教原教旨主义如果和对于群体外的敌意结合在一起，就会成为少数人最终走向暴力的关键因素。

---

[1] Ruud Koopmans, "Religious Fundamentalism and Hostility against Out-groups: A Comparison of Muslims and Christians in Western Europe", *Journal of Ethnic and Migration Studies*, p. 53, Vol. 41, 2015, http://www.tandfonline.com/doi/abs/10.1080/1369183X.2014.935307.

第四章 / 欧洲穆斯林群体中的伊斯兰极端主义

21世纪以来，欧洲穆斯林群体中日益突出的伊斯兰极端主义，不仅导致了欧洲国家宗教极端主义制造的恐怖主义事件明显增加，而且还促使大批极端主义分子加入中东的"伊斯兰国"武装。对于欧洲穆斯林群体中伊斯兰极端主义的出现，究其原因首先是思想意识深处，欧洲的"伊斯兰恐惧症"心态和穆斯林中伊斯兰原教旨主义意识之间的对立，以及欧洲国家穆斯林群体多年来在社会经济和政治方面遭遇的不平等待遇所引发的不满；其次则是欧洲国家右翼政治势力发表的反穆斯林言论，以及政府带有宗教歧视色彩的公共政策对穆斯林群体自尊造成的伤害；最后还有穆斯林群体中的部分激进分子基于身份认同和利他主义动机为维护群体利益和报复西方社会而采取的恐怖主义行动。

第一节 欧洲穆斯林群体中伊斯兰极端主义形成的根源

从2004年3月马德里火车爆炸案和2005年7月伦敦地铁连环爆炸案，到2015年11月令世界震惊的巴黎巴塔克兰剧院100多人质被杀的恐怖袭击事件，欧洲国家穆斯林极端主义引发的所谓"本土滋生的恐怖主义"正在变得日益严重。这一系列事件的发生，表明欧洲穆斯林群体，尤其是穆斯林青年一代中已经开始出现一种极端主义倾向。在欧洲地区国家中，穆斯林人数近年来已经增长到1500—1700万。① 近年来，随着穆斯林群体中伊斯兰极端主义倾向的不断加强，那些具有极端主义思想的穆斯林青年除了在本土制造恐怖主义暴力事件外，还大批前往中东地区加入当地的武装行动。当前活跃在叙利亚和伊拉克的"伊斯兰国"武装力量中，就有来自欧洲地区的数千名穆斯林极端主义分子。除了直接的暴力行动外，欧洲国家的伊斯兰极端主义倾向还通过非暴力的方式来表达他们的不满，这主要是在公开场合穿戴头巾或是展示其他穆斯林独特的文化象征。对于欧洲穆斯林群体中这种伊斯兰极端主义产生的原因，西方的研究大都将其归咎于伊斯兰理念的内在性质。他们认为，穆斯林群体对西方的仇恨与生俱来，因而与西方的冲突也将不可避免。一些西方研究人员，诸如刘易斯等人还特别强调，穆斯林群体过度沉湎于他们对历史上兴盛时期的骄傲和怀念，因而其中一些人对当前占据世界主导地位的西方充满了恶毒的仇恨。② 对此亨廷顿也解释说："对于西方来说，根本的问题不是伊斯兰的原教旨主义，而是在伊斯兰这种不同的文明中，民众始终深信他们文化的优越性，同时又对他们势力的衰落耿耿于怀。"③ 然而，欧洲国家穆斯林极端主义的出现，不能仅仅归咎于伊斯兰理念的内在性质。在其根本原因中，还要看到穆斯林群体在欧洲国家遭遇的社会经济不平等以及政治方面的排斥和压制。同时，有欧洲国家右翼政治势力的反穆斯林言论和政策，对穆斯林群体的利益和自尊也造成了严重伤害。而极端主义倾向中少数激进分子的暴力恐怖行动，则是出于身份认同驱动的维护群体利益和尊严的某种"利他主义"动机。

一、欧洲穆斯林群体在社会经济政治方面的不平等处境

穆斯林群体在欧洲国家的存在有着漫长的历史。近年来，穆斯林

---

① "欧洲十五国穆斯林数据最新排行"，国际观察，2013年3月5日，http://bbs.tianya.cn/post-worldlook-694249-1.shtml.
② Bernard Lewis, *The Crisis of Islam: Holy War and Unholy Terror*, London: Phoenix, 2003.
③ Samuel P. Huntington, *The Clash of Civilizations and the Remaking of the World Order*, New York: Simon and Schuster, 1996, p. 217.

群体在欧洲国家社会经济政治中日益加深的整体困境，已经成为群体中伊斯兰极端主义倾向不断加强的重要原因。当前欧洲穆斯林对社会现状感到不满有多种原因，其中首要的原因主要是这个群体在社会经济政治方面的不利处境。对于一个群体因为社会不平等而引发不满的问题，戈尔早在20世纪70年代就从理论上提出过"相对剥夺是反叛的根源"的经典解释。[1] 此后，斯图尔特也分析过穆斯林群体在欧洲国家面对的结构性不利处境。尽管穆斯林人口在欧洲具有代表性的法国已经高达7%—10%，但他们却广泛面临着在就业和低收入方面的经济歧视，同时还有在公众生活中的政治代表性不足。因此，这种现象可以看成是穆斯林群体在欧洲国家遭受的阶层不平等。从本质上来说，这种阶层不平等主要是一种以社会群体为基础的不平等，而不是文化或种族同质社会中的不平等。在欧洲，穆斯林群体所处的这种阶层不平等，并不仅仅是他们在文化特征方面遭到的歧视，而主要是体现为更高的失业率以及他们在公共生活中的代表性低于平均水平。[2] 这就是说，欧洲穆斯林在社会生活中可能会因为他们的宗教身份而失去平等的机会，从而陷入一种"社会结构上的困境"。[3] 从目前的情况看，欧洲主要大国穆斯林群体的境况虽然有所差异，但他们遭遇的不利处境则大体相似。

在欧洲主要大国中，法国是当前整个欧洲国家中穆斯林人口最多的国家。据估计法国的穆斯林人口约为640万，占法国人口的近10%，其中约有200万人拥有法国公民身份。[4] 在法国，穆斯林群体与主流群体相比，其社会地位无论在经济和政治方面都处于不平等地位。在法国穆斯林青年中，未完成中学教育的比例要大大高于非穆斯林青年。巴黎蒙田研究所的调查还发现，法国北非裔人口的失业率比全国平均水平要高

---

[1] Ted Robert Gurr, *Why Men Rebel*, Princeton: Princeton University Press, 1970.
[2] Frances Stewart, "Global Aspects and Implications of Horizontal Inequalities (HIs): Inequalities Experienced by Muslims Worldwide", mimeo, 2008.
[3] John E. Roemer, *Equality of Opportunity*, Cambridge MA: Harvard University Press, 1998.
[4] "欧洲十五国穆斯林数据最新排行"，《国际观察》，2013年3月5日，http://bbs.tianya.cn/post-worldlook-694249-1.shtml.

出30%。① 对于北非穆斯林移民来说，在服务性行业找到工作的机会也非常有限。由于服务行业涉及到人际交往，因而零售业和酒店业方面在聘用服务人员时存在着广泛的种族歧视。② 法国监狱的在押犯人中，则以穆斯林为主体，他们的人数达到法国全部在押犯人的60%。③ 另外，法国穆斯林的居住区也是环境恶劣，大多数穆斯林人口都集中居住在大城市周边郊区的低收入居住区。在这些居住区里，大多是"长期失业的男人和阿拉伯血统的妇女以及新来的北非移民"。④ 法国政府把这些地区称之为"敏感城市地区"，其中就包括巴黎的克利希苏布瓦区，这也引发了穆斯林群体的强烈不满。

德国的穆斯林人口要少于法国，大约有320万，占全德国总人口的4%，但却是欧洲地区土耳其移民最集中的国家。在德国，穆斯林群体无论在社会经济领域还是政治领域，同样也处于不平等地位。那些有助于提高社会地位的高等教育机会，土耳其移民往往难以企及。与其他经合组织的国家相比，在德国获得中等以上水平的教育，通常更需要依靠父母的社会经济地位以及他们的教育背景。根据国际危机组织2007年的报告，目前在德国的高等院校中，土耳其裔学生的人数为25000人，甚至低于来这里留学的中国学生人数27000人。不仅如此，土耳其移民一般也很难找到工作培训的机会，因此他们的失业率要远高于德国本土居民。不过，德国穆斯林群体的居住情况要好于法国，因为德国政府规定住房管理部门必须按照一定的比例为移民和少数族裔安排住房，有些城市的住房标准是每栋居民楼中的外国人比例不能超过20%，从而避免了少数族裔聚居的情况。然而，德国50%以上的土耳其裔居民依然抱怨他们在寻找住处的时候会受到歧视。在政治权

---

① http：//pewforum.org/publications/reports/muslims-europe-2005.pdf.
② Barbara Franz, "Europe's Muslim Youth: An Inquiry into the Politics of Discrimination, Relative Deprivation, and Identity Formation", *Mediterranean Quarterly* 18 (1) 2007, p. 10.
③ Marvin Perry and Howard E. Negrin (eds), *The Theory and Practice of Islamic Terrorism*. New York: Palgrave Macmillan, 2008.
④ Marvin Perry and Howard E. Negrin (eds), *The Theory and Practice of Islamic Terrorism*. New York: Palgrave Macmillan, 2008, p. 102.

利方面，德国从 1913—1999 年一直实施的"帝国公民法"明确规定，被称为"客籍工人"的移民不能享有政治权利。他们虽然可以享受德国的社会福利，但第一代和第二代移民却没有政治代表权，从而剥夺了德国穆斯林移民的基本政治权利。2000 年德国虽然颁布了新的公民法，移民的政治权利也有所改善，但很多政党马上就开始要求政府加强对移民的控制。对于德国国内的伊斯兰激进主义倾向，德国宪法保卫局一直进行着严格监控。德国法律规定，国家和州一级政府官员都可以采取强制措施来保卫宪法，其手段主要是密切监视所有注册或地下民间社会团体潜在的反民主和破坏宪法的行动。因此，那些被政府视为伊斯兰激进主义者的人，将无法获得公共住房或被取消居住权，甚至丧失公民权。

在英国，穆斯林人口约为 280 万，占全国人口的 4.8%，其中 46% 出生在英国，1/3 的人口年龄在 16 岁以下。虽然英国穆斯林的处境要略好于欧洲其他国家的穆斯林，但他们在社会、经济、政治和文化等方面同样遭遇着不平等待遇。① 其中最为明显的是，英国穆斯林青少年在学前教育方面处于结构上的低水平。与英国白人群体相比，英国巴基斯坦裔和孟加拉裔儿童参加学前语言课程的人数只有前者的 57%。② 在青少年的整个教育过程中，36% 的穆斯林学生就读期间往往会因为学习能力不够而中途退学。就业方面，16—24 岁的穆斯林青年中有 20% 的人找不到工作。③ 另外，大约 1/3 处于工作年龄的穆斯林缺少工作技能，这也是英国各种不同宗教信仰群体中比例最高的。④ 英国政府 2004 年的一份报

---

① Joel S. Fetser and J. Christopher Soper, "The Roots of Public Attitudes toward State Accomodation of European Muslims' Religious Practices before and after September 11", *Journal for the Scientific Study of Religion* 42 (2), 2003, pp. 247–258.

② Frances Stewart, "Global Aspects and Implications of Horizontal Inequalities (HIs): Inequalities Experienced by Muslims Worldwide", mimeo, 2008.

③ Barbara Franz, "Europe's Muslim Youth: An Inquiry into the Politics of Discrimination, Relative Deprivation, and Identity Formation", *Mediterranean Quarterly* 18 (1) 2007.

④ Robert Briggs and Jonathan Birdwell, "Radicalization among Muslims in the UK, Microcon Working Policy", Working Paper 7, 2009, http://www.microconflict.eu/projects/PWP7_RB_JB.pdf.

告指出,穆斯林群体的失业率是英国平均失业水平的三倍。① 在英国穆斯林人口中,25 岁以上的成人中失业人数达到 14%。相比之下,英国全国的失业率仅为 4%。另外,英国穆斯林居住区也面临隔离问题。在伦敦的巴基斯坦人社区,住有 14 万人,他们主要集中在伦敦的四个区。其中伦敦的纽汉区,是英国排名第四最糟糕的区。在政治上,英国穆斯林群体也没有充分的代表权。2005 年,英国议会中只有不到 2.3% 的议员来自少数种族群体,但他们代表的人口却占全国人口的 10%。② 只有在英国警察中,2009 年少数族裔的人数达到了 25%。③

根据美国国务院《2008 年国际宗教自由报告》的说法,西班牙穆斯林的人口大约为 115 万人,其中 2/3 是非西班牙裔的移民,其余的则是皈依穆斯林的西班牙人。④ 自从 20 世纪 70 年代以来,西班牙的伊斯兰信徒一直呈现出快速增长的趋势。其中的原因一方面是来自临近伊斯兰国家,尤其是摩洛哥的移民人数不断上升,另一方面则是西班牙本土人士皈依穆斯林的人数快速增长。和其他欧洲国家一样,西班牙的穆斯林也面临着明显的歧视。2000 年的一项实地调查发现,很多西班牙穆斯林都抱怨他们的孩子在学校受到非穆斯林同学的嘲笑,这些穆斯林孩子被侮辱性地称为"摩尔人"。米诺主持的一项研究也发现,许多西班牙的摩洛哥移民虽然接受过良好教育,但在申请相应工作时也会遇到困难,因为"很多西班牙人不愿意和那些看起来像摩尔人的人共事"。⑤ 另外,西班牙居住区的隔离,也导致穆斯林大多集中居住在马德里、巴塞罗那以及其他安达卢西亚城市的郊外,而这些地区则明显表现出一种经济不景

---

① Barbara Franz, "Europe's Muslim Youth: An Inquiry into the Politics of Discrimination, Relative Deprivation, and Identity Formation", *Mediterranean Quarterly* 18 (1) 2007.

② Frances Stewart, "Global Aspects and Implications of Horizontal Inequalities (HIs): Inequalities Experienced by Muslims Worldwide", mimeo, 2008.

③ "Police aim more Muslim staff", BBC, 23 November, 2004, http://news.bbc.co.uk/1/hi/uk/4032987.stm.

④ "International Religious Freedom Report 2008", US Department of State, http://www.state.gov/g/drl/rls/irf/2008/108473.htm.

⑤ Rajiv Mehrotra, "The Looming Shadow of the Crescent: Islam in Spain", *Perspectives on Business and Economics* 23, 2005, pp. 85 – 95.

气的景象。2003年以来,西班牙的监狱中大约有6000名摩洛哥和阿尔及利亚移民在服刑,他们大多都是因为一些轻微的罪行被判罪。

在荷兰,穆斯林人口为90万人,占全国总人口的5.4%。他们当中2/3是来自土耳其和摩洛哥的移民,另外大约40%是出生在荷兰的第二代移民。荷兰虽然传统上是一个强调以多元文化方式对待移民的国家,但荷兰穆斯林在社会生活中同样也遭受着不平等待遇。在就业方面,几乎一半以上的土耳其人和60%以上的摩洛哥人从事的都是非技术性工作。相比之下,荷兰本土人口中只有不到30%的人从事非技术性工作。在2005年9月进行的一项社会试验中,试验者把150份工作简历投寄给相关的荷兰公司。其中一半使用的是荷兰人的普通姓名,另一半则使用了外国的伊斯兰姓名。结果,75份荷兰姓名简历中,69人被邀请面谈。而75份外国姓名的简历中,只有33人被邀请。在教育方面,40%的土耳其人和45%的摩洛哥人只接受过小学教育。荷兰的第二和第三代穆斯林移民中,中途退学的比例也非常高。在混合学校中,穆斯林儿童的学业表现也远低于荷兰本土的儿童。[①] 在社区方面,穆斯林居住区分离的情况在荷兰也非常明显。穆斯林作为少数群体,大多集中居住在那些房价较低的区域,而这些地区的犯罪、贫困和污染则更为普遍。

二、右翼政治势力对穆斯林群体利益和自尊的伤害

除了社会、经济、政治方面的不平等遭遇外,欧洲国家穆斯林群体还遭受着右翼政治势力言论和政策的伤害。这主要是欧洲国家一些政党和政治派别为了寻求自身的政治利益,近年来一直在刻意宣扬外来移民尤其是穆斯林移民给这些国家带来的威胁,并且得到了一些民众的认同。2001年,丹麦人民党在竞选中就制作过这样一幅竞选广告。广告中描绘了一位年轻的金发女孩,女孩的旁边写着这样一段话:"当她退休时,

---

① Geert Driessen and Michael S. Merry, "Islamic Schools in the Netherlands: Expansion or Marginalization?", *Interchange* 37 (3), 2006, pp. 201–223.

我们将成为一个穆斯林占多数的国家"。结果，这个党在大选中获得的选票增加了70%，成为议会中的第三大党。2002年的法国总统大选中，鼓吹"穆斯林群体威胁"论的法国国民阵线党领导人勒庞，在和希拉克的竞选中也赢得了17%的选民支持。2007年8月，奥地利卡恩顿州州长海德尔，由于公开承诺在他管辖的州内禁止建造清真寺和伊斯兰尖塔，因而使得奥地利右翼政党在2008年9月的大选中赢得了28%的选票。很明显，欧洲国家近年来出现的那种恐惧穆斯林的氛围，在很大程度上正是那些散布"穆斯林群体威胁"论的政治家们夸大的言论以及对这种情绪的政治利用所造成的。不仅如此，这些号召反对穆斯林的政党，例如英国的英国国家党以及荷兰的弗杜恩党，还全力推动其所在国家的执政党对穆斯林移民采取了一些不恰当的政策。这些都对欧洲国家的穆斯林群体的整体利益和自尊造成了严重伤害。[1]

在这里要特别注意的是，这些具有右翼倾向的政治家为了自身政治利益而发表的那些煽动对穆斯林移民仇恨的言论中，往往会有意释放一些错误的信息，作为扩大自身政治影响力的一种简便方式。[2] 这些言论对于公众产生影响力的程度，则取决于在特定的情况下他们是否需要为一些社会问题寻找替罪羊或是他们自己在个人生活中与穆斯林群体之间的关系，而并非取决于这些信息是否真实。结果，一些煽动穆斯林仇恨的政治家的言论虽然可能不值得相信，但对于公众中的一般成员来说，却无法通过长期的考察来分辨这些言论的真实性。因此人们大多会放弃对这些仇恨言论真实性的考证，而是响应这些言论的号召并采取公共行动来对抗所憎恨的目标。特别是，在诸如伦敦地铁爆炸案这种涉及穆斯林恐怖主义的重大暴力行动发生后，所有主流社会群体都会完全相信右翼政治家那些煽动仇恨的言论，甚至把身边所有的穆斯林都视为恐怖主

---

[1] Joel S. Fetser and J. Christopher Soper, "The Roots of Public Attitudes toward State Accomodation of European Muslims' Religious Practices before and after September 11", *Journal for the Scientific Study of Religion* 42 (2), 2003.

[2] Edward L. Glaeser, "The Political Economy of Hatred", *Quarterly Journal of Economics*, 120 (1) 2005, pp. 45–86.

义者。不仅如此，当一个社会中有足够多的选民相信这些言论的时候，政府就会制定相应的政策并采取公共行动。这样不仅会使得公众对穆斯林的恐惧成为社会公认的事实，而且更会直接损害穆斯林群体的利益和自尊。结果，那些以反穆斯林和反移民形式通过的立法，会使得大量欧洲穆斯林移民的家庭成员难以团聚。同时，政府还会强行推行以消除种族差异为目标的国家一体化考试，其内容包括语言和文化常识。不仅如此，政府甚至还会颁布禁止戴头巾和面纱的法令，来阻止展示伊斯兰标志和象征的行为。在这种情况下，欧洲国家那些标榜遵循比例代表制原则的决策机构，也难免因为少数反对穆斯林的政党的煽动性的言论而影响其公共政策，从而对穆斯林群体造成伤害。

在这种群体利益和自尊遭到伤害的情况下，欧洲穆斯林群体中也难免出现日益明显的极端主义倾向以及由此引发的文化特征象征性展示行动甚至恐怖主义暴力事件。这不仅在欧洲国家中加剧了对穆斯林的恐惧，而且也使得西方与伊斯兰之间文明冲突不可避免的观点变得日益普遍。在这种关于能否与穆斯林文明和谐相处的争论中，像荷兰这种传统上重视多元文化的国家也出现了"荷兰人与穆斯林文化战争"的说法。[1] 在英国，致力于推动文化交流的融合委员会的态度，也明显地从多元文化主义和强调差异性逐步地转向了一体化。[2] 甚至在英国这个禁止在竞选公开场合讨论"伊斯兰恐怖症"议题的国家，政府针对穆斯林群体的反恐法律和措施也变得日益严厉。在整个欧洲，反对移民尤其是反对穆斯林移民的情绪正在不断加强，丹麦和荷兰甚至还出现了反对穆斯林移民的政党。在这种背景下，那些试图在竞选中吸引人们注意力的右翼政治家会进一步发表那些造成人们对于像穆斯林群体感到恐怖的种族主义信息，并在竞选中把社会的各种问题，诸如犯罪和失业等，都归咎于穆斯

---

[1] Maykel Verkuyten and Ali Aslan Yildiz, "National (Dis) identification and Ethnic and Religious Identity: A Study Among Turkish-Dutch Muslims", *Personality and Social Psychology Bulletin*, 33 (10), 2007.

[2] Robert Briggs and Jonathan Birdwell, "Radicalization among Muslims in the UK, Microcon Working Policy", Working Paper 7, 2009, http://www.microconflict.eu/projects/PWP7_RB_JB.pdf.

林群体的不断扩大。而非穆斯林的多数群体中的部分人，则很容易受到这些信息的影响。特别是那些教育程度较低，经济能力较弱，社会处境较差的人，他们和穆斯林移民交往的感受往往都是负面的。结果，在欧洲国家那些右翼政党利用反穆斯林情绪而赢得广泛支持的同时，欧洲国家的穆斯林群体则变成了公众对社会安全担忧的主要根源。对此，马修德建立的研究模式表明，被视为公众利益的安全恐惧与穆斯林群体激进团体对西方仇恨之间正在产生一种相互影响的作用。其结果就是欧洲国家穆斯林群体在经济和政治权利方面的处境更为困难。而欧洲国家政府的压制穆斯林的政策造成的结果，也进一步加剧了激进穆斯林群体与国家之间的对抗。[1] 由此可见，穆斯林群体中出现的极端主义倾向并非是在真空中形成的，它来源于西方对伊斯兰和穆斯林的恐惧或者说是本质上的厌恶。这种恐惧并不仅是针对穆斯林极端主义者潜在的暴力倾向，而且还包含了对于那些非暴力的穆斯林集会和文化特征展示的普遍憎恶。

值得关注的是，荷兰近年来由于国家的"社会和主流群体对于不同种族和文化差异社会的移民表现出一种拒绝接纳和要求对其进行同化的趋向"，[2] 从而导致了暴力事件的频繁发生，其中最有影响的是2002年因宣称伊斯兰文化落后的政治家富图恩被暗杀的事件，还有2004年电影制片人梵高被摩洛哥裔青年穆罕穆德·布耶里谋杀的事件。这两起事件发生后，都使得荷兰本土白人群体与穆斯林群体之间的紧张关系明显加剧。富图恩被暗杀后，他建立和领导的公开宣称反对穆斯林的政党在荷兰大选中获得了18%的选票，赢得了议会中26个席位。[3] 制片人梵高被谋杀后，更是激起了荷兰国内前所未有的那种带有十字军意味的反伊斯兰行动和言论。根据荷兰种族主义和仇外主义监测中心的记录，谋杀事

---

[1] Mansoob Murshed, "A Note on the Interaction between Identity Based Fear and Hatred", Peace Science and Public Policy, 7, 2008.

[2] Maykel Verkuyten and Ali Aslan Yildiz, "National (Dis) identification and Ethnic and Religious Identity: A Study Among Turkish-Dutch Muslims", *Personality and Social Psychology Bulletin*, 33 (10), 2007, p. 1446.

[3] Galen A. Irwin and Joop J. M. Van Holsteyn, "The 2002 and 2003 Parliamentary Elections in The Netherlands", *Electoral Studies* 23 (3), 2004, pp. 551–557.

件发生后,仅一个月内就发生了106起针对穆斯林目标的暴力事件,80%的荷兰民众都赞同使用更加严厉的手段强行对少数族裔进行融合。2009年4月的一项调查也表明,40%的荷兰民众赞同右翼政治家威尔德斯的反穆斯林观点。[1] 与此同时,荷兰的一项最新调查显示,12.2%的受访者表示他们不希望和穆斯林做邻居。相比之下,只有5.17%的受访者不希望和外来移民为邻。[2] 这个结果表明,穆斯林已经成为荷兰所有少数族裔中最不受欢迎的群体。在这种群体利益和自尊受到伤害的情况下,荷兰穆斯林群体做出的回应就是对他们的荷兰公民身份表现出冷漠。在乌特勒支、维库屯和宜尔迪兹等三个地区对104名土耳其荷兰人所做的调查中,65%的人对他们的荷兰人身份认同度表现为中性或认同度较低,甚至否定其荷兰身份。这就是说,他们"反对荷兰社会的不满,已经发展成一种所谓的反抗性身份认同"。[3]

三、极端主义行动中的身份认同和利他主义动机

对于欧洲国家的穆斯林群体来说,社会经济和政治方面的不利处境,加之右翼政治势力对其整体利益和自尊造成的伤害,已经导致某种历史积怨和现实困境共同发挥作用来推动极端主义倾向的形成。不过,这种极端主义倾向最终体现为极端主义行动,还需要通过身份认同和利他主义动机对穆斯林群体中具有极端主义倾向的部分个体成员的驱动。

在身份认同的动机驱动过程中,就像文化认同在所有种族和宗教群体中会发挥某种作用一样,穆斯林群体中的个体也会不由自主地在其穆斯林身份的基础上表明态度。不过,不同个人对其穆斯林身份认同也会

---

[1] "Wilders' ideas enjoy 40% support", Dutch News. nl, 19 January 2015, http://www.dutchnews.nl/news/archives/2009/04/wilders_ideas_enjoy_40_support.php.

[2] Zan Strabac and Ola Listhaug, "Anti-Muslim prejudice in Europe: a Multilevel analysis of survey data from 30 countries", *Social Science Research*, 37, 2008, p. 278.

[3] Maykel Verkuyten and Ali Aslan Yildiz, "National (Dis) identification and Ethnic and Religious Identity: A Study Among Turkish-Dutch Muslims", *Personality and Social Psychology Bulletin*, 33 (10), 2007, p. 1450.

表现出程度不同的差异，这主要取决于他们如何认识作为基础的穆斯林身份与其多重身份之间的关系。多年来，传统"文化主义"的观点往往将伊斯兰这种宗教视为一个一成不变的整体，并认为其中每个个体都会选择一种单一的宗教身份认同。但实际上，每个个体在现实生活中都可能拥有多元化的身份。[①] 在欧洲穆斯林群体中，每个个体可能同时是一位穆斯林、一位欧洲公民、一位民主信奉者、甚至一位对文化差异性和人权表示尊重的理性主义者。

应当指出的是，在欧洲穆斯林群体中，那种对群体社会地位表示强烈不满的个体认同，正是穆斯林极端主义行动出现的主导因素。对于极端主义倾向转化为极端主义行动与那种对群体地位不满和个体身份认同之间联系的理解，最简单的方式就是用利他主义的理论来加以说明。这种理论作用的前提是，个体对整体做出贡献时获得的幸福感源于整体利益得到的维护。因此，利他的感受特别适用于那些信奉某种带有宗教色彩理想的人。从理论上来说，利他主义有两种形式：一种是纯粹的利他主义，就是作为贡献者的个体完全是为了整体的利益或是推进某项事业。作为贡献者，他并不一定能够获得整体利益得到维护带来的好处。他所获得的幸福感，只是因为能够为某种目的服务。另一种是倾向性的利他主义，贡献者只是对某种行动表示支持，但并不要求直接参与。他所得到的幸福是因为能够支持某种整体的事业，而且是由别人而非他自己来采取直接行动。例如，有些人热衷于社会福利，他们虽然自己并不参与社会福利机构的工作，但他们会因为别人参与这些行动而感到快乐。根据这种理论，在欧洲穆斯林群体的极端主义倾向和极端主义行动的联系中，显然包含了这两种形式的利他主义作用。

除了利他主义的理论外，还可以用更加直接的方式来理解极端主义行动中身份认同的动机。根据阿克鲁夫的解释，人们态度转变的动机并不仅仅来源于对某种事业的理解和赞同，而且还来源于和自己认同感相

[①] Amartya K. Sen, "Violence, Identity and Poverty", *Journal of Peace Research*, 45 (1): 2008, pp. 5 – 15.

同的行为方式，也就是他们所属群体中其他成员的行为方式。① 这种趋同性就像某个个人与同一教派中其他成员在共同祈祷所产生的功效。由于群体在社会等级体系中所处的地位将直接关系到群体中所有个体的集体自尊，因而那些基于行动之上的身份认同的功效、群体其他成员的行动、其他群体的地位等所有要素都会对具体的行动产生明显的动机作用。在这里，个体行动的动机不仅源于他自身行动产生的功效，而且源于和他同一群体的其他具有同样想法的成员所采取的极端行动。在自我身份认同或自我形象塑造之外，这种行动也是出于对群体社会地位和自尊的维护。其中发挥作用的关键因素是源于这个群体整体的社会处境以及政府对待群体的政策。在欧洲国家中，正是由于穆斯林群体整体低下的社会地位，才最终促使群体中某些个人基于利他主义的动机而放弃他们主要的国家身份认同并转向那种不受赞同的宗教和种族身份认同。

另外，在阿克鲁夫提出的有关身份认同的重要性之外，盖尔通也指出了在群体处于不平等情况下个体极端主义行动发展的特点。他认为"暴力攻击最可能产生于群体社会等级地位的不平衡。在个人的体系中，人们可能采用的是犯罪方式；但在群体的体系中，出现的就是暴力抗争的形式。"② 另外，西门等人还综合社会学和社会心理学理论来分析极端化倾向转化为极端性行动的问题。他们特别强调，身份认同能够加强共同面对的不利处境的意识，形成一种与对立面对抗以及打击对立面的行动。因此，身份认同有助于解释伊斯兰极端主义在欧洲地区国家不断加强的原因。尤其是在那些出生或成长于这些国家的青年一代中，伊斯兰宗教已经成为"构成群体身份认同的最重要的因素"。③ 特别是在那些对穆斯林移民强调采取同化政策的国家，这些属于穆斯林群体的年轻一代更可能转向他们群体内部作为身份认同根源的伊斯兰宗教，并以此作为

---

① George Akerlof and Rachel E. Kranton, "Economics and Identity", *Quarterly Journal of Economics*, 115 (3) 2000, pp. 715 – 753.

② Johan Galtung, "An Editorial", *Journal of Peace Research* 1 (1) 1964, p. 98.

③ Bernd Simon and Bert Klandermans, "Politicised Collective Identity: A Social Psychological Analysis", *American Psychologist* 56, 2001, p. 323.

减少自身身份不确定性的方式。另外，这些受到歧视的穆斯林群体还可能采取以宗教为基础的方式，来强化自身存在的意识，以"加强群体内的身份认同并和主流群体保持距离"。①

这些理论表明，来自欧洲国家伊斯兰极端主义行动中个体行动者的动机，正是穆斯林群体在欧洲社会中遭遇的那种集体屈辱感。而欧洲国家政府对这种倾向性的打压，往往只会是火上浇油，促使这些极端主义者更加决心反抗。② 另外，欧洲地区参与极端暴力行动的个体参与者和中东地区的情况有所不同，他们一般都不是未受过教育的生活贫困者。③ 无论是英国的伦敦爆炸案或是荷兰的梵高谋杀案中，行动者都是受过很好教育的穆斯林青年。很明显，欧洲国家出现的这些个体恐怖主义或是极端主义行动主要还是出于一种纯粹的利他主义动机，其目的完全是为了维护群体而非个体的社会自尊地位。而这些个体恐怖主义行动的目标，就是要抗议他那些贫困和被压迫同胞而并不仅仅是他自己所处的困境。因此，在这种极端主义的行动中，不仅有身份认同的要求，而且还有某种让个体行动者被吸引的因素。因为这里要求行动个体所采取的是极其危险甚至导致自我毁灭行动，而且行动者也无法直接从他所支持的事业中获取效益。所以，只有当一个个体在群体需要和个人自主之间做出那种孤注一掷的选择时，"自杀式炸弹"这种极端主义行动对于他们来说才有可能是合理的。④ 因此。在这种情况下增加威慑对于个体的极端主义选择几乎没有任何影响。尽管在极端主义行动中个人的成功率很小，但仅仅靠打压依然无法阻止极端主义者采取行动。

以上分析表明，无论是 2005 年秋季法国城市暴乱中大批出生于北非

---

① Maykel Verkuyten and Ali Aslan Yildiz, "National (Dis) identification and Ethnic and Religious Identity: A Study Among Turkish-Dutch Muslims", *Personality and Social Psychology Bulletin*, 33 (10), 2007, p. 1449.

② Tony Addison and Mansoob Murshed, "Transnational Terrorism as a Spillover of Domestic Disputes in Other Countries", *Defence and Peace Economics*, 16 (2) 2005.

③ Alan B. Krueger and Jitka Maleckova, "Does Poverty Cause Terrorism", *The New Republic*, June 24, 2002.

④ Ronald Wintrobe, "Can Suicide Bombers Be Rational", Paper prepared for the DIW Workshop on Economic Consequences of Global Terrorism, 2002, http://www.docin.com/p-942882.html.

的青年在法国城市郊区的放火行为，还是 2015 年 1 月法国的阿尔及利亚第二代移民在巴黎发动的《查理周刊》袭击事件，体现的都是这种穆斯林群体不平等现象导致的个人身份认同所驱动的极端主义暴力行动。在法国，近年来面对勒庞领导的右翼反移民政党获得的支持度不断升高，一批在法国出生或长大的第二和第三代穆斯林移民已经对法国主流社会形成了强烈不满和愤恨。那种沦为二流公民以及他们在住房甚至加入俱乐部方面所遭受的歧视，已经"使得这个群体中的很多人认为应该把自己的身份首先视为穆斯林然后才是法国人"。[①] 与此同时，在整个欧洲国家的穆斯林群体中，年轻一代对宗教的兴趣也日益强烈。法国《世界报》发表的调查数据表明，当前穆斯林去清真寺和进行祈祷的情况比 1994 年有了大幅度提高。他们回归伊斯兰信仰是要以此作为自我身份认同和自尊的依据，因为他们感到自己已经被欧洲国家的主流社会抛弃。正如一位欧洲穆斯林青年所说的："如果得不到社会尊重，就会让你变成一个担惊受怕的人。这就促使你公开穆斯林身份，因为伊斯兰信仰能让你解脱。从这个意义上来说，我感到自己是一个彻底的穆斯林。"[②]

当伊斯兰极端主义分子发动的恐怖主义攻击已经遍及欧洲多个国家的时候，人们已经不能继续把穆斯林恐怖主义和极端主义视为一种个人因为无法获得工作机会而实行的非正常行为方式的犯罪，或者把这种情况仅仅说成是穆斯林与基督教之间不可避免的文明冲突。因为在这种简单化的解释中，通常忽视了穆斯林群体自尊受到伤害以及由此带来的身份认同问题，而且也未能认识到在群体遭到整体不平等处境下个体加强个人穆斯林身份认同所包含的意义。本书认为，穆斯林极端主义像任何极端主义一样，并不是在一个社会、政治和经济的真空中产生的。同时，穆斯林极端主义也不是在文明的对话中形成的，因为对话本身已经排除了极端主义和恐怖主义是伊斯兰宗教的本质属性。在这里要强调的是，

[①] Barbara Franz, "Europe's Muslim Youth: An Inquiry into the Politics of Discrimination, Relative Deprivation, and Identity Formation", *Mediterranean Quarterly* 18 (1) 2007, p. 100.

[②] Marvin Perry and Howard E. Negrin, (eds) *The Theory and Practice of Islamic Terrorism*. New York: Palgrave Macmillan, 2008, p. 188.

欧洲国家穆斯林群体长期以来在社会经济方面的不平等待遇，是穆斯林群体自尊受到伤害的根本原因。而欧洲国家右翼反穆斯林政治势力对穆斯林群体的攻击，则进一步加剧了穆斯林群体与欧洲社会主流群体之间的"恐惧"和"仇恨"，这也是欧洲伊斯兰极端主义倾向产生的基础。特别是在穆斯林群体遭遇社会经济不平等和政治压制情况下，不仅催生了伊斯兰极端主义的产生，而且还促使这个群体中的年轻一代在加强穆斯林身份认同的同时，还会出于利他主义的动机，为维护群体的整体利益和尊严而采取极端主义的暴力行动。目前，这些带有极端主义的穆斯林青年不但大批聚集到远在中东的伊斯兰国武装中，而且也开始在欧洲国家内部展开恐怖主义攻击。欧洲国家虽然正在全力展开打击恐怖主义的行动，但如果不能真正从社会经济和政治上改变穆斯林群体的不平等地位，从社会舆论和公共政策上消除对穆斯林群体的偏见和歧视，恐将难以从源头上消除欧洲国家穆斯林极端主义的发展趋势。

第二节 欧洲伊斯兰极端主义的性质和内在结构

当前欧洲出现的多起恐怖主义袭击事件以及大批欧洲穆斯林青年加入"伊斯兰国"的现象，使得欧洲伊斯兰极端主义问题引起了国际社会的广泛重视。从性质上看，欧洲伊斯兰极端主义包含了极端主义性质和恐怖主义行为两个方面。但就其内涵而言，欧洲伊斯兰极端主义则是一座由三个层面构成的金字塔结构。第一个层面是位于金字塔顶部的那些挑战现有国际秩序并破坏欧洲社会安全的伊斯兰圣战者和恐怖主义分子；第二个层面是金字塔中部伊斯兰解放党所代表的公开反对一切建立在非伊斯兰教法基础上的政治制度和政府，但并未公开鼓吹用圣战来实现这一目标的政治势力；第三个层面是金字塔的底部那些与穆斯林兄弟会有关联的伊斯兰主义团体，在欧洲广大穆斯林民众中传播建立全球伊斯兰国家的极端主义意识形态的运动。

21世纪以来，从2004年3月11日西班牙发生的与"基地"组织有关联的马德里爆炸案，到当前数千名欧洲国家公民作为伊斯兰圣战者前往中东地区参加正在兴起的"伊斯兰国"武装，欧洲伊斯兰极端主义的兴盛和扩展已经成为欧洲国家乃至整个国际社会严重关切的重大问题。尤其是，"伊斯兰国"最近展示的视频中，英国穆斯林极端主义分子屠杀多名西方人质的血腥画面，不但使得欧洲国家政府和社会深感震惊和恐惧，而且也使得国际社会的反恐局势变得更为严重复杂。面对欧洲伊斯兰极端主义的影响不断扩大和造成的威胁日益严重，欧洲国家政府提高了安全威胁等级并全面加强了打击恐怖主义的力度，同时政府和学者也开始密切关注和探讨欧洲伊斯兰极端主义问题。然而，从目前的情况看，欧洲伊斯兰极端主义这一问题虽然得到了广泛重视，但对这一问题的性质和深层内涵的研究还明显不足。甚至对于极端主义这一广泛运用的概念究竟是指思想意识还是行为方式，或是两者兼而有之，人们也没有共同的认识。为此，本书尝试运用一种新的视角，通过内在结构来剖析欧洲伊斯兰极端主义的性质和内涵。具体来说，本书的研究主要是从这一问题的性质入手，然后把欧洲伊斯兰极端主义这座金字塔结构分解为伊斯兰圣战士的恐怖主义行为体、宣扬"非暴力"的伊斯兰极端主义政治势力、伊斯兰极端主义意识形态传播和动员运动等三个层面来分析其中的具体内容，为全面深化对欧洲伊斯兰极端主义问题的认识和研究开辟一条新的路径。

一、欧洲伊斯兰极端主义的性质

在谈及欧洲当前面临的伊斯兰极端主义这个问题的性质时，首先要涉及到极端主义与恐怖主义之间的区别和联系问题。从理论上来说，人们通常的观点是：所有恐怖分子都是极端主义分子，但并非所有极端主义分子都是恐怖分子。[1] 在这里，对极端主义概念的理解显然涉及的主

---

[1] Edwin Bakker and Beatrice de Graaf, "Lone Wolves: How to Prevent This Phenomenon?", Studies in Conflict and Terrorism, 2014, http://www.academia.edu/8852299/_ Explaining_ Lone_ Wolf_ Target_ Selection_ in_ the_ United_ States_ Studies_ in_ Conflict_ and_ Terrorism_ 2014.

要是其性质，而非内涵。但要探究当前欧洲伊斯兰极端主义的性质，就必须联系到这一问题产生的社会背景，同时还要联系到对这一问题进行研究的方法。近年来，由于欧洲地区恐怖主义事件频频发生，才引起了人们对伊斯兰极端主义问题的密切关注。然而，如果不能明确恐怖主义和极端主义在伊斯兰极端主义这一问题中的关系，就会导致一些难以证明的假设。其中最为关键的问题就是为了制止和打击恐怖主义，是否必须首先制止各种形式的极端主义。对此，一些欧洲学者强调，极端主义只是一个可能导致恐怖主义的过程，两者之间的关系存在两种可能性。他们认为，极端主义有两种类型：一种是"恶性的"极端主义，它会把个人直接推入恐怖主义；而另一种则是"良性的"极端主义，它并不一定会导致恐怖主义。因此，打击恐怖主义并不意味着要消除极端主义。

　　欧洲学者提出这种假设的原因，是因为他们在研究伊斯兰极端主义问题时，特别重视认知因素的作用，也就是信仰和价值观与伊斯兰极端主义之间的联系。[1] 但在他们当前的研究结果中，似乎并未能对信仰和价值观与行为方式之间的联系做出合理的解释。正如菲什曼所指出的："人们似乎可以确定那些致力于极端行为方式的个体必然拥有极端的信仰。但事实上，现在还不能确定每个个体的生活态度或信仰就一定是他们行为方式的基础，而且接受激进的信仰并不必然会导致激进的行动"。[2] 与此同时，巴特利特和米勒也进一步提出应区分暴力极端主义和非暴力极端主义。他们认为前者是"一种直接从事、资助或煽动恐怖主义行动的过程"，而后者则是"一种对现状采取激进主义观点的过程，但并不一定会采取或煽动恐怖主义行动"。[3] 在这里值得注意的是，欧洲

---

[1] Max Taylor and John Horgan, "The Psychological and Behavioural Bases of Islamic Fundamentalism", *Terrorism and Political Violence*, vol. 13, no. 4, 2002, pp. 37–71.

[2] Shira Fishman, "Community-Level Indicators of Radicalization: A Data and Methods Task Force", Report to Human Factors and Behavioral Sciences Division, Science and Technology Directorate, U. S. Department of Homeland Security, College Park, MD: START, 16 Feb. 2010, p. 10.

[3] Jamie Bartlett and Carl Miller, "The Edge of Violence: Towards Telling the Difference Between Violent and Non-Violent Radicalization", *Terrorism and Political Violence*, vol. 24, no. 1, 2012, pp. 1–21.

研究者们尽管更加注重行为方式,但他们也不得不承认暴力极端主义中包含了思想观念和行为方式两个方面,而且恐怖主义的行为方式和激进主义的意识形态必然会在暴力行动中同时存在。

对于欧洲伊斯兰极端主义问题,欧盟官方的认识与这些学者也大致相似,只是更加关注两者之间的演变过程。对此,欧盟内政部的官方网站上就有这样的说明:"极端主义在某种情况下可以理解为一种复杂的现象。人们因为拥有激进的意识形态,因而导致了他们采取恐怖主义行动"。① 但在说到"恐怖主义的极端主义"以及"可能导致恐怖主义行动的极端主义"时,欧盟官方网站又明确表示还存在着其他类型的极端主义,而且它们从根本上不同于那些会导致恐怖主义的极端主义。因此,欧盟官方重视的只是会导致恐怖主义的极端主义,而且特别关注其导致恐怖主义的过程以及在何种情况下会导致恐怖主义。为此,欧盟强调制止恐怖主义的关键是停止这个过程,这样才能避免其产生的结果。

其实,关于极端主义在何种情况下会导致恐怖主义的问题,所涉及的不仅是极端主义如何导致恐怖主义,而且还关系到持激进主义观点的个体在何种情况下会采取恐怖主义的方式,这就牵涉到个体采取恐怖主义行动的决定过程和促使其行动得以实施的潜在依据。经验主义的研究表明,各种因素对于个人决定过程的不同阶段会有不同的影响,包括采取恐怖主义行动的决定。② 因此,制止恐怖主义本身对于制止极端主义的作用有限。③ 实际上,制止极端主义从广义上来说几乎是不可能的,因为极端主义只是一种表达信念的态度和行为方式。另外,从某种意义来说,"极端主义只是一种不断增强的意愿,其目标是支持和推动深远的社会变革,而这种变革必将和现存的制

---

① European Commission Home Affairs, Countering Radicalization and Recruitment, http://ec.europa.eu/home-affairs/policies/terrorism/terrorism_ radicalization_ en.htm.
② John Horgan, *The Psychology of Terrorism*, New York: Routledge, 2005.
③ Max Taylor and Gilbert Ramsay, "Violent Radical Content and the Relationship between Ideology and Behaviour: Do Counter-Narratives Matter?", in National Coordinator for Counter Terrorism, ed., *Countering Violent Extremist Narratives*, The Hague: Netherlands, 2010, p. 106.

度产生冲突或带来直接威胁。"① 从历史的观点看，基于信念和行为方式的极端主义的性质取决于所涉及事件的合法性程度，并将与现实社会和政治环境相联系，因而在某些情况下甚至具有合理性。通常来说，意识形态可能会受到挑战，但却无法加以禁止或将其摧毁。更何况伊斯兰极端主义的意识形态只是泰勒和霍根所说的那种"建构和影响行为方式的过程"，而不是"某种具体意识形态的内容"。②

另外，关于极端主义和伊斯兰恐怖主义之间联系的问题，其本身就是一个具有争议的话题。希尔克认为，在"基地"组织出现之前，很少有人把极端主义与伊斯兰联系在一起。③ 直到"基地"组织出现后，极端主义这个概念才开始被频繁用来解释和说明伊斯兰恐怖主义者的行为方式。这主要是因为人们已经无法用"激进主义"来概括穆斯林极端主义分子的极端行为方式。因此，无论对"极端主义"的确切内涵是否有明确或一致的理解，但人们对"激进的穆斯林"所具有的超越政治范畴的宗教意义已经有了一致的认识，并将其宗教内涵视为必要的组成部分。但在伊斯兰极端主义意识形态的来源问题上，欧洲学者并没有一致的看法。有关极端主义是伊斯兰某种特定性质的假设，也难以在各种不同分支的伊斯兰原教旨主义意识形态中找到依据。④ 例如，黑尔米西就反对用瓦哈比主义和萨拉菲主义来解释"基地"的意识形态。他认为"瓦哈比主义产生于伊斯兰的传统教义，在过去的世纪中其性质已经在某种程度上趋向温和"。同时他还指出，萨拉菲主义是一种多样性的宗教意识，其自身内部就充满矛盾。⑤ 阿特兰和戴维斯也认为："任何已有的意识形

---

① Anja Dalgaard-Nielsen, "Violent Radicalization in Europe: What We Know and What We Do Not Know", *Studies in Conflict and Terrorism*, vol. 33, no. 9, 2010, pp. 797 – 814.

② Max Taylor and John Horgan, "The Psychological and Behavioural Bases of Islamic Fundamentalism", *Terrorism and Political Violence*, vol. 13, no. 4, 2001, p. 48.

③ Andrew Silke, "Disengagement or Deradicalization: A Look at Prison Programs for Jailed Terrorists", *CTC Sentinel*, vol. 4, no. 1, 2011, p. 20.

④ Lorenzo Vidino, "Europe's New Security Dilemma", *The Washington Quarterly*, vol. 32, 2009, pp. 61 – 75.

⑤ Christina Helmich, "Creating the Ideology of Al Qaeda: From Hypocrites to Salafi-Jihadists", Studies in Conflict & Terrorism, vol. 31, no. 2, 2008, p. 114.

态和教义，无论经典或圣训，都无助于理解伊斯兰极端主义网络形成和发展的动力。"① 其他一些研究者则强调，应该用"微观层面的心理因素和个人经验"，而不是"宗教信仰和意识形态的原则"来理解伊斯兰极端主义"倡导者"和"践行者"之间的区别。② 韦斯利甚至明确指出，很多恐怖分子其实并没有明确的意识形态倾向，因为极端主义等同于恐怖主义的观念是从一个相反的逻辑推导出来的。③

其实，从性质上来说，通常所说的极端主义是对一切具有过度激进主义倾向的政治和社会思潮的统称。但就当前欧洲出现的伊斯兰极端主义这一特定问题而言，则是一种包含着两个层面有着明确限定的概念。从意识形态层面上来说，伊斯兰极端主义是一种激进的宗教政治思潮，其最终目标是要推翻世界上现有的一切非伊斯兰的政治制度，建立一个以伊斯兰教法主导并包含整个世界的伊斯兰神权国家。在当前的政治学理论发展中，这种带有宗教意识的政治目标正是近来出现的宗教政治学的研究范畴。在宗教政治学的利益观中，利益的范围不是按照世俗的观念而是根据宗教的信念来界定的。所以从意识形态的性质来说，伊斯兰极端主义设定的要推翻当今世界上一切政治制度、建立大一统的伊斯兰世界国家的终结目标本身，就是一种具有过度激进性质的宗教政治的意识形态。另外，从行为方式的层面来看，伊斯兰极端主义强调应使用包括恐怖主义和非暴力方式在内的一切手段来实现这一目标。因此，尽管崇尚这一宗教意识形态目标的群体也赞同采用非暴力的和平方式，甚至一些欧洲伊斯兰政治团体还致力于融入欧洲当前的政治体制，但这些方式都是实现其最终目标的辅助手段，它们在必要的时候都会转化为恐怖主义的暴力方式，因而其性质也是

---

① Scott Atran and Richard Davis, "Executive Summary", in *Theoretical Frames on Pathways to Violent Radicalization*, August 2009, http://www.artisresearch.com/articles/ARTIS_Theoretical_Frames_August_2009.pdf.

② Jonathan Githens-Mazer and Robert Lambert, "Why Conventional Wisdom on Radicalization Fails: The Persistence of a Failed Discourse", *International Affairs*, vol. 86, no. 4, 2010, p. 896.

③ Robert Wesley, "Combating Terrorism Through a Counter-Framing Strategy", *CTC Sentinel*, vol. 1, 2008, pp. 10 – 12.

极端主义的。

二、欧洲伊斯兰极端主义的恐怖主义行为者

在欧洲伊斯兰极端主义这座金字塔结构的顶层，是那些直接参与伊斯兰圣战的行动主义者，这些人主要来源于 20 世纪 80 年代中期欧洲出现的一批崇尚圣战萨拉菲主义或是用好战观点来解释伊斯兰教义的人。到了 20 世纪 80 年代末和 90 年代初之后，这个群体的人数开始急剧增加，并出现了所谓"阿富汗阿拉伯人"这样的团体。参加这些团体的人，主要是那些曾在阿富汗参加过反抗苏联入侵的圣战分子，还有那些为逃避本国政府打击从中东和北非流亡到欧洲的圣战主义者。这些伊斯兰极端主义分子利用欧洲国家的自由环境，通过宣传、筹款和招募人员来支持其国内的伊斯兰激进组织进行暴力活动，并把欧洲作为这些激进组织的后勤基地。在这些团体中最有影响的，主要有来自埃及的伊斯兰团，还有来自阿尔及利亚的武装伊斯兰团以及萨拉菲布道与战斗团等，他们很快就在整个欧洲建立了圣战网络。

起初，这些团体之间的关系仅限于对相互的行动进行一些言论上的支持，但依旧保持在各自不同的国家开展圣战。到了 20 世纪 90 年代后半期，其中一些团体在"基地"组织的影响下，开始宣传全球圣战的观念。此后，来自波斯尼亚、车臣、阿富汗和其他国家的圣战主义团体之间开始增加接触并决定把他们的力量联合起来。这支联合力量打击的目标不仅有传统穆斯林国家的世俗化政权和外国占领者，而且也扩大到整个西方世界。在这些圣战主义团体相互交流思想和斗争方式的过程中，欧洲各地那些著名的清真寺也发挥了重要作用。其中影响最大的主要有伦敦芬斯伯里公园清真寺、米兰伊斯兰文化学院、维也纳先知伴侣、汉堡圣城旅等，这些清真寺常常就是伊斯兰圣战主义者汇集的地点。同时，伊斯兰圣战主义者在欧洲建立的网络，很快也变成了"基地"组织的分支。而"基地"组织则为这些分支提供人力、财力和后勤支持，推动这

些分支的扩大和发展。①

"9·11"事件后，欧洲伊斯兰圣战主义者的网络与"基地"组织的关系发生了很大变化。美国入侵阿富汗以及全球范围内对"基地"组织展开的打击，限制了"基地"组织核心机构对其分支以及世界范围内从属团体的控制和影响。"基地"组织领导人忙于逃亡或藏匿，已无法像原来那样发挥领导作用，因而被迫放弃了对全球伊斯兰激进主义网络的实际控制。② 在这种情况下，欧洲伊斯兰圣战主义者的网络只能利用其内部原来建立的相互协调关系，开始独立自主的展开行动。他们虽然依旧忠于"基地"组织的圣战观念，但其行动则更为独立。与此同时，欧洲圣战主义者也开始调整他们关注的焦点，把关注目光转向阿富汗、巴勒斯坦、伊拉克这些代表全球性武力冲突的地区，很多人甚至前往这些地区参加伊斯兰武装与美国军队的战斗。

不仅如此，欧洲伊斯兰圣战主义者在"9·11"事件后还提出了圣战"重新本土化"的观点。为此，欧洲的伊斯兰圣战网络一面强调自己是全球圣战运动的一部分，同时又像他们在世界上其他地区的同伙一样，开始加强自己周围的行动。在这种观念的影响下，这些伊斯兰圣战主义者在欧洲国家中制造了从2004年3月西班牙的马德里爆炸案到2015年1月法国的《查理周刊》谋杀案等一系列恐怖主义袭击。他们把包括欧洲国家在内的所有西方国家都看成是伊斯兰世界的敌人，无论这些国家是否参与了美国发动的阿富汗战争和伊拉克战争。随着欧洲伊斯兰圣战者把目标转向所有西方国家，他们还开始制造和激化欧洲国家穆斯林群体与本土居民之间的紧张关系。在欧洲圣战主义者眼中，西班牙、英国和意大利都犯下了同样的罪行。他们不但歧视穆斯林群体，而且还派军队去伊拉克。即使那些没有参与美国在中东军事行动的国家，同样也被视为伊斯兰的敌人，因为他们的媒体批评伊斯兰，而且他们也不是伊斯兰主导的社会。

---

① Lorenzo Vidino, *Al Qaeda in Europe: The New Battleground of International Jihad*, Buffalo, NY: Prometheus, 2005.
② Bruce Hoffman, "The Changing Face of Al Qaeda and the Global War on Terrorism", *Studies in Conflict and Terrorism*, vol. 27, no. 6, 2004, pp. 551–552.

另外，欧洲圣战主义者的思想观念近年来也出现了一些变化。在今天的欧洲，大多数伊斯兰激进分子，尤其是北欧国家的激进分子，主要都是中东穆斯林移民的第二代以及少数欧洲本土的穆斯林皈依者。对于这些年轻的伊斯兰圣战者来说，他们虽然感到在自己出生和生长的欧洲社会中有一种被排斥感，但他们与欧洲国家的联系毕竟比和他们父辈国家之间的联系更加密切，因为他们对那里的生活和语言并不了解。因此，他们在关注伊斯兰世界的困境时，也会把自己生活的欧洲国家纳入其中。当他们用最极端方式解释的伊斯兰教义的眼光来看世界时，他们相信伊斯兰正在遭受全球性攻击，因此无论穆斯林国家还是西方国家的穆斯林都要以同样"正当的"理由和方式来进行抵抗。对于这种观点，荷兰内政部安全与情报总局2004年发布的名为《从达瓦党到圣战者》的报告中有这样的总结："在西方国家，尤其是欧洲国家的伊斯兰圣战网络中，宣扬的伊斯兰极端主义观点甚至比'基地'领导人更加激进。圣战网络的成员并不按照理性的观点进行思考，而是把自己视为一场与西方世界所代表的恶魔的神圣的末世战争的参与者。在这场战争中，所有恶魔的体现者，也就是西方公民都要被消灭。"[1]

目前，尽管大多数欧洲国家都采取了重大安全举措，制定了相关法律来应对恐怖主义，但伊斯兰圣战主义者的人数依然呈现出快速增长的趋势，并对欧洲国家的安全构成了难以应对的压力。据英国军情5处的调查，仅仅在英国就有大约4000名恐怖分子嫌疑人和200个伊斯兰圣战网络遍布全国各地。[2] 在欧洲的其他国家，也有大致相等数量的圣战主义者在积极活动，其中包括传统上比较"平静"的斯堪的纳维亚和东欧地区。如今，欧洲伊斯兰圣战者的网络也在按照某种连续性继续发展，并造成了两种现象：一方面，欧洲本土伊斯兰极端分子组成的团体之间或是和外部的伊斯兰圣战团体之间并没有什么实际联系，他们几乎都是独立地采取行动。另

---

[1] AIVD, *From Dawa to Jihad: The Various Threats from Radical Islam to the Democratic Legal Order*, The Hague: AIVD, 2004, p. 28.

[2] Kevin Sullivan, "At Least 4,000 Suspected of Terrorism-Related Activity in Britain, MI5 Director Says", *Washington Post*, 6 November 2007.

一方面，在伊斯兰圣战者的网络建构的虚拟世界中，极端主义个人和团体都完全服从于这个伊斯兰极端主义意识形态建立的等级制结构。在这种模式下，伊斯兰极端主义个人或是团体采取恐怖主义行动的方式，通常会像欧洲近年来出现的多次恐怖主义袭击一样，由一小群青年伊斯兰极端分子独立进行。这些人大多出生或成长在欧洲，主要通过当地的清真寺或邻里关系相互认识，而且都是在欧洲的社会环境中成为伊斯兰激进分子。[1]

不仅如此，近年来一些欧洲本土成长的伊斯兰圣战主义者还开始走向国外，他们与外界联系的途径也是通过网络。起初，这些伊斯兰圣战分子主要是去国外向那些与"基地"组织有关的团体学习恐怖主义攻击方式和炸弹制造技术。近年来，随着中东地区动荡局势加剧，特别是"伊斯兰国"的崛起和扩大，已有数千名来自欧洲国家的青年伊斯兰圣战分子前往中东地区加入其武装力量。据估计，在这些人当中来自英国的有近千人，来自奥地利和德国的有1500人，来自法国的有700人。同时，"伊斯兰国"还通过网络从欧洲国家招募了一批具有伊斯兰极端主义思想的年轻女性加入，成为所谓"圣战士新娘"的"性爱圣战士"。据报道，目前已有数百名西方女性加入"伊斯兰国"。面对这种情况，欧洲国家应对措施就是提高国内的反恐级别。同时，还宣布取消这些参与"伊斯兰国"人员的国籍，以防他们回到欧洲进一步发动恐怖主义袭击。

三、欧洲伊斯兰极端主义的政治势力基础

在欧洲伊斯兰极端主义这座金字塔结构中，第二个层次是那些宣扬非暴力的伊斯兰极端主义势力。对于这些强调非暴力的伊斯兰极端主义来说，彻底拒绝西方的价值观并推翻一切非伊斯兰教义主导的世俗政治制度和政府，不仅是伊斯兰圣战主义者的奋斗目标，而且也是他们的最终目的，只不过他们在公开场合特别宣称要用非暴力的方式来实现这一目标。

---

[1] Government of Great Britain, House of Commons, "Report of the Official Account of the Bombings in London on 7th July 2005", 11 May 2006, pp. 13–21.

在这些号称非暴力的欧洲伊斯兰团体中，最有代表性而且组织最完善号称伊扎布特的伊斯兰解放党。这个党是 20 世纪 50 年代初，首先建立于当时处于约旦控制下的东耶路撒冷。如今，这个党已经发展成一种全球性的伊斯兰运动，在欧洲以及世界其他各大洲都有其分支机构。伊斯兰解放党虽然公开反对一切建立在非伊斯兰教法基础上的政治制度和政府，但并未公开鼓吹要通过伊斯兰圣战来实现其建立全球伊斯兰国家的目标。在此基础上，伊斯兰解放党提出了三个明确的基本观点：首先，人类一切的政治、经济、文化和社会问题，只有通过伊斯兰才能解决；其次，人类实现正义的唯一道路，就是放弃一切人为的制度，包括西方的民主制度，建立一个伊斯兰的哈里发政权；最后，伊斯兰的哈里发政权不仅要包括所有穆斯林国家，而且要包括全世界所有国家。[①] 很明显，这些观点同样表现出鲜明的伊斯兰极端主义特性。只不过伊斯兰解放党强调他们不会使用暴力来实现他们的目标。

在放弃暴力的情况下，伊斯兰解放党实现其目标的方式主要是在穆斯林社会中广泛传播伊斯兰信仰和政治思想，从而动员穆斯林群体对他们当前生存的社会环境发出挑战。因此，他们使用的宣传词语，都是为欧洲穆斯林群体精心设计和专门准备的。在实际行动中，伊斯兰解放党不仅利用其言论对欧洲那些未能与主流社会融合因而对现状不满的穆斯林民众发挥影响，而且还特别关注欧洲穆斯林第二代移民中那些受过高等教育并具有专业技术的年轻穆斯林，同时还积极劝导欧洲本土人士皈依穆斯林来不断扩大他们的组织。为了通过宣传活动来广泛传播伊斯兰解放党的思想，他们采用的方式主要是建立网站和出版各种欧洲语言的出版物，并在穆斯林社区以及当地的清真寺散发传单，甚至还在YouTube 这样的视频网站上发布各种视频资料。同时，他们还定期在英国、丹麦、奥地利和德国举行有成千上万名支持者参加的伊斯兰解放党大会。目前，伊斯兰解放党这个看似并不明显但却实际广泛存在的组织在欧洲

---

① Zeyno Baran, *Hizb ut-Tahrir: Islam's Political Insurgency*, report published by the Nixon Center, December 2004, http://www.nixoncenter.org/Monographs/HizbutahrirIslamsPoliticalInsurgency.pdf.

已经非常强大。除了在欧洲展开宣称外,其成员还前往中东地区传播这个政党的思想,号召中东地区的民众起来推翻世俗化国家政权重新伊斯兰化。①

从策略上来说,伊斯兰解放党之所以宣称不使用暴力,主要还是为了避免受到当局的密切监视和打压。但这个政党发表的言论和信息同样带有浓厚的伊斯兰极端主义色彩,主要是宣扬伊斯兰正在受到西方的攻击,穆斯林有责任来维护他们共同的信仰,而且必须建立哈里发政权来维护他们的生存方式。不过,伊斯兰解放党并没有说明穆斯林应该采取什么具体行动来实现这一目标。同时,伊斯兰解放党虽然没有公开宣扬暴力,但却为伊斯兰极端主义提供了强有力的意识形态工具。实际上,从推行伊斯兰解放党的极端主义观点到采取暴力行动来实现其目标,只不过是一步之遥。为此,伊斯兰解放党常常被视为通向恐怖主义的"传送带"。②

不仅如此,伊斯兰解放党在穆斯林群体内部的小范围内也会宣传暴力,但他们会尽力避免受到媒体和情报机构的关注。伊斯兰解放党一位前英国地区负责人马赫在脱离这个政党后,曾为BBC拍摄了一部纪录片来介绍这个政党的情况。马赫在其纪录片中指出,伊斯兰解放党口头上拒绝暴力,但实际上"蔑视民主政治,认为伊斯兰教法必须推行到全世界,而且在必要的情况下可以通过武力"。③伊斯兰解放党另一位前高级成员纳沃兹也声称:"伊斯兰解放党已经做好准备,一旦他们建立起伊斯兰国家,就要和其他国家进行征战并屠杀这些国家的民众,并最终把这些国家联合成一个伊斯兰国家。"纳沃兹还强调,这个组织传播的思想已经对全社会造成破坏性影响,因为"这些思想不仅危害了英国社会和英国穆斯林的关系,而且还破坏了穆斯林在这个社会中作为英国公民的地位,如今这种思想正在危害整个世界"。④

---

① "Britons' Trial in Egypt Begins", *BBC News*, 29 March 2003, http://news.bbc.co.uk/2/hi/uk_news/england/2899605.stm.
② Zeyno Baran, "Fighting the War of Ideas", *Foreign Affairs*, vol. 84, no. 6, 2005.
③ Tom Harper, "Islamists Urge Young Muslims to Use Violence", *Telegraph*, 10 October 2007.
④ Interview with Maajid Nawaz, *BBC Newsnight*, 11 September 2007.

然而，欧洲国家政府在处理伊斯兰解放党的问题上却面临着一些难以克服的困难。例如，英国和其他一些国家都曾试图禁止这个政党，但最后却不得不放弃这一决定。这主要是因为他们缺乏这个党与恐怖主义之间联系的证据，因而禁止这个政党的决定会引起严重的合法性问题。[1]其他一些欧洲国家虽然更为坚决，宣布伊斯兰解放党为非法，但产生的实际效果却很有限。例如，德国于2003年1月以伊斯兰解放党的反犹太主义言论为由，宣布禁止这个政党继续活动。德国政府宣称的理由是："这个政党反对国际社会相互理解的原则，而且赞同用暴力方式来达到其政治目的。"[2] 不过，尽管有这项禁令，伊斯兰解放党依旧在德国继续进行活动，并经常以不同的名义组织支持者采取行动。

四、伊斯兰极端主义的意识形态传播和动员运动

欧洲伊斯兰极端主义这座金字塔的第三个层次，是欧洲原先那些与中东穆斯林兄弟会有联系的组织以及其他伊斯兰运动在欧洲穆斯林群体中广泛进行政治伊斯兰意识形态传播并推动穆斯林群体激进化的网络。这些组织中有英国巴基斯坦移民建立的巴基斯坦伊斯兰党，还有总部设在德国，但活跃于欧洲各国土耳其人口较为集中地区的土耳其穆斯林组成的土耳其民族视野等。这些组织既不同于直接参与恐怖主义行动的圣战主义者，也不同于伊斯兰解放党那样声称"非暴力"但坚持推翻非伊斯兰政治制度的伊斯兰意识形态势力。这些原来与中东穆斯林兄弟会有联系的伊斯兰组织，主要是以温和的政治外表出现，并采取和欧洲社会进行接触的方式，而且表示赞同和支持西方的民主制度。不过，这些伊斯兰主义团体和前两个层次一样，同样坚持建立普世性伊斯兰国的伊斯兰极端主义目标。为了实现这一目标，他们主要是通过各种方式在欧洲穆斯林的基层民众中传播伊斯兰极端主义意识形态，推动欧洲穆斯林群

---

[1] Nigel Morris, "PM Forced to Shelve Islamist Group Ban", *The Independent*, 18 July 2006.
[2] Bundesrepublik Deutschland, Bundesamt für Verfassungsschutz, *Verfassungsschutzbericht* 2004, p. 204.

体中青年一代走向激进。

欧洲的伊斯兰主义者建立的组织大约50年前就开始出现，当时很多成员都来自于中东地区的穆斯林兄弟会。这些人为了逃避在中东地区遭受的迫害，长期流亡欧洲并最后定居于欧洲的不同国家。伊斯兰主义者在西方最初建立的组织，其形式和一般的学术机构相似。在初期阶段，这些组织只是向欧洲的穆斯林群体传播穆斯林兄弟会的意识形态，并致力于在政治上影响他们在中东和北非地区的祖国。[1] 20世纪80年代末之后，欧洲的伊斯兰主义者开始用不同眼光看待穆斯林在西方的存在。当时在法国举办的各种研讨会上，伊斯兰组织的一些著名学者们开始重新界定一些已经有着数个世纪历史的伊斯兰宗教教义，声称传统上关于"伊斯兰之地"与"战争之地"的区分已经不能反映当前欧洲的现实情况。他们认为，当前的欧洲虽然不能被视为"伊斯兰之地"，因为这里还没有实行伊斯兰教法，但也不能被视为传统上的"战争之地"，因为穆斯林已经被允许在这里自由地信仰伊斯兰教而不会受到迫害。因此，这些伊斯兰学者们认为应该创造一种新的解释来说明这种情况。经过广泛协商后，他们一致同意欧洲可以被视为"布道之地"，因为在这块穆斯林作为少数群体居住的土地上，穆斯林有义务用和平的方式传播他们的宗教。[2]

在重新定义了欧洲穆斯林存在的性质后，这些伊斯兰主义组织也开始重新确定他们的作用。对于伊斯兰组织在欧洲的作用，来自埃及的伊斯兰神学家，也是穆斯林兄弟会思想家的优素福·卡拉达维在1990年出版的著作《下一阶段伊斯兰运动的重点》中做了明确阐述。卡拉达维在这本书中指出，穆斯林少数群体在欧洲国家存在的意义，在于能够为伊斯兰主义运动提供了一种空前发展的机会。他认为，伊斯兰主义可以"在这个各种宗派和团体组成的缺少主导力量的欧洲穆斯林群体发挥领导作用"，可以引导和规范那些居住在欧洲国家的穆斯林群体的思想。

---

[1] Lorenzo Vidino, "The Muslim Brotherhood's Conquest of Europe", *Middle East Quarterly*, vol. 12, no. 1, Winter 2005, pp. 25-34.

[2] Xavier Ternisien, *Les Frères musulmans*, Paris: Fayard, 2005, pp. 190-92.

卡拉达维还认为，伊斯兰主义运动在中东穆斯林国家只能发挥有限的影响，因为这些国家带有敌意的政权对其进行遏制。但穆斯林兄弟会的意识形态却可以在欧洲自由宣扬，这一方面是由于欧洲多元文化的自由环境，另一方面也是得益于欧洲伊斯兰主义者的行动主义特点和充足的资金来源。卡拉达维还提出要让伊斯兰主义运动成为穆斯林社区的动员方式，主导欧洲穆斯林群体的思想潮流。为此，穆斯林要在每个欧洲国家的社会中建立自己的社区，也就是穆斯林自己的居住区。不仅如此，还要建立传播伊斯兰主义运动的网站、智库、杂志和清真寺，并举办各种会议，这样就可以在欧洲穆斯林群体中更加广泛地传播伊斯兰主义运动的政治观点。卡拉达维还要求穆斯林与非穆斯林接触时应采取温和的方式和开放的态度，因为在初期阶段任何冲突都会破坏整个伊斯兰主义运动。但如果能表现出一种温和的面貌，就可以让伊斯兰主义运动在不知不觉中全面开展起来。①

进入 20 世纪 90 年代后，欧洲国家这些伊斯兰组织与中东穆斯林兄弟会相关的伊斯兰组织开始正式实施这项新战略。首先，他们切断了和中东穆斯林兄弟会的所有联系，因为这种联系已经成为一种不利因素。不过，欧洲国家这些伊斯兰组织与中东地区的穆斯林兄弟会在意识形态上的共同性并没有改变，切断联系主要是为了更有效地采取行动并避免引起不必要的监视。实际上，欧洲国家这些原来和穆斯林兄弟会相关的伊斯兰团体在运行方式上也不是一个由持卡会员组成的结构严密的组织，而是一种超越了正式组织形式的意识形态运动。正如穆斯林兄弟会埃及分支的最高领导人穆罕默德·阿基夫所说的："穆斯林兄弟会是一种全球运动，其成员在世界各地相互合作。他们基于同样的宗教世界观，积极致力于传播伊斯兰教，直到统治整个世界。我们没有一个国际性的实体组织，我们只是一个对事情看法相同的虚拟组织。"②

---

① Yusuf al-Qaradhawi, *Priorities of the Islamic Movement in the Coming Phase*, Swansea: Awakening Publications, 2000.

② "Wie'n zweiter 11. September", *Frankfurter Allgemeine Zeitung*, October 11, 2008, http://www.faz.net/aktuell/politik/inland/terrorbekaempfungwie-n-zweiter-11-september-1713161.html.

在避免了正式组织结构的束缚之后，欧洲国家的伊斯兰主义者开始致力于实施他们双管齐下的计划。在接触欧洲国家的政治家、学者和媒体等精英阶层时，他们会展现出一幅温和的政治面貌，声称他们支持欧洲社会的一体化融合和民主政治体制。他们还通过积极的政治参与，对欧洲现行的政治体制进行渗透。这些伊斯兰主义组织的领导人懂得，对欧洲国家现存政治体制进行渗透而非与其冲突是实现他们长远目标的最好方式。不过，当他们用阿拉伯语、乌尔都语或土耳其语对穆斯林民众说话时，就会摘下温和的面具，积极传播政治伊斯兰的意识形态。同时按照卡拉达维的要求，广泛建立清真寺以及各种网络。他们还借助来自海湾阿拉伯国家的大量财政支持，努力推动欧洲各地迅速发展的穆斯林社区走向极端伊斯兰化。其结果就是，这些组织的代表一方面在电视上大谈文明之间的对话和融合，另一方面又在清真寺的布道中煽动仇恨并警告信徒与西方社会融合的罪恶。他们在公开谴责马德里地铁爆炸案和《查理周刊》谋杀案的同时，又在为中东恐怖组织筹集款项。他们这样做的原因，是因为他们看到像"基地"组织那样的圣战主义萨拉菲团体采用的公开对抗方式，在欧洲内部到目前为止并没有产生任何有利于其长远目标的结果。因此，这些伊斯兰组织的领导者们意识到，当前最有成效的策略就是获取欧洲国家社会精英阶层的信任。因为只有成为欧洲社会结构中正式的组成部分，他们才能获得必要的政治权力来实现自己的目标。

与此同时，欧洲这些原来和中东穆斯林兄弟会有联系的伊斯兰组织还采用了一些学术性的中性名称来淡化其宗教政治色彩。例如，法国的伊斯兰组织称为伊斯兰组织联盟、德国的称为伊斯兰学会、英国则称为伊斯兰理事会。这些得到欧洲国家政府认可的伊斯兰组织，如今已经在这些国家的穆斯林群体中占据了主导地位。尽管欧洲国家穆斯林群体对这些组织对于伊斯兰教义那些保守并带有政治色彩的宣传尚未广泛接受，但这些组织会继续通过各种宣传活动和外国基金的支持来不断扩大其在穆斯林群体中的影响。目前看来，这些伊斯兰组织通过他们在欧洲社会中的合法地位，已经成为欧洲国家穆斯林群体利益的实际代表。

客观地说，欧洲这些伊斯兰主义团体尽管主要致力于在穆斯林群体中传播伊斯兰主义运动，但他们产生的影响可能比那些公然反对西方政府和价值观的圣战主义网络造成的威胁更为深远。多年来，这些伊斯兰主义团体通过在公开场合的温和言论，不仅赢得了欧洲社会精英阶层的信任，而且在某些情况下还被欧洲国家政府视为反对伊斯兰极端主义斗争的"合作伙伴"。而他们则利用从政府那里获得的合法身份和权利来加强他们在欧洲穆斯林群体中的地位，并不断推动欧洲穆斯林群体走向伊斯兰极端化。然而，欧洲国家政府目前似乎尚未充分意识到这些伊斯兰组织构成的潜在威胁，甚至对他们的认识也处于一种混乱状态之中。英国政府内部对这些伊斯兰组织的性质和危害的矛盾看法，就是一个明显的例证。几年前，在布莱尔担任英国首相期间，就曾在涉及这些伊斯兰组织问题的辩论中，将穆斯林兄弟会视为现代伊斯兰恐怖主义意识形态的根源。英国安全部门的多位高级官员也指出，这些与穆斯林兄弟会有联系的伊斯兰组织传播的政治哲学对英国穆斯林青年的极端主义思想具有重要影响。[1] 但是，英国政府内部的其他官员却坚持不同的立场。2005年，英国外事办公室官员和前来伦敦访问的穆斯林兄弟会思想家卡拉达维之间的谈话，就明确表明了这些人的看法。在当时的谈话中，英国外事办公室官员虽然承认卡拉达维公开支持伊拉克和巴勒斯坦的自杀式炸弹袭击让人困扰，但同时又对这位伊斯兰教士对英国的访问表示赞赏。他们不仅赞扬卡拉达维在"促进伊斯兰主流"方面发挥的作用，而且宣称"能让卡拉达维这样的人士和我们站在一起就是我们的成功"。[2] 这种情况表明，英国政府像大多数欧洲国家政府内部一样，对待穆斯林兄弟会的态度也是两极分化。正因为如此，当这些与穆斯林兄弟会相关的欧洲伊斯兰组织一方面麻痹欧洲社会精英阶层并渗透欧洲国家政治体制，另一方面又全力推动欧洲穆斯林群体的伊斯兰极端化的时候，欧洲

---

[1] Tony Blair, "A Battle for Global Values", *Foreign Affairs*, January/February 2007, p. 80.

[2] "Restricted", internal memo prepared by Mockbul Ali of the British Foreign Office on Yusuf al-Qaradhawi, 14 July 2005, http://image.guardian.co.uk/sys-files/Observer/documents/2005/09/04/Document1.pdf.

国家和社会却无法对构成欧洲伊斯兰极端主义金字塔底座的政治伊斯兰意识形态传播运动造成的潜在威胁达成统一认识，因而更谈不上制定有效的措施来加以阻止。

这里对欧洲伊斯兰极端主义这座金字塔的结构从三个层面所做的分析，已经系统地说明了当前欧洲伊斯兰极端主义的存在形式和特点。从意识形态和行为方式的联系来说，本书还总结了欧洲伊斯兰极端主义概念的内在逻辑。那就是极端主义的行为方式必然包含极端主义的意识形态动机，而极端主义意识形态的动机在一定条件下必然会导致极端主义的行为方式。因此，欧洲伊斯兰极端主义这座金字塔的三个层次之间并非一层不变，而是会在一定条件下向上转化。在第一个层次中，是伊斯兰极端主义意识形态和极端主义行为方式的结合，表现为以圣战和恐怖主义暴力方式向欧洲国家和国际社会发起的挑战。目前在欧洲，属于这个层次的人数有数千近万人。在第二个层次中，可以看到的是伊斯兰解放党所代表的政治伊斯兰势力。他们虽然为避免受到监控和打击因而宣称要采用"非暴力"方式来实现其宗教政治意识形态目标，但实际上这个势力中包含的那些深受极端主义宗教意识形态影响的个体，在条件许可的情况下随时可能转变成第一个层面中的暴力恐怖分子。一种情况是外部环境发生变化，也就是伊斯兰势力与西方国家之间冲突加剧，甚至爆发为像"伊斯兰国"与西方国家的直接武装冲突时，那些已经具备伊斯兰极端主义思想的个体，就会响应伊斯兰圣战的号召走上战场。在当年的阿富汗战争和伊拉克战争和当前的叙利亚内战和"伊斯兰国"战争中，都有大批欧洲伊斯兰极端主义分子投身其中。另一种情况是内部环境发生变化，也就是欧洲社会内部文明冲突加剧，而安全部门的防范又出现疏漏时，他们就可能利用各种机会发动恐怖主义袭击来显示伊斯兰势力对欧洲社会的报复。2004年的马德里爆炸案到2015年的《查理周刊》谋杀案，其实都属于这种情况。在第三个层次中，主要是那些原来与穆斯林兄弟会有联系的伊斯兰组织在欧洲广大穆斯林基层民众中进行的宗教意识形态宣传和动员运动。这些人一方面通过他们的温和言论来赢得欧洲国家政府和社会精英的信任，另一方面又始终不渝地在穆斯林群体中传播激进的穆斯林兄弟会的宗教意识形态，煽动欧洲各国的穆斯林群体走向极端化。通过对穆斯林群体长期的伊斯兰主义意识形态传播，这种带有极端主义倾向的意识形态已经逐步成为伊斯兰思想的主流。特别是对于欧洲穆斯林群体中的年轻一代，这种影响也尤其明显。这些在欧洲出生的穆斯林青年一代，在其成长的过程中目睹了欧洲城市生活中的暴力、歧视和虚无。这就使得他们对自己生存的社会即使不是深恶痛绝，但也充满了一种试图从其中脱离的强烈愿望。在这种情况下，他们自然很容易接受各种对抗甚至暴力的思想。在这种思潮的影响下，他们当中一些人可能去崇尚那些令人困惑而且含义不清的反主流文化，另一些人则会倾向于萨拉菲主义的伊斯兰圣战观念。这些伊斯兰组织正是通过极端宗教意识形态的传播和教化，来煽动年轻穆斯林不断加剧对欧洲社会的仇视，并逐步接受宗教意识形态中的极端主义思想，最终成为伊斯兰圣战和恐怖主义行动的后备有生力量。由此可见，这个层次构成的威胁更具有潜在性和长远性。

对于欧洲国家和社会来说，目前最大的问题是他们正面临着一种难以全面应对不同层面存在的伊斯兰极端主义威胁的局面。对于金字塔的顶层那些试图以恐怖主义方式发动袭击的圣战主义者，欧洲国家政府当然可以动用国家机器进行打击并制定各种反恐法律来进行防范。近年来，很多欧洲国家提高了反恐级别，其国家情报机构在破解伊斯兰极端主义的恐怖主义网络和防止恐怖主义袭击方面也取得了很大成功。然而，这种"打击—反应"式的临时解决方式，却难以应对欧洲伊斯兰极端主义金字塔中另外两个层面的潜在和长期威胁。目前看来，欧洲国家政府还无法制定出有效的政策和措施来解决这两个层面带来的问题。对于金字塔的第二个层面，他们既无法确定这些宣扬"非暴力"的政治伊斯兰势力何时会以何种方式对欧洲的社会安全构成威胁，也无法采取措施来阻止这些具有伊斯兰极端主义趋向的势力从"非暴力"方式向暴力方式转变。对于金字塔的第三个层面，也就是所谓的温和伊斯兰势力在欧洲穆斯林社会基层中传播伊斯兰宗教意识形态的问题，欧洲国家政府甚至无法确定这些原来和穆斯林兄弟会有联系但如今又自我标榜为"温和的"

伊斯兰主义者建立的伊斯兰组织和社团，究竟是欧洲社会精英和专家们所说的有助于解决伊斯兰极端主义的可靠的"合作伙伴"，或者他们开展的传播伊斯兰意识形态的运动本身就是促成欧洲穆斯林群体中青年一代走向伊斯兰极端主义的鼓动者，因而更无法阻止他们的意识形态传播在穆斯林群体中所造成的潜在和深远影响。

总的来说，欧洲伊斯兰极端主义的出现有其深远的历史根源和复杂的现实原因，涉及到一个多元文化社会中如何通过社会公平、公正和文化融合来解决那些来自不同文化背景的不同族群之间相互关系的社会问题。欧洲国家政府和社会唯有为这些问题找出答案，才能消除欧洲穆斯林群体与主流社会的矛盾，从根本上阻止伊斯兰极端主义在欧洲穆斯林群体中的蔓延及其对西方多元化社会构成的威胁。从当前情况看，为了维护欧洲国家和社会的安全与社会和谐，欧洲国家在全力打击欧洲伊斯兰极端主义金字塔顶层的伊斯兰极端主义的恐怖主义行为的同时，还要同样重视这座金字塔下面两个层面的问题。无论是可能向第一个层面输送伊斯兰圣战者的第二个层面，还是用伊斯兰极端主义意识形态推动穆斯林群体激进化的第三个层面，都必须采取适当的措施加以制止和根除，这样才可能从源头上阻止欧洲伊斯兰极端主义的进一步发展和蔓延。

第三节　欧洲伊斯兰极端分子参与叙利亚内战带来的危害

叙利亚内战自2011年爆发以来，至今已经整整5年。目前交战各方虽然时有短暂的停火，但冲突的最终解决依然还需要漫长的等待。在造成叙利亚内战问题长期难以解决的诸多原因中，最关键的问题是叙利亚国内冲突与地区矛盾相互交织，再加上大国的直接干预。在地区方面，叙利亚阿萨德政权与反政府势力的冲突，实际上已转化为中东地区分别以伊朗和沙特所代表的什叶派与逊尼派势力的冲突。在大国干预方面，除周边大国外，美国、北约和俄罗斯都已直接参与其中。不过，在这些复杂的因素中，还有一个同样受到广泛关注的因素，那就是欧洲国家大批前来叙利亚参加内战的武装人员。这些来自欧洲的伊斯兰极端分子作为叙利亚内战中的有生力量加剧了战争的激烈程度，很多人还加入了在叙利亚内战中兴起的极端组织的大量恐怖主义行动，并将恐怖主义的攻击行动扩大到欧洲地区，从而给整个欧洲社会的安全带来了长期的潜在威胁。

一、叙利亚内战中欧洲伊斯兰极端分子的特征

叙利亚内战爆发之初，反政府的各派武装中就有了来自欧洲国家的大批武装人员。2014年1月美国国家情报局局长克拉佩就表示，至少有来自大约50个国家的超过7000名武装人员参与了叙利亚内战。[①] 这些来自欧洲的伊斯兰极端分子有些参与较为温和的反政府组织，有些则加入了极端主义组织的武装。此后，随着2014年6月最具极端主义色彩的"伊斯兰国"的成立，又吸引了更多欧洲伊斯兰极端分子的参与，从而使得叙利亚内战中的外籍武装人数大幅增加。据估计，目前在叙利亚内战中，反政府方面的非本国公民或侨民武装人员的人数已经超过12000人。[②] 这些人员除了部分来自中东地区外，主要都是来自欧洲的伊斯兰极端分子。

自从2011年底以来，进入叙利亚参战的欧洲伊斯兰极端分子的总体人数大体来说保持稳定。对于这些来自欧洲的外籍武装人员的具体来源和人数信息，主要还是基于社会媒体、社区信息或是实地调查获得的资料，只有少数欧洲国家在公开或私下场合对于其国内公民或侨民前往叙利亚参与武装冲突的情况提供过一些官方说法。因此，这些估计不可避免地可能会低估这些外籍武装人员的数量。因为这些来自欧洲的伊斯兰

[①] Alistair Bell and Tom Brown, "US Spy Chiefs Say Number of Foreign Militants in Syria Rises", World, Jan. 29, 2014, http://www.reuters.com/article/2014/01/29/us-usa-security-syria-idUSBREA0S1XL20140129.

[②] Kevin Baron, "The Number of Foreign Fighters in Syria Exceeds 12000 and Rising", Defense One, July 15, 2014, http://www.defenseone.com/threats/2014/07/the-number-of-foreign-fighters-in-Syria-now-exceeds-12000-rising/89732.

极端分子大多会对自己的行动保密，以便通过秘密渠道进入叙利亚。即使进入叙利亚以后，他们往往也会隐瞒自己的身份。同时，欧洲伊斯兰极端分子在叙利亚参与的组织和团体，一般也不会保留这些人员的详细信息。很多欧洲伊斯兰极端分子都是在战场上被打死后，其家庭才会得知他们前往叙利亚的情况。这主要是因为有些来自欧洲伊斯兰极端分子外籍人员，会在生前委托某位朋友在自己被打死后打电话通知家人。另外，叙利亚那些接受外籍武装人员的组织和团体也会在他们的网站、脸谱或推特上公布其成员的阵亡信息。还有些欧洲国家虽然承认有公民或侨民前往叙利亚，但并不掌握确切人数，或是不愿意透露具体信息。最后还有些欧洲国家可能并没有意识到已有国民前往叙利亚，直到媒体报道后才得知有关信息。根据欧盟反恐协调人戴科乔夫2014年4月的估计，欧盟28个成员国中至少有2000多人前往叙利亚。但有些媒体甚至认为，来自欧洲国家的人数不会少于3000人。[1]

从那些已知的前往叙利亚的欧洲伊斯兰极端分子的情况来看，这些人的年龄主要是18—29岁，只有少数人年龄在30岁以上。这种情况表明了一种趋势，那就是2000年以来参与极端组织人员的年龄正在不断变小。一般来说，虽然前往叙利亚参加内战的欧洲伊斯兰极端分子绝大多数为男性，但其中也有少量女性。这些女性一般都是跟随朋友或是丈夫前往，只有个别女性是只身前往叙利亚。例如，2014年3月，有一对瑞典夫妇自行驾车来到土耳其。这对瑞典夫妇两人都是伊斯兰教皈依者，丈夫22岁，妻子21岁。他们到达土耳其后，通过加入人道主义救援队来到叙利亚的伊德利卜。这位瑞典人在见到当地的叙利亚自由军后，立刻用并不熟练的阿拉伯语表示要参加圣战，并希望得到武器。加入自由军后，这位瑞典人得到了一支AK47步枪，他的妻子也得到了一支手枪。在此之前，一名皈依了伊斯兰教的英国女子，也带着同样的动机独自来到叙利亚，加入了当地的反政府武装组织。此后不久，她就被安排嫁给

---

[1] Lachlan Carmichael, "3,000 European Jihadis' Now in Syria, Iraq", Jakarta Post, September 24, 2014, http://www.thejakartapost.com/news/2014/09/24/3000-european-jihadis-now-syria-iraq.html.

了一名瑞典的武装人员。①

这些欧洲的伊斯兰极端分子来到叙利亚之前，大多没有参加武装冲突的经历或是接受过军事训练。他们不仅对这个刚刚踏上的战场，而且对于整个伊斯兰宗教其实都很陌生。在这些来自欧洲国家的武装人员中，大约6%的伊斯兰教的新皈依者自然对叙利亚冲突的前因后果知之甚少，即使那些在欧洲出生的来自中东和北非的第二或第三代穆斯林移民，他们对实际情况的了解也同样有限。例如，来自比利时的外籍武装人员中，就有80%是摩洛哥移民的后代。但在他们来到叙利亚之前，对这个国家的情况也几乎是一无所知。尽管如此，很多欧洲伊斯兰极端分子来到叙利亚后，都表示他们再也不会返回自己的国家。他们当中很多人甚至烧毁自己的护照，作为与自己过去生活彻底断绝的象征。② 一些欧洲伊斯兰极端分子甚至和叙利亚当地人结婚成家，在那里建立起自己的生活，以表明战斗到底的决心。对于这些人来说，这也意味着他们愿意在叙利亚为圣战献身。2013年，在叙利亚发生的53起自杀式袭击中，就有23起是来自欧洲的伊斯兰极端分子所为。③ 2014年初，又至少有6名加入"伊斯兰国"的荷兰和法国伊斯兰极端分子，死于在伊拉克发动的自杀式爆炸袭击。④

二、欧洲伊斯兰极端分子前往叙利亚的原因

导致大批欧洲伊斯兰极端分子前往叙利亚参加内战的原因涉及很多

---

① Kylie Morris, "How British Women Are Joining the Jihad in Syria", 4 News, 23 July 2013, http：//www.channel4.com/news/syria-rebels-jihad-british-foreign-assad.

② "Video Shows US Jihadist Burning His Passport in Syria", News World, July 30, 2014, http：//english.alarabiya.net/en/News/world/2014/07/30/Video-shows-U-S-jihadist-burning-his-passport-in-Syria-.html.

③ "The Al-Nusra Front Recently Carried Out A Suicide Bombing Attack in Aleppo, Using A British Foreign Fighter", The Meir Amit Intelligence and Terrorism Information Center, 19/02/2014, http：//www.terrorism-info.org.il/en/article/20622.

④ Bill Roggio, "ISIS Names Danish, French Suicide Bombers Killed in Ninewa Division", The Long War Journal, May 20, 2014, http：//www.longwarjournal.org/archives/2014/05/isis_names_danish_fr.php.

方面，法国政府曾将本国人员前往叙利亚的原因大致分为三类：第一类是因为仇视本国社会；第二类是思想极端但目的并不明确；第三类是对本国社会缺乏认同或归属意识。目前看来，这种归纳基本符合大多数欧洲伊斯兰极端分子，特别是欧洲国家那些伊斯兰教皈依者的情况。对于大多数欧洲伊斯兰极端分子来说，他们前往叙利亚参加武装冲突的根本原因，就是要寻求他们人生中更高的目标和意义。

除了内在的主观原因外，叙利亚内战中极端主义团体把这场战争描绘成伊斯兰"圣战"的言论，则是吸引大批欧洲伊斯兰极端分子前往叙利亚的重要外在原因。近年来，极端主义的各种言论和视频，大量充斥在他们所控制的网络媒体中，成为他们招募外国志愿者的宣传广告。这些极端主义的言论，常常声称先知默罕默德曾暗示叙利亚将成为圣战之地。穆斯林军队必须参与其中，迎接世界的末日。[1] 对于欧洲国家那些具有伊斯兰极端主义倾向的人员来说，这种言论自然就会成为他们前往叙利亚的强烈动机。很多人都希望抓住这个机会，去见证和参加这场所谓伊斯兰先知在1400年前所预言的战争。对于其中的一些人来说，这甚至被看成是他们作为伊斯兰"烈士"去战死的机会。因为极端主义组织首领和一些自封的穆斯林宗教领袖都极力鼓吹，那些在和"异教徒"敌人战斗中死亡的人，无论他们是谁，死后都会得到最大的福气。

除了和"圣战"相关的动机外，欧洲伊斯兰极端分子前往叙利亚的另一个原因，就是去完成他们保卫遭到攻击的穆斯林世界的义务。这也是20世纪90年代"基地"组织最初建立之时，所发布的伊斯兰极端主义言论。自从2001年美军入侵阿富汗和2003年入侵伊拉克以来，伊斯兰极端主义媒体中就从未停止过关于西方国家军队在穆斯林国家各种暴行的报道，同时也不断传播大量穆斯林世界抗击外来侵略的故事。在很大程度上，前往叙利亚的欧洲伊斯兰极端分子都是通过这些网络媒体去了解伊斯兰世界发生的事情。他们在接受这些信息的时候，对于来自叙

---

[1] Anthea Mitchell, "Why Are Foreign Muslims Joining ISIL?", Cheat Sheet, Octoter 09, 2014, http://www.cheatsheet.com/politics/why-are-foreign-muslims-joining-isil.html/?a=viewall.

利亚的新闻都特别关注，而且还会加上自己对这些事件的看法和评论。一名来自英国的外籍人员莫哈德加，就这样解释过他前往叙利亚的动机："有很多原因导致我离开家庭来到这里。首先是宗教的原因，因为每个穆斯林在穆斯林的土地和穆斯林的生命遭到侵犯和危害的时候，都必须去进行保卫。其次也是人道主义的原因，因为我要通过我的战斗来协助这里的人道主义工作。"①

可见，在促使欧洲伊斯兰极端分子前往叙利亚的各种因素中，网络发挥的传播作用尤其突出。一份有关推特信息的研究表明，从2014年4月22日—5月22日期间，就有22000条有关叙利亚内战的发帖，而且主要都是有关外来武装人员的活动。这些包含了欧洲外来武装人员对于参加叙利亚内战的评论和感受的贴文，引起了广泛回应和转发。这也表明那些具有激进主义倾向的人群，对于叙利亚内战那种超越寻常程度的兴趣和关注。从实际效果看，这些受到叙利亚反政府势力支持的具有极端主义色彩的网络信息，甚至在很大程度上抵消了一般媒体传播的较为客观的报道。结果，这些推特贴文产生了这样两种影响：一是建立了一个排除了外界其他声音的信息交换圈，发挥了网络动员的作用；二是激发了欧洲那些具有伊斯兰极端主义倾向的个人的参与意识和热情，从而促使这些人最终采取实际行动前往叙利亚。②

此外，对于前往叙利亚的欧洲伊斯兰极端主义者来说，叙利亚内战的吸引力还在于，他们可以生活在一个社会制度和行为方式完全而且唯独遵循伊斯兰教义的地区。很多从欧洲国家前来的年轻外籍人员，大多在他们过去的生活中经历过挫折，或是和家庭之间的关系无法相处。因而他们更愿意接受自己所皈依的伊斯兰的制度和生活方式，和自己的过去决裂。他们对于伊斯兰宗教往往了解不多，所以他们也不会对他们的招募者提出任何问题，只是完全相信他们所描绘的情景。他们只有在进

---

① Jenny Cuffe, "Who are the British Jihadists in Syria？", BBC News, 15 October 2013, http://www.bbc.co.uk/news/uk-24520762.

② Richard Barrett, "Foreign Fighters in Syria", The Soufan Group, June 2014, http://soufangroup.com/foreign-fighters-in-syria.

入叙利亚加入这些极端组织之后，有些人才会意识到极端主义团体内的生活其实缺乏真正的宗教信念，因而可能私下回国或是转到其他地区。对于那些宗教使命感并不强的人，可能只是把参加战争看作是一种冒险的机会，或是他们逃避现实的途径。他们当中很多人对于交战双方提出的政治宗教立场并不真正了解，而且也没有兴趣。这些人虽然可以找出大量的理由说服自己前往叙利亚，但他们往往无法明确说明他们前往叙利亚参加内战的具体目的。

最后，有些欧洲伊斯兰极端分子前往叙利亚参加内战，也是因为他们此前已经和叙利亚内战中的某一组织有过接触，或是对这个组织的情况有所了解，因而他们前往叙利亚的目的就是加入这些组织。不过，他们进行接触的方式，主要还是通过这些组织的网络。例如，来自荷兰的圣战者伊尔马兹就通过微信、微博客和知乎问答等网络渠道，不断报道外来人员在叙利亚各个组织的活动情况，并解答各种前往叙利亚参加武装冲突的问题。① 在这些网络所发布的信息中，那些经过修饰的画面受到了试图前往叙利亚的欧洲青年激进分子的广泛欢迎，并使得这些并不了解真相的人消除了对战争的恐惧。很多表现外籍武装人员的画面中，有些武装人员甚至还带着宠物猫。特别是，这些表现外国武装人员在叙利亚生活的画面中，展现的主要是他们的同志情谊、良好道德和明确目标。尽管很多媒体报道都揭露了那些参与极端组织的外来武装人员，如何用令人震惊的方式进行屠杀或是迫害。但极端组织通过网络传播的这些精心设计的画面，却总是弥漫着一种英雄主义的情怀，以吸引人们的关注和宣扬他们的自尊。

正是在极端组织这种网络传播的强大影响和诱惑下，2014 年法国就有 700 多人前往叙利亚参加武装冲突。与当年的阿富汗相比，从 1979 年苏联入侵到 2001 年塔利班政权垮台，法国只有不到 20 人前往阿富汗参加武装冲突。尤其值得关注的是，这些前往法国的志愿者其实和叙利亚

---

① Robert Mackey, "A Dutch Jihadist in Syria Speaks, and Blogs", January 29 2014, http://thelede.blogs.nytimes.com/2014/01/29/a dutch-jihadist-in-syria-speaks-and-blogs.

并没有任何文化或是种族上的联系。他们大多非常年轻,大约在18—28岁之间,其中25%的人是伊斯兰皈依者。这些人此前大多并没有参与极端主义活动的记录,而且也没有刑事犯罪或是其他反社会行为方面的前科。[1]

三、欧洲伊斯兰极端分子对叙利亚内战的影响

大批欧洲伊斯兰极端分子进入叙利亚参加内战,无疑加剧和延长了叙利亚内战的范围和时间。但更为严重的是,这些加入反政府武装的欧洲伊斯兰极端分子,还扩大了叙利亚内战中极端主义组织的势力。随着这些极端主义组织的不断发展和扩大,叙利亚内战也由原来的阿萨德政权与反政府势力之间的冲突,转向了一场恐怖主义政治势力对叙利亚以及相邻国家安全和领土完整的严峻挑战。叙利亚内战爆发初期,欧洲伊斯兰极端分子来到叙利亚后,有很多人加入了像叙利亚胜利阵线这种激进的极端主义组织,但也有大批人员加入了叙利亚自由军这类较为温和的反政府组织武装。西班牙学者瑞罗斯在研究西班牙外籍人员参与叙利亚内战的问题时就发现,自从叙利亚内战爆发到2013年11月,共有25名西班牙人加入了叙利亚自由军,而加入极端组织的只有20人。[2] 另外,还有一些外籍人员可能加入其他武装组织。例如,一位曾在瑞士军队中担任过军士的瑞士武装人员,就加入了叙利亚内战中的基督教民兵。[3] 然而,2014年以后随着具有恐怖主义性质的"伊斯兰国"的不断发展扩大,越来越多的欧洲伊斯兰极端分子开始转向这些更为激进的极端主义组织。

---

[1] Shivit Bakrania, "Counter-and-De-Redicalisation with Returning Foreign Fighters", Helpdesk Research Report, http://www.gsdrc.org/docs/open/hdq1140.pdf.

[2] Fernando Reinares and Carola Garcia-Calvo, "The Spanish Foreign Fighters Contingent in Syria", Combating Terrorism Center, January 15 2014, http://www.ctc.usma.edu/posts/the-spanish-foreign-fighter-contingent-in-syria.

[3] Andrea Glioti, "Syriac Christians, Kurds Boost Cooperation in Syria", The Pulse in Middle East. http://www.al-monitor.com/pulse/originals/2013/06/syria-syriacs-assyrians-kurds-pyd.html.

在叙利亚内战中，大批外籍武装人员转向那些具有恐怖主义性质的极端组织的原因，主要是叙利亚的主流反政府武装长期以来在作战中缺乏效率，而且难以联合成为一支整体力量。这就使得各种类型的武装团体各自采取行动，通过独自行动或是互相联合来保持和扩大他们的影响力，而不是联合成统一的力量与叙利亚政府军作战。在这些形形色色的团体中，那些激进的武装团体往往能够获得更多的外来资源。他们打仗往往更加勇猛，而且更有组织性，更容易动员起来采取行动。这就使得他们在打击叙利亚政府军以及与其他反政府力量争夺地盘时更具优势，因而能吸引大量欧洲伊斯兰极端分子参与。

与此同时，这些极端组织对于欧洲伊斯兰极端分子更有吸引力的另一个重要原因，就是他们参加战斗的目的是为了保护伊斯兰世界免受外来攻击，而不是像叙利亚自由军所强调的那样，仅仅是为了推翻阿萨德政权这种叙利亚自身的问题，因而这些极端组织往往更具开放性和多元性。而那些前来叙利亚的欧洲伊斯兰极端分子，很多人不会说阿拉伯语，所以更愿意加入这种具有多元化的极端主义组织。2014年5月以后，叙利亚武装冲突中使用的语言除了阿拉伯语外，主要是英语和荷兰语。

另外，在现实环境中，叙利亚反政府的极端组织大多占据了叙利亚的北部边界地区，因而欧洲伊斯兰极端分子从土耳其越境进入叙利亚之后，马上就会进入这些极端组织的势力范围，因而也会首先选择加入他们。当这些外来人员一旦被这些极端组织安顿下来后，这些新来者就会被激起高涨的战斗热情，立刻参与极端组织的武装行动。同时，极端组织也会在组织上对他们加强管理，使他们很难离开再去加入其他的团体。

很明显，大批欧洲伊斯兰极端分子参与反政府武装后，已经使得这场内战涉及的范围更为复杂，产生的影响也远超出了叙利亚的范围。在叙利亚周边，叙利亚内战导致伊拉克境内现存的冲突不断加剧。叙利亚反政府武装占领的地区跨越叙利亚和伊拉克边界，他们可以在两边建立基地并获取资源，但这也使得伊拉克国内两大教派之间的矛盾更加突出。在黎巴嫩，其国内脆弱的政治平衡也受到威胁。这一方面是教派紧张关系加剧，另一方面则是叙利亚的极端主义团体可以跨界建立分支并发动攻击。另外，叙利亚内战还导致中东地区的教派冲突日益严重，加深了沙特和伊朗之间的矛盾，从而使得中东问题更加难以处理。

四、叙利亚内战中的欧洲伊斯兰极端分子对欧洲社会安全的潜在威胁

叙利亚内战中大批来自欧洲的伊斯兰极端分子，不仅对叙利亚内战本身造成了严重影响外，而且还导致欧洲地区恐怖主义性质的暴力活动出现普遍蔓延的趋势。在长期持续的叙利亚内战中，大批来自欧洲具有圣战理想和极端主义倾向的伊斯兰极端分子，都经历了长时间的暴力和武装冲突。这些暴力冲突的场景使得这些在心理上本来就带有极端情绪的年轻一代对暴力变得习以为常，而且还会带着他们充满暴力和恐怖的世界观返回欧洲国家，成为当地社会潜在的安全威胁。这些人不仅具有从事恐怖活动的愿意，而且还培养了从事恐怖主义活动的能力。当他们回到欧洲国家后，完全有可能和那些有着同样暴力倾向的人员形成网络联系，从而给相关国家的安全带来长期潜在的严重威胁。

一般来说，尽管前往叙利亚参战的伊斯兰极端分子回到欧洲后并不一定会成为恐怖分子，但这并不意味着，从叙利亚内战中返回国内的武装人员中，不会出现少数人最终会采取恐怖主义行动对其所在的国家发动攻击。2014年5月，一名曾前往叙利亚加入"伊斯兰国"的比利时武装人员在布鲁塞尔攻击一座犹太博物馆之后，欧洲就出现了一系列这些从叙利亚返回欧洲的武装人员发动的恐怖主义袭击，其中包括2015年11月3名曾经前往叙利亚的法国武装人员发动的巴黎巴塔克兰剧院袭击，还有2016年3月23日比利时从叙利亚回国的武装人员在布鲁塞尔机场和地铁站制造的连环爆炸案。严峻的事实说明，参与叙利亚内战的欧洲伊斯兰极端分子中，有些人具有走向极端化并将其加以实施的可能性和现实性。其中最根本的原因，一方面是因为这些极端分子在叙利亚内战中深受恐怖极端主义观点影响，常常会把那些反对他们观念的人视为敌人，而且必须以恐怖和暴力的方式加以消灭。另一方面，叙利亚内战中发展起来的像"伊斯兰国"这种试图建立跨国恐怖主义组织并具有伊斯兰统治世界野心的极端主义团体，会通过网络媒体不断号召和鼓励这些回国人员对所有反对他们的无论是穆斯林国家或是非穆斯林国家发动恐怖主义攻击。由于这些极端主义团体不可能在短时期内被消灭，因而他们也会始终不断地宣称他们的这些目标。作为号召对象的这些从叙利亚内战回到国内的伊斯兰极端分子，则已经在叙利亚内战中培养了发动这种攻击的能力。因此，这些从叙利亚回国的武装人员，无论出于自己的个人动机，或是接受这种号召，都有可能采取暴力行动发动恐怖主义袭击。

相比之下，当年大批前往阿富汗抗击苏联入侵的欧洲武装人员中，回国后很少有人后来转变成恐怖分子。这主要是因为塔利班统治时期，那些前往阿富汗的欧洲武装人员对于"基地"组织的观念往往了解并不充分，更谈不上全球或是地区恐怖主义的概念。这些武装人员只是在阿富汗期间，受到过本·拉登提出的打击像美国这样"远处敌人"言论的一些影响。[1] 相比之下，如今这些前往叙利亚的欧洲武装人员，他们已经完全了解"基地"组织的性质以及伊斯兰极端主义团体的政治诉求。因此，在他们前往叙利亚打击叙利亚政权时，实际上已经比当年那些前往阿富汗的前辈们更多地接受了"基地"组织以及相关极端主义团体的那些极端主义思想。

很多欧洲武装人员进入叙利亚之前，虽然可能并没有决定要加入那些激进的极端组织。但在进入这个地区之后，他们大多最终还是加入了像"伊斯兰国"和叙利亚胜利阵线这样的极端组织。当他们加入这些极端组织后，这些外籍人员就会和那些具有极端主义意识形态的武装人员一起，和他们经历共同的生活和战斗。在此过程中，他们不可能不被他们那种高度亢奋的极端主义情绪所感染，并进一步接受他们那些极端主义的思想观念。特别是对于那些前来叙利亚的最初动机，只是获得一种归属感和消除自尊感的欧洲武装人员来说，这种影响可能会更加强烈。因此，叙利亚内战就像是一台培养新一代恐怖分子的孵化器。这种孵化

---

[1] Seth Jones, "A Persistent Threat, the Evolution of al-Qa'ida and other Salafi Jihadists", Rand National Defense Research Institute, 2014, http://www.rand.org/content/dam/rand/pubs/research_reports/RR600/RR637/RAND_RR637.pdf.

器所产生的效能,已经在很大程度上抵消了欧洲社会 2001 年以来展开的打击恐怖主义行动产生的效果。

从伊斯兰极端主义思想脉络的发展来看,"基地"组织始终是其根源。因为在叙利亚内战中,吸收外籍人员最多的就是"伊斯兰国"、叙利亚自由军和叙利亚胜利阵线等三个组织。这三个组织最初都是那些与"基地"组织有关的团体或是原来的"基地"组织成员所建立的。因此,"基地"组织建立跨国网络以及发动全面恐怖主义攻击的观念,必然会成为这些组织的基本思想。不仅如此,"基地"组织对叙利亚内战也深感兴趣,并将其视为一个可以从 2001 年以来所遭受打击中得以恢复的机会。为此,"基地"组织不断派出高级领导人员前往叙利亚,与那里的相关组织联系并对他们发挥影响。① 目前,"基地"组织的权威性和正统性虽然遭到了"伊斯兰国"领导人巴格达迪的挑战,但"基地"组织的思想观念在伊斯兰极端主义势力中的主导地位,依旧可以说是 2001 年 10 月以来最稳固的。"基地"组织领导人扎瓦希里认为,目前的形势对他们非常有利,因为叙利亚和伊拉克的长期不稳定,能够让叙利亚胜利阵线以及"基地"组织的其他附属团体控制更多的土地。他们可以在那里建立营地,并重建一个国际性的联系网络。② 不仅如此,"基地"组织还发现伊拉克和叙利亚显然比也门和索马里更有吸引力,因为他们在这里更容易获得包括欧洲武装人员在内的人力和财力资源。对此,美国国防部负责情报事务的副部长克拉珀也表示,在适当的条件下,这些极端组织在未来某个时候完全有可能会按照"基地"组织设定的目标发动攻击。③ 2014 年 3 月,发生在土耳其南部和伊斯坦布尔的两起恐怖主义袭

---

① "Treasury Designates Al-Qa'ida Leaders in Syria", US Department of Treasury, May 14, 2014, http://www.treasury.gov/press-center/press-releases/Pages/jl2396.aspx.

② "Al-Qaida Leader Zawahiri Urges Muslim Support for Syrian Uprising", The Guardian, 12 February 2012, http://www.theguardian.com/world/2012/feb/12/alqaida-zawahiri-support-syrian-uprising.

③ Alistair Bell and Tom Brown, "US Spy Chiefs Say Number of Foreign Militants in Syria Rises", World, Jan. 29, 2014, http://www.reuters.com/article/2014/01/29/us-usa-security-syria-idUSBREA0S1XL20140129.

击事件都与"基地"组织有联系,而发动袭击的人则是"伊斯兰国"成员。

可见,无论叙利亚的事态未来如何发展,"基地"组织都有可能控制那些返回自己国家的欧洲武装人员的网络,或是指挥那些在叙利亚时已经参加恐怖主义组织的成员,从而对欧洲安全形成重大的潜在威胁。即使有一天叙利亚内战停止了,这些深受极端主义思想影响并经历过暴力活动的外籍人员,依然不会停止他们的行动。他们作为极端主义分子组成的流动武装组织,会转向其他地区制造冲突,为恐怖主义团体扩大他们的领域提供机会。[1]

更加令人担忧的是,随着近年来"伊斯兰国"的兴起及其势力不断扩大,叙利亚内战中越来越多的欧洲武装人员已经开始转向这个更加激进的伊斯兰极端主义团体。根据叙利亚胜利阵线负责人的说法,"伊斯兰国"2014年成立后,叙利亚已经有40%的外来武装人员加入这个组织。在叙利亚胜利阵线内部,有60%—70%的外来武装人员转向"伊斯兰国"。在叙利亚自由军中,也有30%—40%的外来武装人员转入"伊斯兰国"。一名在阿勒颇战斗的叙利亚自由军旅长就公开表示,他们部队中一些外籍武装人员,在"伊斯兰国"发展日益强盛后,大多已经转向他们。这些转入"伊斯兰国"的外籍人员中,就有来自德国以及其他一些国家的外来武装人员。[2]

目前,"伊斯兰国"的目标已经不仅仅是打败阿萨德政权,而是要建立一个范围广泛的伊斯兰国家,并为实现这一目标建立了广泛的跨国网络。在这种影响下,这个组织内的欧洲武装人员也会调整他们的目标,把矛头转向欧洲地区,从而给欧洲国家的安全带来威胁。通过跨国网络体系,"伊斯兰国"不但能够把欧洲武装人员送入叙利亚,而且也能够把那些在叙利亚内战中经过训练的欧洲武装人员输送回欧洲。2014年下

---

[1] Brian Michael Jenkins, 'The Dynamics of Syria's Civil War', Perspective, Rand Corporation, 2014, http://www.rand.org/content/dam/rand/pubs/perspectives/PE100/PE115/RAND_PE115.pdf.

[2] Richard Barrett, "Foreign Fighters in Syria", The Soufan Group, June 2014, http://soufangroup.com/foreign-fighters-in-syria.

半年，比利时、法国、西班牙和土耳其都发现了极端组织动员和招募外籍人员的网络。叙利亚北部哈马地区的一名极端组织领导人也承认，他曾通过这种网络前往埃及会见一些伊斯兰组织领导人，和他们商讨协助希望参加圣战的外籍人员前往叙利亚。他在埃及期间，还见到了一批伊斯兰教法学者以及一些准备执行自杀式攻击的人，他们都是通过这种网络聚集到这里。2015年1月，对巴黎犹太超市发动恐怖袭击的女性恐怖分子哈亚特·布迈丁，显然也是通过这种网络逃离了法国警察的追捕进入叙利亚。

不言而喻，2015年在法国以及2016年在比利时发生的多起恐怖主义袭击事件中，其背后已经可以明显看到"伊斯兰国"或是"基地"组织支持的那些返回欧洲自己国家的武装人员构成的恐怖主义威胁。在这些恐怖主义袭击事件中，影响最大的是2015年11月巴黎巴塔克兰剧院造成130人死亡、300多人受伤的恐怖主义袭击。在制造这起袭击事件的3名凶手中，一名是来自法国斯特拉斯堡的福阿德·穆罕默德·阿贾德，还有两名是来自巴黎郊区的奥马尔·伊斯梅尔·穆斯塔法伊和萨米·阿米穆尔。他们都是曾经前往叙利亚参加过内战的欧洲武装人员。不仅如此，2016年3月在比利时布鲁塞尔机场和地铁发生的连环爆炸袭击中，发动袭击的恐怖分子大多也曾参加过叙利亚内战。这种情况表明，这些参加过叙利亚内战的欧洲武装人员返回国内后，对所在国家安全构成的潜在威胁所具有的现实性和严重性。这主要是因为这些经历过叙利亚内战并亲身感受了极端组织思想观念的人，回到国内后依然难以放弃那种伊斯兰极端主义意识形态。只要有适当的时机，这种极端主义的心里就会变成具体的恐怖主义行动。不仅如此，这些从叙利亚回到国内的人员并不是孤立的，他们无论和叙利亚的极端组织还是和分散在欧洲各地的回国人员之间，依然可以通过网络进行联系和交换信息，甚至组织小组行动。2015年和2016年发生在法国和比利时的恐怖主义袭击事件，都体现了这一特点，因此造成的危害也特别严重。

五、欧洲与其他相关国家应对潜在威胁的措施

随着恐怖主义袭击事件的不断发生，欧洲国家政府也日益感受到那些参加叙利亚内战回国人员所构成的潜在安全威胁。但对于这些国家的政府来说，如何处理和防范这些从叙利亚回国人员也存在着很多难题。因为这些国家政府对待这些从叙利亚回来人员的方式，将会直接影响到这些人员未来的行为趋向。这其中，对于那些仅仅是出于人道主义动机而前往叙利亚，并且没有参与过武装冲突的人，如果他们回国后遭到严厉对待，就可能会导致他们产生一种疏离感甚至走向极端主义。因此，欧洲国家政府最重要的工作是要了解这些回国武装人员前往叙利亚的动机，还有他们在那里的所作所为，以及他们回国的真正原因。只有在了解了这三方面的情况后，才能够根据这些回国人员可能构成潜在威胁的程度采取相应措施。但对于欧洲国家政府来说，要弄清这些情况可能会相当困难。但如果不能了解有关情况，欧洲国家政府也难以采取适当的应对措施。

目前看来，欧洲国家对于从叙利亚返回国内人员采取的应对措施大致分为两种情况。一种情况是密切监视所有从叙利亚的回国人员，并用行政和法律的方式对他们提出警告。在情况严重时，甚至没收他们的护照和取消他们的国籍。另一种情况则是尽可能帮助这些回国人员重新融入社会。在一般情况下，很多国家都是同时采取这两方面的措施，让两者相辅相成。

为此，一些欧洲国家已经或正在考虑将那些未经政府许可参与国外武装冲突的行为确定为刑事犯罪，而且制定了法律来起诉那些加入过像"伊斯兰国"或是叙利亚胜利阵线这种极端主义团体的人员。不过，针对这些案件收集证据也很困难，特别是像瑞士这样必须证明这些团体会伤害国家利益才能对被告人起诉的国家。2013年底，俄罗斯联邦也实施了一项法律，将参与海外那些俄罗斯法律认定为恐怖主义团体的行为视为刑事犯罪。从客观上来说，欧洲国家制定的这些法律，既可以警告那些意识到自己行为会导致严重后果的人员尽快离开叙利亚，也能够促使那些在叙利亚内战中幻想破灭的人员及时返回国内。

从具体事实来看，欧洲国家这些法律的实施还是产生了一定作用。2014年3月中旬，一名叙利亚胜利阵线的协调人就表示，由于欧洲国家实行了这些法令，"已经有数百名欧洲武装人员返回他们的国家"。[①] 叙利亚自由军的一名军官也谈到了类似情况："很多欧洲武装人员初来时带着良好的意愿。但在他们看到那些不道德的行为以及他们加入的团体的残酷暴行时，也会想要退缩。这可能促使他们加入其他团体，或是在他们的幻想破灭时返回自己的国家。"[②] 客观地说，这类回国人员未来一般不会对国家安全构成威胁。但问题是，如何帮助这些刚刚回到国内需要回到过去生活环境的人，能够重新融入社会而且不再受到那些对社会构成危害的伊斯兰极端主义思想的影响。

对于这种情况，一些欧洲国家为了给这些回国人员提供帮助，还专门制订了向回国人员家庭提供支持的重新融入计划。其中最重要的就是抵制极端主义思想影响的心理防范，还有消除极端主义影响的心理健康护理。这些欧洲国家政府虽然会用严厉的态度批评这些人员前往叙利亚参加武装冲突的行为，但并不会影响这些计划的全面实行。不过问题是这些计划需要回国人员以及相关家庭的参加意愿，而且这些家庭还必须具有足够的凝聚力。实际上，很多前往叙利亚人员的家庭往往缺乏这种凝聚力，因而也影响了这些计划实施的效果。

除了政府采取的措施外，欧洲国家社区对于这些从叙利亚回国人员的监视和重新融合，可能发挥的作用更加切合实际。对于每个具体社区来说，它不仅能够推动回国人员成功地重新融入社会，而且还能够识别并发现那些可能带来重大安全威胁的人员。在这个方面，政府往往难以

[①] Erika Solomon and Sam Jones, "Disillusioned Foreign Fighters Abandon Rebel Ranks in Syria", *Middle East and North Africa*, 18 March 2014, http://www.ft.com/intl/cms/s/0/a26ffc5c-adfc-11e3-bc07-00144feab7de.html.

[②] Scott Gates and Sukanya Podder, "Social Media, Recruitment, Allegiance and the Islamic State", *Perspectives on Terrorism*, No 4, 2015, http://www.terrorismanalysts.com/pt/index.php/pot/article/view/446/html.

做到。因此，欧洲国家政府更需要依靠社区来长期监视那些回国人员的态度和行动，以便及时发现任何潜在的问题。目前，比利时、丹麦、德国、英国和荷兰等一些欧洲国家，已经开始采取这种方式。法国还成立了一个呼叫中心，让那些回国人员的家庭报告这些人员的思想倾向，特别是随时报告他们流露出的极端主义思想倾向。

总的来说，鉴于欧洲国家有数千人参加了叙利亚内战，而且其中还有大批人员参加了像"伊斯兰国"和叙利亚胜利阵线这样的伊斯兰极端组织，因此人们不难想象这一事实所造成的广泛影响以及将会带来的严重后果。第一，这些来自欧洲的武装人员遍及欧洲的多个国家。不仅其来源广泛，而且还把欧洲如此众多的国家和叙利亚内战联系在一起。第二，这些欧洲武装人员前往叙利亚的动机，大多是受到伊斯兰极端主义的影响。这也表明伊斯兰极端主义思想，在欧洲国家当前的广泛影响。第三，大批欧洲武装人员的参与加剧了叙利亚内战的冲突，也是导致叙利亚内战长期延续的重要原因之一。第四，大批来自欧洲的武装人员从叙利亚回国后，必然会将他们在叙利亚期间参加极端主义组织暴行的心理和极端主义组织的思想观念带回国内，从而给欧洲国家的安全带来长期的潜在威胁。2015年和2016年在法国和比利时发生的多起由叙利亚回国人员发起的恐怖主义袭击已经表明，欧洲国家在未来多年中将会面对的这种恐怖主义的严重威胁。第五，欧洲国家虽然对于参与叙利亚内战的回国人员已经采取了一些应对措施，但要从中识别和区分少数具有恐怖主义倾向的极端思想的人员依然存在很大困难。因此，欧洲国家政府必须和社区加强合作，推动这些回国人员尽快重新融入社会，同时还要密切防范那些坚持伊斯兰极端主义思想倾向的人员可能发动的恐怖主义袭击。

第五章 / 欧洲穆斯林群体的政治参与和政治影响

欧洲穆斯林作为欧洲社会中的一个重要组成部分，虽然由于种种原因造成了其社会经济地位较为低下，但他们还是利用欧洲国家的民主政治体制，积极参与政治来表达他们自己的诉求，并在某种方面对其所在国家的政策产生了一定的影响。在欧洲主要国家中，德国、英国、法国在历史上就与中东地区之间有着千丝万缕的联系。近代以来，这些欧洲大国在西亚、北非、南亚的殖民历史，又使得他们与伊斯兰世界之间始终存在着纷繁复杂的关联。在二战后的欧洲重建中，分裂的德国严重缺乏劳动力，因而大批引进土耳其的"客籍劳工"，从而使得土耳其人成为后来德国穆斯林的主体。英、法则因为殖民主义的遗产，而继续保持着与已经独立的前殖民地之间的特殊联系。因而在战后重建中，同样是为了劳动力的原因，英国和法国共同促成了诸多南亚和北非穆斯林向欧洲的流动。其中，英国穆斯林主要来自南亚的印度和巴基斯坦。法国的穆斯林则主要来源于北非地区。随着穆斯林人口在欧洲国家的急剧增加，穆斯林群体的政治参与也日益明显，并对所在国家的政治产生了不同程度的影响。但由于欧洲主要国家对待穆斯林移民政策以及穆斯林群体的具体情况存在差异，这种政治参与的方式和影响力也各有不同。德国在二战后虽然注重历史反思，对于种族主义打击较为严厉，但德国重视单一血统的观念使得外来移民难以获得德国国籍。因此，土耳其穆斯林移民通过政治参与来推动国籍改革便成为其重点。英国和法国则由于其过去的殖民宗主国身份，早已吸收了大量来自殖民地的穆斯林移民，其中许多人早已获得国籍并有移民二代、三代的出现。因而英国和法国穆斯林除了通过政治参与以求提升政治权利以外,还将重点投入到影响政府的中东政策。尤其是法国穆斯林,对法国外交政策的关注度主要聚焦于巴勒斯坦问题。总而言之,欧洲穆斯林作为一个外来族群和伊斯兰教信仰群体,已经与欧洲国家的政治进程密不可分。目前看来,欧洲国家的内政与外交都绕不开欧洲穆斯林群体,他们的政治参与正在以不同的方式影响着欧洲政治及其群体自身的走向。

第一节 德国土耳其穆斯林群体的政治诉求、参与和影响

近年来,由于欧洲穆斯林人口的增加和"9·11"事件的影响,欧洲国家都开始关注穆斯林群体在本国的存在,特别是穆斯林群体的政治诉求可能对本国政治造成的影响。由于宗教和文化上的差异,西方学者在研究欧洲穆斯林问题时,主要关注其身份认同,强调穆斯林群体强烈的伊斯兰倾向,是他们难以融入欧洲主流社会的关键,甚至影响到欧洲国家的内政外交。但对于德国穆斯林来说,一方面是他们低于平均水平的社会经济地位,使他们难以融入德国主流社会并出现极端主义倾向;而另一方面,德国的国籍法限制,也导致大批穆斯林移民,甚至他们出生在德国的子女都无法获得德国公民的身份。因此,德国穆斯林对德国政治参与中最重要的政治诉求,就是要解决他们的身份问题,从而在根本上改变他们的社会经济地位。而且这也是他们真正融入德国社会的重要前提。

一、德国土耳其穆斯林群体的形成和政治诉求

土耳其穆斯林来到德国的历史,最早可以追述到18世纪普鲁士王国时期。不过这个群体当时的规模很小,对普鲁士几乎都没有影响。第一次世界大战前,奥斯曼帝国为了军事发展的需要,派遣了大批年轻军官前往德国学习西方先进的军事技术和管理方式,从而导致德国

土耳其穆斯林的人数有所增长。而土耳其穆斯林大批移民德国，则是在第二次世界大战结束以后。当时前往德国的土耳其穆斯林移民主要有三种来源：其一是外出务工；其二是家庭团聚；其三则是寻求政治庇护。

土耳其穆斯林作为外来务工人员进入德国的时间，主要从20世纪60年代开始。当时整个西欧在"马歇尔计划"的支持下经济建设全面恢复。其中德国经济的增长，则创造了联邦德国的"经济奇迹"。但1961年柏林墙的修建，使得西德失去了大量来自东德的劳动力，从而引发了德国劳动力短缺。西德政府为了满足德国经济发展的需求，开始向国外招募大批劳动力。与此同时，土耳其经济在美国杜鲁门总统的"第四点计划"援助下虽然也有所发展，但国内仍然有大量劳动力剩余。土耳其1960年军事政变后选举出的新一届联合政府，也希望为国内剩余的劳动力向海外寻找更多的就业机会。在这种背景下，德国和土耳其政府1961年10月签订了《德国劳工市场向土耳其招聘劳动力协议》。根据这项协议，大批土耳其穆斯林来到德国，成为德国的外来务工人员。

1967年，西德经济在经历了短暂的衰退后，又开始了新一轮的快速发展，对劳动力的需求也大幅度提高。土耳其国内，则在二战后稳定的经济和政治环境中出现了人口的大规模增长。但土耳其20世纪60年代初出现的军事政变，影响了土耳其政治和经济的稳定发展，导致失业率上升。在这种情况下，面对西德对劳动力的迫切需求，再加上外籍工人可以享受和德国工人基本相同的工资和福利待遇，因而再次吸引了大批土耳其穆斯林青年前往德国工作。到70年代初，土耳其人已经成为德国境内最大的移民群体，约占当时非德裔劳工总数的23%。[1]

但值得注意的是，前来德国务工的土耳其穆斯林大都来自土耳其农村地区。这些地区经济发展落后，民众宗教情绪强烈，对伊斯兰教有着

---

[1] David Horrocks and Eva Kolinsky eds., *Turkish Culture in German Society Today*, Berghabn Books, 1996, p. 82.

根深蒂固的强烈认同。受凯末尔世俗主义革命的影响非常有限。另外，前来德国工作的土耳其穆斯林，大多从事那些粗放的制造业工作。这些工作的技术含量低，但劳动强度大。因此，这些人大多只跟工友和雇主接触，很少有时间和精力融入德国社会。在这种情况下，前来德国务工的土耳其穆斯林逐渐形成了自己的生存方式。在工作上，他们主要是在制造业和建筑业等劳动密集型产业中劳动挣钱；在生活上，他们则因为种族、语言和文化等原因而集中聚居在一起；在精神上，伊斯兰教是他们之间相互认同和团结的唯一精神纽带。

随着大批土耳其穆斯林前来德国务工，他们的亲属很快也随之来到德国实现家庭团聚。1961年的《德国劳工市场向土耳其招聘劳动力协议》中规定，土耳其劳工在德国工作满两年后必须返回土耳其。但事实上，当这些工人成为熟练工之后，不仅德国的雇主不愿意失去这些高效率的劳动力，而且这些在德国生活了两年的土耳其穆斯林也因为德国良好的生活条件和福利待遇而不愿离开。结果，由于德国政府并未强制执行这项工作满两年后必须返回来源国的规定，因而使得大部分土耳其劳工留在德国成为德国的永久移民。1967年，德国的土耳其穆斯林只有大约13万，但到70年代初已经增加到60万之多。[①]

另一方面，土耳其国内从70年代初就开始出现政治动荡。1971年的"备忘录政变"虽然缓和了60年代末以来土耳其左派和右派的政治冲突，但政变后军方组建的超党派专家政府施行的改革并没有产生明显成效。这些改革非但没有在国家高层取得一致，而且还导致土耳其国内出现了左派、自由主义和民族主义等三种意识形态。从1973—1979年的短短6年中，土耳其就经历了6届联合政府更迭。特别是70年代，土耳其政党之间的意识形态斗争逐渐演变成政治恐怖主义。不仅暗杀活动频繁，而且国家法律和社会秩序都遭到严重破坏。同时，带有暴力色彩的库尔德分裂主义与伊斯兰复兴运动也和土耳其政治斗

[①] Rudoph Christopher, *National Security and Migration: Policy Development in United States and Western Europe since 1945*, Stanford University Press, 2006, p. 103.

争交织在一起,导致土耳其军方 1980 年 9 月再次发动军事政变,宣布解散议会,国家进入紧急状态。土耳其国内这种动荡的政局也促使那些在德国工作的土耳其穆斯林决定留在德国,并将家人接到德国团聚。

从 20 世纪 70 年代初到 80 年代中期,大批土耳其穆斯林工人的家属以家庭团聚的方式进入了德国。在当时情况下,土耳其穆斯林工人家庭团聚的权利,不仅受到德国 1949 年基本法的保护,而且德国 1973 年颁布的《家庭团聚法案》,也为土耳其穆斯林工人将配偶和未成年子女迁移到德国提供了法律依据。但也要看到,以家庭团聚形式移居德国的土耳其穆斯林与先前到德国去工作的土耳其穆斯林有很大区别。首先,先前来德国务工的土耳其穆斯林主要是单身男性,而以家庭团聚形式前来德国的则全部是女性和儿童。这些女性和儿童不仅没有经济能力,而且还带来了住房、教育、福利和宗教等社会需求,从而对德国政府和德国社会的接纳能力提出了挑战。其次,先前来德国务工的土耳其穆斯林工人,在服装等方面也没有显著的宗教标志,生活上的禁忌也相对较少。而前来与家人团聚的穆斯林女性,则在面纱和头巾方面的装束上体现出穆斯林显著的宗教特征,而且在适应德国的生活上也遇到很多困难。最后,土耳其穆斯林劳工家庭的子女教育问题,也成为德国政府和土耳其穆斯林自身的难题,而且需要立刻加以解决。因此,当土耳其穆斯林家庭在德国大量出现后,原来那些土耳其穆斯林工人便不再是一支符号化的劳动大军,而是有着自己信仰和文化的真实的群体存在。[1]

除了劳工和家庭亲属外,还有一些前来德国的土耳其穆斯林则是为了寻求政治避难。这里所说的政治避难,主要是那些要求德国政府提供保护的土耳其政治难民。土耳其当时的政治难民,大多是库尔德人和伊斯兰复兴运动的成员。在库尔德人方面,他们于 20 世纪 80 年代末成立

---

[1] Joel. S. Fetzer and J. Christopher. Soper, *Muslim and the State in Britain, France and German*, Cambridge University Press, 2005, p. 102.

了库尔德工人党。这个党为了在土耳其东南部建立一个独立的库尔德人国家，不惜采取暴力和恐怖主义手段与土耳其政府对抗。他们把自己描述成为马克思列宁主义者，并把他们的恐怖主义活动说成是"反对土耳其帝国主义"的行动，[①] 因而遭到了政府的严厉镇压。90年代初，土耳其南部的库尔德人又开始组建政党参加议会选举。在1991年的议会选举中，他们甚至获得了13个议会席位。但由于库尔德议员在宣誓仪式上使用库尔德语并穿着代表库工党的服装，因而遭到政府取缔。在伊斯兰复兴运动方面，尽管1982年的宪法禁止宗教团体参加政治活动，以清除伊斯兰复兴运动的影响，但其成员还是成立了一些秘密党派，继续发展伊斯兰运动。特别是其中一些比较极端的团体，表现的极其活跃。当时居住在德国的郝查·柴玛莱廷·卡普兰教士，就宣扬要借用伊朗的伊斯兰革命方式建立一个伊斯兰国家，并宣称自己是这个伊斯兰国家的哈里发。[②] 卡普兰领导的伊斯兰复兴运动虽然没有得到广泛支持，但也引起了土耳其政府的警觉，并对其实施打击。结果，在政府的全面镇压和军队的严厉打击下，大批库尔德工人党成员和伊斯兰原教旨主义者纷纷逃离土耳其，前往德国寻求政治避难。他们选择德国的原因有两方面：一方面是德国有大量土耳其穆斯林移民。他们去德国不仅易于生存，而且还能继续在德国土耳其穆斯林中寻求发展。另一方面，德国1949年的基本法规定受到政治迫害的人享有政治避难的权利，并向这些难民提供慷慨的社会福利。[③] 因此，从80年代中期到2002年土耳其正义与发展党上台执政之前，有大批土耳其政治难民涌入了德国。

目前，生活在德国的土耳其穆斯林主要是那些最初前来的务工人员及其家庭和后代，同时还有那些寻求向德国政府寻求庇护的政治难民，另外还有一批留学生和各类高级人才。在他们当中，第一类人群的数量

[①] Aylin Güney, "The People's Democracy Party", *Turkish Studies*, Vol. 3, No. 1 (Spring 2002) p. 123.

[②] Erık J. Zürcher, *Turkey: A Modern History*, London: I. B. Tauris, 2004, p. 290.

[③] 陈南雁：《欧洲移民问题及移民政策的趋势分析——兼论德国在欧洲移民政策形成过程中的重要作用》，载于《德国研究》，2006年第2期，第37页。

最多。但因为他们受教育程度有限，而且并没有真正融入德国社会，因此从事的依然是那些简单粗放的工作。但他们希望继续生活在德国，成为拥有合法身份和被法律承认的德国人。第二类是政治难民，他们在寻求政治庇护的同时，还希望能够在德国的土耳其穆斯林群体中传播自己未能实现的政治野心。他们当中的库尔德人则把土耳其国内库尔德人与土耳其人的矛盾复制到德国的土耳其穆斯林群体中，而那些伊斯兰原教旨主义者则试图加强德国的土耳其穆斯林的宗教热情来获得更多的政治支持。第三类主要是那些来德国学习的年轻一代，他们希望通过自己的努力留在德国享受更好的物质生活和福利待遇，并且也希望获得在德国居留的合法身份。

很明显，对于这三类德国的土耳其穆斯林来说，获得在德国的合法身份，也就是德国国籍是他们的共同诉求。不仅如此，这些德国的土耳其穆斯林甚至希望同时拥有德国和土耳其的双重国籍。这其中的原因有三个方面：首先，作为土耳其人和土耳其后裔，生活在德国的土耳其穆斯林依然有着强烈的民族意识和宗教认同感。因此，他们需要保持土耳其身份来满足自己作为一个突厥人和穆斯林的精神需求。但由于他们生活在德国，而且外国人的身份在很多时候不能解决他们在现实生活中遇到的问题，特别是不能享受德国公民所有的待遇，因此他们又希望获得德国国籍。其次，土耳其穆斯林数量庞大，已成为德国社会最主要的少数族裔。但他们大部分人的社会经济地位依然较低，因此希望通过获得德国国籍，来享受和德国人一样的社会福利待遇，改善自己的生存和生活状况。另外，德国的土耳其穆斯林大多有家庭和孩子，而德国国籍也是他们的子女获得良好教育的关键。因为德国法律并没有规定，出生在德国的孩子就是德国人，而是要等到孩子成年后才能决定。这就意味着父母如果没有获得德国国籍，那么身份问题将一直伴随着孩子直到成年，几乎涵盖所有受教育年龄。因此，生活在德国的土耳其穆斯林最大的政治诉求就是获得德国国籍。为此，德国的土耳其穆斯林始终努力通过政治参与的方式，来实现他们获得德国国籍的政治诉求。

二、德国土耳其穆斯林群体的政治参与过程

随着在德国生活的不断深入，德国土耳其穆斯林越来越意识到，参与政治才是他们实现自身利益最直接的方式。但在德国这样一个非移民国家中，德国土耳其穆斯林在直接参与德国政治的过程中遇到了国籍身份、宗教信仰、文化认同、代表比例等诸多方面的门槛和挑战。这也使德国土耳其穆斯林认识到，要想争取到政治权利，仅靠参与德国政党是远远不够的。于是他们开始在市民社会中扩大自己的影响力。活跃在市民社会中的各种伊斯兰社团不仅对德国土耳其穆斯林的生活产生了直接影响，而且也促进了德国和土耳其在非官方层面上的交流。同时，一些在德国有影响力的土耳其媒体也通过广播等方式，从意识形态上加强了德国土耳其穆斯林的内部认同和团结。所以，德国土耳其穆斯林在实践中逐渐形成了参与德国政党、组建市民社会团体和媒体传播这三种政治参与方式。

1. 通过德国政党的政治参与

从20世纪70年代开始，土耳其穆斯林就开始通过德国政党来争取政治权利。但因为德国不是一个移民国家，加入德国政党往往有很高的门槛要求，其首要条件就是德国的公民身份。因此，土耳其穆斯林最初参与德国政党的方式，主要是通过参与那些与政党联合的公会。其中最典型的，就是德国工人联合会与德国社会民主党的联盟。随着德国土耳其穆斯林人口的不断增长，到80年代初，生活在德国的土耳其穆斯林已经达到250万，成为德国最大的少数族裔群体，对德国社会的影响也日益扩大。于是，德国的基督教民主党开始散布排外情绪，对德国的土耳其穆斯林进行抵制。他们警告德国可能"过分外国人化"，并呼吁减少德国的非欧盟国家外国人。[1] 结果，这不仅导致德国土耳其穆斯林被边

---

[1] Selcen Oner, "Turkish Community in Germany and the Role of Turkish Community Organizations", *European Scientific Journal*, Oct. 2014, Vol. 10, No. 29, p. 73.

缘化，而且也使得他们实现获得德国国籍的政治诉求更加困难。截止1986年，只有8166名土耳其人获得了德国国籍，仅占德国公民总数的万分之一。①

此后，随着德国绿党的成立，又为德国的土耳其穆斯林参加德国政党带来了希望。因为绿党并不要求其成员必须拥有德国国籍，所以很多土耳其穆斯林都加入了绿党。例如，杰姆·厄兹代米尔、艾金·戴利戈兹、奥詹·杰伊汉和里扎·巴兰等土耳其政治人物，都是通过绿党开始在德国的政治舞台上崭露头角。1982年，绿党通过选举进入了德国联邦议院。在此后的近二十年中，土耳其穆斯林主要就是依靠德国社会民主党和绿党，为自己争取获得德国国籍的权利，② 作为一个传统的民族国家，德国政府在2000年之前一直规定，要申请德国国籍必须提供证据证明其祖先中至少有一人是德国血统。③ 1998年，德国社会民主党在选举中获胜后，和绿党组成了联合政府。联合政府上台后，立刻开始改革德国国籍法中的血统原则。规定在德国出生的外国小孩，只要其父母中有一方在德国拥有合法居住权并工作满8年，或拥有长期居住权并满3年，那么这个孩子在18—23周岁时只要宣布放弃土耳其国籍就可以获得德国国籍。④ 这项法案在2000年付诸实施后，一些能够满足这个条件的第二代土耳其穆斯林成功获得了德国国籍。但是，父母的身份依然是其他更多第二代土耳其穆斯林获得德国国籍的障碍。

联合政府的国籍法改革虽然取消了血统原则，但令土耳其穆斯林感到不满的是，改革并没有解决双重国籍的问题，这也导致了德国土耳其穆斯林对德国社会民主党和绿党的不满。因此，一些土耳其穆斯林在

---

① Christian Wernicke, "The Long Road to the German Passport", in Deniz Göktürk, David Gramling, Anton Kaes (eds.), *Germany in Transit: Nation and Migration*, 1955 – 2005 (Berkeley: University of California Press, 2007), pp. 156 – 159.

② Şener Aktürk, "The Turkish Minority in German Politics: Trends, Diversification of Representation, and Policy Implications", *Insight Turkey*, Vol. 12, No. 1, 2010, pp. 67 – 68.

③ Selcen Oner, "Turkish Community in Germany and the Role of Turkish Community Organizations", *European Scientific Journal*, Oct. 2014, Vol. 10, No. 29, p. 74.

④ Selcen Oner, "Turkish Community in Germany and the Role of Turkish Community Organizations", *European Scientific Journal*, Oct. 2014, Vol. 10, No. 29, p. 74.

2000年后开始转向代表德国自由派的自由民主党。自由民主党宣称支持人权和公民自由，并奉行国际主义和中间偏右的政治观念。从20世纪80年代起，自由民主党就大力推行经济自由主义，鼓吹自由市场和私有化。不仅如此，自由民主党也是欧洲自由国际和自由民主联盟的成员。因此，自由民主党对于德国的土耳其穆斯林群体，特别是这个群体中那些在土耳其本土就处于少数地位的库尔德人和阿拉维派穆斯林更具有吸引力。

同时，还有一部分德国的土耳其穆斯林把目光转向了左翼党。左翼党的前身是成立于2007年的民主社会主义党，2014年时已经发展成德国的第四大政党和德国联邦议院的第三大政党。左翼党宣称自己的目标是建立一个"公平和充满关爱的社会"，并且要让"所有人都享受到高质量的教育"。[1] 因此，左翼党也为土耳其穆斯林提供了一个解决问题的新选择。不过，左翼党更关心的是德国与欧洲和世界的关系，而不是国内问题。

由于争取德国国籍，尤其是双重国籍的政治诉求难以实现，德国土耳其穆斯林开始把他们的政治支持转向不同政党，致力于追求其他现实利益。在德国的政治生活中，不同政治倾向的政党存在，也为土耳其穆斯林的政治参与提供了多种领域和希望。作为德国少数族裔群体中最大的一支，土耳其穆斯林的选票也吸引了更多德国政党来关心少数族裔问题，并为赢得他们的选票而做出新的承诺和制定新的政策，甚至形成了一种德国各政党竞相为土耳其穆斯林群体提供支持的局面。但从另一方面来看，政治诉求的分化也导致了土耳其穆斯林群体在德国政治参与过程中力量的弱化。特别是德国土耳其穆斯林群体中的库尔德人和阿拉维派，他们要想发挥重要影响更是难上加难。

2. 通过市民社会的政治参与

除了参与政党外，德国土耳其穆斯林政治参与的另一重要途径是通

---

[1] 左翼党网站："Policies"，http://en.die-linke.de/die-linke/policies/，2015年4月11日访问。

过市民社会。所谓通过市民社会来参与政治，就是通过参加各种市民社会团体来表达自己的政治诉求，并通过市民社会团体对政府的少数民族政策施加影响。在德国土耳其穆斯林参与的大量市民社会团体中，有些特别关注与土耳其穆斯林相关的政治、文化和社会问题，并积极协助相关政府机构为妇女、学生、工人、商人和教师等提供帮助。同时，也有一些市民社会团体致力于保护居住在德国的土耳其人的民族文化传统，并帮助他们融入德国社会。另外，还有一些市民社会团体特别关注土耳其穆斯林的政治权利，反对德国政府对少数族群的同化政策，强调维护少数民族的平等权利。

从性质上来说，德国土耳其穆斯林参与的社会团体主要有三类：第一类是官方的社会团体，第二类是民间的社会团体，第三类是宗教性质的社会团体。第一类所谓的官方社会团体，主要是指那些在德国活动但却受到土耳其政府控制的社会团体，其中最具代表性的是"土耳其—伊斯兰宗教事务局联盟"。这个团体是土耳其官方为了管理欧洲的土耳其移民，于1983年在德国建立的。作为土耳其国家宗教事务局的代表，这个团体的任务就是在维护土耳其和德国国家关系的同时，确保德国土耳其穆斯林对土耳其国家的忠诚。这个团体还代表土耳其官方，呼吁德国的土耳其穆斯林在融入德国社会的过程中不要放弃对土耳其民族的认同。[①] 土耳其政府对"土耳其—伊斯兰宗教事务局联盟"工作的管理，则主要是通过土耳其驻德国大使馆的宗教专员来实行。这个组织中的官员和宗教学者，都是经过土耳其政府的培训和选拔。

在德国政府方面，与"土耳其—伊斯兰宗教事务局联盟"也有很多合作。这不仅是它代表了土耳其官方，而主要是这个机构控制着德国的绝大部分清真寺，是土耳其在德国最重要的社团组织。另外，德国政府也想利用"土耳其—伊斯兰宗教事务局联盟"相对温和的伊斯兰立场，协助德国政府对土耳其穆斯林实行的同化政策。然而，在默克尔政府上

[①] Selcen Oner, "Turkish Community in Germany and the Role of Turkish Community Organizations", *European Scientific Journal*, Oct. 2014, Vol. 10, No. 29, p. 82.

台后，随着融合峰会和德国伊斯兰会议的召开，德国对伊斯兰同化的政策发生了变化。德国政府开始强调要让德国自己来设计德国的伊斯兰，而不是让土耳其左右伊斯兰在德国的发展。

第二种所谓的民间社会团体，主要是指德国土耳其人创办的那些在德国市民社会中能够发挥影响作用的社会团体。这种社会团体分为两类：一类是为土耳其穆斯林提供社会服务的民间团体，另一类则是通过商业活动来促进土耳其穆斯林政治利益的民间团体。在提供社会服务的民间社团中，最有影响的是1995年成立于汉堡的"德国土耳其社团"。这个团体主要代表那些在德国国家机构中任职的土耳其人的利益和要求，并宣称自己独立于政治和宗教意识形态之外，并不具有任何保守派、自由派、社会民主派的政治倾向或是宗教倾向。[1] 作为一个民间社会团体，其目标就是在土耳其和德国之间建立良好的沟通，并通过文化交流为青少年提供福利以及教育和工作培训，[2] 使其尽快适应并融入德国的主流社会。同时，"德国土耳其社团"也有自己的出版物，并组织开展公关活动和公共会议。另外，"德国土耳其社团"还致力于为德国的土耳其穆斯林提供生存和生活上的便利。这个组织虽然没有宗教或政治意识形态上的倾向，但他们依然有自己的政治诉求。包括为德国的土耳其穆斯林争取德国国籍，并计划把柏林建立的德国—土耳其欧洲学校推广到德国的其他行政州。[3] 在现实生活中，这些德国土耳其穆斯林建立的民间团体，其宗旨就是提供社会服务。这些团体除了提供工作培训外，还通过教授德语来提高德国土耳其穆斯林德语在就业中的竞争力。不仅如此，这些团体还通过教授土耳其语和伊斯兰文化，来加强土耳其穆斯林对土

---

[1] Amelina, A. and Faist, T., "Turkish migrant associations in Germany: between integration pressure and transnational linkages", *Pratiques Transnationales-Mobilite et Territorialites*, 2008, 24 (2), p. 103.

[2] Amelina, A. and Faist, T., "Turkish migrant associations in Germany: between integration pressure and transnational linkages", *Pratiques Transnationales-Mobilite et Territorialites*, 2008, 24 (2), p. 103.

[3] Amelina, A. and Faist, T., "Turkish migrant associations in Germany: between integration pressure and transnational linkages", *Pratiques Transnationales- Mobilite et Territorialites*, 2008, 24 (2), p. 104.

耳其民族和伊斯兰宗教的认同。尤其是，这些团体还为德国的土耳其穆斯林提供法律服务，帮助他们解决在工作中跟雇主产生的权利纠纷。

另一类通过商业组织来促进土耳其穆斯林政治利益的民间团体，大多成立于90年代。1994年德国的土耳其企业家仿效德国企业家设立的"德国—土耳其工商会"模式，在德国建立了"土耳其—德国工商会"。此后，这个组织主要在两个方面积极发挥政治作用，对德国政府施加影响。一方面，"土耳其—德国工商会"致力于要求德国政府改革与土耳其之间的签证制度，为德国的土耳其商人在两国间的频繁往来提供便利。另一方面，这个组织为促进土耳其国内企业的发展，把推动土耳其加入欧盟作为自己的长期目标。① 除"土耳其—德国工商会"外，另一个具有广泛影响力的商业组织是"欧洲土耳其创业者和企业家协会"。这个组织活动虽然建立在德国，但活动范围遍及整个欧洲，特别是欧盟国家。其目标主要是鼓励德国和其他欧盟国家的土耳其穆斯林开展创业，关注德国土耳其穆斯林的教育问题，提高德国土耳其穆斯林的就业率，并积极支持土耳其加入欧盟。② 在推动土耳其加入欧盟方面，"欧洲土耳其创业者和企业家协会"发挥了重要作用。它不仅为土耳其和德国之间的经济交流架起了桥梁，而且还为土耳其与其他欧盟国家的经济联系提供便利。特别是，这个组织还在土耳其、德国和欧盟的政治家们之间建立了广泛的联系。

相比之下，那些提供社会服务的民间社团虽然在德国土耳其穆斯林的日常生活中发挥着重要作用，为他们解决许多实际问题，但对德国上层政治的影响却比较有限。尽管这些民间社团也有自己的政治目标和诉求，但往往缺少切实可行的措施和强有力的实施手段。而那些通过商业来促进土耳其穆斯林政治利益的民间团体虽然也是非官方组织，而且只是在经历这种传统低级政治领域中活动，但由于这些团体把土耳其加入

---

① Selcen Oner, "Turkish Community in Germany and the Role of Turkish Community Organizations", *European Scientific Journal*, Oct. 2014, Vol. 10, No. 29, p. 84.
② 欧洲土耳其创业者和企业家协会官方网站："Hakkımızda", http://www.atiad.org/hakk-m-zda.html, 2015年4月12日访问。

欧盟问题作为自己的重要政治议程，因而弥补了国家间关系中高级政治难以发挥实效的空间，能够与官方外交机构的作用相辅相成。

第三种所谓的宗教社会团体，主要是指土耳其逊尼派穆斯林在德国建立的伊斯兰宗教组织，其中最具影响的是"伊斯兰国民意志社团"。1971年土耳其发生政变后，当时的土耳其总理埃尔巴坎领导的民族秩序党遭到取缔。于是，埃尔巴坎来到德国，建立了"伊斯兰国民意志社团"。这个组织很快就在欧洲建立了广泛的活动网络，并得到了土耳其穆斯林的支持。他们希望通过支持埃尔巴坎重返土耳其国内政治舞台，从而促使土耳其政府在双重国籍问题上为他们提供便利。1972年10月，这个组织支持的"救国党"，终于重返土耳其并登上了政治舞台。由于"伊斯兰国民意志社团"与土耳其国内政党联系紧密，因而被德国政府视为一个政治伊斯兰组织。德国情报局也将这个组织看作对德国民主的"威胁"[1]，因为这个组织通过对儿童进行伊斯兰宗教教育来阻碍德国政府对土耳其穆斯林实施同化的政策。[2] 而"伊斯兰国民意志社团"则宣称自己仅仅是一个组织穆斯林进行宗教生活的伊斯兰社团，其目标不过是改善穆斯林的生存环境并维护穆斯林的一些基本权利。[3]

此外，"德国阿拉维派工会联合会"是土耳其穆斯林中阿拉维派在德国的宗教社团，也是1991年成立的"欧洲阿拉维派工会联合会"的一个分支。作为土耳其阿拉维派利益的代表者，这个社团拥有130个地方组织，总共有10万名成员。该组织的目标是在德国和土耳其复兴阿拉维派，推动宗教间的对话与合作，开展反歧视教育和人权教育，促进德国和欧洲其他国家的土耳其文化和宗教社团间的对话与合作。[4] "德国阿

---

[1] Ahmet Yükleyen, GökçeYurdakul, "Islamic Activism and Immigrant Integration: Turkish Organizations in Germany", *Immigrants & Minorities*, Vol. 29, No. 1, March 2011, p. 73.
[2] Ahmet Yükleyen, GökçeYurdakul, "Islamic Activism and Immigrant Integration: Turkish Organizations in Germany", *Immigrants & Minorities*, Vol. 29, No. 1, March 2011, p. 73.
[3] 伊斯兰国民意志社团官方网站："What is IGMG?"，http://www.igmg.org/gemeinschaft/islamic-community-milli-goerues.html，2015年4月12日访问。
[4] 德国阿拉维派工会联合会官方网站："Genel Tanıtım"，http://alevi.com/TR/hakkimizda/genel-tanitim/，2015年4月12日访问。

拉维派工会联合会"虽然为德国的土耳其穆斯林提供了一些帮助,但其范围仅限于德国土耳其穆斯林中的阿拉维派。

总体而言,在德国的市民社会团体中,具有土耳其官方背景的德国土耳其穆斯林社团在宏观上把握着民间社团和宗教社团的发展。而民间社团则主要关心土耳其穆斯林基本的生活和生存问题,同时也从不同方面协助国家高级政治目标的达成。宗教社团则主要关怀土耳其穆斯林的精神世界,并在民族团结和宗教认同中发挥着不可替代的作用。

3. 通过媒体的政治参与

在德国土耳其穆斯林建立的媒体中,早期的媒体主要是为那些作为外来务工人员进入德国的土耳其穆斯林工人的短期居留提供信息和帮助,同时还向他们报道来自家乡的新闻。而对于土耳其穆斯林融入德国社会这样的话题。则几乎完全没有兴趣。[1] 但随着土耳其穆斯林劳工家庭在德国的团聚,再加上德国土耳其穆斯林群体政治倾向的分化,这些媒体也开始注意分析自己的受众,重新定位自己的政治和文化取向。因此,德国土耳其穆斯林内部的不同意见和观点,也清晰地反映在这些媒体中。由于德国土耳其穆斯林的教育水平普遍较低,因而在广播、报纸和电视等媒体形式中,广播始终是最受欢迎的媒体形式。

在德国土耳其穆斯林创办的众多广播媒体中,明渠柏林[2]是其中一个政治态度较为激进的广播电台。这个电台敢于质疑德国政府的文化政策,反对民族同化,并为德国的土耳其库尔德人提供服务。不仅如此,德国的土耳其库尔德人也常常利用这个电台对土耳其国内的库尔德人进行广播。另一个称为多元义化广播[3]的电台,则是一个民族主义倾向较为明显的广播电台,常常戏称自己"有着浓重的外国口音",其目标就

---

[1] Abby L. Drwecki, "Turkish Media in Germany: Multiculturalism in Action?", Kira Kosnick, *Migrant Media: Turkish Broadcasting and Multicultural Politics in Berlin*, Indiana University Press, 2011.
[2] 德语名称为 Offener Kanal Berlin, 英语意思是: Open Channel Berlin.
[3] 德语名称为 Radio MultiKulti, 英语意思是: Multiculturalism.

是为土耳其穆斯林代言。此外,文化广播①也是一个土耳其穆斯林的广播电台,但这个电台并不强调民族主义,大多是播放西方风格的音乐节目。

在以上三种政治参与方式中,通过市民社会来参与政治的方式与通过政党和媒体相比,显然是发展最为迅速而且类型最多样化和最主动的参与形式。不过,作为少数族裔的市民社会团体的影响范围毕竟有限,对决策层也难以产生实质性的影响。相比之下,参加德国政党本来应该是最有影响的政治参与方式,但由于身份等原因的限制,土耳其穆斯林能够参加的党派本来就很有限。即使加入了某些政党,也是其中少数中的少数,很少有机会代表自己的群体发出声音,常常处于被忽略的尴尬境地。而媒体虽然能够调动群体作为一个整体的情绪和热情,并且可以发表自己的政治观点,但媒体大多扮演的不过是服务者的角色,难以对决策者发挥决定性的作用。

除了以上这三种合法的政治参与途径外,还有一些土耳其穆斯林的宗教极端分子,也会利用德国宽松的政治环境来建立宗教极端组织。目前,处于德国联邦宪法保卫局监视下的土耳其伊斯兰极端组织主要有"世界民族观"、"哈里发国家"(也叫"伊斯兰组织及社团协会")以及"大东方伊斯兰战士前线"等。②这些组织都有自己的媒体和出版物,并在德国土耳其穆斯林中宣传自己的极端思想和招募成员。这些极端组织代表的虽然只是德国土耳其穆斯林中的少数,但却影响着德国人对于作为整体的土耳其穆斯林群体的看法。

三、德国土耳其穆斯林政治参与的影响

德国的土耳其穆斯林不仅是德国穆斯林人口中的绝大多数,并且也是德国最大的和最重要的非基督教人口群体。因此,德国土耳其穆斯林

---

① 德语名称为 Kulturradio,英语意思是:Culture.
② 崔巍:《德国境内的外国恐怖组织一览》,载于《国际资料信息》,2001 年第 12 期,第 30—33 页。

的政治参与过程,自然会引起德国政府和社会的极大关注。德国土耳其穆斯林在参与德国政治的过程中,往往会受到土耳其政府和宗教势力的影响。这就使得德国土耳其穆斯林的政治参与,不仅会影响到德国的政治,而且也会影响到土耳其的政治以及德国和土耳其的关系。当然,这种影响最终还要体现在土耳其穆斯林自身的政治和社会诉求能否实现的问题上。

1. 对德国国内政治的影响

德国土耳其穆斯林的政治参与对德国国内政治的影响,主要体现在德国文化多元化的发展进程中。不过,这种影响目前看来主要是负面的,而且还在相当程度上加深了德国民众对土耳其穆斯林的成见。其原因主要有三个方面:

首先,德国作为一个传统的民族国家,起初并没有考虑到外来务工的土耳其穆斯林及其家庭和后代会长期生活在德国。因此,德国社会对这些土耳其穆斯林的态度并不包容,而是倾向于排斥。在历史上,德国右翼中的极端民族主义势力对德国土耳其穆斯林群体的迫害曾在20世纪90年代初达到顶峰。1993年5月,在北莱茵—威斯特伐利亚的索林根,4名德国右翼青年对一处土耳其家庭居住的房屋纵火,导致4名妇女死亡以及包括数名儿童在内的14名人员严重烧伤。"索林根纵火袭击案"之后,土耳其穆斯林在德国多个城市和地区组织了抗议游行活动。直到1995年,4名嫌犯才因纵火和谋杀的罪名被判刑。但对于这一事件的争论,却持续至今。"索林根纵火袭击案"的发生,加深了土耳其穆斯林与德国主流社会的矛盾。一方面土耳其穆斯林把自己看成是德国"新纳粹主义"的受害者,而另一方面德国人则认为土耳其穆斯林是有色人种,而且与自己宗教信仰不同,因此不愿给予他们德国国籍。这种在国籍问题上的排外性,显然不利于德国社会的多元化发展进程。

其次,德国民众对土耳其穆斯林的看法,在"9·11"事件后也发生了微妙变化。"9·11"事件前,土耳其穆斯林在德国人看来主要是土耳其人;但在"9·11"事件后,他们在德国人眼中只是穆斯林。由于"9·11"事件对西方社会的冲击,导致德国人把关注的焦点更多转向德国穆斯林群体的宗教生活。作为德国的少数族裔,绝大多数土耳其穆斯林并没有获得德国国籍。但对于他们在德国的事实存在,德国政府也没有负起责任来处理好多元文化与教育的关系。这一方面是因为德国土耳其穆斯林不愿让基督教背景的德国政府来干预自己的伊斯兰教教育,但又必须依靠德国的基础教育体系;而另一方面德国政府并不愿意为土耳其穆斯林开设伊斯兰教育课程,而是希望把土耳其穆斯林的教育纳入德国的基础教育体系。不仅如此,德国土耳其穆斯林中的教派矛盾,也加大了德国政府将伊斯兰教育纳入国家基础教育体系的难度。在德国的土耳其穆斯林中,主要有逊尼派和阿拉维派,但后者为少数。由于两派的宗教教育有所不同,因而他们对德国伊斯兰教育的预期和要求也有分歧。这也使得德国政府很难在基础教育中对伊斯兰教育进行系统化管理。结果,在"9·11"事件的影响下,德国政府与德国土耳其穆斯林对伊斯兰教育态度的分歧,也严重阻碍了德国文化的多元化进程。

最后,德国土耳其穆斯林建立的大量组织和社团,都反复强调伊斯兰宗教认同和土耳其民族团结,这也在事实上拒绝了德国政府的同化政策,不利于土耳其穆斯林融入德国主流社会。这些组织和社团的存在,同样也影响到德国文化多元化的进程。

另外还需注意的是,德国土耳其穆斯林在很大程度上也影响着德国在土耳其加入欧盟问题上的态度和立场。德国土耳其穆斯林虽然对德国国内政治的影响不大,但他们作为德国社会中一个群体,却影响到德国人对土耳其这个国家的看法。由于德国土耳其穆斯林对宗教的强烈认同感,再加上这个群体内部逊尼派和阿拉维派的教派冲突,另外还有土耳其人与库尔德人的民族矛盾,这些都让德国人相信土耳其国内的矛盾会更加激烈。因此,大多数德国人都很难接受土耳其共和国是一个真正世俗化的民主国家。

2. 对土耳其国内政治的影响

德国土耳其穆斯林对土耳其国内的政治影响,主要体现在土耳其国内政治中世俗化与伊斯兰化的冲突上。在德国土耳其穆斯林不愿放弃土耳其国籍的多种原因中，除了民族因素外，最重要的是对伊斯兰教的认同。对于德国的土耳其穆斯林来说，伊斯兰教是他们共同的精神寄托。即使是那些当年前来德国务工人员在德国出生的后代，情况也同样如此。这些人虽然在德国出生和成长，而且很多人甚至都没有踏上过土耳其的国土，但对他们而言，自己与德国人最大的区别就在于自己对伊斯兰教的信仰。在他们眼中，土耳其就意味着伊斯兰教。他们对土耳其民族的认同，就是对自己穆斯林身份的认同。

德国土耳其穆斯林这种强烈的宗教认同，让那些流亡德国的土耳其政治家看到了希望。在这些流亡德国的土耳其政治难民中，除了在土耳其国内民族政策和民族矛盾下产生的库尔德难民外，主要是那些因为伊斯兰政治倾向而被取缔的土耳其政党领导人和成员。1971年，土耳其发生所谓的"备忘录政变"后，军方取缔了具有明显伊斯兰化倾向的民族秩序党。其领导人埃尔巴坎流亡德国期间，其政治观点中的伊斯兰化倾向，就受到了德国土耳其穆斯林的支持。他们还通过媒体向土耳其国内宣传"土耳其应当是一个纯正的伊斯兰国家，而非世俗化国家"的政治主张。两年后，埃尔巴坎在德国土耳其穆斯林的支持下，重新回到土耳其的政治舞台，成立了"救国党"。1982年土耳其国内再次发生政变后，"救国党"又先后改名为"福利党"和"美德党"，继续在土耳其的政治发展中推行伊斯兰化进程。最后，继承了这种伊斯兰化倾向的"正义与发展党"终于在埃尔多安和居尔的领导下成为土耳其的执政党，实现了土耳其政治向伊斯兰化的转变。很明显，德国土耳其穆斯林的宗教认同，特别是他们对土耳其国内伊斯兰政党的支持，加强了土耳其政治中伊斯兰化对世俗化的挑战。

不过，依靠德国土耳其穆斯林支持上台的"正义与发展党"政府，也没有设法解决德国土耳其穆斯林最迫切关心的"双重国籍"问题。根据土耳其的国籍法，土耳其人如果要申请其他国家的国籍，必须在土耳其使领馆确认自己不再拥有土耳其国籍。但土耳其国籍法又规定，公民要放弃国籍必须先回国服完兵役，或者支付一笔费用并服兵役三个星期。[1] 但德国土耳其穆斯林大多是低收入劳动者，他们既没有时间回土耳其服兵役，更没有能力负担这笔费用。当然，土耳其政府也可以通过修改国籍法为德国土耳其穆斯林争取主动权。因为德国2000年修改的国籍法规定，在德国生活的外国人如果在任何条件下都不可能放弃其原国籍，那么德国政府可以允许其拥有双重国籍。[2] 由此可见，土耳其国籍法中的有关规定，同样也是导致德国的土耳其穆斯林难以取得德国国籍或是拥有双重国籍的重要原因。

3. 对德国与土耳其关系的影响

德国土耳其穆斯林的政治参与，还直接影响到德国与土耳其之间的关系。造成这种影响的，主要就是"土耳其—伊斯兰宗教事务局联盟"。从某种意义上来说，这个组织是土耳其政府为管理欧洲土耳其穆斯林设立的一个官方机构，它拥有对德国740个清真寺的管理权。[3] 为了维护与德国关系的稳定，"土耳其—伊斯兰宗教事务局联盟"虽然积极鼓励德国土耳其穆斯林提高自己的社会经济地位，但同时也要求他们不要发表任何有损两国关系的言论。然而，这个机构又要求德国土耳其穆斯林必须保持对土耳其共和国和土耳其民族的忠诚，对任何针对土耳其共和国的批评要采取"零容忍"的态度。[4] 作为土耳其的官方机构，"土耳其—伊斯兰宗教事务局联盟"还代表着土耳其的"官方伊斯兰"，对伊斯兰教的解释也完全听命于土耳其政府。在信仰生活方面，"土耳其—伊斯兰宗教事务局联盟"要求德国土耳其穆斯林必须保持伊斯兰信仰，并把信仰体现在个人生活和道德实践中。对于德国土耳其穆斯林应当如何应对德国政府的同化政策，"土耳其—伊斯兰宗教事务局联盟"的态度则

---

[1] Şener Aktürk, "The Turkish Minority in German Politics: Trends, Diversification of Representation, and Policy Implications", in *Insight Turkey*, Vol. 12, No. 1, 2010, p. 75.

[2] Şener Aktürk, "The Turkish Minority in German Politics: Trends, Diversification of Representation, and Policy Implications", *Insight Turkey*, Vol. 12, No. 1, 2010, p. 75.

[3] Goldberg, 'Islam in Germany', p. 41.

[4] Ahmet Yükleyen, Gökçe Yurdakul, "Islamic Activism and Immigrant Integration: Turkish Organizations in Germany", *Immigrants & Minorities*, Vol. 29, No. 1, March 2011, p. 70.

模棱两可，这些显然都不利于德国和土耳其之间的关系。

然而，由于"土耳其—伊斯兰宗教事务局联盟"在德国穆斯林中影响广泛，而且掌握着德国境内几乎所有清真寺的管理权，因此德国政府也不能忽视与这个机构的关系。不过，德国政府也不想通过"土耳其—伊斯兰宗教事务局联盟"对本国领土上的穆斯林和清真寺进行管理，而是希望发展在德国建立的代表德国官方的伊斯兰组织和社团。为了提高来自土耳其的阿訇的德语水平，德国政府从2006年就开始为前来德国的阿訇进行语言培训。到2007年时，参加语言培训的阿訇已达到1000名。[1] 不仅如此，德国政府还在国内开展伊玛目教育，希望通过在德国本土用德语和日耳曼文化培养阿訇来逐步取代来自土耳其的阿訇。[2] 在德国土耳其穆斯林融入德国主流社会的问题上，"土耳其—伊斯兰宗教事务局联盟"与德国政府之间似乎正在展开一场"争夺战"。很明显，这些矛盾必然会对德国与土耳其之间的关系产生微妙的影响，甚至成为德国在土耳其加入欧盟问题上态度犹豫不决的重要原因。

4. 对德国土耳其穆斯林自身的影响

德国土耳其穆斯林政治的参与，还涉及到对这个群体自身的影响。这种影响一方面体现为身份认同的混乱，另一方面体现为群体在国家政治生活中边缘化程度的加深。身份认同的混乱主要发生在务工人员家庭团聚后在德国出生的第二代移民身上。这些第二代移民从小在德国说德语长大，受的也是德国的教育，因此应该被视为德国人。但他们从心理上来说，距离真正的德国社会似乎又非常遥远。这主要是因为他们在平时生活中，遵循的是伊斯兰教义。因而他们在德国的现实生活中，会感到自己与德国人不同。因此，他们又把自己视为土耳其穆斯林。然而，当他们回到土耳其的时候，又发现自己不但连土耳其语都不会说，而且也不习惯土耳其社会的生活环境。特别是他们在融入德国主流社会时有

---

[1] 欧洲伊斯兰信息网："Islam in Germany", http://www.euro-islam.info/country-profiles/germany.

[2] Ahmet Yükleyen, GökçeYurdakul, "Islamic Activism and Immigrant Integration: Turkish Organizations in Germany", *Immigrants & Minorities*, Vol. 29, No. 1, March 2011, p. 71.

意无意"沾染的德国脾性",更使自己与土耳其生活方式格格不入。因此,当他们踏上土耳其领土时,反而又觉得自己更像是个德国人。

除了身份认同的混乱外,政治参与还在某些方面导致了德国土耳其穆斯林在国家政治生活中的进一步边缘化。从土耳其方面来说,土耳其政府要求德国土耳其穆斯林强调自己是土耳其人的目的,不过是希望他们有利于维护土耳其的国家利益,但并不想为他们承担责任。而德国土耳其穆斯林在政治参与中特别强调自己的宗教认同,显然也不符合土耳其政府的希望。因为土耳其政府要求德国土耳其穆斯林首先要保持对土耳其的国家认同。因此,强调对伊斯兰认同的德国土耳其穆斯林,实际上已经被土耳其国家边缘化了。从德国方面来看,德国的土耳其穆斯林没有德国国籍,并不是德国公民,德国政府也无需主动为他们负责。而且德国土耳其穆斯林在政治参与中,并没有积极配合德国的民族同化政策,而是作为一个整体来强调自己的伊斯兰认同,因此很难被德国的基督教社会所接受。这样,德国土耳其穆斯林在德国显然也处于边缘化的地位。

土耳其穆斯林作为德国最大的少数族裔,他们为实现自己的政治诉求采取了多方面的政治参与。但客观地说,土耳其穆斯林的政治参与并未完全达到他们预期的要求。究其原因,主要有两个方面值得深思。在国籍问题的政治诉求方面,尽管德国国籍法中原来的血统原则曾是构成土耳其穆斯林移民获得德国国籍的根本障碍。但在德国社会民主党和绿党组成的联合政府对德国国籍法进行改革后,造成部分土耳其穆斯林依然难以获得德国国籍的原因也发生了变化。表面来看,主要是土耳其国籍法中关于放弃国籍的限制及其为获得双重国籍设置的障碍,使得部分不能满足其要求的德国土耳其穆斯林无法获得德国国籍,但从其内在原因来看,主要还是土耳其政府要求德国土耳其移民必须始终对土耳其国家和民族保持忠诚,因而使得这些移民无法对其生存的国家尽到公民对国家应有的忠诚义务。在德国的多元文化进展方面,一般来说,在一个多元文化社会中,不同民族和文化群体保持自己原有的民族和文化特色,是维持多元文化的基本要求。但如果不同民族和文化群体过度强调自身民族和文化的特殊性，也会造成与其他不同民族和文化群体之间的矛盾和冲突，使得多元化进程难以实现。而且这种矛盾和冲突如果不能有效解决，甚至会导致极端主义倾向的产生。在现实中也可以看到，土耳其穆斯林在融入德国主流社会的过程中，这种对自身民族和宗教信仰的强烈坚持，不仅造成了土耳其穆斯林群体自身在身份认同上的混乱，而且也是导致德国多元化进展受挫的重要原因。因此，在德国社会提供的相对宽松的政治环境中，德国土耳其穆斯林作为其政治参与后果的直接承担者，应该从自己的自身利益出发，在有条件地满足土耳其政府的认同要求的同时，加强与德国主流社会的融合。也就是说，他们应该利用德国和土耳其政府为其自身群体提供的便利，来实现自身群体在融入德国主流社会时对身份和认同的诉求，而不是让这种诉求成为牵制自己的因素。德国土耳其穆斯林作为欧洲穆斯林的重要组成部分，能够较为客观地反映穆斯林在欧洲的生存现状和政治参与过程。和欧洲其他国家的穆斯林一样，他们虽然不能从根本上影响欧洲国家的内政和外交，但他们作为欧洲国家市民社会的重要组成部分，依旧能够以自己独特的方式来影响欧洲市民社会的发展，并对这些欧洲国家以及他们来源国的内政外交产生间接影响。

第二节　英国穆斯林群体政治参与对英国中东政策的影响

二战结束后，由于战后重建和经济发展的需要，大批来自穆斯林国家的移民进入英国。经过半个多世纪的发展，这些移民及其后代构成的英国穆斯林群体，已经成为英国国内最大的少数族裔。由于宗教信仰和生活方式的共同性，英国穆斯林群体始终对于中东地区为中心的伊斯兰世界极为关注，并希望英国政府在处理中东事务时，能够实行更有利于穆斯林的政策。英国政府长期实行的"多元文化模式"的移民政策，也为穆斯林群体参与政治和影响英国对外政策提供了一定的政治空间。

一、英国穆斯林群体政治参与的理论解析

从理论上来说，英国穆斯林群体通过政治参与来维护自身利益和影响英国政府处理中东问题政策的行动，本身就体现了政治参与理论的发展和实践。所谓政治参与，是指普通公众通过一定的方式去直接或间接影响政府决定和行动的公共政治生活领域的政治行为。对于普通公众来说，政治参与的方式主要是政治选举和政治组织，其动机主要是维护自身利益和社会公平。对于政治参与这一影响广泛的政治学概念，美国著名政治学家西德尼·维巴曾对其内涵做出过权威定义："政治参与指的是公民个人为影响政府挑选官员的结果而采取的直接或间接的行动。"[1]根据维巴的定义，这一经典概念中有两层含义值得关注：一是政治参与的主体是公民个人；二是政治参与的内容是指与选举、投票等相关的影响政府决策的活动。

然而，随着时间的推移，人们对于政治参与的主体和内容的认识都发生了变化。首先，从政治参与的主体来看，维巴的定义所涉范围显然过于狭窄，把一些其他可被视为政治参与的主体忽略了。从社会现实的发展来看，政治参与的主体近年来已经普遍从过去公民个人的政治参与发展到群体性的政治参与。特别是，有关政治参与的研究也从对公民个人参与政治的心理因素的关注转向对群体政治参与心理因素的关注。维巴强调的是，"公民个人参与政治活动的动机与他们所属团体的政治利益无关"。[2]但近年来关于政治参与的讨论中，人们已经很少强调个人动机的心理问题，而是更多地关注群体性政治参与动机的探讨。这主要是在西方国家内部，政治发展正越来越多地受到压力集团、游说团体、少数族群以及其他形式的团体或组织的影响。因此，与群体政治参与相关

---

[1] Sidney Verba, *Participation and Political Equality- A Seven Nation Comparison*, Cambridge: Cambridge University Press, 1978, p.46.

[2] Sidney Verba, *Participation and Political Equality- A Seven Nation Comparison*, Cambridge: Cambridge University Press, 1978, p.11.

的经济、族群、语言、宗教以及其他社会因素，已经逐步成为学者们关注和考察的焦点。另外，政治参与的内容也发生了变化。加拿大政治理论家戴瓦·斯塔尤里斯就指出，原来的研究"把政治参与的定义都严格限定在选举政治以及国家的官方政治行为上了"。[1] 但实际上，政治游行、绿色和平运动、绝食抗议、印发具有浓厚意识形态色彩的期刊等行为，都应该列入政治参与的范畴。[2]

近年来，有关政治参与的研究中，西方国家内部移民群体的政治参与情况正在受到越来越多的关注。这些移民群体的政治参与情况，首先取决于其移入国在特定时间里所提供的政治机会结构。不同国家在不同时间段所采取的不同政策，使得移民群体在移入国获得的参与政治机会也不尽相同。同时，移民群体在移入国参与政治的程度还取决于以下几个因素：移民群体的政治观点和价值观念、他们先前的政治参与经验、移民群体的"机构完整"程度、移民群体对移入国的归属感、移民群体的分布情况等。另外，还包含一些一般因素，例如受教育程度、语言能力、社会经济地位、性别、年龄、代际归属等。

从参与方式来说，移民群体政治参与的方式分为传统参与方式和非传统参与方式。传统的政治参与方式主要包括选举政治、议会政治和咨询政治等三种。在传统的政治参与方式中，移民群体主要是通过选举政治来参与政治活动。近年来，西欧国家的"少数族群选票"问题受到了越来越多的关注，甚至引起了一定程度的恐慌。在政治参与实践中，少数族群选票有两种含义：一是指少数族群选民根据族群认同，把选票投给来自于自己族群的候选人，并将其视为自身利益的天然代表；二是指少数族群把选票投给那些能够保障自己族群利益的候选人，而不考虑其族群出身。在现实生活中，影响少数族群选票的因素有两方面：一方面

---

[1] Daiva K. Stasiulis, *Participation by Immigrants*, *Ethnocultural /visible Minorities in the Canadian Political Process*, Department of Sociology and Anthropology, Carleton University, http://canada. Metropolis. net/events/civic/dstasiulis_ e. html.

[2] Goran Adamsom, "Immigrants and Political Participation-Background, Theory, and Empirical Suggestions", p. 9, http://fra. europa. eu/sites/default/files/fra_ uploads/221-Immigrants_ and_ political_ participation_ 2006. pdf.

涉及到移民居住地的集中情况、社会网络的联系程度、遭受歧视的共同经历以及移民群体中政治精英的出现；另一方面涉及到选举体系的特点，包括对选民注册的规定，还有选举体制是多数代表制还是比例代表制等。在议会政治的政治参与方面，少数族群在国家和地方的行政和立法机构中的代表比例问题正日益受到关注。这一点在英国、法国、荷兰和比利时这些拥有悠久移民历史以及众多移民人口的西欧国家，尤其受到重视。政治学家在这一方面目前关注的问题，主要是少数族群在政府和议会中的代表程度能否抵消他们在社会上遭受的歧视。另外，咨询政治主要是移民群体通过向政府提供建议的方式参与政治进程。现在，一些西欧国家已经建立了针对少数族群的专门性咨询机构。不过，这些机构的权力并不大，只限于向政府提供一些有关于少数族群和移民事务的建议。

移民群体的非传统政治参与方式主要包括政党参与、工会政治、压力集团、少数族群直接动员等四种形式。首先，政党参与虽然在西方政治中应属于传统政治，但对于移民群体来说，以外籍移民身份加入政党则是一种非传统的政治参与方式。通过这种方式，他们能够在立法机构获得席位并参与执政的机会。因此，加入那些与自身意识形态倾向相近的政党，将有助于移民群体实现其政治目标。在欧洲，移民加入政党的情况最早出现在英国。从20世纪70年代起，英国穆斯林移民就通过加入工党来参与英国政治。其次，工会政治在移民群体的政治参与中也发挥着重要作用。在欧洲，工会政治甚至被称为移民群体政治参与的摇篮。但近年来欧洲工会的影响力日渐衰落，参政治的研究对工会政治的关注也逐渐减少。再次，压力集团政治同样是移民政治参与方式的重要组成部分。移民群体通过组建和参加各种压力集团，来维护自己的各种利益。在压力集团政治的范畴中，移民群体可以采取多种非传统的政治行为，例如绝食抗议、占领教堂、参与绿色和平运动等。最后，少数族群的直接动员也是移民群体参与政治的重要方式。为了维护自身的政治利益并对所在国政治体系施加影响，移民群体可以按照族群、种族以及宗教信仰进行集体性动员。近年来，欧洲国家穆斯林移民群体的政治动员，往往是通过共同的宗教信仰。尤其是涉及到伊斯兰世界问题时，欧洲穆斯林群体的认同感会表现得更加强烈，由此也可以看到族群身份和宗教认同在移民群体政治参与中的重要影响。

本书有关英国穆斯林群体政治参与活动的研究，涉及的正是穆斯林群体通过政治参与来发挥政治影响的问题。作为试图对英国政府处理中东事务政策发挥影响的政治参与者，英国穆斯林这个参与主体显然具有明显的自身特性。从性质上来说，英国穆斯林群体虽然属于一个族群，但却具有强烈的宗教特性。对于族群这个概念，著名英国学者安东尼·史密斯有过一个经典的定义："族群是一个具有名称的，有着共同祖先和传说、共有的记忆和文化因素的人群。"[1] 但对于英国穆斯林群体这个特定族群来说，其属性显然已经超越了史密斯的定义范畴，因为这个群体尤其重视的是其内在的宗教信仰因素，并且以此来联系不同地区具有同样宗教信仰的族群形成一个广泛群体。这种联系虽然并不表现为具体的物质利益，但却关系到文化上的共性、宗教上的认同以及意识形态上的情结。这种联系正是英国穆斯林群体对中东地区涉及穆斯林事务关注的根本原因，并促使他们通过政治参与的方式来影响英国政府处理这些问题的政策。

二、英国穆斯林群体的政治参与方式

英国是一个以盎格鲁·撒克逊民族为主体的国度，其居民多信仰基督教。但在过去的几十年中，随着大批穆斯林移民的涌入，英国的人口结构出现了显著的变化。[2] 这主要是因为第二次世界大战结束后，英国像欧洲其他国家一样都面临着战后重建与经济恢复的重任。在战后重建过程中，英国国内经济快速增长，创造了大量工作岗位，同时也造成了大量劳动力短缺。因此，英国政府决定通过海外移民方式来弥补国内劳

---

[1] Smith Anthony D. *The Ethnic Sources of Nationalism*, *Ethnic Conflict and International Security*, Princeton University Press. 1993.

[2] Nabil Matter, *Islam in Britain* 1558 – 1685, Cambridge: Cambridge University Press, 1998.

动力不足。在选择移民来源国时,英国政府首先想到的是那些在历史上与自己有着紧密联系的南亚次大陆穆斯林国家。此时的南亚次大陆地区,由于经济发展迟缓,导致了当地劳动力的大量失业。在两方面因素的相互作用下,大批来自南亚次大陆国家的穆斯林人口开始前往英国寻找工作。起初,穆斯林移民来到英国的目的只是为了寻找工作改善生活,并没有长期定居的打算。但此后由于多种原因,暂居渐渐演变为永久的居留。经过半个世纪的发展,英国的穆斯林人口已经达到约 280 万,[1] 成为英国第一大少数民族。同时,伊斯兰教也成为英国继基督教之后的第二大宗教。面对不断扩大的穆斯林群体,英国采取了较为宽松的"多元文化模式"移民政策。这一政策不仅赋予少数民族个人的合法权利,而且还承认少数族群和宗教团体的集体权利。同时,这一政策还给予英国穆斯林更大的政治活动空间,并享有参与英国国内事务和外交政策的权利。因此,英国穆斯林对政治事务一直极其关注。特别是英国穆斯林移民中的第二代和第三代,他们出于宗教认同的原因,还特别关注英国对待中东穆斯林国家的政策,并总是试图通过各种方式来对其施加影响。多年来,英国穆斯林影响英国处理中东问题政策的方式主要有三种。

首先,英国穆斯林积极参与政党政治,通过支持政党和组建政党的方式来表达自己的政治诉求。从 20 世纪 70 年代开始,英国穆斯林就开始参与政党政治活动。起初,他们主要是以选票的方式来影响政府执政党的政策。英国 280 万穆斯林人口虽然仅占英国总人口的 4% 左右,但他们一半以上有英国国籍,拥有投票权。再加上穆斯林喜欢聚居,因而穆斯林选票在穆斯林人口集聚地对于任何政治候选人都具有非常重要的作用。与其他主要政党相比,英国工党在移民政策、少数族群融入、多元文化以及反歧视立法等问题上都表现积极,因此长期以来受到英国穆斯林选票的支持。从 20 世纪八九十年代开始,70% 以上的穆斯林都在大选中把选票投给了工党。例如,在 1997 年的大选中,就有 84% 的孟加

---

[1] "Rooted in Britain, Connections across the Globe", 30th April, 2015, http://www.mcb.org.uk/british-muslims.

拉裔和80%的巴基斯坦裔穆斯林给工党投了票。① 除了选票支持外，穆斯林与工党的关系也非常密切。不仅许多穆斯林都是工党成员，而且工党也会在选举时推出少数族群的候选人来争取选票。对此有学者指出："在拥有大量穆斯林人口的地区，许多工党的地方组织已经处于穆斯林的控制之下。"②

然而，英国穆斯林与工党的密切联系却因2003年的伊拉克战争而受到严重削弱。由于英国工党政府决定参与对伊拉克的军事行动，英国穆斯林对工党的支持率也直线下降。2004年的一项民意调查显示，穆斯林对工党的支持率已从上次大选时的75%下降到38%。③ 不仅如此，英国穆斯林还开始组建自己的政党来参与政治。2004年1月25日，英国穆斯林建立了他们的第一个名为"尊重团结联盟"的政党。这个政党的群众基础主要是伦敦东区、伯明翰和布拉德福德等地的穆斯林聚居区。政党建立后，通过大规模动员活动，不仅扩大了自己的影响，而且在地方政府和议会下议院选举中得到了越来越多的穆斯林民众支持。2012年，"尊重团结联盟"候选人乔治·加洛韦在布拉德福德西区的补选中，以56%的选票而获胜。在过去的几十年中，这个选区一直都支持工党。工党在这个地区选举中的惨败，也是英国穆斯林对工党强烈不满的显著例证。近年来，"尊重团结联盟"在历次选举中都有所突破，这在英国盛行的"赢家通吃"的选举体系中是极其不易的。

在建立政党的同时，英国穆斯林还继续运用投票方式来表达他们的政治观点。在2010年的英国大选中，许多穆斯林都把选票投给了反对伊拉克战争并支持巴勒斯坦人民事业的英国自由民主党。值得注意的是，

---

① Kevin Maguire, Wake-up call for party that took votes for granted, *the Guardian*, 19 June, 2002, ..

② Kingsley Purdam, 'Settler Political Participation: Muslim local councilors", in W. A. R. Shadid and P. S. van Koningsveld (eds.), *Political participation and identities of Muslims in non-Muslim states*, Kampen, the Netherlands: Kok Pharos, pp. 129 – 143.

③ Ajala Imene, "French and British Muslims' Interests in Foreign Policy", 8th Pan-European Conference on International Relations, 19 September 2013, Warsaw, http: //www.eisa-net.org/be-bruga/eisa/files/events/warsaw2013/AJALA%20Imene_ Paneuro_ Conf_ 2013_ Final. pdf.

英国年轻一代穆斯林如今已经开始懂得如何运用手中的选票作为他们表达政治意愿的工具。以前英国穆斯林通常都会集中支持某一个政党,而现在他们的选票则开始分散。在布拉德福德西区 2012 年的补选中,只有 40% 的穆斯林选民把选票投给了三个主流政党。这种情况表明,英国年轻一代穆斯林在参与选举政治时,更加看重的是各个政党的具体表现。

其次,英国穆斯林还积极组建穆斯林组织和社团,作为其政治参与的方式。由于英国穆斯林群体的成分多元而且来源地域多样,因而英国穆斯林群体中出现了多个不同的穆斯林组织和社团。20 世纪 90 年代中期的一项调查显示,当时英国估计有 950 个穆斯林组织。[1] 其中比较知名的有穆斯林组织联盟、英国穆斯林协会、英国穆斯林公共事务委员会、英国穆斯林理事会等。由于这些穆斯林组织的背景、宗旨、目标都不尽相同,因此他们影响英国政府中东政策的方式和途径也各不相同,概括起来有以下四种模式。

第一种模式是直接参与政府的外交事务,采用这种方式的主要是穆斯林组织联盟。穆斯林组织联盟成立于 20 世纪 70 年代,曾经是英国最大、最负盛誉的穆斯林组织,在英国穆斯林和政策制定者的圈子中颇受尊敬。[2] 穆斯林组织联盟从成立伊始就非常关注中东事务,1995 年曾在成立 25 周年的报告中总结了其参与的外交事务。其中包括:推动 1990—1991 年海湾危机的和平解决以及解除对伊拉克的制裁;派遣使团在两伊战争结束后赴巴格达参与国际和平会议;派遣使团赴突尼斯与巴勒斯坦领导人会晤;派遣使团赴北塞浦路斯推动北塞浦路斯与英国的贸易联系等。[3]

第二种模式是通过地方选举来表达其对中东穆斯林的支持,采取这

---

[1] Steve Vertovec, "Muslims, the state, and the public sphere in Britain", in G. erd Nonneman, Tim Nibolck & Bogdan Szajkowski (eds), *Muslim Communities in the New Europe*, New York: Ithaca Press, 1996, pp. 169 - 185.
[2] 贾建萍,"英国宗教与英国穆斯林",载《世界宗教文化》,2014 年第 2 期,第.85 页。
[3] Liat Radcliffe, "A Muslim Lobby at Whitehall? Examining the Role of the Muslim Minority in British Foreign Policy Making", *Islam and Christian-Muslim Relations*, Vol. 15, No. 3, July 2004, p. 368.

种方式的主要是英国穆斯林公共事务委员会。英国穆斯林公共事务委员会的目标主要是鼓励英国穆斯林进行有策略地投票，用选票来淘汰那些对中东穆斯林国家不友好的英国议会候选人。在 2005 年的英国大选中，英国穆斯林公共事务委员会就发起了反对工党议员罗娜·菲茨西蒙斯的运动。该组织在其宣传手册中明确宣称："菲茨西蒙斯是犹太人，是犹太复国主义分子，不会为巴勒斯坦人服务"。在 2010 年的国会议员选举中，英国穆斯林公共事务委员会又发挥积极作用，导致六位对中东穆斯林国家态度不友好的议员落选。[1]

第三种模式是组织大规模游行示威对政府的中东问题决策表达不满，英国穆斯林协会在伊拉克战争前后组织大规模反战游行就属于这种。英国穆斯林协会成立于 1997 年，因其在 2003 年伊拉克战争期间组织和领导大规模反战游行而为人所知。该组织采取所谓"局外人策略"，把自身置于政府的对立面。通过组织大规模示威游行，来表达对于英国参与伊拉克战争的反对态度。2003 年，英国穆斯林协会与反战联盟在伊拉克战争期间联合组织了多次大规模反战游行。这些游行虽然没有阻止英国参与对伊拉克的军事行动，但也给当时的英国工党政府造成了巨大的政治压力。

第四种模式是与政府密切合作和积极沟通，通过这种方式来表达穆斯林群体对英国外交政策的诉求，采用这种方式主要是英国穆斯林理事会。英国穆斯林理事会成立于 1997 年 11 月，目的是要成为一个能够与英国政府进行沟通的穆斯林代表机构，并在这方面取得了很大成功。根据英国穆斯林理事会网站提供的最新信息，这个理事会现在已经成为一个英国全国范围的穆斯林代表机构。理事会拥有 500 多个下属机构，包括国家、区域和地方等各不同层次的群众组织、清真寺、慈善机构和学校。[2] 经过近 20 年的发展，英国穆斯林理事会已成为英国最具影响力并

---

[1] Soeren Kern, "Europe's Muslim Lobby", http：//www.gatestoneinstitute.org/1817/europe-muslim-lobby.

[2] "About MCB", Muslim Council of Britain, 30th April 2015, http：//www.mcb.org.uk/about-mcb/.

与政府关系最为紧密的穆斯林组织。英国穆斯林理事会采取所谓"内部人策略",把自己定义为与英国政府合作的组织,并努力扮演政府内部人的角色。为此,这个组织与英国政府部门的负责人建立紧密联系,并在英国政府与穆斯林群体之间积极发挥桥梁作用。

最后,英国穆斯林还通过媒体传播的公众舆论来影响政府的决策。在当前世界上,媒体的政治影响作用正日益凸显。因此,通过媒体对政府施加影响,也是英国穆斯林采取的重要手段。英国穆斯林对媒体的运用主要表现在三个方面。第一种方式是不断加强自身的网站建设,例如英国穆斯林公共事务委员会就建立了英国最大的穆斯林网站。在其网站上,还专门开辟了国际事务板块。这些板块经常会对中东地区穆斯林国家的有关问题发表自己的看法,并为其他各种媒体提供相关信息。第二种方式是创办和发行穆斯林报纸《穆斯林新闻》,传播英国穆斯林对中东问题的看法。《穆斯林新闻》是英国穆斯林1989年创办的月刊,并且还发行电子版。这家报纸目前已发展成英国最大的少数族群报纸,为穆斯林群体发表自己的观点提供了一个很好的平台。现在,网站的点击率每月已高达150多万次。[①] 第三种方式是运用社交媒体来发表穆斯林群体和个人的意见。随着信息技术和社交媒体的普及,这已经成为英国穆斯林,尤其是年轻一代穆斯林参与和影响政府政策的重要手段。其中,视频网站、脸书、推特等社交媒体都是年轻一代穆斯林发表其观点的重要载体。

三、英国穆斯林群体参与和影响英国中东外交的措施

作为一个以宗教为基础的文化民族,无论生活在哪个国家的穆斯林都会把自己看作是整个伊斯兰世界的一部分。对于英国穆斯林来说,他们同样也极其关注穆斯林世界的事务,因此总是希望对英国处理以中东穆斯林国家事务的政策发挥影响。英国穆斯林不仅对本国政府有关中东

---

① The Muslim News, http://en.wikipedia.org/wiki/The_Muslim_News.

问题的政策高度关注，而且还积极参与政府处理中东事务的过程。为此，他们一方面利用手中的选票，把英国各政党对待中东穆斯林国家的态度和政策作为投票的重要参考指标，使这些政党在制定中东政策时不敢忽视国内穆斯林的诉求；另一方面，他们还利用自己的穆斯林身份，在英国政府与穆斯林世界打交道时积极发挥桥梁作用，特别是在公共外交领域为政府提供各种咨询和协调服务。

近年来，英国穆斯林群体对英国政府中东政策的关注主要集中在三个方面。在传统政治领域中，英国穆斯林对中东事务最为关心的是巴以冲突问题。在这个引起整个穆斯林世界关注的中东问题上，英国穆斯林积极向英国政府表达自己的意见和诉求，努力使英国政府处理巴以问题的政策和措施朝着有利于巴勒斯坦的方向发展。为了维护巴勒斯坦人的利益，英国穆斯林理事会在其网站上明确要求："结束对巴勒斯坦领土的占领，拆除犹太人的非法定居点，遣返巴勒斯坦难民等都完全符合联合国决议"。[①] 与此同时，英国穆斯林理事会还为争取和维护巴勒斯坦人民的利益采取了很多行动。在2000年巴勒斯坦人民第二次大起义期间，英国穆斯林理事会为了谴责以色列的暴行和维护巴勒斯坦人民的合法权利，曾采取了多种方式向英国政府施压。包括组织英国穆斯林民众上街游行；给英国政要以及时任联合国秘书长的安南写信；与各国政府官员会面阐述其立场等等。此后，2008年12月—2009年1月以色列在加沙地带采取军事行动期间，英国穆斯林宗教领袖和学者再次发布声明，强烈谴责以色列的军事行动，并把这次以军的军事行动称为"大屠杀"。英国穆斯林理事会还强烈要求英国政府向欧盟施压，对以色列实行全面制裁。

在军事安全方面，英国穆斯林群体对于英国参与美国2003年发动的伊拉克战争更是强烈反对。英国穆斯林理事会还在其网站上明确表示："这场战争毫无疑问将会伤及伊拉克无辜平民，而且会对已经动荡不堪

---

① Ajala Imene, "French and British Muslims' Interests in Foreign Policy", 8th Pan-European Conference on International Relations, 19 September 2013, Warsaw, http：//www.eisa-net.org/be-bruga/eisa/files/events/warsaw2013/AJALA%20Imene_ Paneuro_ Conf_ 2013_ Final.pdf.

的中东地区造成难以估量的后果。"[1] 英国穆斯林理事会领导人还写信给时任英国首相布莱尔，极力陈述伊拉克战争的潜在后果，希望他不要让英国卷入这场战争。2003年9月，英国穆斯林协会与反战联盟联合组织的大规模反战游行，共有大约150万—200万英国民众参加，成为英国历史上规模最大、参与人数最多的公共示威游行。英国穆斯林理事会还发布了一系列公告，表明对英国政府决定参与伊拉克战争的强烈不满，并宣称英国政府的参战行动在国内外都缺乏支持和法理依据。[2]

在公共外交方面，英国穆斯林还积极参与英国政府对穆斯林朝觐活动的管理。穆斯林朝觐是世界上最大的年度朝圣活动之一，英国每年平均有23000名穆斯林前往沙特的圣地麦加朝觐，是整个西欧国家中人数最多的。因此，英国首都伦敦被称为欧洲的"朝觐之都"。[3] 从20世纪80年代开始，英国穆斯林就试图在朝觐问题上向英国地方政府施加影响。但鉴于当时的政治环境，其影响力十分有限。1997年，英国工党政府上台后，为了争取更多的穆斯林选票和维护英国社会的和谐稳定，开始吸纳穆斯林成员参与政府的朝觐管理。随着政治环境的改变，英国穆斯林团体也明确要求政府协助解决英国穆斯林在沙特朝觐时遇到的困难。为此，英国穆斯林还成立了英国朝觐协会。协会一方面要求英国政府在朝觐期间为英国穆斯林提供更多的支持与帮助，另一方面则指导英国穆斯林前往沙特朝觐时应注意的健康和安全事项。与此同时，英国朝觐协会还积极推动英国政府成立英国朝觐代表团，强调英国作为西方世界第一个派遣朝觐代表团的国家将会取得的外交优势。在英国朝觐代表团正式成立前，英国政府曾邀请英国穆斯林理事会成员进行讨论并参与相关的准备工作。英国穆斯林理事会领导人伊科博尔·萨克莱尼作为代表团

---

[1] Bunglawala Inayat, "The real victims of the rhetoric", *The Daily Express*, August 17, 2002, http://www.mcb.org.uk/library/article17-08-02.php.

[2] Ajala Imene, "French and British Muslims' Interests in Foreign Policy", 8th Pan-European Conference on International Relations, 19 September 2013, Warsaw, http://www.eisa-net.org/be-bruga/eisa/files/events/warsaw2013/AJALA%20Imene_ Paneuro_ Conf_ 2013_ Final.pdf.

[3] Robert R. Bianchi, *Guests of God: Pilgrimage and Politics in the Islamic World*, Cambridge: Cambridge University Press, 2004, p.63.

成员，还和英国驻沙特大使馆成员一道与沙特政府就英国穆斯林朝觐期间的后勤工作进行磋商。不仅如此，英国穆斯林理事会还参与了英国朝觐代表团成员的挑选工作。2000年，英国外交和联邦事务部部长彼得·海恩在英国穆斯林理事会举办的招待会上，正式宣布英国驻沙特特别朝觐领事馆成立。对于英国政府来说，成立英国朝觐代表团和建立驻沙特特别朝觐领事馆，也是维护其国内外利益的一种策略。这不仅有利于提高英国国内穆斯林群体对英国政府的认同，而且有助于改善英国与中东穆斯林国家的关系。对于英国穆斯林来说，这也是他们影响和参与英国政府中东外交的典型成果。

穆斯林团体对英国政府中东外交的参与，还体现为协调营救在中东穆斯林国家被拘留的英国公民。1999年，八名英国国籍的穆斯林在也门被拘留，也门政府指控他们从事与恐怖主义相关的活动。对此，英国穆斯林理事会立刻做出反应，迅速与英国政府进行沟通，要求英国驻也门大使馆关注被拘留英国穆斯林的人身安全。事件发生后，英国国内民众纷纷指责英国政府处理这一事件应对迟缓。为此，布莱尔首相还写信给穆斯林协会领导人伊科博尔·萨克莱尼，让他向英国穆斯林组织以及有关人员家属解释政府为营救被拘留英国公民所做的努力。[①] 2007年11月，英国女教师吉莉安·吉本斯在苏丹授课时遭到警方指控与拘捕，因为她允许学生用伊斯兰先知穆罕穆德的名字命名一只泰迪熊，从而触犯了苏丹这个穆斯林国家的大忌。在英国政府与苏丹政府的谈判过程中，英国穆斯林理事会的两位领导人以他们的穆斯林身份与苏丹方面进行了交涉，最终说服苏丹总统下令释放了这位女教师。在这个事件的处理过程中，英国穆斯林显然已然成为英国政府与穆斯林国家进行外交谈判时可以运用的一笔颇具价值的外交资产。

英国穆斯林群体作为一种独特的政治参与者，他们过去几十年来的政治参与实践从理论上进一步丰富了政治参与概念的内涵，将政治参与

---

① Liat Radcliffe, "A Muslim Lobby at Whitehall? Examining the Role of the Muslim Minority in British Foreign Policy Making", *Islam and Christian-Muslim Relations*, Vol. 15, No. 3, July 2004, p. 375.

者从个人层面扩展为包括群体在内的两个不同层面。英国穆斯林群体作为二战后主要来自南亚地区穆斯林国家的移民劳工及其家属构成的英国人数最多的少数族裔，在英国社会提供的"多元文化模式"这种相对宽松的政治环境中，主要是通过参加政党、组织社团和建立媒体等三种政治参与方式来维护自己的政治利益。由于宗教信仰和文化认同的影响，英国穆斯林群体对于中东伊斯兰地区的事务极为关注，并试图通过政治参与的方式来影响英国政府处理中东地区事务的政策。在巴以冲突问题上，他们极力促使英国政府采取更多倾向于巴勒斯坦人的政策；在伊拉克战争问题上，他们极力反对英国政府派兵参战；在穆斯林朝觐问题上，他们积极推动英国在沙特建立朝觐领事馆来处理欧洲穆斯林前往麦加朝觐的事务。然而，由于英国穆斯林群体本身教育程度不高因而处于社会底层的地位，再加上英国穆斯林群体内部存在的分歧，另外还有欧洲伊斯兰极端主义分子制造的恐怖主义事件引发的"伊斯兰恐惧症"，也使得英国穆斯林群体通过政治参与对英国中东政策施加的影响受到了一定程度的限制。

第三节 法国穆斯林群体在巴勒斯坦问题上的政治参与

法国作为欧洲大国和欧盟的核心国家，其穆斯林数量近年来正在大幅上升，已接近其总人口数量的10%。在法国穆斯林的政治参与中，他们对法国政府中东政策的影响尤其值得关注。法国政府长期以来有着独特的反美传统，因此其中东政策与美国一直保持着较大距离。在其处理中东问题的政策上，法国政府不愿追随美国在中东开展的单边军事行动和政权颠覆活动，其关注重点长期聚焦于巴以冲突问题。由于法国强烈的共和主义倾向和高度的政教分离模式，法国政府在巴勒斯坦问题上力图保持相对客观中立的态度。在法国国内的穆斯林中，不仅备受争议的"头巾法案"之类的强烈世俗化政策诱发了他们的不满与抗争，而且法国政府对待巴勒斯坦的态度以及处理巴勒斯坦问题的政策也是他们关注的重心。在法国穆斯林看来，法国的巴勒斯坦政策远不如欧洲其他一些国家，没有表现出对于巴勒斯坦方面的某种偏袒。针对法国政府在巴勒斯坦问题上的态度，法国伊斯兰组织联盟曾多次表明了法国穆斯林的立场。多年来，法国伊斯兰组织联盟发布的一系列文件以及通过媒体发布的观点，都是要表明法国穆斯林如何看待巴以冲突以及应当如何处理有关问题。特别是，2008年12月27日—2009年1月17日以色列对加沙采取武装行动过程中，包括法国伊斯兰组织联盟在内的各种法国穆斯林行为体做出的反应，这也体现了法国穆斯林对于这次危机的态度、言论和反应。

一、法国穆斯林群体与法国政府的"阿拉伯政策"

法国是欧洲国家中拥有穆斯林人口最多的国家，但法国穆斯林并不能构成一个同质的群体，而是表现为多种不同的伊斯兰信仰形式，从严格的宗教仪式到文化归属都各不相同。① 但在法国政府处理中东政策的问题上，这些对阿拉伯世界保持着强烈归属感的法国穆斯林，都对巴勒斯坦问题表现得极为敏感。② 在这种情况下，巴以冲突问题也经常导致在法国公开场合中的犹太人和巴勒斯坦人的冲突。在法国社会的日常生活中，甚至像"郊区暴动"和"巴以冲突输入"这样的说法，也会激起法国穆斯林和犹太社区的对立。至于法国政府的那些涉及以色列和巴勒斯坦问题的政策，则更可能导致双方之间的冲突，甚至导致法国穆斯林的反犹太主义事件。③

一般来说，法国政治的平等机会结构不会涉及对种族群体的政治偏袒。在一个中央集权的政治体制框架中，法国政治一般不会倾向于任何

---

① Franck Frégosi, *Penser l'islam dans la laïcité*. Paris: Fayard, 2008.

② J. Césari, "Guerre du Golfe et Arabes de France", *Revue du monde musulman et de la Méditerranée*, Vol. 62 (5), 1991, pp. 125 – 129.

③ Hecker Marc, "Les résonances du conflit israélo-palestinien en France: de l'exportation de violence physique à l'importation de 'violence symbolique'?", September, 2007, pp. 5 – 7, http://www.afsp.msh-paris.fr/congres2007/tablesrondes/textes/tr6sess3hecker.pdf.

一种特殊的利益，而且也很难动员政治力量来支持任何特殊利益。不过，法国的中东外交政策中，依然有时会优先关注到穆斯林法国选民的诉求，这就是法国政府对巴勒斯坦问题处理的特点。在一般情况下，法国穆斯林的外交政策观点接近于普通法国民众。但在巴勒斯坦问题上却有所不同，法国穆斯林选民的态度显然比普通法国民众表现得更为激进。[1] 很明显，法国穆斯林对待中东问题的激烈态度，已经影响到了法国政府处理巴以冲突问题的政策。

在法国穆斯林中，法国伊斯兰组织联盟是法国最具特色的穆斯林组织。这一组织以其草根性质的激进主义而闻名，并且显示出和巴勒斯坦之间的密切关系。根据法国伊斯兰组织联盟发布的大量文件，还有来自媒体的有关报道，都表明了法国伊斯兰组织联盟在其政治参与中，如何在巴勒斯坦问题上进行抗争和开展政治动员。同时，通过媒体发布的各种民意调查和问卷调查，也可以看出法国穆斯林作为一个群体如何参与了这一行动。另外，在法国伊斯兰组织联盟的网站里，也可以看到大批该组织参与政治活动的文件。例如，在2009年9月—10月间，该组织的网站发布的文件中，就包括了机构、原则、目标、行政、法国伊斯兰组织联盟信件、勒布尔热会议、时事、法国新闻、活动、欧洲、报刊综述、法国伊斯兰组织联盟声明、其他声明等文件。以色列从2008年12月27日—2009年1月17日对加沙采取武装行动期间，包括法国伊斯兰组织联盟在内的各种穆斯林组织的言行，都从政治参与的层面直接影响到了法国政府的政策选择。[2] 法国《世界报》从1988年1月1日—2009年11月所做的一项长期研究中，也集中关注了法国伊斯兰组织联盟如何确定巴勒斯坦问题作为政治议题以及如何设计和开展动员来进行政治参与。

在美国的政治体制中，种族群体就其相关的国家外交政策制定进行

---

[1] Jonathan Laurence and Justin Vaïsse, *Integrating Islam*, Washington DC: Brookings Institution Press, 2006.

[2] Michel Wieviorka, "Le paradoxe", *Revue internationale et stratégique*, Vol. 58 (2), 2005, pp. 195–200.

游说是一种常态。但在欧洲情况则完全不同,像"种族游说集团"这样的说法,不仅在欧洲国家外交政策决策过程中很少提及,即使在一般意义上也很难在欧洲有关的研究中看到。① 相比之下,欧洲国家政府在外交政策的制定上,并不像美国政府那样面临各种来自国内不同政治势力的压力。② 对于欧洲和美国的这种差异,塞萨里曾指出,在欧洲国家内部,虽然也存在着形成压力集团的现象,但并未形成压力集团的具体游说行动。而且这种现象在欧洲也不像在美国那么明显。③

尽管欧洲国家没有形成像美国那样的种族群体院外游说集团,但穆斯林对于所在国家外交政策的影响依然不容忽视。根据美国国家情报委员会的说法,穆斯林在融合过程中不断增强的社会和政治压力,已经使得欧洲国家的决策者们,对于任何针对中东的外交政策在国内引起的潜在反响变得越来越敏感。不仅如此,欧洲国家那些追随美国制定的亲以色列的外交政策也引发了越来越多的争议。这主要是,随着多元文化主义日益成为欧洲国家政府运行高级政治坚持的原则,政府也不得不越来越关注穆斯林群体对于外交政策的意见。④ 例如,西尔维斯特里就谈到过英国穆斯林对于英国外交政策态度的影响。⑤ 因为在涉及中东事务的外交政策问题上,欧洲穆斯林对于中东地区穆斯林国家有着强烈的倾向性。总的来说,欧洲穆斯林与欧洲普通民众相比,他们更加不赞同美国的反恐政策。在巴以冲突中,欧洲穆斯林更加支持巴勒斯坦而不是以色

---

① Lisbeth Aggestam and Christopher Hill, "The Challenge of Multiculturalism in European Foreign Policy. *International Affairs*, Vol. 84 (1), 2008, pp. 97 – 114.
② J. Nielsen, "The foreign policy impact in European countries", Oxford-Princeton Conference, "Muslims in Europe post 9/11", 25 – 26 April, 2003, http://www.sant.ox.ac.uk/ext/princeton/pap_ nielsen2.shtml.
③ J. Césari, "Citizenship and political participation", Oxford-Princeton Conference, "Muslims in Europe post 9/11", 25 – 26 April 2003, http://www.sant.ox.ac.uk/ext/princeton/pap_ cesari.shtml.
④ Lisbeth Aggestam and Christopher Hill, "The challenge of multiculturalism in European foreign policy", *International Affairs*, Vol. 84 (1), 2008, p. 106.
⑤ Sara Silvestri, "Muslim institutions and political mobilization", in Samir Amghar, Amel Boubekeur and Michael Emerson (eds.), *European Islam: The Challenges for Public Policy and Society*, Brussels/Budapest: CEPS/OSI, 2007, p. 179.

列。2006年，欧洲穆斯林对于哈马斯在巴勒斯坦大选中的胜利也表现出积极支持的态度。[1] 不过，法国穆斯林对于哈马斯胜利的态度却出现了分歧，而且其分歧程度更甚于其他欧洲国家的穆斯林。在他们当中，44%的人认为哈马斯的胜利有利于巴勒斯坦，但46%的人却认为这不利于巴勒斯坦。[2]

就法国政府的中东政策而言，早在20世纪70年代大批穆斯林移民来到法国之前，法国政府已经有了自己明确的"阿拉伯政策"。直到1967年，这项政策一直相对稳定，因为当时穆斯林群体对法国外交政策的影响还极为有限。[3] 1962年阿尔及利亚战争结束时，法国依旧是以色列的盟国。这一年，法国与阿尔及利亚签署了同意其独立的《埃维昂协议》。此后，1967年的中东战争可以说是法国中东政策变化的节点，其标志就是法国开始向阿拉伯国家出售武器。从那以后，法国的中东政策明确转向支持阿拉伯世界，这也是原先具有反美色彩的戴高乐主义者所构想的政策。

回顾历史，自从以色列1948年建国后，法国政府直到20世纪80年代对于以色列的态度都是积极的。但到了1982年黎巴嫩战争后，法国国内的非左翼政治势力对以色列的态度也开始改变。[4] 此后，法国社会内部的暴力冲突，又进一步加剧了对于以色列的负面看法。对此，韦维尔卡指出，随着争论的不断持续，人们对巴勒斯坦的同情也不断加强。此后，各派势力之间激烈的争论，又进一步导致了那些被社会抛弃的青年

---

[1] The Pew Global Attitudes Project, "Few signs of backlash from western Europeans. Muslims in Europe: Economic worries top concerns about religious and cultural identity", Washington DC: The Pew Research Center. July 6, 2006, p. 4, http://pewresearch.org/pubs/232/muslims-in-europe, accessed January 15, 2013.

[2] Jodie T. Allen, "The French-Muslim connection. Is France doing a better job of integration than its critics?" Washington DC: Pew Research Center, August 17, 2006, http://pewresearch.org/pubs/50/the-french-muslim-connection.

[3] Jonathan Laurence and Justin Vaïsse, *Integrating Islam*, Washington DC: Brookings Institution Press, 2006, p. 216.

[4] Domonoque Vidal, "Combattre les racismes et leur manipulation", *Revue internationale et stratégique*, Vol. (2), 2005, p. 216.

激进分子所采取的恐怖主义激进行动。就在法国左翼势力转向巴勒斯坦的同时,随之也出现了法国穆斯林对巴勒斯坦同情的浪潮。他们虽然缺乏和法国社会在社会经济生活方面融合的能力,而且还面临着严重的歧视问题,但对巴勒斯坦的利益却表现得完全认同。随着法国穆斯林越来越支持巴勒斯坦人民的权益,他们和法国左翼势力的立场也不断趋同。[1]

不过,2008年在以色列建国60周年时的一项民意调查表明,法国民众对于巴以冲突问题依旧持一种较为平衡的立场。在法国民众中,72%的受访者认为法国和以色列的关系良好。其中,代表法国右翼的人民运动联盟中,这一比例为81%。而代表左翼的社会党成员中,也有66%。与此同时,对于巴以冲突关注的人数则有所减少。63%的人认为巴以问题不可能造成世界性的战争威胁;85%的人认为法国的利益既存在于和阿拉伯国家的关系中,也存在于和以色列的关系中;64%的人则宣称他们对于冲突双方都不表示同情。20世纪70年代之前,法国民众对于以色列的同情一直多于对阿拉伯国家的同情。但近年来,情况发生了明显的变化。只有14%的受访者对以色列表示同情,但有19%的人同情巴勒斯坦。[2] 总体来说,法国民众对巴以冲突问题的反应,已经表现得漠不关心。[3] 然而,在法国的穆斯林中情况则完全不同,穆斯林对巴以冲突问题依然极为关心,而且大多同情巴勒斯坦,其比例高达78%。在其余的人中,8%的人表示对冲突双方都表示同情,7%的人表示对双方都不同情,只有6%的人同情以色列。[4]

总的来说,在法国的政治生活中,法国选民往往将外交政策视为其

---

[1] Michel Wieviorka, "Le paradoxe", *Revue internationale et stratégique*, Vol. 58 (2), 2005, pp. 196 – 197.

[2] IFOP, "Les Français et l'Etat d'Israël", Mai 2008, http://www.ifop.com/media/poll/etatisrael.pdf, pp. 4 – 5.

[3] Mare Hecker, "Les résonances du conflit israélo-palestinien en France: de l'exportation de violence physique à l'importation de 'violence symbolique'?", September 5 – 7, 2007, p. 17, http://www.afsp.msh-paris.fr/congres2007/tablesrondes/textes/tr6sess3hecker.pdf.

[4] Jodie T. Allen, "The French-Muslim connection. Is France doing a better job of integration than its critics?" Washington DC: Pew Research Center, August 17, 2006, http://pewresearch.org/pubs/50/the-french-muslim-connection.

关注的次要事务。法国公众对于巴以冲突问题的态度要么是保持中立，要么是漠不关心。在这种情况下，只有法国穆斯林对法国外交政策中涉及巴勒斯坦的问题特别关注。对于包括伊斯兰组织联盟在内的法国穆斯林政治团体来说，这也是他们在政治参与中动员穆斯林民众，尤其是学生和青年参与选举时能够发挥关键核心作用的政治议题。①

二、法国伊斯兰组织联盟对巴勒斯坦问题的运作

成立于1983年的法国伊斯兰组织联盟，是一支具有强大势力的草根力量。这个政治势力在1989年的拉什迪事件以及有关穿戴头巾的争议中首次崭露头角。这个组织包含了250个民间协会，控制着法国13.5%的伊斯兰宗教场所，并在神学上奉行穆斯林兄弟会运动的路线。② 法国伊斯兰组织联盟在财政上，主要依靠来源于国外的捐赠。其成功之处在于，一方面是其在法国草根阶层中建立的广泛网络，另一方面则是其高效的跨国网络联系。不仅如此，这个组织又是欧洲伊斯兰组织联邦的法国分支。法国伊斯兰组织联盟每年都在勒布尔热举行集会，并和年轻一代建立广泛联系。这个组织和各种青年组织，诸如法国穆斯林青年以及法国穆斯林学生关系密切。同时，这个组织还是法国穆斯林的三大联合会之一，另外两个是巴黎大清真寺联合会和法国穆斯林国家联合会。法国穆斯林国家联合会2002年曾签署协议，于2003年成立了法国穆斯林礼拜理事会。③

在法国，如果说一般的伊斯兰政治组织对于穆斯林民众的影响力有限，但法国伊斯兰组织联盟则具有相当的动员能力。不过，其影响力主要还是集中于社区事务。然而，这种影响力近年来也会受到伊斯

---

① Justin Vaïsse, "La France et ses Musulmans: une politique étrangère sous influence?" *Foreign Policy: French Edition*, Vol. 4 (2), 2007, pp. 66 – 71.

② Jonathan Laurence and Justin Vaïsse, *Integrating Islam*, Washington DC: Brookings Institution Press, 2006, p. 105.

③ M. Zehgal, "La constitution du Conseil Français du Culte Musulman: reconnaissance politique d'un Islam français?" *Archives de sciences sociales des religions*, Vol. 129 (1), 2005, pp. 5 – 9.

兰激进主义势力的削弱，其原因可以被解释为社会分裂。实际上，在法国伊斯兰组织联盟内部，就存在着制度化和极端倾向之间的紧张关系。这种情况表现为，法国伊斯兰组织联盟领导层在政府2004年颁布在学校禁止戴面纱的禁令时，拒绝表示公开反对。在这种背景下，只有巴勒斯坦问题能够成为双方共同支持的议题，并促使双方共同致力于扩大法国伊斯兰组织联盟作为穆斯林民众代表的影响力。不仅如此，这种动员还减少了双方在国内宗教事务上的分歧，扩大了穆斯林在法国的影响力。

为此，法国伊斯兰组织联盟采取了大量行动。在巴勒斯坦问题上，无论是对其过去事件的纪念，或是对当前冲突的进展，都发表大量声明表示支持。在他们举行的新闻发布会上，法国伊斯兰组织联盟还号召所有法国穆斯林参加示威游行，支持巴勒斯坦，为巴勒斯坦祈祷，并要求伊玛目在清真寺讲道时关注巴勒斯坦问题。该组织还要求法国政府、欧洲联盟以及国际社会对以色列进行制裁，并要求以色列停止对加沙地区的封锁。法国伊斯兰组织联盟不仅定期报道巴勒斯坦问题的发展，而且特别反对2008年1月以色列对加沙的封锁行动，还有2009年1月以色列对加沙地带采取的军事行动。在2009年勒布尔热的年度大会上，巴勒斯坦问题也始终是关注的焦点。在这次大会上，法国伊斯兰组织联盟号召继续动员力量，来了解巴勒斯坦人民内部的意见。不仅如此，该组织还把以色列2009年1月在加沙地区的军事行动明确界定为"民族灭绝"、"大屠杀"和"反人类罪行"，而且对以色列的暴行进行强调谴责。在表明这些明确倾向于巴勒斯坦的观点时，还经常引用国际法的有关条例来加以支持。[①]

与此同时，法国伊斯兰组织联盟还寻求将巴勒斯坦问题欧洲化。为了应对巴勒斯坦面临的困境，法国伊斯兰组织联盟行政理事会曾专门召开了临时会议。会议通报了法国伊斯兰组织联盟主席布雷泽，参加

---

① UOIF, "La mobilisation pour Gaza continue et s'amplifie," January 8, 2009, http://www.uoif-online.com/webspip/spip.php?article437.

欧洲伊斯兰组织联盟主席马克鲁夫领导的欧洲代表团前往拉法考察的情况。这个代表团包含了欧洲教法判例和研究委员会以及欧洲伊玛目联合会的成员，表明了欧洲穆斯林对于加沙民众在道义上的广泛支持，并宣示了他们维护人道主义的使命。[1]

不仅如此，欧洲伊斯兰组织联盟还在法国伊斯兰组织联盟的网站上发表声明，将以色列封锁加沙的行动称之为"战犯"的罪行。声明号召欧盟国家采取行动，制止以色列对加沙地带的封锁，并要求穆斯林和阿拉伯世界应采取更加尊严的立场。声明还要求欧洲穆斯林进行祈祷，组织包括穆斯林和非穆斯林在内的民众和媒体，并开展人道主义动员来支持巴勒斯坦民众。在法国伊斯兰组织联盟的网站上，还发表一些其他机构谴责以色列进攻加沙并号召进行各种形式动员的声明。其中包括法国穆斯林宗教协会在法国各个不同地区的理事会，还有法国穆斯林的各种其他协会以及法国穆斯林学生会，另外还有法国—孔泰伊斯兰文化中心等。在发表各种声明的同时，法国伊斯兰组织联盟还特别要求清真寺的伊玛目们加强对于巴勒斯坦问题的关注。[2]

不过，法国的穆斯林团体虽然在巴勒斯坦问题上表现得非常团结，但这并不意味着他们能够共同采取强有力的政治行动。这主要是其中多种带有分离色彩的激进主义，导致其行动往往只能局限于通过慈善的方式。[3] 一般来说，通过认知和此后确定的某种事件，的确可以实现政治化的动员。但随后如果不能出现具体的政治行动，其实就意味着需要进一步的组织和资源。[4] 但在巴勒斯坦问题上，法国伊斯兰组织联盟始终声称在这个问题上并没有自己的政治野心。其领导人布雷泽在接受采访时也表示：

---

[1] UOIF, "La délégation de la FOIE et de l' UOIF, représentée par son président, est arrivée à Rafah pour apporter le soutien moral et humanitaire à Gaza," January 15, 2009, http://www.uoif-online.com/webspip/spip.php? article447.

[2] S. Le Bars, "Les autorités françaises redoutent des tensions entre les communautés juive et musulmane," Le Monde, January 7, 2009.

[3] Bernard Godard and Sylvie Taussig, Les Musulmans en France: courants, institutions, communautés: un état des lieux. Paris: Robert Laffont, 2007, p. 72.

[4] M. Bennani-Chraïbi, "Les conflits du Moyen-Orient au miroir des communautés imaginées: la rue arabe existe-t-telle? Le cas du Maroc," A Contratrio, Vol. 2 (5), 2007, p. 152.

"在巴勒斯坦问题上，法国伊斯兰组织联盟既没有被授权，也没有权力介入如此复杂的政治事件。因此，我们只能在人道主义的层面上采取行动。"① 不仅如此，法国伊斯兰组织联盟的领导人在 2004 年 5 月还宣布，巴以冲突问题不能由法国穆斯林或是犹太人来加以解决。这种态度已经表明，他们在巴以冲突问题上，只会通过政治参与的方式对政府的政策施加影响，而不会像伊斯兰激进主义势力所希望的那样，直接去参与国外的冲突。②

法国伊斯兰组织联盟的这种态度，也表明了其身份的复杂性以及穆斯林被法国社会视为"另类"的事实。这些都导致法国伊斯兰组织联盟对于所有涉及穆斯林的事务，只能有选择的认同，包括巴勒斯坦人的民族解放事业。因此，法国伊斯兰组织联盟所强调的与巴勒斯坦人的团结，其目的也只是为了加强法国穆斯林社区的联合以及穆斯林身份的跨国联系。在今天的伊斯兰世界中，巴勒斯坦问题的象征性力量依然强大。因此，法国伊斯兰组织联盟同样希望通过夸大这种象征性的力量，来加强自己的组织。

三、巴勒斯坦问题与法国政府以及穆斯林和犹太人的关联

2008 年 12 月 27 日和 2009 年 1 月 17 日，以色列两次对加沙发动攻击后，法国穆斯林和犹太群体的紧张关系也随之加剧。同时，巴勒斯坦问题也成为法国伊斯兰组织联盟副主席阿拉维在 2009 年 4 月勒布尔热年度议会上确定的核心话题。关于这次会议，法国《世界报》也报道了这一信息。在这次会议期间的访谈中，阿拉维强调法国伊斯兰组织联盟对巴勒斯坦事业的支持，并非是一种相同种族的支持，而是一种普遍正义事业的支持。他对法国社会在这个问题上不能达成一致感到遗憾，并特别号召法国犹太人加入这一正义事业。实际上，他向法国犹太人发出的号召，正是对法国犹太机构代表委员会的一种批评，

---

① X. Ternisien, "L'UOIF conserve une ligne modérée", *Le Monde*, September 27, 2005.
② Bernard Godard and Sylvie Taussig, *Les Musulmans en France: courants, institutions, communautés: un état des lieux*, Paris: Robert Laffont, 2007, p. 52.

因为这个组织曾在1月份宣布支持以色列政府的立场。在法国穆斯林看来，法国犹太机构代表委员会这种支持造成的影响显然是负面的。在一份题目为《谁挑起了法国的巴以冲突》的声明中，法国伊斯兰组织联盟对法国犹太机构委员会2009年3月2日举行的传统晚宴大加指责，因为人们在这场聚会中支持犹太复国主义，并赞同以色列政府的政策。[1]

不过，针对法国穆斯林群体和犹太群体之间的矛盾，阿拉维强调法国穆斯林不会把以色列政府的政策和法国的犹太群体混为一谈。他强调巴以冲突并不是一场宗教战争，因而法国穆斯林不可能卷入这场冲突。与此同时，法国伊斯兰组织联盟发表的另一份声明中，也表达了同样的观点。声明希望法国犹太机构代表委员会不要支持以色列政府在加沙采取的行动，还特别强调不会把以色列的国家政策和法国的犹太人混为一谈。2009年1月，法国伊斯兰组织联盟再次发表声明，宣称在支持遭到恐怖统治的巴勒斯坦人民的同时，法国伊斯兰组织联盟绝不会在法国公民之间制造冲突，并强烈谴责各种形式的伊斯兰恐惧症以及反犹太主义和种族主义。法国伊斯兰组织联盟还谴责使用孤立的事件和混淆视听的方式来破坏加沙人民的团结，并要求关注那里发生的种种罪行，而不是仅仅关注那里的人道主义问题。[2]

同时，法国媒体也注意到，欧洲最大的穆斯林社区和犹太人社区都在法国。因此，当法国穆斯林和巴勒斯坦人自然而然地团结在一起的时候，法国犹太人同样也自然会和以色列人站在一道。[3] 这种情况说明了法国穆斯林社区为什么要组织起来进行示威游行，同时也说明了他们和犹太社区之间展开交流的重要性。媒体担心，法国穆斯林社区中可能出现2000年9月巴勒斯坦人第二次起义后引发的反犹太主义情绪。为此，

---

[1] UOIF, "Qui donc importe le conflit Israélo-palestinien en France?", March 6, 2009, http://www.uoif-online.com/webspip/spip.php?article480.

[2] UOIF, "Conseil d'Administration (CA) extraordinaire sur la situation à Gaza", January 20, 2009, http://www.uoif-online.com/webspip/spip.php?article454.

[3] M. Delberghe, C. Garin and S. Zappi, "En France, les maires tentent de favoriser le dialogue", Le Monde, January 13, 2009.

法国媒体列举了三种面临的危险：其一是法国穆斯林与犹太人发生冲突；其二是滥用"种族灭绝"这样的术语；其三是反犹太主义的情绪的增长。①

另外，媒体还指出法国社会对于加沙地区危机应对的范围，还停留在政治诉求和公众表达的领域。法国各地的市长们和犹太人领袖以及穆斯林领袖分别举行会议时，总是声称局势并不严重。不过，这种情况虽然让人们有所担忧，但与 2000 年初情况的严重性已经不能相提并论。②但从另一方面来说，这种情况也使得法国政府感到不安，担忧清真寺和其他地方聚会地点可能成为集聚愤怒、政治动员以及为巴勒斯坦人祈祷的场所，并推动法国不同城市穆斯林社区之间的联合。但实际上，里昂和阿尔萨斯等地的穆斯林领导人都号召和平与对话，并谴责那些试图引发法国国内穆斯林与犹太人冲突的图谋。③

为此，法国政府也要求法国犹太机构代表委员会和法国穆斯林理事会采取具体行动来平息事态。法国内政部长米谢勒·阿利奥—马里还召开了穆斯林和犹太机构的会议，坚持要求必须优先维持社会稳定，不能引发冲突。这其实也是法国犹太机构代表委员会主席理查德·布拉斯凯尔和法国穆斯林理事会主席穆罕默德·穆萨维的希望。④ 不过，两大群体之间的紧张关系依然明显可见。因为法国伊斯兰组织联盟始终把以色列的攻击称之为"种族灭绝"，这在法国犹太机构代表委员会主席看来，就是要把巴以冲突带进法国。2009 年 1 月，法国政府再次强调任何情况下都需要加强国家的凝聚力，并号召不要在反犹太主义倾向不断增强的情况下进一步引进巴以冲突。法国政府的一个跨部门委员会还采取行动，

---

① S. Le Bars, "Les répercussions de la guerre à Gaza. Débat sur le rôle central confié aux instances eligieuses,". *Le Monde*, January 18, 2009.

② M. Delberghe, C. Garin and S. Zappi, "En France, les maires tentent de favoriser le dialogue," *Le Monde*, January 13, 2009.

③ S. Le Bars, "Les autorités françaises redoutent des tensions entre les communautés juive et musulmane," *Le Monde*, January 7, 2009.

④ S. Le Bars, "Les autorités françaises redoutent des tensions entre les communautés juive et musulmane," *Le Monde*, January 7, 2009.

打击法国社会中出现的各种种族主义和反犹太主义言行。①

长期以来，巴勒斯坦问题在法国政治有关国际问题的争论中，一直占有特别重要的地位。这一问题深深影响到法国的中东政策，并促使法国政府不得不根据穆斯林群体和犹太群体的要求而采取不同的措施。在这一问题上，法国伊斯兰组织联盟的动员活动最为积极。因为这种涉及外部事务的政治动员策略，在国内宗教事务关系紧张的背景上更有利于实现自己的多种目的。其中之一就是通过强调和巴勒斯坦人的团结及其人道主义问题，法国伊斯兰组织联盟可以寻求在不同穆斯林社区之间建立联系，消除法国穆斯林群体在其他世俗问题层面上的分歧。

---

① S. Le Bars, "Les répercussions de la guerre à Gaza. Débat sur le rôle central confié aux instances religieuses," *Le Monde*, January 18, 2009.

结语／当前穆斯林难民问题对欧洲社会的影响

2011年阿拉伯之春爆发以来，大批来自中东和北非伊斯兰国家的穆斯林难民涌入欧洲寻求庇护。特别是2015年随着叙利亚内战局势的不断恶化，更多的难民开始如海啸般地涌入欧洲，造成了目前的欧洲面临的难民危机局面。这些难民以穆斯林为主，因而使得欧洲原来已经存在的穆斯林问题变得更为复杂。随着大批穆斯林难民大量的涌入，欧盟的整体移民政策开始受到挑战，各成员国纷纷收紧移民政策，欧盟多年来引以为豪的申根体系遭到了破坏。此外，当前难民问题还加剧了欧洲主要大国英、法、德国内主流社会与穆斯林少数族群之间的分化和对立，并使得这些国家内部的政治分化更加明显。最后，当前的穆斯林难民问题还对欧洲主流社会的就业、社会福利、人口结构造成了冲击，加剧了恐怖主义等安全威胁的发生频度。这种情况使得欧洲社会中本已存在的"伊斯兰恐惧症"变得愈发严重，穆斯林与主流社会之间意识形态的对立和冲突也愈加突出，欧洲社会在政治上则出现了整体右倾化的趋势。

欧洲当前的难民问题是指自2011年阿拉伯之春以来，由于中东和北非地区国家的冲突和内战造成国家的持续动荡，饱受战乱之苦的民众为了生存和安全的基本需要纷纷逃往欧洲寻求庇护，因而形成了当前的欧洲难民潮。特别是2011年叙利亚爆发的内战，已经导致约450万人流离失所。这些难民冒着生命危险，通过铁路、公路或水路到达希腊、匈牙利和意大利，然后再由那里进入欧洲，前往德国、瑞典和欧洲其他国家。据联合国统计，仅2015年10月份，就有超过21.8万名难民越过地中海来到欧洲，几乎相当于2014年全年的难民人数。在2015年中，共有超过 74.4 万名难民踏上旅途，前往欧洲寻求避难。[1] 由于叙利亚内战仍在进行，中东和北非的动荡局势仍在持续，因此难民还在不断的跨过地中海涌入欧洲，这就是欧洲各国面临的难民危机。当前欧洲正面临着经济持续低迷和乌克兰危机等一系列问题，难民的大批涌入对于欧洲社会来说无疑于雪上加霜，这已经导致欧洲面临二战结束以来最严重的危机。难民的大批涌入也造成了欧洲部分国家的社会混乱，暴力事件不断发生。由于此次难民潮的来源地主要是中东和北非的伊斯兰国家，难民中绝大多数都是穆斯林，因此又称为穆斯林难民危机。其造成的影响，主要表现在以下三个方面。

一、难民危机对欧盟整体移民政策的冲击

二战后，欧洲为了振兴经济的需要引入了大量的移民，劳工移民成为移民的主要群体。随后，家庭团聚和非法移民导致移民数量大量增加，欧洲各国为此也制定了自己的移民政策，并积极促进移民融入本国社会。随着欧洲一体化的深入发展，欧盟作为欧洲最广泛的区域性组织，也积极开始探索共同的移民政策。欧盟的整体移民政策作为欧洲移民政策一体化的重要表现，虽然与更为成熟的经济一体化相比起步较晚且发展缓慢，但至今已经经历了几个标志性的时期。首先，1985 年《申根协定》的签署实现了欧洲内部人员的自由流动，是共同移民政策的重要前提；其次，1990 年签署的《都柏林公约》，是有关难民这一特殊移民群体的重要文件；再次，1992 年《马斯特里赫特条约》的签署将移民纳入到欧盟的框架内，正式拉开了欧盟移民政策一体化的大幕；最后，1997 年 6 月《阿姆斯特丹条约》的签署使得欧盟真正获得了部分处理移民事务的权力。[2] 2008 年 10 月，欧盟 27 国通过了《欧洲移民与难民庇护公约》，

---

[1] Burcu Togral Koca, "New Social Movements: 'Refugees Welcome UK'", *European Scientific Journal*, Jan 15, 2016, Vol. 12 (2), p. 97.
[2] 陈菲：《欧盟的移民政策一体化进程》，《国际资料信息》，2005 年第 9 期，第 23—24 页。

这也标志着欧盟的整体移民政策的正式形成。为了更好地落实整体移民政策的实施，欧盟先后推出了1999年的"坦佩雷计划"、2004年的"海牙计划"、2009年的"斯德哥尔摩计划"等三个五年规划。随着这些规划的实施，欧盟整体移民政策作为欧盟司法与内务事务发展的重要表现，已经取得了一定的成绩。但随着欧盟的东扩，新老欧洲之间、欧盟发达国家与发展中国家之间的差异以及决策中的"一致同意"原则，都使得这一整体移民政策的执行面临着极大阻力。特别是，当前的难民危机更加剧了欧盟整体移民政策实施的难度，甚至使得整体移民政策处于停滞状态。具体来说，当前难民问题对欧盟整体移民政策的影响主要表现在以下几个方面：

穆斯林难民问题，首先是对《申根协定》造成了巨大冲击。这一协定是1985年6月，德国、法国等五国在卢森堡边境小镇申根签署了旨在取消成员国之间的边境关卡，让人员自由通行的《关于逐步取消共同边界检查》的协定，故又称《申根协定》。协定签署后，随着欧盟的扩大，申根区域也随之不断扩展。截至目前，已经包含了26个成员国。其中包括几乎所有欧盟成员国，还有一些相关的非欧盟国家。欧盟成员国达成的申根协定，是欧盟取得的最重大成就之一。申根区域没有内部边界，在这个区域内，申根区公民、非欧盟成员国公民、商业人士和游客都可以自由流动而免受各国边境检查。[①] 但是，当前大量穆斯林难民的涌入，超出了很多国家的承受能力。一些申根成员国纷纷实行边境管制，控制大批难民的涌入。特别是希腊、意大利等地中海前沿国家，这些国家离穆斯林难民来源地最近，通常是难民首先抵达的地方。但这些国家的承受能力更差，尤其是希腊本身就深陷主权债务危机。源源不断涌入的难民使这些国家不堪重负，因此往往随意让成批的难民进入欧洲内地的其他国家。同样，遭到大批穆斯林难民严重压力的是以匈牙利、斯洛伐克为代表的中东欧国家。中东欧国家虽然并不是穆斯林难民最理想的目的

---

① Sheetal Sharma, "Europe's Struggle with Refugee Crisis: An Analysis", *Lup Journal of International Studies*, September 19, 2016, p. 5.

地，但这些国家也承担了相当大比重的难民。截止2015年7月底，匈牙利共收到了96350份难民申请，是欧盟各国中人口比重最多的国家。2015年上半年，每10万个匈牙利当地人口中，就有665个穆斯林难民。与此同时，每10万个德国当地居民中，这一数字为190人，而英国只有23人。[1] 从客观上来说，中东欧国家大多是前共产主义国家，缺少接收外来移民的传统。况且其发展水平也远远低于西欧各国，因此对这些大批涌入的穆斯林难民采取了严厉的抵制态度。匈牙利、保加利亚、斯洛伐克等东欧国家纷纷采取关闭边界，建立围栏，部署边防警卫和其他措施对边界严加监控，尽量把大批难民限制在自己国门之外。另外，以德国为首的西欧国家也面临着艰难的抉择。为了减轻希腊等欧盟边境国的难民压力，欧盟提出了难民分摊方案。为此，德国率先对这些穆斯林难民开放了与匈牙利的边界，并表态欢迎所有难民进入德国寻求庇护。但法国在2015年11月巴黎遭遇恐怖袭击事件后，立刻呼吁欧盟各国采取边境管控措施。结果，德国政府宣布恢复与奥地利之间的边境管制，重新实行边防检查以来，并很快引发多米诺骨牌效应，奥地利、法国、瑞典、丹麦、挪威等国纷纷恢复了边境检查。这些加紧边境管控的措施，使得欧盟在整体上收紧了难民接收政策。欧盟各国的边境检查加之收紧的难民政策，使得作为欧盟移民政策基础的申根体系的完整性和权威性遭到了破坏，从而导致欧洲一体化的严重倒退，甚至最终引发了英国脱欧的结局。在这种情况下，欧盟也意识到这一问题的严重性。鉴于2016年初涌入欧洲的穆斯林难民较2015年已大幅减少，欧盟委员会于2016年3月4日专门发布了《重新回归申根路线图》的文件，强调尽快恢复申根体系和消除内部边境管控对于维护欧盟整体性的重要意义。[2]

除了《申根协定》外，大批穆斯林难民的涌入对《都柏林公约》也造成了严重破坏。《都柏林公约》是在《申根协定》签订同时，欧盟通

---

[1] Sheetal Sharma, "Europe's Struggle with Refugee Crisis: An Analysis", *Lup Journal of International Studies*, September 19, 2016, p. 4.

[2] 房乐宪、江诗琪：《当前欧盟应对难民危机的态势与挑战》，《同济大学学报（社会科学版）》，2016年第2期，第35页。

过的一部法律，它明确了难民在《日内瓦公约》下寻求政治避难的申请流程。这项公约作为都柏林系统的基石，建立了一个授权进入欧盟的欧洲范围内的指纹数据库。其目的是要快速理清负责难民庇护的成员国，并实行入境国负责原则，规定只要一个成员国负责审查难民的庇护申请，通常负责的是难民进入欧盟寻求庇护首先进入的国家，这样也是为了避免一名难民向多个成员国发起庇护申请。[①] 从《都柏林公约》体系的规定可以看出，这对希腊、意大利等海岸线较长的欧盟外围国家十分不利，因为大量的穆斯林难民越过地中海首先抵达的就是这些国家。而对德国等地处欧盟内陆的国家，则十分有利。由于这些规定本身的不合理性，作为申根地区一部分并受到《都柏林条约》约束的部分成员国正面临巨大危机，因为涌入这些国家的难民数量已经大大超出了他们的接收能力。大量涌入的难民使得这些国家的难民营环境急剧恶化，连申请避难的难民也不愿意待在这些欧盟外围国家。而这些外围国家也不愿意承担为避难者登记注册的义务，而是希望让他们随意进入欧盟内陆国家，因而在基础上动摇了《都柏林公约》的实施条件。在这种情况下，德国放弃了《都柏林公约》的规定，率先开放了与匈牙利的边界，允许大批难民进入德国寻求庇护，并承担起了难民的登记、调查、甄别和审核工作。这虽然是对《都柏林公约》缺陷的一种灵活性修正，但却导致大批难民涌入欧盟内部地区，从而造成了极大的混乱。为此，欧盟委员会2016年4月提出对《都柏林公约》进行修正，但至今并没有制定出统一的难民应对方案。目前，如何重塑《都柏林公约》的权威和法律效力，已经成为摆在欧盟各国面前的一道难题。

此外，当前大批涌入的穆斯林难民还加剧了欧盟内部的分裂和极右翼势力的发展。在来势汹涌的难民潮面前，欧盟各国都感到了严重的压力。由于各国经济发展水平、社会福利政策以及历史文化传统等方面存在较大差异，在难民的接收及其摊派上很快就出现了严重分歧。加之欧

---

① Sheetal Sharma, "Europe's Struggle with Refugee Crisis: An Analysis", *Lup Journal of International Studies*, September 19, 2016, p. 5.

盟始终未能制定出统一的难民应对策略，因而加剧了欧盟的内部分裂。在决定如何处理难民危机和谈判难民配额分配的过程中，欧盟国家之间原已出现的分歧进一步加深，东欧和西欧的两极分化现象也愈加明显。对于欧盟强制通过的难民摊派方案，德国、法国为代表的西欧国家较为乐意接受；英国、希腊等国家则以摊派政策会鼓励偷渡为由而拒绝参与；匈牙利、波兰为代表的东欧国家更是强烈抵制并投了反对票。围绕难民问题，欧盟各国之间相互指责不断。各国为了维护本国经济和安全利益已将欧盟的整体利益抛之脑后，欧盟的整体移民政策目前陷入崩溃状态。

不仅如此，当前穆斯林难民引发的问题还推动了欧洲极右翼政党的快速发展。在欧洲，右翼民粹主义政党素以反移民、反主流和排外著称，这次难民危机为他们扩大势力提供了一个极好的契机。在这些右翼民粹主义政党中，主要有法国国民阵线、瑞典民主党、奥地利自由党、芬兰正统芬兰人党等。[1] 他们通过夸大难民危机带来的负面影响，反复强调穆斯林移民中可能包含的极端主义分子的恐怖威胁，并在欧洲主流社会民众和穆斯林移民之间制造仇恨等方式，获得了大量底层民众的支持，近年来势力迅速壮大，并在地方选举和大选中取得了引人注目的成绩。例如，瑞典右翼的民主党在2014年大选中获得了12.9%的选票；芬兰极右翼的正统芬兰人党在2015年大选中成为议会第二大党并参与了组建联合政府；希腊极右翼的金色黎明党在2015年大选中获得了7%的选票，成为希腊第三大党；丹麦人民党在2015年6月议会下院选举中获得了21.2%的选票，成为第一大党；法国极右翼政党国民阵线的领导人勒庞，则已成为法国2017年大选的候选人之一。这些极右翼政党对欧洲国家当前执政党的冲击，主要就是通过广泛的宣传，将移民、宗教冲突和"伊斯兰恐惧症"引入到日常政治话语中。在这种情况下，那些主流政党为了争取选民，在竞选时也不可避免的要提到这些问题。随着这种社会氛围的加剧，欧洲的政治出现了整体右倾化的现象。目前看来，如果

---

[1] Farid Hafez, "The Refugee Crisis and Islamophobia", *Insight Turkey*, 2015, Vol. 17 (4), p. 21.

难民危机得不到有效的解决,那么极右翼政党的生存空间将会进一步扩大,这对欧洲来说是一个危险的信号。随着极右翼政党势力的扩大和对政府的参与,欧盟的整体移民政策也必将受到更多的限制,这将使得欧盟多年来为整体移民政策所做的努力付之一炬,欧洲一体化进程也将遭遇重大挫折。

二、难民危机给欧洲主要大国带来的问题

当前来自中东的穆斯林难民危机不仅严重影响到欧盟整体的移民政策,而且还对欧洲的主要大国带来了具体而显著的影响。首先,英国作为一个岛国独立于欧洲大陆之外,这种得天独厚的地理条件使得英国非常不愿意承担过多的来自欧盟的责任。在难民安置问题上,英国的态度也是如此。自从2011年叙利亚内战爆发以来,英国对于来自中东和北非的穆斯林难民一直保持消极甚至抵制的态度,并采取了一系列针对接受难民的限制性措施。英国首相卡梅伦以及其他政府官员在各种场合都不断宣称,这些难民只是前来欧洲寻求更加舒适生活的经济移民,从而掩盖了这些难民逃离家园所涉及的包括英国在内的西方国家对叙利亚内战干预而导致战乱长期持续,因而使大批民众在战火下无法生存而出逃欧洲的真正原因。

2015年5月,欧盟以强制方式推出了分摊滞留在意大利、希腊境内约4万难民的方案,2015年9月又推出了分摊在匈牙利、意大利和希腊境内12万难民的方案。但作为欧盟成员国的英国,却表示拒绝接受摊派任务。对于难民摊派方案,卡梅伦明确表示,欧洲领导人关于难民在欧洲大陆分派的做法,会鼓励更多难民踏上潜在致命的旅程,甚至鼓励偷渡行为的发生。[①] 截止到2015年9月3日,英国总共只接收了大约5000名穆斯林难民,与欧盟其他国家相比更是微不足道。2015年9月3日,

---

① Burcu Togral Koca, "New Social Movements:'Refugees Welcome UK'", *European Scientific Journal*, Jan 15, 2016, Vol. 12 (2), p. 97.

在一名3岁的叙利亚难民小艾兰溺亡在土耳其海滩的照片在网上疯传之后，这幅揪心的画面才唤醒了一些英国人的良知。英国政府在面临来自舆论以及欧盟其他国家的巨大压力下，对待难民的态度才开始发生了一些改变。卡梅伦表示，英国将承担起人道主义的责任，增加难民安置资金。随后，英国政府又提出在5年内安置2万名难民。

英国政府对于难民的消极态度，主要是担心大批涌入的穆斯林难民会加剧英国社会与穆斯林群体之间原来已经存在的冲突。在英国，穆斯林是一个主要少数族群。英国的穆斯林主要来源于英国的前殖民地印度、巴基斯坦等南亚次大陆国家。截止到2014年，英国穆斯林人口约300万，占英国总人口的4.6%。长期以来，英国一直奉行多元文化主义政策来处理主流社会与少数族群之间的关系，承认穆斯林族群的文化和宗教差异，尊重他们的生活习俗和宗教信仰。穆斯林族群在相当长的时间内，与英国主流社会相处融洽。然而，经过二战后几十年的发展，穆斯林群体在英国社会中与一般民众之间的差异日益明显。一方面，伊斯兰文化色彩的服饰、清真食物、街头礼拜、宣礼塔、清真寺在公共生活中不断增加；另一方面，英国多元文化主义在鼓励文化、宗教多样性的同时也导致了穆斯林群体的封闭和固化，并没有促使穆斯林族群融入到英国主流社会中，反而制造了一个孤立于主流社会之外的平行社会。这就使得穆斯林对英国的国家认同度远远低于对伊斯兰教的认同度，而英国民众对于穆斯林的排斥情绪也逐渐加剧。近年来，穆斯林群体与英国主流社会之间的冲突开始显现，并随着1989年拉什迪事件、2001年"9·11"事件、2005年7月伦敦地铁爆炸案等事件而急剧升温，英国社会对穆斯林开始恐惧并存有戒心。面对当前涌入欧洲的大批穆斯林难民，英国社会更加感到担忧，担心穆斯林难民的涌入会加剧本来就紧张的穆斯林族群与英国主流社会之间的关系，这也进一步增强了英国主流社会对穆斯林群体的负面认知。尤其让英国民众担心的是，这些难民的涌入不仅会抢夺他们的工作机会和社会福利，更重要的是不能很好地融入英国社会，是麻烦、暴力事件的制造者，而且其中还可能混杂着恐怖分子的潜入。因此，英国政府在接纳这些穆斯林难民时极为谨慎。根据英国广播公司的数据，2015 年全欧洲共批准了 29 万难民申请，而英国仅仅批准了 1.3 万人，较德国的 14 万人相去甚远。2016 年 6 月英国全民公投支持脱欧的背后，也可以看到穆斯林难民危机因素的影响。为了防范难民由法国通过英吉利海峡偷渡到英国，2016 年 9 月 20 日，由英国出资、在法国港口城市加来修建的阻止难民和非法移民的城墙正式开工，这条城墙被当地媒体称为"加来城墙"，是英国防范和阻止难民的又一例证。[①]

不仅如此，当前的穆斯林难民问题也加剧了英国社会和政治的分化。在小艾兰事件后，英国政府虽然对接收难民采取了较之前积极的姿态，决定在未来 5 年安置 2 万名难民，但这一数字与欧盟其他国家以及叙利亚的邻国相比实在相去甚远。进入 2016 年以来，英国政府实际上又逐步实行了收紧政策。作为对国家限制性和排斥难民的回应，英国国内出现了支持难民的社会运动，例如难民委员会、大赦国际英国、拯救儿童以及其他的一些地方团体。这些支持接收难民的组织中不仅有各种非政府组织和团体，而且还包括大批个别志愿者。这些组织很快在全国各地动员起来，他们组织各种游行示威活动、寻求捐款，努力提高公众对难民困境的认识。[②] 目前，这种支持难民的社会运动仍在英国持续进行，他们走向街头向普通的民众宣传难民的遭遇，以获取更多人的同情和支持，从而对政府施加一定的压力。与此同时，英国民粹主义政党，反欧盟、反难民的英国独立党势力也获得了更大的支持。2014 年的欧洲议会选举中，英国独立党击败保守党和工党，成为英国在欧洲议会中的第一大党。此外，独立党在英国的地方选举中也表现突出。虽然英国独立党的崛起对英国当前的政党政治尚未构成威胁，但却反映出英国政治正在逐步的向右翼方向发展的趋势。由于英国独立党坚定的反穆斯林难民立场，并获得了部分民众的支持，因而英国政府对待穆斯林难民的态度也难免会受到独立党的影响。

[①] 英法想用"加来城墙"阻挡难民潮，人民日报，2016 年 09 月 23 日，http://nm.people.com.cn/n2/2016/0923/c356219-29050395.html.

[②] Burcu Togral Koca, "New Social Movements: 'Refugees Welcome UK'", *European Scientific Journal*, Jan 15, 2016, Vol. 12 (2), p. 98.

与英国相比,法国自穆斯林难民危机爆发以来,在接收难民问题上采取了较为积极的姿态。在政策上,法国政府一直致力于通过欧盟整体的难民政策来解决难民危机。2015年9月欧盟委员会提出的难民摊派方案中,法国同意接收2.4万人,这一数字仅次于德国。特别是在2015年11月巴黎恐怖袭击事件发生后,法国的难民接收名额非但没有减少,奥朗德政府还宣布将难民的接收名额提高到3万人。

不过,当前的穆斯林难民问题与发生在法国的伊斯兰极端主义恐怖袭击事件的相互交织,也加剧了法国主流社会与国内穆斯林群体的分化。法国的穆斯林移民主要来自其前殖民地马格里布地区的突尼斯、摩洛哥和阿尔及利亚等国家,目前大约有500万人,占据了法国总人口的近1/10,其中有近一半人取得了法国国籍。但法国在对待穆斯林群体的政策上,不同于英国的多元文化主义的做法,采取的是彻底的世俗化政策,旨在让穆斯林群体放弃自己的宗教文化传统和基本价值观,彻底融入法国社会。但是这一世俗化的族群融入模式,却未能实现其预期目标。目前,法国穆斯林群体往往集中居住在比较贫困、落后的地区。在这里,伊斯兰宗教发挥着重要的凝聚作用,吸引了大批年轻穆斯林。这些聚集在一起的青年男子由于缺少工作,往往容易形成犯罪团伙,包括贩毒等。[1] 从目前的情况看,法国的穆斯林群体非但没有融入法国主流社会,而且还造成了对主流社会的对抗心理。在他们当中,"他者"的身份认同不断增强,而且特别体现在穆斯林移民的第二代、第三代身上。对于这些年轻一代来说,穆斯林群体与主流社会的断裂使得他们更加坚定了自己的宗教信仰,生活的贫困与窘境则使得他们开始诉诸暴力以反抗来自主流社会的歧视和不公正待遇。这就是近年来暴力事件在法国频繁发生的重要原因。同时,这些人中激进分子更容易被圣战组织招募。正是在这种背景下,法国本土的一些伊斯兰极端分子与境外的恐怖主义势力相勾结,制造了2015年1月的《查理周刊》恐怖袭击事件、2015年11

---

[1] Ishtiaq Ahmed, "Muslim Immigrants in Europe: The Changing Realities", *India Quarterly*, 2013, Vol. 69 (3), p. 267.

月的巴黎恐怖袭击事件和 2016 年 7 月的尼斯恐怖袭击事件。这些恐怖袭击事件大多是由伊斯兰国指使，境内外恐怖势力勾结所导致。袭击事件造成了大量人员伤亡，严重威胁了法国的国家安全。虽然经查证这些恐怖袭击事件与当前进入法国的穆斯林难民无关，但是由于绝大多数难民的穆斯林身份还是在法国造成了恐慌，对穆斯林的恐惧和敌视一时间也在法国甚嚣尘上。尽管法国总统奥朗德在难民接收问题上的态度更加坚决，但是反对接收难民的声音也越来越大。他们担心恐怖分子借着难民的幌子进入法国，从而在申根地区自由流动。这不仅会威胁法国的国家安全，而且对整个欧洲都是一种潜在的威胁。在这种情况下，奥朗德政府一再宣称恐怖袭击事件与难民无关，难民也是恐怖主义的受害者，不应成为恐怖主义的替罪羊，接收难民是一种人道主义责任。为了消除民众的恐惧，奥朗德政府还决定进一步加大对伊斯兰国的打击力度。巴黎恐怖袭击事件后，奥朗德政府迅速调整其中东政策，不再以推翻叙利亚的阿萨德政权为目标，而是正式对"伊斯兰国"宣战。

然而，当前的穆斯林难民问题也导致了法国的政治分化，加速了右翼政党的发展。发生在法国的一系列恐怖袭击事件给反移民、反伊斯兰的法国极右翼政党提供了强有力的舆论工具，因而他们坚定的反难民立场获得了众多民众的支持。这些右翼政党利用恐怖袭击事件，煽动民族情绪，强烈抵制难民涌入的做法已经初见成效。素以反难民著称的法国极右翼政党国民阵线在 2015 年 12 月法国本土大区选举第一轮投票中，就在 6 个大区的选举中得票领先。针对 2017 年 4 月法国将要举行的总统大选，目前已经形成了社会党、共和党和国民阵线三足鼎立的局面。在失业率居高不下、经济增长乏力以及恐怖主义袭击带来的安全问题面前，执政的法国社会党支持率越来越低，在 2017 年的大选中几无连任的可能。而主张取缔伊斯兰组织、驱逐非法移民、关闭清真寺的国民阵线则迎合了民众对大批穆斯林难民涌入的担忧，支持率大幅增加。有评论指出："移民难民问题愈演愈烈、恐怖袭击时有发生，这一系列因素滋长出的法国国内种族主义和民族主义情绪，恰恰在标榜'真正法兰西'、'法国第一'的勒庞及其领导的国民阵线身上找到了'燃点'。玛丽娜·

勒庞很有可能复制大西洋彼岸的'特朗普式胜利',成为欧洲的又一只'黑天鹅'。"① 从当前情况看,为了迎合选民的心态,法国整个政坛都出现了严重的右倾化现象。这势必会导致极端民族主义思想的上升,恶化法国的政治生态环境,穆斯林群体与法国主流社会之间的冲突、矛盾会更加严重,法国的安全形势也会愈加严峻。

与英法相比,当前欧洲难民危机影响最大的无疑是德国。在此次穆斯林难民潮中,德国是难民的首选目的地,也是最大的难民接收国。在2015年上半年中,德国就收到了20万份避难申请。到年底时,已有80万左右的难民涌入了德国。② 在应对难民危机的整个过程中,德国的默克尔政府实行了不设上限的难民接收政策,与英法等其他国家形成了鲜明对比。根据国际移民组织的调查,从2015年1月—10月期间,总共有超过75万难民越过地中海进入欧洲,几乎比前一年增加了三倍。欧盟的统计数据还显示,这些难民都无意再回到自己本国,已有超过70万人申请庇护。而德国是最受欢迎的目的地,已经收到了大约一半难民的申请。③ 此外,德国还积极推动欧盟整体难民应对方案的出台,在2015年9月欧盟委员会提出的难民摊派方案中,德国就承担了最高3.1万的份额。德国之所以对难民采取如此慷慨的接纳态度,除了自身具备的经济实力和大国担当外,其民族的难民史也是一个重要因素。二战期间,大量德国人尤其是犹太人为了躲避希特勒的迫害而背井离乡,沦为难民,这些人曾得到过美国等国家的慷慨接纳。2015年德国第一次举行难民纪念日时,德国总统高克就表示德国有道德责任和义务为难民提供庇护,因为二战期间德国人也曾经是难民。④

---

① "法国大选上演'三国杀'奥朗德连任之路不平坦",人民网,2016年11月30日,http://sn.people.com.cn/n2/2016/1130/c378286-29390282.html.

② Sheetal Sharma, "Europe's Struggle with Refugee Crisis: An Analysis", Lup Journal of International Studies, September 19, 2016, p. 7.

③ Laura Diaconu (Maxim), "The Refugees and the Economic Growth in the EU States: Challenges and Opportunities", CES Working Papers, 2015, Volume VII, Issue 4, p. 881.

④ Seth M. Holmes and Heide Casta？eda, "Representing the 'European refugee crisis' in Germany and beyond: Deservingness and difference, life and death", American Ethnologist, 2016, Vol. 43 (1), p. 15.

当然，在德国政府对于穆斯林难民的积极态度背后，也包含了德国政府希望借助接受难民而产生的正面影响。客观上来说，当前难民问题对德国的积极影响主要表现在两个方面：一方面，难民的涌入将缓解德国社会老龄化带来的劳动力不足问题，促进经济的发展。德国近年来人口出生率较低，老龄化现象越发严重，出现了劳动力短缺的现象。而这次进入德国的穆斯林难民中，80%的难民申请者年龄在35岁以下。德国政界与工商界都期待通过有效的移民融入政策，促使这些难民进入德国的劳动力市场，通过职业培训将他们训练成专业人才，填补德国当前劳动力市场的需求。因此，如果说德国在历史上的难民经历是接收穆斯林难民的人道主义原因的话，那么让难民融入德国社会促进经济发展就是最现实的考量因素。

另一方面，德国对当前难民的大量接纳也是为了彰显德国作为欧盟领导者的担当精神，提升了其国际威望。与英国的拒绝摊派和法国的犹豫不决相比，德国在接纳难民问题上表现积极，并承诺接收难民不设上限，的确是彰显了其大国风范。在此过程中，德国总理默克尔也为其他国家树立了一个政治勇气和道德榜样的典范。为了消除民众对于接纳大批穆斯林难民的疑虑，默克尔多次鼓舞民众："我们德国人可以做到，而且必须做到，这是我们的道德义务和人道主义责任。二战期间我们数百万同胞被赶出自己的家园沦为难民，今天他们已经成功地融入到当年寻求庇护的国家中"。[①] 为了减轻希腊、意大利等国家的难民压力，德国作为欧盟的主导力量积极推动难民配额机制，还暂停了都柏林议程，允许大量难民进入德国寻求避难，这也不失为《都柏林条约》的灵活运用。默克尔还多次呼吁欧盟必须团结起来共同应对难民危机，采取切实有效的措施管控难民潮，消除公众的绝望和抵制情绪。2015年10月，默克尔又访问土耳其，就难民安置与难民过境问题与土耳其总理埃尔多安进行商讨，并促成了2016年3月欧盟与土耳其有关难民危机协议的签

---

① Hans Feichtinger, "Refugees in Germany", *A Monthly Journal of Religion and Public Life*, February 1, 2016, p.2.

署。根据协议，在2016年3月20日或以后，土耳其每接收一名经过土耳其试图进入希腊的难民，欧盟将作为交换条件，安置一名土耳其境内的叙利亚或来自其他国家的难民。[①] 这一措施对于减少更多的非法难民进入欧洲起到了重要的作用。

除了这些正面影响外，大批涌入的难民同样也给德国带来了一系列负面影响。由于德国张开双臂欢迎难民，一时间数十万的难民如海啸般涌入德国，大大超出了德国的接待能力。紧接着，如何安置难民和促进难民融入德国社会也成为了一个难题。长期以来，德国对待穆斯林少数群体的政策不同于英国的多元文化主义模式和法国的彻底世俗化模式，而是采取了所谓"客籍工人"的模式，允许穆斯林保留自己的文化和生活方式，并没有积极促进他们融入德国社会。这种看似多元的政策在族群融入方面并不成功，反而造成了穆斯林作为一个封闭的群体与主流社会平行存在。2010年，默克尔就承认多元文化主义已经彻底失败。因此，当前大量穆斯林难民的融入势必会造成德国民众的恐慌和抵制，甚至民怨沸腾。特别是2016年跨年夜发生的科隆性侵案，经调查嫌犯全部是穆斯林难民，更是加剧了民众的不满。科隆性侵案发生后，德国政府最初试图加以掩盖，但最终却成了一个国际丑闻。而德国政府这种掩饰的做法，则更增加了公众的愤怒。实际上，科隆丑闻只是难民带来问题的冰山一角，穆斯林难民类似的暴行正在德国各地出现，情况已经变得非常糟糕，甚至孩子们都通过YouTube，恳求他们的父母清醒并保护他们的安全。[②] 当前的穆斯林难民问题因此也加剧了德国主流社会与穆斯林群体的对立。2015年7月16日，当默克尔在德国北方城市罗斯托克向青少年发表题为"在德国的美好生活"的演讲时，一位来自巴勒斯坦的女孩用流利的德语向默克尔控诉，她和她的家人正在遭到被驱逐出境的威胁。她说她也想和其他人一样去读大学，但当她看到别人享受美好

[①] Powell, Sara R, "EU/Turkey Refugee Agreement Benefits EU, Not Stranded Refugees", September 19, 2016, p. 1.

[②] Alex Newman, "Refugee Crisis Has Europe on the Brink", *The New American*, April 4, 2016, p. 19.

的生活她却不能时感到非常难过。默克尔略显无奈与小女孩满含期许的合影流传到网上时虽然也引起了一些同情，但民众的愤怒依然迫使默克尔政府对难民政策加以收紧，并承诺对难民进行严格管制。巴黎恐怖袭击后，越来越多的德国民众担心恐怖分子伪装成难民混进德国，恐惧感也日益升高。目前，默克尔的难民政策在德国受到了越来越多人的批评。这些批评不仅来自党外，甚至执政联盟内部也出现了分歧。内政部长德梅齐埃和财政部长朔伊布勒都批评默克尔对难民过于慷慨，并警告难民危机正在演变成德国的国家灾难。[1] 最近以来，德国民众的质疑与批评在一定程度上冲击了默克尔的执政根基，默克尔的支持率也开始下滑，难民危机显然已经成为默克尔执政以来面临的最大挑战。

三、难民危机加剧了欧洲主流社会与穆斯林群体之间的矛盾和冲突

当前难民的涌入给欧洲带来了一系列的问题，其中最重要的一点就是加剧了主流社会与穆斯林之间的矛盾和冲突。近年来，不论是英国的多元文化主义、法国的彻底世俗化政策还是德国的所谓"外籍劳工"模式的多元族群融合政策都未能取得预期的成效。在欧洲地区，穆斯林作为一个具有明显宗教特征的少数族群，非但没有很好的融入欧洲主流社会，反而愈加封闭，而由此导致的各种矛盾和冲突也愈发严重。现在，随着大批穆斯林难民涌入欧洲，这无疑使得本已存在的主流社会与穆斯林之间的矛盾会变得更加复杂。当穆斯林难民如海啸般涌入欧洲时，欧洲国家政府、企业、媒体和个人都察觉到一个显而易见的问题，那就是欧洲已经被推到了崩溃的边缘。由于大批穆斯林难民涌入造成的混乱，欧洲各地蔑视法律的情况频频出现，政府预算大为增加，犯罪、福利成

---

[1] Seth M. Holmes and Heide Castañeda, "Representing the 'European refugee crisis' in Germany and beyond: Deservingness and difference, life and death", *American Ethnologist*, 2016, Vol. 43（1）, p. 14.

本增高，失业率增加，恐惧和仇恨正在欧洲蔓延。[1] 究其原因，主要有以下三个方面：

首先，大量穆斯林难民的涌入会抢占欧洲的就业机会和社会福利。难民进入欧洲后，欧洲国家就要为其提供粮食和住所以及工作机会。难民的安置往往是一项长期的工作，这对欧洲各国来说都将花费相当部分的财政支出。反观当下，欧洲国家的经济形势不容乐观。受2008年金融危机的影响，欧洲经济衰败、市场失灵、失业率增加，在这种情况下，穆斯林移民自然会被作为替罪羊，认为他们会抢占本土居民的饭碗。[2] 同时，一百多万难民的涌入也不可避免地会对欧洲国家的社会福利系统带来冲击，给各国的教育、医疗卫生、住房和社会保障系统等带来压力，这无疑也要以牺牲本国居民的社会福利为代价。

其次，大量穆斯林难民的涌入将改变欧洲人口未来的结构。虽然穆斯林人口目前在整个欧洲所占比重较低，但从长远来看，穆斯林族群的高出生率已经让欧洲国家感到担忧。根据皮尤研究中心关于全球穆斯林人口的一组报告，2007年欧洲（包括俄罗斯）的穆斯林人口总数为3800万，这里不包括土耳其在内，占其总人口的5.2%。与此同时，欧盟范围内约有1600万穆斯林，占欧盟总人口的3.2%。研究中心的另一份报告还指出，穆斯林人口出生率为2.2%左右，而非穆斯林人口的出生率仅为1.5%。那么，到2030年穆斯林人口占欧洲总人口的比重将达到8%。[3] 当前大量穆斯林难民的涌入，更加剧了人们的这一担忧。瑞典的右翼份子就公开指出，如果当前的趋势继续下去，15年后瑞典人将成为本国的少数民族。[4] 欧洲的一个反移民网站还宣称，穆斯林难民中的

---

[1] Alex Newman, "Refugee Crisis Has Europe on the Brink", *The New American*, April 4, 2016, p. 19.

[2] Ishtiaq Ahmed, "Muslim Immigrants in Europe: The Changing Realities", *India Quarterly*, 2013, Vol. 69 (3), p. 279.

[3] Ishtiaq Ahmed, "Muslim Immigrants in Europe: The Changing Realities", India Quarterly, 2013, Vol. 69 (3), p. 266.

[4] Alex Newman, "Refugee Crisis Has Europe on the Brink", *The New American*, April 4, 2016, p. 20.

男性移民将来要娶很多妻子,他们的高出生率会彻底改变欧洲的人口结构。急剧增加的穆斯林人口,将会侵蚀欧洲国家的社会福利系统。① 尽管这些都是夸大其词,因为一百多万穆斯林难民还不至于在短期内改变欧洲的人口结构,但这种担忧却不可避免地会加剧欧洲主流社会与穆斯林之间的冲突。

最后,当前大量涌入的穆斯林难民也使欧洲面临更加严重的安全挑战。从目前的情况看,难民的涌入已经导致暴力、排外事件不断增多,特别是当难民与恐怖分子联系起来的时候,这种情况就变得更加严重。在欧洲,曾经有学者对1970年—2007年间154个国家进行过跨国分析,表明接收难民较多的国家通常更容易滋生国内外恐怖主义。在2015年11月13日巴黎恐怖袭击后,所有这些假设都被一些政治领导人所利用,特别是来自波兰、拉脱维亚、斯洛伐克和捷克的一些政治人士,更倾向于把当前欧洲的穆斯林难民与恐怖分子联系起来。因此,他们敦促关闭申根边境,减少难民在申根区的自由流动。② 欧洲的右翼政治活动家帕梅拉·盖勒,还传播了一段来自匈牙利的视频。在视频中,穆斯林难民像洪水泛滥般涌进边界,还大喊着"真主阿克巴尔"(她解释为战争宣言)。对此她强调,穆斯林难民是敌对的入侵者,因而敦促政府禁止穆斯林难民进入。③ 对于大批难民来说,他们的穆斯林身份也使他们遭到不公正待遇,这种歧视和不公正很容易在他们当中滋生极端主义思想。难民中那些带有极端主义情绪的人很容易被圣战组织招募,进而从事恐怖主义活动,对欧洲的安全造成严重威胁。目前,这些穆斯林难民是入侵者和恐怖分子的言论在欧洲不绝于耳,恐惧和仇恨正在整个欧洲蔓延。

很明显,当前穆斯林难民危机给欧洲带来的就业、社会福利和安全

---

① Farid Hafez, "The Refugee Crisis and Islamophobia", *Insight Turkey*, 2015, Vol. 17 (4), p. 24.

② Laura Diaconu (Maxim), "The Refugees and the Economic Growth in the EU States: Challenges and Opportunities", CES Working Papers, 2015, Volume VII, Issue 4, p. 887.

③ Farid Hafez, "The Refugee Crisis and Islamophobia", *Insight Turkey*, 2015, Vol. 17 (4), p. 24.

问题，还进一步加剧了欧洲本已存在的"伊斯兰恐惧症"。在欧洲历史上，基督教文明和伊斯兰文明的差异使得两种文明长期处于敌对甚至战争状态。欧洲是一个以基督教文明为主体的区域，二战后为了经济发展的需要，大量穆斯林作为劳工涌入欧洲并在那里定居下来。此后，欧洲各国纷纷采取各种措施推动这些外来穆斯林融入欧洲社会，但效果并不理想。而穆斯林人口则快速增加，并在公共生活领域通过穿戴服饰，建设清真寺，每日按时祈祷来强化自己的宗教身份，使人们越来越感受到伊斯兰宗教在欧洲的存在和扩大。穆斯林移民和主流社会之间的文化和种族差异，导致了欧洲社会反移民势力的兴起。20世纪80年代以后，反移民团体针对穆斯林移民发动的种族主义攻击和排外情绪也不断增加。20世纪90年代末和2001年的"9·11"事件之后，一些伊斯兰极端分子开始在欧洲发动恐怖袭击。例如，2004年的马德里恐怖袭击案和2005年的伦敦地铁爆炸案等，使得欧洲社会主流人群开始对穆斯林反感并加以谴责，"伊斯兰恐惧症"和反穆斯林的种族主义情绪在整个欧洲迅速蔓延。当前的穆斯林难民潮使得"伊斯兰恐惧症"变得更加严重。特别是2015年的巴黎恐怖袭击和2016年元旦科隆的性侵事件后，这种恐惧感已经达到了顶点。肯尼斯·罗斯对此评论道："此次难民潮彻底激怒了右翼反伊斯兰势力。如果仅仅从表面上看，可能无法理解他们为什么会如此反感和愤怒。这不仅是难民抢占了他们的就业机会或社会福利的问题，真正的原因是他们是穆斯林。"[1]

从某种意义来说，穆斯林移民的身份认同之所以如此困难，主要原因是穆斯林在融入欧洲社会的过程中，伊斯兰宗教并没有起到桥梁的作用。与此相反，伊斯兰宗教寓于生活之中的特点，实际上对融合起到了一种阻碍作用。在欧洲，伊斯兰教往往被建构成西方价值观的对立面，逐渐形成了一个"我们"与"他们"严格区分的平行社会。在欧洲主流社会看来，当前大量难民的涌入必将增强欧洲穆斯林的势

---

[1] Sheetal Sharma, "Europe's Struggle with Refugee Crisis: An Analysis", *Lup Journal of International Studies*, September 19, 2016, p. 6.

力，这将使得欧洲国家社会的分裂将不断强化并日益朝着有利于穆斯林的方向倾斜，最终穆斯林将在文化和政治上占据主导地位。① 匈牙利总理欧尔班在明确表示拒绝穆斯林难民时指出："那些到达我们国土的难民代表着另一种宗教，代表了一个截然不同的文化，他们绝大部分都不是基督徒而是穆斯林。一个重要的问题是，欧洲的身份认同是基督教。为了保护欧洲的基督教文明，我们别无选择，只能关闭我们的边界阻止穆斯林进入。"② 同样，在斯洛伐克也爆发了大规模的"反对欧洲伊斯兰化"的运动。在这场运动中，共收集了14.5万个签名请愿书拒绝穆斯林难民进入斯洛伐克共和国。在民众的压力下，总理罗伯特·菲佐仅仅在331个难民申请者中给予了14个申请人难民身份。③ 欧洲社会对穆斯林的偏见和敌意，无疑在此次难民潮中又进一步发酵，"伊斯兰恐惧症"一时间也是甚嚣尘上。对穆斯林极具恐惧的欧洲人，此时不禁想起了利比亚领导人卡扎菲生前的预言："目前欧洲已经有5000万穆斯林。安拉会保佑穆斯林在欧洲最终取得胜利，不用枪，不用剑，也不用征服，在几十年后欧洲将成为穆斯林的世界。感谢奥巴马和欧洲政治家，他们对利比亚和其他国家的破坏，将使得大量穆斯林可以涌入欧洲。"④

当前的穆斯林难民潮加剧的"伊斯兰恐惧症"还被欧洲右翼份子所利用，民粹主义在欧洲各国开始盛行，欧洲政治出现了整体右倾化的趋势。现在，"伊斯兰恐惧症"已经成为政客在选举中为赢得大选所利用的工具。他们常常会通过一些想象的威胁，来扩散仇恨和分裂民众。在过去15年里，很多中间派政党也开始接受极右翼政党带有"伊斯兰恐惧症"性质的观点。例如，禁止建造清真寺，禁止穿戴穆斯林头巾，实行监视方案，还有奥地利2015年出台的所谓"伊斯兰法"这样的歧视性

---

① 肖河：《巴黎事件与欧洲穆斯林问题》，《国际论坛》，2016年第2期，第69页。
② Farid Hafez, "The Refugee Crisis and Islamophobia", *Insight Turkey*, 2015, Vol. 17 (4), p. 22.
③ Farid Hafez, "The Refugee Crisis and Islamophobia", *Insight Turkey*, 2015, Vol. 17 (4), p. 23.
④ Alex Newman, "Refugee Crisis Has Europe on the Brink", *The New American*, April 4, 2016, p. 22.

法律。[1] 实际上，欧洲极右翼政党的崛起和壮大有多方面原因，最根本的是欧洲至今仍未走出欧债危机的阴霾以及由此带来的失业和社会福利削减等问题。在当前的穆斯林难民危机中，极右翼政党又不断渲染难民带来的威胁，将伊斯兰教描述成一个暴力、偏执、反民主和淫乱的宗教。[2] 这就使得欧洲国家底层民众的不安全感急剧上升，对穆斯林难民的敌视不断增强。在这种社会氛围下，欧洲政治出现整体右倾化的现象也就不难理解了。

---

[1] Farid Hafez, "The Refugee Crisis and Islamophobia", *Insight Turkey*, 2015, Vol. 17 (4), p. 21.

[2] Todd H. Green, "Who Speaks for Europe's Muslims? The Radical Right Obstacle to Dialogue", *Cross Currents*, Sept, 2012, Vol. 62 (3), p. 341.

om # 参考文献

一、中文专著与论文

安塔拉·席迪格，罗强强译：《英国穆斯林的过去和现在》，《世界宗教文化》2006年第3期。

常晶：《界限与共识——全球化时代英国穆斯林移民与社会整合问题研究》，《世界宗教文化》2012年第5期。

陈南雁：《欧洲移民问题及移民政策的趋势分析——兼论德国在欧洲移民政策形成过程中的重要作用》，《德国研究》，2006年第2期。

陈昕彤、石坚：《欧洲穆斯林移民多重认同的构建》，《西南民族大学学报（人文社会科学版）》2013年第7期。

陈昕彤：《穆斯林难民融入欧洲的问题与挑战》，《世界宗教文化》2015年第6期。

陈玉龙：《欧洲穆斯林知多少》，《中国穆斯林》2002年第6期。

储殷、高远：《从法国＜查理周刊＞事件看欧洲穆斯林青年群体认同危机》，《中国青年研究》2015年第5期。

储殷等：《欧洲穆斯林问题的三个维度：阶级、身份与宗教》，《欧洲研究》2015年第1期。

崔巍：《德国境内的外国恐怖组织一览》，《国际资料信息》2001年第12期。

方金英：《英国穆斯林激进化的根源——＜英国穆斯林＞介评》，

《现代国际关系》2005 年第 8 期。

郭灵凤：《欧洲穆斯林头巾事件：代际差异与社会融合》，《欧洲研究》2010 年第 4 期。

哈宝玉、摆祥：《法国穆斯林的历史与现状》，《中国穆斯林》2013 年第 2 期。

洪霞：《当代英国的穆斯林问题》，《南京大学学报（哲学人文科学社会科学版）》2006 年第 2 期。

胡雨：《穆斯林移民在德国及其社会融入》，《德国研究》2013 年第 3 期。

胡雨：《欧洲穆斯林问题研究：边缘化还是整合》，《宁夏社会科学》2008 年第 4 期。

胡雨：《英国穆斯林族裔及其社会融入：回顾与反思》，《世界民族》2015 年第 5 期。

黄昕瑞：《穆斯林移民难以融入欧洲探因》，《安庆师范学院学报（哲学社会科学版）》2009 年第 8 期。

贾建苹：《欧洲穆斯林移民问题研究》，《中国穆斯林》2012 年第 5 期。

贾建苹：《英国宗教与英国穆斯林》，《世界宗教文化》2014 年第 2 期。

李光：《德国的伊斯兰教及其对穆斯林移民的影响》，《世界民族》2012 年第 4 期。

李明欢：《多元文化主义在欧洲的理想与困境——以西欧穆斯林移民社群为案例的分析》，《国外社会科学》2010 年第 6 期。

李维建：《欧洲穆斯林：历史与现状》，《世界知识》2003 年第 5 期。

刘冬：《法国穆斯林移民问题的原因剖析》，《阿拉伯世界研究》2016 年第 1 期。

罗爱玲：《存在与冲突——试论穆斯林移民对欧洲政治与社会的影响》，《世界民族》2009 年第 3 期。

敏敬：《土耳其穆斯林与德国社会》，《中国穆斯林》2010 年第 2 期。

彭姝祎：《当代穆斯林移民与法国社会：融入还是分离?》,《西亚非洲》2016 年第 1 期。

宋全成、王娅：《英国穆斯林移民的人口社会学分析》,《东岳论丛》2013 年第 2 期。

王联：《试析欧洲的穆斯林移民问题》,《国际资料信息》2011 年第 10 期。

魏秀春：《文明冲突还是种族主义?——试析法国政府的穆斯林移民政策》,《世界民族》2007 年第 5 期。

魏秀春、谢济光：《当代法国政府的穆斯林移民政策——以法国政府与伊斯兰教的关系为例》,《广西社会科学》2007 年第 3 期。

伍慧萍：《移民与融入：伊斯兰移民的融入与欧洲的文化边界》,上海人民出版社,2015 年版。

肖河：《巴黎事件与欧洲穆斯林问题》,《国际论坛》2016 年第 2 期。

许燕：《英国穆斯林移民的成因和人口特点》,《中国穆斯林》2011 年第 1 期。

杨友孙：《德国推动穆斯林社会融入政策考察》,《学术界》2015 年第 2 期。

尹斌：《"9·11"事件后欧洲一体化进程中的穆斯林问题》,《世界民族》2006 年第 6 期。

尹斌：《欧洲的穆斯林问题》,《国际问题研究》2006 年第 1 期。

尹斌：《欧洲穆斯林生存现状》,《中国穆斯林》2006 年第 1 期。

袁晓聪：《法国的穆斯林移民政策评析》,《改革与开放》2016 年第 6 期。

赵枫：《英国工党的执政之道和当代英国的穆斯林问题》,《南开学报》2006 年第 3 期。

赵万智：《从头巾到长袍：法国穆斯林女性服饰政治化背后》,《中国穆斯林》2010 年第 5 期。

赵万智：《法国穆斯林的社会融入困境与实践》,《中国穆斯林》2013 年第 2 期。

郑碧娴：《公共空间的争夺——欧洲穆斯林社群与当地主流社群冲突的再解读》，《欧洲研究》2011年第5期。

二、外文著作

Abbas, Tahir, ed, *Muslim Britain: Communities Under Pressure*, London and New York: Zed Books Ltd, 2005.

Al-Qaradhawi, Yusuf, *Priorities of the Islamic Movement in the Coming Phase*, Swansea: Awakening Publications, 2000.

AlAzmeh, Aziz, *Islams and Modernities*, London: Verso, 1996.

Ali, Tariq, *The Clash of Fundamentalisms: Crusades, Jihads and Modernity*, London and New York: Verso, 2002.

Almond, Gabriel A., R. Scott Appleby and Emmanuel Sivan, *Strong Religion: The Rise of Fundamentalisms around the World*. Chicago: Chicago University Press, 2003.

Bangstad, Sindre, *Anders Breivik and the Rise of Islamophobia*, London: Zed Books, 2014.

Bawer, Bruce, *While Europe Slept: How Radical Islam Is Destroying the West from Within*, New York: Doubleday, 2006.

Boas, Franz, *The Mind of Primitive Man*, New York: Macmillan Co., 1944.

Brettfeld, Katrin and Peter Wetzels, *Muslime in Deutschland. Integration, Integrationsbarrieren, Religion sowie Einstellungen zu Demokratie, Rechtsstaat und politisch-religiös motivierter Gewalt*, Berlin: Bundesministerium des Innern, 2007.

Bianchi, Robert R., *Guests of God: Pilgrimage and Politics in the Islamic World*, Cambridge: Cambridge University Press, 2004.

Brouard, Sylvain and Vincent Tiberj, *Français comme les autres? Enquête sur les citoyens d'origine maghrébine, africaine, et turque*, Paris: Presses de

Sciences-Po, 2006.

Bruce, Steve, *Fundamentalism. 2nd edition*, Cambridge: Polity Press, 2008.

Bruckner, Pascal, *The Tyranny of Guilt: An Essay on Western Masochism*, Princeton University Press, 2010.

Burgat, François, *Face to Face With Political Islam*, IB Taurus, 2003.

Buruma, Ian, *Murder in Amsterdam: The Death of Theo van Gogh and the Limits of Tolerance*, New York: Penguin Press, 2006.

Caldwell, Christopher, *Reflections on the Revolution in Europe: Immigration, Islam, and the West*, New York: Doubleday, 2009.

Callinicos, Alex, *Theories and Narratives: Reflections on the Philosophy of History*, Polity Press, 1995.

Choueiri, Youssef M., *Islamic Fundamentalism: The Story of Islamist Movements*, 3rd edition, London: Continuum Books, 2010.

Christopher, Rudoph, *National Security and Migration: Policy Development in United States and Western Europe since 1945*, Stanford University Press, 2006.

Clark, Ken and Stephen Drinkwater, *Ethnic Minorities in the Labour Market: Dynamics and Diversity*, Bristol: The Policy Press, 2007.

Davidson, Ian, *Voltaire in Exile: The Last Years, 1753 – 1778*, London: Atlantic Books, 2005.

Ersanilli, Evelyn, *Comparing Integration: Host culture adaption and ethnic retention among Turkish immigrants and their descendents in France, Germany and the Netherlands*, Amsterdam: Vrije Universiteit Press, 2010.

Esack, Farid, *Qu'ran, Liberation and Pluralism: an Islamic Perspective of Interreligious Solidarity Against Oppression*, Oneworld Publications, 1996.

Fekete, Liz, *A Suitable Enemy, Racism, Migration and Islamophobia in Europe*, Pluto Press, 2009.

Fetzer, Joel. S. , and J. Christopher. Soper, *Muslim and the State in Britain, France and German*, Cambridge University Press, 2005.

Fredman, S. , *Discrimination Law*, Oxford, Oxford University Press, 2002.

Frégosi, Franck, *Penser l' islam dans la laïcité*, Paris: Fayard, 2008.

Frindte, Wolfgang, Klaus Boehnke, Henry Kreikenbom and Wolfgang Wagner, *Lebenswelten junger Muslime in Deutschland*, Berlin: Bundesministerium des Innern, 2011.

Gibbon, Edward, *The History of the Decline and Fall of the Roman Empire* (3 Volumes), Penguin Classics, 1995.

Godard, Bernard and Sylvie Taussig, *Les Musulmans en France: courants, institutions, communautés: un état des lieux.* Paris: Robert Laffont, 2007.

Gurr, Ted Robert, *Why Men Rebel*, Princeton: Princeton University Press, 1970.

Heitmeyer, Wilhelm, Joachim Müller and Helmut Schröder, *Verlockender Fundamentalismus*, Frankfurt: Suhrkamp, 1997.

Horgan, John, *The Psychology of Terrorism*, New York: Routledge, 2005.

Horrocks, David and Eva Kolinsky eds. , *Turkish Culture in German Society Today*, Berghabn Books, 1996.

Huntington, Samuel P. , *The Clash of Civilizations and the Remaking of the World Order*, New York: Simon and Schuster, 1996.

Israel, Jonathan, *Enlightenment Contested: Philosophy, Modernity, and the Emancipation of Man* 1670 – 1752, Oxford University Press, 2008.

Laurence, Jonathan and Justin Vaisse, *Integrating Islam: Political and Religious Challenges in Contemporary France*, Washington, DC: Brookings Institution Press, 2006.

Lean, Nathan, *The Islamophobia Industry: How the Right Manufactures Fear of Muslims*, London: Pluto Press, 2014.

Lewis, Bernard, *The Political Language of Islam*, Chicago: University of Chicago Press, 1988.

The Crisis of Islam: Holy War and Unholy Terror, London: Phoenix, 2003.

Matter, Nabil, *Islam in Britain* 1558 – 1685, Cambridge: Cambridge University Press, 1998.

Perry, Marvin and Howard E. Negrin (eds), *The Theory and Practice of Islamic Terrorism*, New York: Palgrave Macmillan, 2008.

Portes, Alejandro and Ruben G. Rumbaut, *Legacies: The Story of the Immigrant Second Generation*, Berkeley: University of California Press, 2001.

Report of the AIVD, *From Dawa to Jihad: The Various Threats from Radical Islam to the Democratic Legal Order*, The Hague: AIVD, 2004.

Roemer, John E., *Equality of Opportunity*, Cambridge MA: Harvard University Press, 1998.

Roex, Ineke, Sjef van Stiphout and Jean Tillie, *Salafisme in Nederland. Aard, omvang en dreiging*, Amsterdam: IMES, 2010.

Said, Edward A., *Covering Islam. How the Media and the Experts Determine How We See the Rest of the World*, New York: Vintage Books, 1997.

Smith, Anthony D. *The Ethnic Sources of Nationalism*, Ethnic Conflict and International Security, Princeton University Press. 1993.

Steyn, Mark, *America Alone: The End of the World As We Know It*, Washington: Regnery Publishing, 2006.

Ternisien, Xavier, *Les Frères musulmans*, Paris: Fayard, 2005.

Verba, Sidney, *Participation and Political Equality- A Seven Nation Comparison*, Cambridge: Cambridge University Press, 1978.

Vidino, Lorenzo, *Al Qaeda in Europe: The New Battleground of International Jihad*, Buffalo, NY: Prometheus, 2005.

Wadud, Amina, *Inside the Gender Jihad: Women's Reform in Islam*, Oneworld Publications, 2006.

Zürcher, Erik J. , *Turkey: A Modern History*, London: I. B. Tauris, 2004.

三、外文论文

Addison, Tony and Mansoob Murshed, "Transnational Terrorism as a Spillover of Domestic Disputes in Other Countries", *Defence and Peace Economics*, Vol. 16, No. 2, 2005.

Aggestam, Lisbeth and Christopher Hill, "The Challenge of Multiculturalism in European Foreign Policy", *International Affairs*, Vol. 84, No. 1, 2008.

Ahmed, Ishtiaq, "Muslim Immigrants in Europe: The Changing Realities", *India Quarterly*, Vol. 69 (3), 2013.

Ahmed, Talat, "The Rise of Islamophobia", in Brian Richardson (ed), *Say It Loud: Marxism and the Fight Against Racism*, Bookmarks Publications, 2013.

Akerlof, George and Rachel E. Kranton, "Economics and Identity", *Quarterly Journal of Economics*, Vol. 115, No. 3, 2000.

Aktürk, Sener, "The Turkish Minority in German Politics: Trends, Diversification of Representation, and Policy Implications", *Insight Turkey*, Vol. 12, No. 1, 2010.

Altemeyer, Bob and Bruce Hunsberger, "Fundamentalism and Authoritarianism", in Raymond F. Paloutzian and Crystal L. Park, eds. , *Handbook of the Psychology of Religion and Spirituality*, New York: Guilford Press, 2005.

Altemeyer, Bob and Bruce Hunsberger, "Authoritarianism, Religious Fundamentalism, Quest, and Prejudice", *The International Journal for the Psychology of Religion*, Vol. 2, No. 2, 1992.

Amelina, A. and Faist, T. , "Turkish migrant associations in Germany:

between integration pressure and transnational linkages", *Pratiques Transnationales- Mobilite et Territorialites*, Vol. 24, No. 2, 2008.

Baran, Zeyno, "Fighting the War of Ideas", *Foreign Affairs*, Vol. 84, No. 6, 2005.

Bamforth, N., "Conceptions of Anti-Discrimination Law", *Oxford Journal of Legal Studies*, Vol. 24, No. 4, 2004.

Bartlett, Jamie and Carl Miller, "The Edge of Violence: Towards Telling the Difference Between Violent and Non-Violent Radicalization", *Terrorism and Political Violence*, Vol. 24, No. 1, 2012.

Bell, M., "Beyond European Labour Law? Reflections on the EU Racial Equality Directive", *European Law Journal*, Vol. 8, No. 3, 2002.

Bennani-Chraïbi, M., "Les conflits du Moyen-Orient au miroir des communautés imaginées: la rue arabe existe-t-telle? Le cas du Maroc", *A Contratrio*, Vol. 2, No. 5, 2007.

Birt, Jonathan, "Lobbying and Marching: British Muslims and the State", in Tahir Abbas (ed), *Muslims in Britain, Communities Under Pressure*, London: Zed Books, 2005.

Blair, Tony, "A Battle for Global Values", *Foreign Affairs*, January/February 2007.

Bowling, Ben and Coretta Phillips, "Policing Ethnic Minority Communities", in Tim Newburn (ed), *Handbook of Policing*, Devon: Willan Publishing, 2003.

Callinicos, Alex, "Britain and the Crisis of the Neoliberal State", *International Socialism*, Vol. 145, Winter 2015.

Césari, J., "Guerre du Golfe et Arabes de France", *Revue du monde musulman et de la Méditerranée*, Vol. 62, No. 5, 1991.

Collins, H., "Discrimination, Equality and Social Inclusion", *Modern Law Review*, Vol. 66, No. 16, 2003.

Connor, Phillip, "Contexts of Immigrant Receptivity and Immigrant Religious Outcomes. The Case of Muslims in Western Europe", *Ethnic and Racial Studies*, Vol. 33, 2010.

Connor, Phillip, "Fundamentalism as a Class Culture", *Sociology of Religion*, Vol. 63, 2002.

Dalgaard-Nielsen, Anja, "Violent Radicalization in Europe: What We Know and What We Do Not Know", *Studies in Conflict and Terrorism*, Vol. 33, No. 9, 2010.

Diaconu (Maxim), Laura, "The Refugees and the Economic Growth in the EU States: Challenges and Opportunities", *CES Working Papers*, Volume VII, Issue 4, 2015.

Dorling, Danny, "Multicultural Britain—That's Just the Way it is", in Hassan Mahamdallie, (ed), *Defending Multiculturalism, A Guide for the Movement*, London: Bookmarks Publiscations, 2011.

Driessen, Geert and Michael S. Merry, "Islamic Schools in the Netherlands: Expansion or Marginalization?", *Interchange*, Vol. 37, No. 3, 2006.

Drwecki, Abby L. "Turkish Media in Germany: Multiculturalism in Action?", in Kira Kosnick, *Migrant Media: Turkish Broadcasting and Multicultural Politics in Berlin*, Indiana University Press, 2011.

Emerson, Michael O. and David Hartman, "The Rise of Religious Fundamentalism", *Annual Review of Sociology*, Vol. 32, 2006.

Ersanilli, Evelyn and Ruud Koopmans, "Do Immigrant Integration Policies Matter? A Three-Country Comparison among Turkish Immigrants", *West European Politics*, Vol. 34, 2011.

Feichtinger, Hans, "Refugees in Germany", *A Monthly Journal of Religion and Public Life*, February 1, 2016.

Fetser, Joel S. and J. Christopher Soper, "The Roots of Public Attitudes toward State Accomodation of European Muslims' Religious Practices before and after September 11", *Journal for the Scientific Study of Religion*, Vol. 42, No. 2, 2003.

Fleischmann, Fenella and Karen Phalet, ." Integration and Religiosity among the Turkish Second Generation in Europe: A Comparative Analysis across Four Capital Cities", *Ethnic and Racial Studies*, Vol. 35. 2012.

Franz, Barbara, "Europe's Muslim Youth: An Inquiry into the Politics of Discrimination, Relative Deprivation, and Identity Formation", *Mediterranean Quarterly*, Vol. 18, No. 1, 2007.

Fredman, S., "Changing the Norm: Positive Duties in Equal Treatment Legislation", *Maastricht Journal of European and Comparative Law*, Vol. 12, No. 4, 2005.

Galtung, Johan, "An Editorial", *Journal of Peace Research*, Vol. 1, No. 1, 1964.

Githens-Mazer, Jonathan and Robert Lambert, "Why Conventional Wisdom on Radicalization Fails: The Persistence of a Failed Discourse", *International Affairs*, Vol. 86, No. 4, 2010.

Glaeser, Edward L., "The Political Economy of Hatred", *Quarterly Journal of Economics*, Vol. 120, No. 1, 2005.

Gramling, Anton Kaes (eds.), *Germany in Transit: Nation and Migration*, 1955 – 2005, Berkeley: University of California Press, 2007.

Green, Todd H., "Who Speaks for Europe's Muslims? The Radical Right Obstacle to Dialogue", *Cross Currents*, Vol. 62 (3), Sept, 2012.

Güney, Aylin, "The People's Democracy Party", *Turkish Studies*, Vol. 3, No. 1, Spring 2002.

Hafez, Farid, "The Refugee Crisis and Islamophobia", *Insight Turkey*, Vol. 17 (4), 2015.

Harman, Chris, "When Reason was Revolt", *International Socialism*, Vol. 113, Winter 2007.

Helmich, Christina, "Creating the Ideology of Al Qaeda: From Hypocrites to Salafi-Jihadists", *Studies in Conflict & Terrorism*, Vol. 31, No. 2, 2008.

Hervey, T. K., "Thirty Years of EU Sex Equality Law: Looking Backwards, Looking Forwards", *Maastricht Journal of European and Comparative Law*, Vol. 12, No. 4, 2005.

Hoffman, Bruce, "The Changing Face of Al Qaeda and the Global War on Terrorism", *Studies in Conflict and Terrorism*, Vol. 27, No. 6, 2004.

Holmes, E., "Anti-Discrimination Rights Without Equality", *Modern Law Review*, Vol. 68, No. 2, 2005.

Holmes, Seth M. and Heide Castañeda, "Representing the 'European refugee crisis' in Germany and beyond: Deservingness and difference, life and death", *American Ethnologist*, Vol. 43 (1), 2016.

Hunsberger, Bruce, Vida Owusu and Robert Duck, "Religion and Prejudice in Ghana and Canada: Religious Fundamentalism, Right-Wing Authoritarianism, and Attitudes toward Homosexuals and Women", *The International Journal for the Psychology of Religion*, Vol. 9, 1999.

Irwin, Galen A. and Joop J. M. Van Holsteyn, "The 2002 and 2003 Parliamentary Elections in The Netherlands", *Electoral Studies*, Vol. 23, No. 3, 2004.

Joppe, C., "Beyond Nationals Models: Civic Integration Policies for Immigrants in Western Europe", *Western European Politics*, Vol. 30, No. 1, 2007.

Jordan, Javier and Nicola Horsburgh, "Mapping Jihadist Terrorism in Spain," *Studies in Conflict and Terrorism*, Vol. 28, May 2005.

Khattab, Nabil and Ron Johnston, "Ethnic and Religious Penalties in a Changing British Labour Market from 2002 to 2010: The Case of Unemployment", *Environment and Planning A*, Vol. 45, No. 6, 2013.

Koca, BT, "New Social Movements: 'Refugees Welcome UK'", *European Scientific Journal*, Vol. 12 (2), Jan 15, 2016.

Koopmans, Ruud, "Multiculturalism and Immigration. A Contested Field in Cross-National Comparison", *Annual Review of Sociology*, Vol. 39, 2013.

Kramer, Martin, "Coming to Terms: Fundamentalists or Islamists?"

Middle East Quarterly, Vol. 10, No. 2, 2003.

Laurence, Jonathan and Justin Vaisse, "The Dis-Integration of Europe," *Foreign Policy*, March 28, 2011.

Laythe, Brian, Deborah G. Finkel, Robert G. Bringle and Lee A. Kirkpatrick, "Religious Fundamentalism as a Predictor of Prejudice: A Two-Component Model", *Journal for the Scientific Study of Religion*, Vol. 41, 2002.

MacKinnon, Ari D., "Counterterrorism and Checks and Balances: The Spanish and American Examples," *New York University Law Review*, April 18, 2007.

Meer, Nasar and Tariq Modood, "For 'Jewish' read 'Muslim'? Islamophobia as a Form of Racialisation of EthnoReligious Groups in Britain Today", *Islamophobia Studies*, volume 1, issue 1, Spring 2012.

Mehrotra, Rajiv, "The Looming Shadow of the Crescent: Islam in Spain", *Perspectives on Business and Economics*, Vol. 23, 2005.

Mekic, Sejad, "Governing Bosnia Herzegovina", *Critical Muslim*, Vol. 14, April/June 2015.

Murshed, Mansoob, "A Note on the Interaction between Identity Based Fear and Hatred", *Peace Science and Public Policy*, 7, 2008.

Newman, Alex, "Refugee Crisis Has Europe on the Brink", *The New American*, April 4, 2016.

Oner, Selcen, "Turkish Community in Germany and the Role of Turkish Community Organizations", *European Scientific Journal*, Vol. 10, No. 29, Oct. 2014.

Perchal, "Equality of Treatment, Non-Discrimination and Social Policy: Achievements in Three Themes", *Common Market Law Review*, Vol. 41, No. 2, 2004.

Perchal, "Equality of Treatment, Non-Discrimination and Social Policy: Achievements in Three Themes", *Common Market Law Review*, 2004, 41 (2).

Perelman, Marc, "How the French Fight Terror," *Foreign Policy*, January 2006.

Phillips, Richard, "Standing Together: The Muslim Association of Britain and the Anti War Movement", *Race & Class*, Vol. 50, No. 2, 2008.

Purdam, Kingsley, "Settler Political Participation: Muslim local councilors", in W. A. R. Shadid and P. S. van Koningsveld (eds.), *Political participation and identities of Muslims in non-Muslim states*, Kampen, Netherlands: Kok Pharos, 1996.

Radcliffe, Liat, "A Muslim Lobby at Whitehall? Examining the Role of the Muslim Minority in British Foreign Policy Making", *Islam and Christian-Muslim Relations*, Vol. 15, No. 3, July 2004.

Rieff, David, "Fermez la Porte: The Oversimplification of Europe," *World Affairs*, January/February 2010.

Sahin, Sehriban, "The Rise of Alevism as a Public Religion", *Current Sociology*, Vol. 53, No. 3, 2005.

Said, Edward W., "Orientalism Reconsidered", *Race & Class*, Vol. 27, No. 2, 1985.

Sides, John and Jack Citrin "European Opinion About Immigration: The Role of Identities, Interests and Information", *British Journal of Political Science*, 37, 2007.

Sen, Amartya K., "Violence, Identity and Poverty", *Journal of Peace Research*, Vol. 45, No. 1, 2008.

Sharma, Sheetal, "Europe's Struggle with Refugee Crisis: An Analysis", *Lup Journal of International Studies*, September 19, 2016.

Silke, Andrew, "Disengagement or Deradicalization: A Look at Prison Programs for Jailed Terrorists", *CTC Sentinel*, Vol. 4, No. 1, 2011.

Silvestri, Sara, "Muslim institutions and political mobilization", in Samir Amghar, Amel Boubekeur and M. ichael Emerson (eds.), *European Islam: The Challenges for Public Policy and Society*, Brussels/Budapest: CEPS/

OSI, 2007.

Simon, Bernd and Bert Klandermans, "Politicised Collective Identity: A Social Psychological Analysis", *American Psychologist*, Vol. 56, No. 4, 2001.

Strabac, Zan and Ola Listhaug, "Anti-Muslim prejudice in Europe: a Multilevel analysis of survey data from 30 countries", *Social Science Research*, Vol. 37, No. 1 2008.

Taylor, Max and Gilbert Ramsay, "Violent Radical Content and the Relationship between Ideology and Behaviour: Do Counter-Narratives Matter?", in National Coordinator for Counter Terrorism, ed., *Countering Violent Extremist Narratives*, The Hague: Netherlands, 2010.

Taylor, Max and John Horgan, "The Psychological and Behavioural Bases of Islamic Fundamentalism", *Terrorism and Political Violence*, Vol. 13, No. 4, 2002.

Tubergen, Frank Van and Jorunn I. Sindradottir, "The Religiosity of Immigrants in Europe: A Cross-National Study", *Journal for the Scientific Study of Religion*, Vol. 50, 2011.

Vaisse, Justin, "Eurabian Follies," *Foreign Policy*, January/February 2010.

Vaïsse, Justin, "La France et ses Musulmans: une politique étrangère sous influence?" *Foreign Policy: French Edition*, Vol. 4, No. 2, 2007.

Verkuyten, Maykel and Ali Aslan Yildiz, "National (Dis) identification and Ethnic and Religious Identity: A Study Among Turkish-Dutch Muslims", *Personality and Social Psychology Bulletin*, Vol. 33, No. 10, 2007.

Vertovec, Steve, "Muslims, the state, and the public sphere in Britain", in G. erd Nonneman, Tim Nibolck & Bogdan Szajkowski (eds), *Muslim Communities in the New Europe*, New York: Ithaca Press, 1996.

Vidal, Domonoque, "Combattre les racismes et leur manipulation", *Revue internationale et stratégique*, Vol. 2, 2005.

Vidino, Lorenzo, "Europe's New Security Dilemma", *The Washington*

Quarterly, Vol. 32, 2009.

Vidino, Lorenzo, "The Muslim Brotherhood's Conquest of Europe", *Middle East Quarterly*, Vol. 12, No. 1, Winter 2005.

Wernicke, Christian, "The Long Road to the German Passport", in Deniz Göktürk, David.

Wesley, Robert, "Combating Terrorism Through a Counter-Framing Strategy", *CTC Sentinel*, Vol. 1, 2008.

Wieviorka, Michel, "Le paradoxe", *Revue internationale et stratégique*, Vol. 58, No. 2, 2005.

Woodberry, Robert D. and Christian S. Smith, "Fundamentalism et al: Conservative Protestants in America", *Annual Review of Sociology*, vol. 24, 1998.

Yanasmayan, Zaynep, "Concepts of Multiculturalism and Assimilation," in *Interculturalism: Europe and Its Muslims in Search of Sound Societal Models*, Brussels: Centre for European Policy Studies, 2011.

Yükleyen, Ahmet and GökçeYurdakul, "Islamic Activism and Immigrant Integration: Turkish Organizations in Germany", *Immigrants & Minorities*, Vol. 29, No. 1, March 2011.

Zehgal, M., "La constitution du Conseil Français du Culte Musulman: reconnaissance politique d'un Islam français?" *Archives de sciences sociales des religions*, Vol. 129, No. 1, 2005.

四、外文报纸媒体文章

"A Look At Legislation and Debate Concerning Muslim Veils In Europe and Beyond," Associated Press, January 15, 2010.

"Al-Qaida Leader Zawahiri Urges Muslim Support for Syrian Uprising", *The Guardian*, 12 February 2012.

Bars, S. Le, "Les autorités françaises redoutent des tensions entre les communautés juive et musulmane", *Le Monde*, January 7, 2009.

Bars, S. Le, "Les répercussions de la guerre à Gaza. Débat sur le rôle central confié aux instances religieuses", . *Le Monde*, January 18, 2009.

Bartsch, Matthias, "The Radical Islamist Roots of the Frankfurt Attack," *Spiegel online*, March 3, 2011.

Bell, Alistair and Tom Brown, "US Spy Chiefs Say Number of Foreign Militants in Syria Rises", World, Jan. 29, 2014.

Bernstein, Richard, "A Continent Watching Anxiously Over the Melting Pot," *New York Times*, December 15, 2004.

"Berlin Passes New Integration Measures," *Spiegel online*, March 18, 2011.

"Britons' Trial in Egypt Begins", *BBC News*, March 29, 2003.

Carmichael, Lachlan, "3, 000 European Jihadis' Now in Syria, Iraq", *Jakarta Post*, September 24, 2014.

Casciani, Dominic, "Preventing Extremism Strategy 'Stigmatizing,' Warn MPs," *BBC News*, March 30, 2010.

Cuffe, Jenny, "Who are the British Jihadists in Syria?", *BBC News*, October 15, 2013.

Delberghe, M., C. Garin and S. Zappi, "En France, les maires tentent de favoriser le dialogue", *Le Monde*, January 13, 2009.

Dobson, Roger, "British Muslims Face Worst Job Discrimination of any Minority Group, According to Research", *Independent*, November 30, 2014.

Dominiczak, Peter, "Lord Prescott says Tony Blair's Bloody Crusades Radicalised Muslims", *Daily Telegraph*, March 13, 2015.

"EU Interior Ministers Look To Improve Integration of Immigrants," *European Report*, May 10, 2007.

"France's Sarkozy Sacks Diversity Head Dahmane," *BBC News*, March 11, 2011.

Freedman, Samuel G., "If the Sikh Temple Had Been a Mosque", *New

York Times, August 10, 2012.

"German Minister Slammed over Proposed 'Security Partnership' with Muslims," Spiegel online, March 30, 2011.

"German: Sorry I Killed U. S. Servicemen," News 24. com, August 31, 2011.

Grice, Andrew and Jamie Merrill, "Government Uturn over Syria: 500 of Most Vulnerable Refugees to be let into Britain", Independent, February 28, 2014.

Harper, Tom, "Islamists Urge Young Muslims to Use Violence", Telegraph, October 10, 2007.

"Hate Crimes Soar After Bombings", BBC News, August 4, 2005.

"Identity Crisis: Old Europe Meets New Islam", Frontline, January 25, 2005.

Inayat, Bunglawala, "The real victims of the rhetoric", The Daily Express, August 17, 2002.

"Interview with Maajid Nawaz", BBC Newsnight, September 11, 2007.

"Is multi-kulti dead?" The Economist online, October 22, 2010.

Kerbaj, Richard, "Muslim Population 'Rising 10 Times Faster Than Rest of Society'," The Sunday Times, January 30, 2009.

Krueger, Alan B. and Jitka Maleckova, "Does Poverty Cause Terrorism", The New Republic, June 24, 2002.

Kulish, Nicholas, "Norway Attacks Put Spotlight on Rise of Right-wing Sentiment in Europe," New York Times, July 23, 2011.

"L'Europe est devenue un lieu de radicalisation islamique," Le Monde, July 9, 2005.

Maguire, Kevin, "Wake-up call for party that took votes for granted", the Guardien, June 19, 2002.

Milne, Richard, "March Elections Called in Sweden as Government Collapses", Financial Times, December 3, 2014.

Morris, Nigel, "PM Forced to Shelve Islamist Group Ban", *The Independent*, *July* 18, 2006.

Morris, Kylie, "How British Women Are Joining the Jihad in Syria", *4 News*, July 23, 2013.

"Muslim migrants 'feel at home' in Spain," Deutsche Welle, October 15, 2010.

"Netherlands: Integration Policies Show Limited Results," *Oxford Analytica*, December 22, 2009.

"Police aim more Muslim staff", *BBC*, November 23, 2004.

Shane, Scott, "Killings in Norway Spotlight Anti-Muslim Thought in U. S.," *New York Times*, July 24, 2011.

Stone, Jon, "Firebombs and Pigsheads Thrown into Mosques as AntiMuslim Attacks Increase after Paris Shootings", Independent, January 14, 2015.

Sullivan, Kevin, "At Least 4,000 Suspected of Terrorism-Related Activity in Britain, MI5 Director Says", *Washington Post*, November 6, 2007.

Ternisien, X., "L'UOIF conserve une ligne modérée", *Le Monde*, September 27, 2005.

Taylor, Matthew and Hugh Muir, "Racism on the Rise in Britain", Guardian, May 27, 2014.

"UKIP's Nigel Farage Urges 'JudeoChristian' Defence after Paris Attacks", *BBC News*, January 12, 2015.

"Video Shows US Jihadist Burning His Passport in Syria", *News World*, July 30, 2014.

Vinocur, John, "Dutch Frankness On Immigrants Treads Where Many Nations Fear To Go," *International Herald Tribune*, October 1, 2001.

"Wilders' ideas enjoy 40% support', Dutch News. nl, January 19, 2015.

Wright, Oliver and Jerome Taylor, "Cameron: My War on Multiculturalism," *The Independent*, February 5, 2011.

五、外文网络资源

"About MCB", Muslim Council of Britain, 30th April 2015, http: //www. mcb. org. uk/about-mcb/.

Adamsom, Goran, "Immigrants and Political Participation-Background, Theory, and Empirical Suggestions", http: //fra. europa. eu/sites/default/files/fra_ uploads/221-Immigrants_ and_ political_ participation_ 2006. pdf.

Alexander, Harriet, "What is Going Wrong in France's Prisons?", Daily Telegraph, 17 January 2015, http: //www. telegraph. co. uk/news/world-news/europe/france/11352268/WhatisgoingwronginFrancesprisons. html.

Allen, Jodie T., "The French-Muslim connection. Is France doing a better job of integration than its critics?" Washington DC: Pew Research Center, 17 August 2006, http: //pewresearch. org/pubs/50/the-french-muslim-connection.

Allen, Chris, Arshad Isakjee and Özlem Ögtem Young, "'Maybe we are Hated': The Experience and Impact of Anti Muslim Hate on British Muslim Women", University of Birmingham, 2014, http: //tellmamauk. org/wpcontent/uploads/2013/11/maybewearehated. pdf.

Atran, Scott and Richard Davis, "Executive Summary", in Theoretical Frames on Pathways to Violent Radicalization, August 2009, http: //www. artisresearch. com/articles/ARTIS_ Theoretical_ Frames_ August_ 2009. pdf.

Bakker, Edwin and Beatrice de Graaf, "Lone Wolves: How to Prevent This Phenomenon?", Studies in Conflict and Terrorism, 2014, http: //www. academia. edu/8852299/_ Explaining_ Lone_ Wolf_ Target_ Selection_ in_ the_ United_ States_ Studies_ in_ Conflict_ and_ Terrorism_ 2014.

Bakrania, Shivit, "Counter-and-De-Redicalisation with Returning Foreign Fighters", Helpdesk Research Report, http: //www. gsdrc. org/docs/open/

hdq1140. pdf.

Baran, Zeyno, Hizb ut-Tahrir: Islam's Political Insurgency, report published by the Nixon Center, December 2004, http://www. nixoncenter. org/Monographs/HizbutahrirIslamsPoliticalInsurgency. pdf.

Baron, Kevin, "The Number of Foreign Fighters in Syria Exceeds 12000 and Rising", Defense One, July 15, 2014, http://www. defenseone. com/threats/2014/07/the-number-of-foreign-fighters-in-Syria-now-exceeds – 12000 – rising/89732.

Barrett, Richard, "Foreign Fighters in Syria", The Soufan Group, June 2014, http://soufangroup. com/foreign-fighters-in-syria.

Bell, Alistair and Tom Brown, "US Spy Chiefs Say Number of Foreign Militants in Syria Rises", *World*, Jan. 29, 2014, http://www. reuters. com/article/2014/01/29/us-usa-security-syria-idUSBREA0S1XL20140129.

Bravo, Fernando, "Islam in Spain", http://www. euro-islam. info/2010/03/08/islam-in-spain.

Briggs, Robert and Jonathan Birdwell, "Radicalization among Muslims in the UK, Microcon Working Policy", Working Paper 7, 2009, http://www. microconflict. eu/projects/PWP7_ RB_ JB. pdf.

Cameron, David, "PM's Speech at Munich Security Conference, 5 February 2011", http://www. gov. uk/government/speeches/pmsspeechatmunichsecurityconference.

Césari, J., "Citizenship and political participation", Oxford-Princeton Conference, "Muslims in Europe post 9/11", 25 – 26 April 2003, http://www. sant. ox. ac. uk/ext/princeton/pap_ cesari. shtml.

Commission of the European Communities, Green Paper Migration & mobility: challenges and opportunities for EU education systems, COM (2008) 423 final, Brussels, 3 July 2008, http://ec. europa. eu/education/school21/com 423_ en. pdf.

Communication from the Commission to the Council, the European Parliament, the European Economic and Social Committee and the Committee of the Regions, Third Annual Report On Migration And Integration, Brussels, 11 September 2007, COM (2007) 512 final, available at http: //ec. europa. eu/justice_ home/fsj/immigration/docs/com_ 2007_ 512_ en. pdf.

Council Decision of 12 July 2005 on Guidelines for the employment policies of the Member States (2005/600/EC), Official Journal of the European Union, L 205/25, 6 August 2005, http: //aei. pitt. edu/46334/1/COM_ (2011) _ 6_ final. pdf.

Council Directive 2000/43/EC of 29 June 2000 on implementing the principle of equal treatment between persons irrespective of racial or ethnic origin, Official Journal of the European Communities, L 180, 19 July 2000, http: //www. europarl. europa. eu/meetdocs/2004_ 2009/documents/dv/councildir2000_ 43/councildir2000_ 43en. pdf.

Directorate General for Employment and Social Affairs, Joint Report on Social Inclusion, 2004, http: //ec. europa. eu/employment_ social/social_ inclusion/docs/final_ joint_ inclusion_ report_ 2003_ en. pdf.

Dutch Ministry of Foreign Affairs, Islam in the Netherlands, November 2002, http: //home. deds. nl/ ~ quip/archief/culture/Islam%20in%20Nederland. html.

EU Agency for Fundamental Rights, FRA Annual Report on Fundamental Rights in 2009, June 10, 2010, http: //fra. europa. eu/fraWebsite/news_ and_ events/infocus10_ 10 – 06_ en. htm.

EU, Declaration on Combating Terrorism, Brussels, 24 March 2004 http: //www. consilium. europa. eu/uedocs/cmsUpload/DECL – 25. 3. pdf.

Eurocities, Response to the Communication on a Common Agenda for Integration, 2006, http: //www. eurocities. eu/uploads/load. php? file = EC_ Response_ integration-ADOS. pdf.

European Commission Home Affairs, Countering Radicalization and Recruitment, http: //ec. europa. eu/home-affairs/policies/terrorism/terroris m_ radicalization_ en. htm.

European Integration Forum Factsheet, http://www.europeanintegration.eu/files/Integration-Forum-Fact%20sheet-EN-web.pdf.

European Ministerial Conference on Integration, Declaration approved by the representatives of the Member States, Vichy, 3 and 4 November 2008, http://www.ue2008.fr/webdav/site/PFUE/shared/import/1103_ Ministerielle_ Integration/conference_ integration_ 041108_ Final_ declaration_ EN. pdf.

European Web Site on Integration, http://ec.europa.eu/ewsi/en/aboutus.cfm.

Families Against Stress and Trauma, FAQ at the Dutch Ministry of Justice, Immigration, and Naturalization website, http://www.ind.nl/en/inbedrijf/overdeind/veelgesteldevragen/Wet_ inburgering_ naturalisatie.asp.

Field, Clive, "British Religion in Numbers: Anti Semitism and Islamophobia", 2015, http://www.brin.ac.uk/news/2015/antisemitismandislamophobia.

Friedersdorf, Conor, "The Horrifying Effects of NYPD Ethnic Profiling on Innocent Muslim Americans", The Atlantic, 28 March 2013, http://tinyurl.com/c5wz59u.

Gates, Scott and Sukanya Podder, "Social Media, Recruitment, Allegiance and the Islamic State", Perspectives on Terrorism, No. 4, 2015, http://www.terrorismanalysts.com/pt/index.php/pot/article/view/446/html.

Gilchrist, Dave, "Germany: Racists Take to the Streets", Socialist Review, February, 2015, http://socialistreview.org.uk/399/germanyraciststakestreets.

Glioti, Andrea, "Syriac Christians, Kurds Boost Cooperation in Syria", The Pulse in Middle East. http://www.al-monitor.com/pulse/originals/2013/06/syria-syriacs-assyrians-kurds-pyd.html.

Goldberg, Jeffrey, "French Prime Minister: 'I Refuse to Use This Term Islamophobia'," The Atlantic, 16 January 2015, http://www.theatlantic.com/international/archive/2015/01 /frenchprimeministermanuelvallsonislamophobia/

384592.

Hansen, Peo, A Superabundance of Contradictions: The European Union's Post-Amsterdam Policies on Migrant 'Integration', Labour Immigration, Asylum and Illegal Immigration, Norrköping, Linköping University Centre for Ethnic and Urban Studies, 2005, http://www.temaasyl.se/Documents/Forskning/Peo% 20Hansen% 20A% 20Superabundance% 20of% 20Contradictions.pdf.

"Head of the Delegation of the Syrian Arab Republic at the 68th Session of the United Nations GeneralAssembly", September 30, 2013, http://gadebate.un.org/sites/default/files/gastatements/68/SY_en.pdf.

Hecker, Mare, "Les résonances du conflit israélo-palestinien en France: de l'exportation de violence physique à l'importation de 'violence symbolique'?" Communication au 9ème Congrès de l'Association Française de Science Politique, Toulouse. Table ronde sur 'les violences symboliques dans les relations internationales', 5 – 7 September 2007, http://www.afsp.msh-paris.fr/congres2007/tablesrondes/textes/tr6sess3hecker.pdf.

House of Commons Communities and Local Government Committee, Preventing Violent Extremism, Sixth Report, March 16, 2010, http://www.publications.parliament.uk/pa/cm200910/cmselect/cmcomloc/65/6502.htm.

IFOP, "Les Français et l'Etat d'Israël", Mai 2008, http://www.ifop.com/media/poll/etatisrael.pdf.

Imene, Ajala, "French and British Muslims' Interests in Foreign Policy", 8th Pan-European Conference on International Relations, 19 September 2013, Warsaw, http://www.eisa-net.org/be-bruga/eisa/files/events/warsaw2013/AJALA% 20Imene_Paneuro_Conf_2013_Final.pdf.

"International Religious Freedom Report 2008", US Department of State, http://www.state.gov/g/drl/rls/irf/2008/108473.htm.

Jenkins, Brian Michael, 'The Dynamics of Syria's Civil War', *Perspective*, Rand Corporation, 2014, http://www.rand.org/content/dam/rand/

pubs/perspectives/PE100/PE115/RAND_ PE115. pdf.

Jones, Seth, "A Persistent Threat, the Evolution of al-Qa'ida and other Salafi Jihadists", Rand National Defense Research Institute, 2014, http://www. rand. org/content/dam/rand/pubs/research _ reports/RR600/RR637/RAND_ RR637. pdf.

Kate, Mary-Anne and Jan Niessen, "Guide to Locating Migration Policy in the European Commission" (2nd Edition), Migration Policy Group (MPG) and the European Programme for Integration and Migration of the European Network of European Foundations (EPIM), 2008, http://www. migpolgroup. com/public/docs/137. GuidetoLocatingMigrationPoliciesintheECII_ 31. 10. 08. pdf.

Kern, Soeren, "Europe's Muslim Lobby", http://www. gatestoneinstitute. org/1817/europe-muslim-lobby.

Koring, Paul, "A Globe Correspondent's Dinner with the Butcher of Srebrenica", Globe and Mail, 26 May 2011, http://www. theglobeandmail. com/news/world/aglobecorrespondentsdinnerwiththebutcherofsrebrenica/article581137.

Kundnani, Arun, "A Decade Lost: Rethinking Radicalisation and Extremism", *Claystone*, 2015, http://mabonline. net/wpcontent/uploads/2015/01/Claystonerethinkingradicalisation. pdf.

Kundnani, Arun, "Counterterrorism Policy and Reanalysing Extremism", 12 February 2015, http://www. irr. org. uk/news/counterterrorismpolicyandreanalysingextremism.

Mackey, Robert, "A Dutch Jihadist in Syria Speaks, and Blogs", January 29 2014, http://thelede. blogs. nytimes. com/2014/01/29/adutch-jihadist-in-syria-speaks-and-blogs.

Mahamdallie, Hassan, "Islamophobia: A New Strain of Bigotry", *Socialist Review*, April 2008, http://socialistreview. org. uk/324/islamophobianewstrainbigotry.

Mahamdallie, Hassan, "Muslim Working Class Struggles", *International*

Socialism, Winter 2007, http: //isj. org. uk/muslimworkingclassstruggles.

Malik, Kenan, "The Islamophobia Myth", *Prospect*, February 2005, http: //www. kenanmalik. com/essays/prospect_ islamophobia. html.

Marc, Hecker, Les résonances du conflit israélo-palestinien en France: de l' exportation de violence physique à l' importation de ' violence symbolique' ? Communication au 9ème Congrès de l' Association Française de Science Politique, Toulouse. Table ronde sur ' les violences symboliques dans les relations internationales ', September, 2007, http: //www. afsp. msh-paris. fr/congres2007/tablesrondes/textes/tr6sess3hecker. pdf.

Masi, Alessandria, "The Syrian Army Is Shrinking, and Assad Is Running Out of Soldiers", *World*, December 17, 2014, http: //www. ibtimes. com/syrian-army-shrinking-assad-running-out-soldiers – 1761914.

Masi, Alessandria, "Four Years into Syria's Civil War, Foreign Fighter Have Flocked to Nearly Every Faction", *World*, March 15, 2015, http: //www. ibtimes. com/four-years-syrias-civil-war-foreign-fighters-have-flocked-nearly-every-faction – 1847478.

Mitchell, Anthea, "Why Are Foreign Muslims Joining ISIL?", *Cheat Sheet*, Octoter 09, 2014, http: //www. cheatsheet. com/politics/why-are-foreign-muslims-joining-isil. html/? a = viewall.

Nielsen, J., "The foreign policy impact in European countries", Oxford-Princeton Conference, "Muslims in Europe post 9/11", 25 – 26 April, 2003, http: //www. sant. ox. ac. uk/ext/princeton/pap_ nielsen2. shtml.

Owen, Leah, "Teesside/ Tell MAMA Publication Out Today: A Summary of Developments", 3 July 2013, http: //tellmamauk. org/teessidetellmamapublicationouttodaya summaryofdevelopmentsbyleahowen.

Pew Research Center, Muslim Americans. No Signs of Growth in Alienation or Support for Extremism, Washington: Pew Research Center, 2011, http: //www. pewforum. org/topics/muslim-americans.

Reinares, Fernando and Carola Garcia-Calvo, "The Spanish Foreign

Fighters Contingent in Syria", Combating Terrorism Center, January 15 2014, http://www.ctc.usma.edu/posts/the-spanish-foreign-fighter-contingent-in-syria.

"Restricted", internal memo prepared by Mockbul Ali of the British Foreign Office on Yusuf al-Qaradhawi, 14 July 2005, http://www.reuters.com/article/2014/01/29/us-usa-security-syria-idUSBREA0S1XL20140129.

Richardson, Robin, "Islamophobia or AntiMuslim racism—Or What? —Concepts and Terms Revisited", 2003, http://www.insted.co.uk/antimuslimracism.pdf.

Roggio, Bill, "ISIS Names Danish, French Suicide Bombers Killed in Ninewa Division", The Long War Journal, May 20, 2014, http://www.longwarjournal.org/archives/2014/05/isis_names_danish_fr.php.

"Rooted in Britain, Connections across the Globe", 30th April, 2015, http://www.mcb.org.uk/british-muslims.

Sabeg, Yazid, "Les Oubliés de l'égalité des chances," Institut Montaigne (Paris, 2004), http://www.conventioncitoyenne.com/documents/oubliesdelegalite.pdf.

Seymour, Richard, "The Changing Face of Racism", International Socialism, vol. 126, Spring 2010, http://isj.org.uk/thechangingfaceofracism.

Spanish Ministry of Labor and Integration, http://www.mtin.es/es/sec_emi/IntegraInmigrantes.

Sundas Ali, "British Muslims in Numbers: A Demographic; Socioeconomic and Health Profile of Muslims in Britain Drawing on the 2011 Census", Muslim Council of Britain, January 2015, http://www.mcb.org.uk/wpcontent/uploads/2015/02/MCBCensusReport_2015.pdf.

Solomon, Erika and Sam Jones, "Disillusioned Foreign Fighters Abandon Rebel Ranks in Syria", Middle East and North Africa, 18 March 2014, http://www.ft.com/intl/cms/s/0/a26ffc5c-adfc-11e3-bc07-00144feab7de.html.

Stasiulis, Daiva K., Participation by Immigrants, Ethnocultural/visible

Minorities in the Canadian Political Process, Department of Sociology and Anthropology, Carleton University, http: //canada. Metropolis. net/events/civic/dstasiulis_ e. html.

"Suffering Heavy Losses in Syria, Hezbollah Entices New Recruits with Money and Perks", HAARETZ, December 19, 2015, http: //www. haaretz. com/middle-east-news/1. 692632.

The 2010 edition of the EU's Handbook on Integration, http: //ec. europa. eu/ewsi/UDRW/images/items/docl_ 12892_ 168517401. pdf.

"The Al-Nusra Front Recently Carried Out A Suicide Bombing Attack in Aleppo, Using A British Foreign Fighter", The Meir Amit Intelligence and Terrorism Information Center, 19/02/2014, http: //www. terrorism-info. org. il/en/article/20622.

The Muslim News, http: //en. wikipedia. org/wiki/The_ Muslim_ News.

The Pew Global Attitudes Project, "Few signs of backlash from western Europeans. Muslims in Europe: Economic worries top concerns about religious and cultural identity", Washington DC: The Pew Research Center. 6 July 2006. http: //pewresearch. org/pubs/232/muslims-in-europe.

The Pew Research Center's Forum on Religion and Public Life, Muslim Networks and Movements in Western Europe, September 2010, http: //pewforum. org/uploadedFiles/Topics/Religious _ Affiliation/Muslim/Muslim-networksfull-report. pdf.

Tillie, Jean, Maarten Koomen, Anja van Heelsum and Alyt Damstra, Finding a Place for Islam in Europe. Cultural Interactions between Muslims and Receiving Societies, Final Integrated Research Report. , 2012, http: //www. eurislam. eu/var/EURISLAM_ Final_ Integrated_ Research_ Report_ 1. pdf.

"Treasury Designates Al-Qa' ida Leaders in Syria", US Department of Treasury, May 14, 2014, http: //www. treasury. gov/press-center/press-releases/Pages/jl2396. aspx.

UOIF, "La délégation de la FOIE et de l' UOIF, représentée par son président, est arrivée à Rafah pour apporter le soutien moral et humanitaire à Gaza", 15 January 2009, http：//www. uoif-online. com/webspip/spip. php? article447.

UOIF, "La mobilisation pour Gaza continue et s'amplifie", 8 January 2009, http：//www. uoif-online. com/webspip/spip. php? article437.

UOIF, "Qui donc importe le conflit Israélo-palestinien en France?" 6 March 2009, http：//www. uoif-online. com/webspip/spip. php? article480.

UOIF," Conseil d'Administration (CA) extraordinaire sur la situation à Gaza", 20 January 2009, http：//www. uoif-online. com/webspip/spip. php? article454.

US National Intelligence Council, Mapping the Global Future, 2005. Available at：http：//www. foia. cia. gov/2020/2020. pdf.

"Wie'n zweiter 11. September", Frankfurter Allgemeine Zeitung, October 11, 2008, http：//www. faz. net/aktuell/politik/inland/terrorbekaempfungwie-n-zweiter-11-september-1713161. html.

Wintrobe, Ronald, "Can Suicide Bombers Be Rational", Paper prepared for the DIW Workshop on Economic Consequences of Global Terrorism, 2002, http：//www. docin. com/p-942882. html.

Runnymede Trust, 1997, "Islamophobia：A Challenge for Us All", http：//www. runnymedetrust. org/publications/17/32. html

Wolfreys, Jim, "The Republic of Islamophobia", Critical Muslim, Vol. 13, January/March 2015, http：//criticalmuslim. com/issues/13race/republicislamophobiajimwolfreys.

Young, Lola, "The Young Review：Improving Outcomes for Young Black and/or Muslim Men in the Criminal Justice System Final Report", The Barrow Cadbury Trust, 2014, http：//www. youngreview. org/sites/default/files/clinks_ youngreview_ report_ dec2014. pdf.

德国阿拉维派工会联合会官方网站："Genel Tanıtım", http：//alevi. com/TR/hakkimizda/genel-tanitim.

欧洲土耳其创业者和企业家协会官方网站："Hakkımızda"，http://www.atiad.org/hakk-m-zda.html.

欧洲伊斯兰信息网："Islam in Germany"，http://www.euro-islam.info/country-profiles/germany/.

伊斯兰国民意志社团官方网站："What is IGMG?"，http://www.igmg.org/gemeinschaft/islamic-community-milli-goerues.html.

左翼党网站："Policies"，http://en.die-linke.de/die-linke/policies.

后 记

本书撰写过程中,我的多位博士研究生参与了部分研究和资料整理工作,他们有些已经是副教授或讲师。其具体参与情况如下:王佳尼(第五章第一节)、李立(第五章第二节)、钮松(第五章第三节);许超(结语);邹志强(参考文献)。对于他们付出的辛劳,在此表示感谢。